DE TRE VÅGORNA AV VOLONTÄRER OCH DEN NYA JORDEN

Av Dolores Cannon

Översättning av:
Herman Anders Sørensen

© 2011 av Dolores Cannon
Svensk översättning – 2025

Alla rättigheter förbehållna. Ingen del av denna bok, varken delvis eller i sin helhet, får reproduceras, överföras eller användas i någon form eller med något medel, vare sig elektroniskt, fotografiskt eller mekaniskt, inklusive fotokopiering, inspelning eller något informationslagrings- och återvinningssystem, utan skriftligt tillstånd från Ozark Mountain Publishing, Inc., förutom korta citat som ingår i litterära artiklar och recensioner.

För tillstånd, serialisering, förkortning, bearbetning eller för vår katalog över andra publikationer, skriv till Ozark Mountain Publishing, Inc., P.O. Box 754, Huntsville, AR 72740, ATTN: Permissions Department.

Library of Congress Cataloging-in-Publication Data
Cannon, Dolores, 1931 - 2014
   De tre vågorna av volontärer och den nya jorden, av Dolores Cannon. De tre vågorna av volontärer som har kommit från andra dimensioner, planeter, rymdskepp och Källan för att hjälpa till att höja Jordens energier så att den kan stiga upp till nästa dimension.
1. Nya Jorden 2.2012 3.Uppstigning 4.Volontäre 5.Metafysik
I. Cannon, Dolores, 1931-2014 II. Nya jorden III. Uppstigning IV. Metafysik IV. Titel
ISBN: 978-1-962858-52-6

Omslagskonst och layout: Victoria Cooper Art
Bok satt i: Times New Roman
Bokdesign: Nancy Vernon
Utgiven av:

P.O. Box 754, Huntsville, AR 72740 USA
www.ozarkmt.com
Tryckt i USA

Författaren till denna bok ger inte medicinsk rådgivning och föreskriver inte användningen av någon teknik som en form av behandling för fysiska eller medicinska problem. Den medicinska informationen som ingår i denna bok hämtades från Dolores Cannons individuella konsultationer och sessioner med sina klienter. Den är inte avsedd för medicinsk diagnos av något slag eller för att ersätta medicinsk rådgivning eller behandling från din läkare. Därför tar författaren och förlaget inget ansvar för enskilda personers tolkning eller användning av informationen.

All ansträngning har gjorts för att skydda identiteten och integriteten hos de klienter som deltog i dessa sessioner. Platsen där sessionerna hölls är korrekt, men endast förnamn har använts, och dessa har ändrats.

Innehållsförteckning

DEL ETT - VOLONTÄRERNA

INTRODUKTION	3
1 - Upptäckten av de tre vågorna	7
2 - En förstagångare	19
3 - Ett energiväsen	35
4 - Observatören blir fysisk	41
5 – Beskyddaren	46
6 - En trött volontär	55
7 - Kolla på barnen	69
8 – Förvisningen	79
9 - En varelse från rådet	89
10 - Förstörelsen av en planet	99
11 - En annan planet förstörd	111
12 - Mer förstörelse	124
13 - Liv som ett träd & Lemuria	136
14 – Rådet	149

DEL TVÅ - ET:S OCH LJUSET VARELSER

15 - Fler volontärer	163
16 – Familjen	183
17 - Ett annat möte	190
18 – Anpassningar	201
19 - ET-volontär	209
20 - Ta hand om sina egna	221
21 - En barndomshändelse	234
22 - En annan observatör	255
23 - Den bästa agendan för Jorden	262
24 - En utomjording blir bortförd av en annan utomjording	273
25 - En ovanlig utomjordisk varelse	279
26 – Fyren	289
27 – Ingången	299
28 - En annan aspekt (en högre?) talar	312
29 - En lärare blir dödad	328
30 – Informationsexplosion	337
31 - Nätets väktare	358

DEL TRE - DEN NYA JORDEN
32 - Den nya jorden 379
33 - Den gamla jorden 384
34 - En tidigare övergång 399
35 - Fysiska effekter när kroppen förändras 410
36 - De nya kropparna 427
37 - De som blev kvar 454

Författarsida 467

DEL ETT
VOLONTÄRERNA

DE TRE VÅGORNA AV VOLONTÄRER OCH DEN NYA JORDEN

INTRODUKTION

SEDAN MIN FÖRSTA UTFORSKNING i denna okända värld för över fyrtio år sedan har jag sett mig själv som en reporter, en undersökare och en forskare av "förlorad kunskap". I verkligheten är jag en hypnosterapeut som specialiserar mig på tidigare liv-terapi och spårar orsakerna till människors problem till tidigare liv snarare än det nuvarande. När mitt arbete växte och utvecklades skapade jag min egen hypnosmetod som möjliggör omedelbar läkning, och jag lär nu ut den över hela världen. Resultaten har varit häpnadsväckande. När jag först kände lusten att lära ut min metod visste jag inte om det skulle vara möjligt, eftersom när du utvecklar något själv, vet du hur det fungerar. Men skulle jag kunna lära ut det till andra på ett begripligt sätt? Det var dilemmat. Men jag visste att jag aldrig skulle få veta om jag inte försökte. För många människor (inklusive några av mina klienter) är så rädda för att misslyckas att de aldrig försöker. Så jag började lära ut det 2002 och nu har det spridit sig över hela världen, och till min belåtenhet rapporterar mina elever samma mirakel som jag har upplevt. Några av dem försöker till och med använda tekniken på sätt som jag aldrig hade kunnat föreställa mig. Vilken bättre tillfredsställelse kan en lärare ha än att se sina elever ta det de har lärt sig och våga gå bortom och utforska okända vägar. Min metod är inte som de andra föråldrade hypnosmetoderna som lär att du måste göra exakt som de säger, och att du inte får avvika ens ett ord från manus. I min undervisning vill jag att eleverna ska förstå vad som görs så att de kan tänka själva. Så länge klienten inte skadas är de fria att experimentera. Jag har funnit att metoden är extremt flexibel. Den är en levande och utvecklande sak. Många gånger, efter alla dessa år, kommer jag fortfarande hem och säger till min dotter, Julia, "Gissa vad jag lärde mig att göra idag!" "De" har många gånger sagt till mig att det inte finns några begränsningar, om inte du skapar dem själv. Allting är möjligt. Du är bara begränsad av din egen fantasi.

Jag tror att rädslan för det okända är det som hindrar många terapeuter. De är rädda för att prova något nytt, att tänka själva. Det som gör min teknik annorlunda är att jag arbetar på den djupaste

DE TRE VÅGORNA AV VOLONTÄRER OCH DEN NYA JORDEN

möjliga nivån av trance, den somnambulistiska nivån. De flesta andra tekniker håller klienten på lättare trance-nivåer där det medvetna sinnet kan orsaka störningar. När man tar personen till den djupaste nivån kan vi kommunicera direkt med den största källan till kraft och läkning som finns. Jag har funnit ett sätt att kontakta Källan för all kunskap. Detta är där informationen jag skriver om kommer ifrån, och det här är den del som utför de omedelbara läkningarna. Det är extremt kärleksfullt och förlåtande. Jag kallar det det undermedvetna, eftersom jag inte visste vad jag annars skulle kalla det när jag först började. När jag blir ombedd att definiera det säger jag att du kan kalla det Högre Jaget, Högre Medvetande eller Oversoul. Det är så stort och så omfattande att det har svaren på allt. "De" säger att de inte bryr sig om vad jag kallar dem eftersom de ändå inte har något namn. Några av mina elever har föreslagit att kalla det "Översinnligt Medvetande" snarare än "Undermedvetna". Jag vet inte om det skulle vara mer effektivt eller inte. Jag vet bara att det jag gör fungerar, så "Om det inte är trasigt, laga det inte." För syftet med denna bok kommer jag att förkorta det till "SC" för enklare läsning.

Under de första åren av mitt arbete kom det sporadiskt och subtilt, och jag visste egentligen inte vad jag talade med. Det tog flera år av arbete med det innan jag insåg vad jag hade upptäckt. Sedan kom processen att utveckla en metod för att kalla på det under varje session. Detta har visat sig vara ovärderligt för mitt arbete. Människor säger, "Vet du inte att du utför mirakler?" Jag säger till dem, "Jag gör ingenting! De gör! Jag är bara facilitatorn, de gör arbetet." Denna magnifika och underbara del vet allt om alla. Och den bryr sig djupt om varje enskild person. Det finns inga hemligheter, "de" känner dig bättre än du känner dig själv. Så när en klient kommer för att träffa mig, vet jag att de kommer få veta vad de behöver veta. Vad än det undermedvetna anser vara lämpligt för dem att förstå. Jag vet aldrig vad som kommer att hända, så jag kan inte kontrollera eller manipulera sessionen. Jag har arbetat med dem så länge att jag vanligtvis vet vad några av svaren kommer att vara eftersom de alltid är desamma, men det är aldrig vad jag skulle ha tänkt logiskt. "De" har en logik helt på egen hand. Så jag säger till klienten att jag aldrig vet vad som kommer att komma fram under sessionen. Det är olika varje gång, men det kommer aldrig vara mer än de kan hantera. Jag vet aldrig om svaret kommer att relatera till karmiska problem eller något annat. Nu verkar svaren vara mer fokuserade på det "något annat", och min uppfattning om de Tre Vågorna av Volontärer formades. Jag är den första att erkänna att denna syn på planetär transformation är både tankeväckande och imponerande.

I tjugofem år har jag också undersökt UFO-observationer och misstänkta bortföringsfall. Mycket av detta har rapporterats i mina böcker, främst The Custodians, och jag har funnit en mängd information och svar på frågor som de andra forskarna bara har kunnat undvika. ET:erna har generöst gett mig svar på alla frågor jag överhuvudtaget kunnat tänka mig. Jag trodde att det inte fanns något mer att utforska inom detta område. Men än en gång har "de" överraskat mig. Under de senaste åren började jag få en skymt av en mycket större berättelse bakom observationerna och undersökningarna, etc. Jag trodde att jag äntligen hade löst gåtan om deras inblandning med den mänskliga rasen. Men under en session 2009 fick jag äntligen, vad jag anser vara, den "saknade biten" i hela UFO-pusslet. Den proverbiala "glödlampan" tändes, och saker började falla på plats. Jag insåg snart att jag hade haft alla bitar hela tiden. De var utspridda genom mitt arbete, särskilt The Custodians och The Convoluted Universe-serien. De hade kommit genom många tusen klienter under våra regressionssessioner. Jag hade satt ihop en del av berättelsen och trott att jag hade hela bilden. Nu, plötsligt, upptäckte jag att det fanns mer och att det hade stirrat mig i ansiktet i flera år. Jag har förmodligen fortfarande inte hela berättelsen. Jag är säker på att det kommer fortsätta att komma överraskningar på vägen, men äntligen har tiden kommit för att slöjan ska lyftas. Slöjan har blivit tunnare under de senaste åren, och jag har märkt det i min terapipraktik. Fler människor blir medvetna om att det vardagliga livet de genomlider inte är anledningen till att de kom till Jorden. Svaren fortsätter att komma genom session efter session: "Det är dags att vakna!" "Du har ett uppdrag! Det är dags att börja!" "Sluta slösa tid! Tiden är knapp för att du ska kunna fullfölja det du kom till Jorden för att göra!"

DE TRE VÅGORNA AV VOLONTÄRER OCH DEN NYA JORDEN

Under de fyrtio år som jag har varit involverad i tidigare livs regression och terapi var mönstret alltid detsamma. Självklart fanns det alltid undantag från regeln, och det var det jag skrev mina böcker om. Men som regel gick klienten tillbaka till det lämpliga tidigare livet för att förklara de problem de hade i sitt nuvarande liv. Oavsett om det var relationsproblem, arbetsrelaterade problem eller hälsoproblem, kunde svaret vanligtvis spåras tillbaka till ett enda tidigare liv eller en serie (mönster) av liknande liv där de upprepade samma karma med samma människor. Jag visste att lösningen var att bryta cykeln, och detta kunde göras genom att deras undermedvetna visade dem kopplingen. Då kunde de få läkning och avslut. Under de senaste åren började dock mönstret i mitt arbete förändras, och jag stötte ständigt på en annan typ av klient. Det måste starkt betonas att det på ytan inte är något ovanligt med dessa människor. De är helt normala människor som lever livet precis som alla andra. De kommer till mig för att få hjälp med att hitta lösningar på sina problem. De svar som kommit fram i dessa sessioner var det sista deras medvetna sinne någonsin kunde föreställa sig. Det verkar som om vi verkligen är mångfacetterade människor. Vi ser våra liv genom ett perspektiv, utan att känna till de andra lagren som ligger precis under ytan. Okänt för våra medvetna sinnen, men de har stort inflytande över våra liv. Det finns mycket mer i oss än vi någonsin kan föreställa oss. Där ligger illusionen. Vi tror att vi känner oss själva, men gör vi?

KAPITEL ETT
UPPTÄCKTEN AV DE TRE VÅGORNA

MIN FORSKNING inom hypnosområdet har tagit mig på oförglömliga resor genom tid och rum för att utforska historien om det förflutna och framtidens möjligheter. När jag först började mina undersökningar genom tidigare liv-terapi trodde jag att jag bara skulle hitta människor som mindes liv på Jorden, eftersom det naturligtvis var allt vi visste om. Mitt trossystem har verkligen tänjts och utvidgats under de senaste fyrtio åren. När mitt arbete utvecklades fick jag mycket information om livets början på Jorden. Jag blev tillsagd att det är nu tiden är inne för att denna kunskap ska komma fram. Vi rör oss in i en ny värld, en ny dimension, där denna information kommer att uppskattas och tillämpas.

Under mitt arbete har jag hört mycket om att allt består av energi; form och gestalt bestäms bara av frekvens och vibration. Energi dör aldrig; den ändras bara. Jag har blivit informerad om att Jorden förändrar sin vibration och frekvens och förbereder sig för att stiga in i en ny dimension. Det finns otaliga dimensioner som omger oss hela tiden. Vi kan inte se dem eftersom deras vibrationer snabbar upp, vilket gör att de blir osynliga för våra ögon. Det är viktigt för oss att veta mer om denna förändring till en ny dimension eftersom vi är mitt i den nu, och dess kulmen kommer snart.

Jorden är en skola som vi går i och lär oss läxor, men det är inte den enda skolan. Du har levt på andra planeter och i andra dimensioner. Du har gjort många, många saker som du inte ens kan föreställa dig. Många av de människor jag har arbetat med under de senaste åren har regresserat till liv där de var ljusvarelser som levde i ett tillstånd av salighet. De hade ingen anledning att komma in i Jordens densitet och negativitet. De frivilligt kom för att hjälpa mänskligheten och Jorden vid denna tidpunkt. Jag har stött på det jag anser vara tre vågor av dessa nya själar som lever på Jorden. De har kommit vid denna tidpunkt för att de flesta av de människor som har varit här liv efter liv har blivit fastlåsta i karma och inte utvecklas. De har förlorat synen på sitt syfte med att leva på Jorden.

I de tidiga dagarna av mitt arbete (och i mina tidiga böcker) trodde jag att det skulle vara omöjligt för en person att uppleva sitt första liv på planeten Jorden under vår nuvarande tid. Jag trodde att det måste vara en gradvis process: att gå igenom de olika livsformerna innan man blev människa: luft, stenar, jord, växter, djur, naturandar och slutligen människor. Jag trodde att när en själ beslutade sig för att försöka leva som en människa, skulle det vara i ett primitivt samhälle så att den långsamt kunde anpassa sig. Jag trodde att den inte kunde plötsligt kastas in i vårt hektiska moderna samhälle med all dess kaotiska energi. Det skulle vara alldeles för mycket för en nyutvecklande själ att uthärda. Men sedan, 1986, skrev jag boken Keepers of the Garden, om en mild själ som upplevde sitt första liv på Jorden. Han hade alltid haft liv på andra planeter och dimensioner. Ändå beskrev han i våra första sessioner flera uppenbara tidigare liv på Jorden. Så jag undrade vad som pågick. Antingen var reinkarnation sann eller så var det inte. Men då fick jag min första förklaring på "imprint"-teorin. Människor som har levt på Jorden genom otaliga livstider har minnen av dessa upplevelser i sina undermedvetna minnesbanker. Okänt för den medvetna delen av individens sinne, är dessa begravda minnen viktiga för att hjälpa dem att navigera genom det kaos som att leva som människa innebär. Utan någon typ av bakgrund skulle de inte kunna fungera. Den nyfödda bebisen verkar komma in helt ny utan något att relatera till, tills den lär sig av sina föräldrar och samhället. Men detta är långt ifrån sanningen. Den så kallade "bebisen" är egentligen en mycket gammal själ som har haft hundratals resor i det komplicerade scenario vi kallar "livet." Detta ger den något att använda som referens (omedvetet) för hur man lever som människa. Men nya själar på Jorden har inte den bakgrunden och skulle vara helt vilse. Förutom ett genialt koncept som utvecklats på andesidan, kallat "imprinting." När själen är på andesidan visas den vilken typ av liv den kommer att gå in i nästa, och den gör en plan för vad den hoppas kunna uppnå. Den gör också kontrakt med olika själar för att lösa kvarvarande karma. Om själen inte har någon erfarenhet från Jorden att luta sig mot, tas den till Biblioteket. Många, många av

DE TRE VÅGORNA AV VOLONTÄRER OCH DEN NYA JORDEN

mina klienter har beskrivit detta Bibliotek på samma sätt. Det är där all kunskap förvaras, allt som är känt och som någonsin kommer att bli känt. Det har också de Akashiska Uppteckningarna, som är uppteckningarna av varje liv som någonsin har levts sedan skapelsen. Genom mycket diskussion och råd med Bibliotekarien väljer själen de livstider som den vill få imprintade på sitt själsmönster. Dessa har jämförts med ett överlägg eller en film. Det är ganska som att gå till ett bibliotek för att göra forskning och bläddra igenom otaliga volymer eller böcker för att hitta den rätta informationen. Detta imprinting blir en väsentlig del av den nya själens minne. Jag frågade hur jag skulle kunna avgöra, när jag arbetar med en klient, om de minnen som kommer fram under regressionen är "verkliga" eller ett imprint. Jag blev tillsagd att jag inte skulle kunna se någon skillnad eftersom allt, inte bara minnen, utan också känslor och allt som utgjorde livet, skulle också vara imprintat. De sa att eftersom det bara användes som en referens för själen, spelade det ingen roll ändå. Eftersom många berömda människors liv ofta används som imprint, förklarar detta skeptikernas kritik om att reinkarnation inte existerar, eftersom många människor påstår sig vara samma viktiga person. Imprinting svarar på det argumentet. Jag frågade dem, "Betyder det att reinkarnation inte existerar, om vem som helst kan imprinta ett liv istället för att leva den faktiska upplevelsen?" De sa nej, eftersom det måste finnas liv som levs för att ha material eller minnen att sätta in i uppteckningarna.

Detta gav perfekt mening, och var en metod som utvecklades så att rena, oskyldiga själar skulle kunna anpassa sig till en främmande, kaotisk värld. Det skulle vara omöjligt att komma till Jorden utan någon förberedelse. Den ömma själen skulle inte ha något att relatera till, och skulle vara helt oförmögen att klara sig. Efter min första erfarenhet med Phil, den unge mannen i Keepers of the Garden, började jag att stöta på dessa nya själar allt oftare. Dessa fall beskrivs i The Convoluted Universe-böckerna. Så det som jag trodde var en sällsynt förekomst började nu bli allt vanligare. De hade gömt sig bakom sina imprint av andra livstider, och detta var det som presenterades för andra hypnoterapeuter och forskare (särskilt de som bara arbetar i de lägre trance-nivåerna). Eftersom imprinten väljs för ett syfte att användas under deras livstid, kommer det "uppenbara" tidigare livet att besvara vissa frågor, men inte de viktigaste. Det undermedvetna, i sin oändliga visdom, ger endast klienten det de kan hantera. Och samma sak gäller för hypnoterapeuten; om de bara tar sina "babysteg" in i det okända kommer de inte att få komplexa svar. Jag fick inte denna information förrän jag var redo att tänja på min nyfikenhet. Fram tills nyligen trodde jag fortfarande att dessa rena, oskyldiga "förstagångare" var sällsynta. Men nu börjar de bli normen. Det undermedvetna bryr sig inte ens om att dölja det längre. Många gånger har klienten inte kunnat hitta ett tidigare liv, oavsett hur många variationer av min teknik jag prövat. När jag då kontaktar det undermedvetna för förtydligande, frågar jag alltid varför vi inte kunde hitta något. Det säger ibland, "Vi kunde ha visat honom något, men det skulle bara ha varit ett 'imprint'." Sedan går det vidare och berättar var de har kommit ifrån och deras syfte på planeten Jorden vid denna tidpunkt. Det har funnits några fall där det undermedvetna sagt att personen vägrade imprinten precis innan de gick in i barnets kropp. Och det har orsakat ett kaotiskt liv utan någon plan eller syfte. Så det verkar som om "de" verkligen vet vad de gör. Det är vi, människorna, som inte förstår eller inte är kapabla att begripa.

För att fullt förstå teorin (och den "saknade biten") som jag är på väg att föreslå, är det nödvändigt att gå tillbaka till början, till "sådden" av människorasen.

HUR LIVET PÅ JORDEN BÖRJADE

För att förstå varför dessa tre vågor av volontärer har kommit vid denna tidpunkt, måste vi gå tillbaka till början – början av livet på vår värld. Jag vet att denna information är kontroversiell, men när samma information har kommit till mig om och om igen i tusentals regressioner, känner jag att vi inte kan ignorera den.

För eoner sedan fanns det inget liv på Jorden. Det var många vulkaner och atmosfären var full av ammoniak. Planeten behövde förändras för att livet skulle kunna börja. I min forskning lärde jag mig att det finns Råd som skapar regler och bestämmelser för att skapa liv över hela universum. Det finns Råd över solsystemet, Råd över galaxen och Råd över universum. Det är ett mycket ordnat system. Dessa högre varelser reser genom universum och letar efter planeter som är lämpliga för liv. De säger att när en planet når den punkt där den kan stödja liv, är det en mycket betydelsefull händelse i planetens historia. Det är då planeten får sitt Livscharter.

DE TRE VÅGORNA AV VOLONTÄRER OCH DEN NYA JORDEN

Därefter får olika grupper av ET:s eller högre varelser uppdraget att åka och börja livet på den planeten. Dessa varelser kallas de Arkaiska Varelserna eller de Gamla Varelserna. De har gjort detta sedan tidens början. Detta utesluter inte Gud ur bilden alls – Han är mycket en del av hela bilden. Dessa varelser tar först in encelliga organismer för att få dem att dela sig och bilda flercelliga organismer. Det beror på förhållandena på varje planet vilka organismer som bildas. Efter att de har sått en planet, återvänder de för att kolla på cellerna från tid till annan genom eonerna. Ofta överlever inte cellerna, och de finner planeten livlös igen. Dessa varelser har sagt till mig, "Ni har ingen aning om hur skört livet är."

Så genom tiderna gjorde de detta på Jorden, och efter en tid började växter att bildas eftersom man måste ha växter innan man kan introducera djur. När livet började utvecklas, kom de tillbaka för att se efter och ta hand om det. De bildade haven och rengjorde luften så att olika livsformer kunde utvecklas. Till slut började de högre varelserna att skapa en intelligent varelse. Detta har hänt på varje planet; detta är sättet livet formas på.

I mina böcker har jag kallat dessa varelser för "trädgårdsvårdarna" eftersom vi är trädgården; vi är deras barn. För att skapa en intelligent varelse var de tvungna att ta ett djur med en tillräckligt stor hjärna för att ha kapacitet att lära sig, och ett djur med händer så att det kunde utveckla verktyg. Detta är anledningen till att de valde apan. Vissa människor håller inte med om detta, men sanningen är att vi är 98% genetiskt kompatibla. Du skulle kunna ge blod till en apa och den skulle överleva; så nära är vi genetiskt. Men ändå krävde skapandet av människan genetiska manipulationer och blandning av andra celler och gener som togs från hela universum. De sa att vi kommer aldrig hitta den saknade länken; den existerar inte. Vår evolution hoppade över generationer. Det hände inte av slumpmässig chans.

Över tid, när något behövde ges till mänskligheten, kom dessa varelser och levde med människor och gav dem det de behövde. Alla kulturer i världen har legender om "kulturbringaren". Indianerna har majskvinnan som lärde dem hur man planterar. Det finns legender om de som lärde oss om eld och hur man utvecklar jordbruk. I alla världens legender kommer dessa varelser från himlen eller från andra sidan havet. Dessa var lärarna, och de kunde leva så länge de ville. De är de som har kommit till oss som legender om gudar och gudinnor.

11

Det händer fortfarande nu, men de kan inte leva bland oss; de skulle vara för iögonfallande. Så när de vill ge oss nya idéer för att påskynda vår evolution, lägger de nu dessa idéer i atmosfären. Den som plockar upp idén är den som kommer att uppfinna den. De bryr sig inte om vem som uppfinner den så länge det är i tidslinjen. Vi känner alla till olika personer som arbetar med samma uppfinning samtidigt. Ett exempel på detta är fri energi, som jag hör talas om under mina resor, där många människor utvecklar det över hela världen.

DEN FÖRLORADE EDENS TRÄDGÅRD

När en intelligent varelse skapades på Jorden beslutade Rådet att ge oss fri vilja och se vad vi gör med den. Det finns planeter där det inte finns någon fri vilja. Star Trek-direktivet om icke-inblandning är mycket, mycket verkligt. Detta är en del av Rådets direktiv: de kan inte påverka utvecklingen av en intelligent art. De kan hjälpa genom att undervisa oss och ge oss kunskap, men de kan inte ingripa. Jag frågade, var det inte att ingripa när de kom och gav oss nästa sak vi skulle behöva i vår evolution (eld, odling, etc.)? De sa, "Nej, det är en gåva vi ger till er en gång för att hjälpa er i nästa steg av er utveckling. Vad ni gör med det är er fria vilja." Många gånger har vi tagit deras gåva och använt den till något negativt eller destruktivt, vilket inte var deras avsikt. Jag sa, "Kan ni då inte komma tillbaka och säga till oss att vi inte använde den på rätt sätt?" De sa, "Nej, det skulle vara inblandning. Vi ger den till er. Vad ni gör med den är er fria vilja. Vi kan bara stå vid sidan om och skaka på våra huvuden i förundran över människornas komplexitet, men vi kan inte ingripa." Den enda undantaget från denna regel skulle vara om vi nådde en utvecklingsnivå där vi skulle kunna förstöra världen. Detta skulle inte få tillåtas eftersom det skulle eka genom galaxerna och störa för många planeter och till och med liv på andra dimensioner. Du skulle inte tro att en liten planet, medvetet isolerad i denna del av vårt solsystem, skulle ha så stor påverkan. Men de sa att resultaten skulle vara oerhört långtgående och förödande.

Vi var tänkta att vara en perfekt art som aldrig skulle bli sjuka och som kunde leva så länge vi ville. Jorden var tänkt att vara som en Edens Trädgård, en perfekt plats, men något oväntat hände och förändrade hela planen. När livet började utvecklas på ett bra sätt,

DE TRE VÅGORNA AV VOLONTÄRER OCH DEN NYA JORDEN

träffade en meteorit Jorden och den förde med sig bakterier som orsakade sjukdom. Detta var första gången sjukdom introducerades på Jorden. När detta hände gick de varelser som övervakade Jordens evolution tillbaka till Rådet. De frågade vad de skulle göra nu när deras perfekta experiment var förstört. Det fanns stor sorg. Frågan var om man skulle förstöra allt och börja om, eller om man skulle tillåta livet att fortsätta utvecklas. Rådet beslutade att låta det fortsätta och utvecklas eftersom så mycket tid och energi hade lagts ner. De tillät det även om de visste, på grund av sjukdom, att livet på Jorden aldrig skulle vara perfekt som ursprungligen planerat.

Dessa högre varelser fortsatte att observera vår evolution på avstånd, men något hände 1945 som verkligen fångade deras uppmärksamhet: explosionen av atombomben i slutet av andra världskriget. Vi var inte tänkta att ha atomkraft på den här utvecklingsnivån. De visste att vi inte skulle kunna kontrollera den, att vi skulle använda den för förstörelse.

När atomkraft skulle introduceras i vår tidslinje var det tänkt att den skulle användas för det goda. Jag sa att vi använde den för det goda, elektricitet och sådant. De förklarade att eftersom den först skapades som ett vapen, skulle den alltid bära den negativa aurorna och aldrig ha den stora nytta den var tänkt att ha. Vi hade just gått igenom det fruktansvärda andra världskriget, så de visste att vi aldrig skulle kunna kontrollera något så kraftfullt som atomkraft. Det var bara mänsklig natur, och de var extremt oroade över att detta skulle leda till förstörelse. Under utvecklingen av atombomben visste inte forskarna riktigt vad de experimenterade med. Det var ett okänt element. De blev tillsagda att de eventuellt skulle kunna antända alla väteatomer i atmosfären och orsaka en massiv explosion som skulle kunna förstöra vår värld. Men forskarna ignorerade detta råd och deras nyfikenhet höll dem experimenterande. Allt detta berättas i min bok A Soul Remembers Hiroshima, där jag gjorde flera års forskning om bombens utveckling. Efter kriget avslutades, var det också mycket misstro mellan länderna som ledde till en uppbyggnad av kärnvapenlager. Så de högre varelsernas oro var välgrundad. Vi visste inte vad vi lekte med. Det var en extremt farlig och volatil tidsperiod.

Det var under denna tid, i slutet av 1940-talet och början av 1950-talet, som UFO-observationer började offentliggöras. De högre varelserna gick tillbaka till Rådet och frågade vad de skulle göra

DE TRE VÅGORNA AV VOLONTÄRER OCH DEN NYA JORDEN

eftersom de inte får påverka mänsklighetens fria vilja. Det var då Rådet kom fram med vad jag tycker är en briljant plan. De sa, "Vi kan inte ingripa utifrån, men vad om vi hjälper inifrån?" Det är inte att ingripa när vi ber om frivilliga som kommer in och hjälper. Så här gavs uppropet över hela universum för själar att komma och hjälpa Jorden.

Människorna på Jorden har varit fast i reinkarnationscykeln, på karmans hjul, under hundratals och åter hundratals liv, och återvänder och gör samma misstag om och om igen. Vi ska utvecklas, men vi gör inte det. Detta var den huvudsakliga anledningen till att Jesus och de andra stora Profeterna kom till Jorden: att lära människor hur man tar sig bort från karmans hjul, att hjälpa mänskligheten att utvecklas. Men vi gör fortfarande samma misstag om och om igen: skapar krig och så mycket våld. Så människorna på Jorden skulle inte kunna rädda Jorden. Hur skulle de kunna hjälpa Jorden när de inte ens kunde hjälpa sig själva? Det behövdes rena själar som inte var fast i karmans hjul, som aldrig varit på Jorden tidigare.

Under de senaste fem åren av mitt arbete har jag funnit fler och fler själar som har kommit direkt från Gud, och aldrig varit i någon form av fysisk kropp. Jag har haft människor som gått tillbaka till när de var ET:s som levde i rymdskepp eller på andra planeter, till när de var på andra dimensioner, till när de var ljusvarelser och inte behövde en kropp. Volontärerna kommer med ett skal eller täcke över sina själar så att de inte kan ackumulera karma, för när de väl har ackumulerat karma måste de återfödas igen och igen. Nu finns det tiotusentals av dessa nya själar över hela världen, och de högre varelserna har sagt att vi inte behöver oroa oss för att vi ska förstöra Jorden. De säger att vi äntligen har vägt över balansen. Vi kommer att kunna rädda världen.

De renaste och oskyldigaste av alla är de själar som kommer direkt från Källan eller Gud. Jag har frågat vad Gud är. De sa att vår uppfattning bara är en liten tråd av vad Han verkligen är. Vi kan inte ens börja konceptualisera vad Han är. De beskriver alla Gud på samma sätt: Han är inte en man—om något skulle Han ha varit en kvinna, för kvinnor är den kreativa kraften. Men Gud är varken man eller kvinna. Han är en enorm källa av all energi, beskriven som en jättelik Eld eller Ljus. Vissa kallar Gud den Stora Centrala Solen, en enorm energikälla, och ändå så full av kärlek, total kärlek. En klient beskrev Källan som

"Solen hjärta. Guds hjärta." När de rena varelserna som har kommit direkt från Gud återvänder till Källan under sessionen, vill de inte lämna. Detta är där vi alla började; vi var ursprungligen ett med denna Källa. Själarna som har kommit direkt från Gud säger att det inte finns någon separation; allt är ett. Jag har frågat, "Om ni älskade det så mycket, varför lämnade ni då?" De sa alla samma sak: "Jag hörde kallelsen. Jorden är i nöd. Vem vill gå och hjälpa?" Även de som är ET:s har sagt samma sak. Och när de kommer in i kroppen, som vi alla gör, raderas deras minnen. Jag har frågat, "Skulle det inte vara lättare om vi mindes varför vi har kommit?" De sa att det inte skulle vara ett test om ni visste svaren.

DE TRE VÅGORNA

Så syftet med de tre vågorna är tvåfaldigt. Ett: att förändra Jordens energi så att den kan undvika katastrof. Och två: att hjälpa till att höja energin hos människorna så att de kan stiga med Jorden in i nästa dimension. Att uppskatta de ungefärliga åldrarna för de tre vågorna kom till genom att ha sessioner med många hundratals människor. De sa alla samma saker om sina nuvarande liv, och de gick alla tillbaka till samma situationer under sessionen. Så jag började grovt kategorisera dem enligt deras nuvarande ålder.

Den första vågen av dessa själar, i sina sena 40-årsåldern till tidiga 60-årsåldern (efter att bomben släpptes i slutet av 1940-talet), har haft svårast att anpassa sig. De gillar inte våldet och fulheten de finner i denna värld och vill återvända "hem"—även om de inte har någon medveten aning om var det kan vara. Känslor stör och till och med paralyserar dem, särskilt starka känslor som ilska och hat. De kan inte hantera att vara runt människor som uttrycker dessa känslor. Dessa påverkar dem dramatiskt, som om känslor vore främmande för dem. De är vana vid fred och kärlek eftersom det var vad de upplevde där de kom ifrån. Även om dessa människor verkar ha ett bra liv, en kärleksfull familj och ett bra jobb, försöker många av dem begå självmord. Det verkar inte finnas någon logisk anledning, men de är så olyckliga att de inte vill vara här.

Den andra vågen är nu i sina sena 20-årsåldern och 30-årsåldern. De rör sig genom livet mycket lättare. De är generellt fokuserade på att hjälpa andra, skapar ingen karma och går normalt obemärkt förbi.

De har beskrivits som antenner, fyrtorn, generatorer, kanaler av energi. De har kommit med en unik energi som starkt påverkar andra. De behöver inte göra något. De måste bara vara. Jag har blivit tillsagd att bara genom att gå genom ett överfullt köpcentrum eller livsmedelsbutik påverkar deras energi alla de kommer i kontakt med. Det är så starkt, och självklart inser de inte detta medvetet. Paradoxen är att även om de ska påverka människor genom sin energi, känner de sig verkligen inte bekväma att vara omkring människor. Så många av dem stannar hemma isolerade för att undvika att blanda sig med andra; även jobbar från sina hem. På så sätt motverkar de sitt syfte. Många av de första och andra vågen vill inte ha barn. De inser omedvetet att barn skapar karma, och de vill inte ha något som binder dem här. De vill bara göra sitt jobb och komma härifrån. Många av dem gifter sig inte, om de inte har turen att hitta en annan av samma sort.

Den tredje vågen är de nya barnen, många av dem är nu i tonåren. De har kommit in med all kunskap som behövs, på ett omedvetet plan. DNA:t hos alla på Jorden förändras för närvarande och ändras för att anpassa sig till de nya vibrationerna och frekvenserna. Men DNA:t hos de nya barnen har redan förändrats och de är förberedda för att gå vidare med lite eller inga problem. Självklart missförstås många av dessa barn av skolorna och blir sorgligt nog medicinerade. En nyligen genomförd medicinsk rapport har nu tillkännagivit att 100 miljoner barn har felaktigt diagnostiserats med ADHD och satts på Ritalin och andra droger. Det är inget fel på dessa barn. De är bara mer avancerade och fungerar på en annan frekvens. Eftersom de är så intelligenta blir de lätt uttråkade i skolan. Jag har blivit tillsagd att de behöver utmaningar för att hålla dem intresserade. Denna grupp har kallats "världens hopp." Några av dessa barn är bara nio eller tio år gamla och har redan tagit examen från universitetet. De bildar organisationer, och otroligt nog är dessa organisationer till för att hjälpa världens barn!

Jag frågade "dem" en gång varför den första vågen hade haft svårast. De sa att någon måste vara pionjärerna, banbrytarna, de som visar vägen. De banade vägen som skulle göra det lättare för de andra som följde efter dem.

Under de senaste åren (2008 till 2010) har jag blivit intervjuad flera gånger i det populära radioprogrammet "Coast to Coast". Jag har också medverkat i Project Camelot och andra populära internetprogram. Dessutom har jag haft mitt eget radioprogram på BBSradio.com i nästan sex år som sänds över hela världen. Mängden e-post och vanlig post som jag får efter varje avsnitt är otrolig. Mitt kontor översvämmas efter varje sändning. Mina böcker har nu översatts till över tjugo språk. Breven kommer från hela världen, och de är alltid desamma. De är så tacksamma för informationen. De trodde att de var de enda i världen som hade dessa känslor av att inte vilja vara här, av att inte förstå våldet i världen, av att vilja gå "hem", av att allvarligt överväga självmord för att komma bort. Det har hjälpt dem enormt att veta att de inte är galna, att de inte är ensamma. Att de är en av många som frivilligt kom för att hjälpa Jorden genom dess krisläge. De var bara inte förberedda på konsekvenserna för deras ömma själar.

Från breven kan det ha funnits ett fåtal själar som är äldre (födda på 1930- och 1940-talen) som kom in innan den massiva tillströmningen efter slutet av 1940-talet och början av 1950-talet. Deras brev säger att de är äldre, men de har alla symtom på den första vågen. Det är möjligt att några av dem skickades som pionjärer innan den massiva vågen i slutet av 1940-talet. Jag har alltid trott på teorin att en ökning av födslar alltid följer efter ett krig eller en katastrof där många dör, som naturens sätt att ersätta och justera befolkningen. Men denna andra teori kan också vara en förklaring för babyboomarna. De består av många av volontärerna.

Breven säger alla samma sak, de är tacksamma för en förklaring som ger mening för dem. Jag har till och med haft dem komma fram till mig efter en av mina föreläsningar, gråtande, och säga: "Tack. Nu förstår jag." Även om de fortfarande inte gillar våldet och vibrationerna på Jorden, så är de nu, när de vet att de har ett uppdrag, fast beslutna att stanna och slutföra det. Det har gjort en enorm skillnad i deras liv.

DE TRE VÅGORNA AV VOLONTÄRER OCH DEN NYA JORDEN

Jag vill citera ett meddelande från en av tusentals e-postmeddelanden jag mottog 2010 efter ett av mina radioprogram.

"Jag vill tacka dig för att du talade om de '3 vågorna' eftersom jag tror att jag är en av de personer från den första vågen, som känner till vårt uppdrag, vår uppgift, men de som har makten förstår inte. Jag är född 1961 och min mycket yngre bror, tror jag, är från den andra vågen, född 1980. Vi har pratat om detta många gånger och har kommit överens om att vi faktiskt var utomjordingar och inte kommer från Jorden! Jag hade en extrem vision en gång om själva planeringssessionen för de 3 vågorna som ägde rum innan jag inkarnerade. Den var ganska detaljerad och intressant. Du kanske också vill veta att denna plan faktiskt försöktes en gång tidigare, och misslyckades eftersom antalet volontärer inte var tillräckligt högt! Det var då vi bestämde oss för att öppna flodportarna och 'stapla korten' med så många höga själar som möjligt kunde samlas. Den här gången tror jag att planen fungerar!"

KAPITEL TVÅ
EN FÖRSTAGÅNGARE

SOM JAG HAR sagt, genom åren har jag upptäckt många nya och rena själar som kommer till Jorden vid denna tidpunkt med en annan agenda än de som har varit fast i karmans hjul i otaliga livstider. Eftersom de inte har någon ackumulerad karma är de fria att följa sitt verkliga uppdrag. Huvudproblemet är glömskans eller amnesiprocessen som påverkar själar när de kommer till Jorden. "De" har sagt att vår planet är den enda i universum som glömmer sin koppling till Gud. Och vi måste snubbla genom livet med skygglappar tills vi återupptäcker det igen. De andra civilisationerna minns sin koppling och sina kontrakt och planer. De beundrar oss djupt för att vi tar oss an denna utmaning att glömma och tro att vi är helt ensamma. Och måste återupptäcka allt på egen hand.

Jag tror att det skulle vara mycket lättare om vi kunde komma hit med full kunskap om vårt uppdrag, vår uppgift, men de som har makten håller inte med. De säger att det är bäst att ha allt minne raderat och att låta oss återupptäcka oss själva, samt vårt uppdrag. De sa att det inte skulle vara ett test om vi visste svaren. Så även de som kommer med de renaste motiv och intentioner är bundna av samma regler som vi andra. De måste glömma varför de har kommit, och varifrån de har kommit. Allt som finns kvar är en hemlig längtan efter att det finns något annat som de inte riktigt kan förstå. Att det finns något som saknas. De måste hitta sig själva igen, och snubbla genom livet precis som vi andra tills ljus och minne börjar tränga igenom skygglapparna. Det är här denna process av hypnos hjälper till att föra minnena framåt. Det är dags nu att komma ihåg, att skjuta åt sidan slöjan och återupptäcka vårt syfte med att komma till denna oroliga planet vid denna precisa tidpunkt i historien.

De som jag klassificerar som den andra vågen verkar vara observatörer snarare än deltagare. De är här för att underlätta förändringar utan deras medvetna vetskap eller deltagande. De ska vara kanaler för energi. De ska bara vara. De behöver inte göra något. Detta kan ibland vara irriterande för vissa av mina klienter. På deras lista av frågor som de tar med sig till sessionen finns alltid vad jag kallar den "eviga frågan". "Vad är mitt syfte? Varför är jag här? Vad ska jag göra? Är jag på rätt väg?" Alla som kommer till mig vill veta samma sak. De enda som inte har denna fråga på sin lista säger: "Åh, jag behöver inte fråga det. Jag vet vad jag ska göra." Dessa individer är sällsynta. Majoriteten söker fortfarande, och vet att det finns något precis utom räckhåll för deras medvetna sinne. När jag har de som jag har klassificerat som den andra vågen, får de vanligtvis veta av det undermedvetna att de inte behöver göra något. De uppnår sitt mål genom att vara. Efter en session blev en manlig klient upprörd: "Men jag vill göra något!" De inser inte att de gör sitt uppdrag, bara genom att vara här.

Det finns många fall av förstagångare i mina andra böcker. En hel sektion i Convoluted Universe, bok tre, är tillägnad dem som har grävt fram minnen av att komma direkt från Gud-Källan. I denna bok finns några delar av nyligen (2009-2010) genomförda sessioner som illustrerar hur komplex denna beslutsprocess var som förde dem hit till Jorden.

MARIE

I MIN HYPNOSTEKNIK använder jag en metod där klienten sakta glider ner från ett moln till ett passande tidigare liv. Jag har funnit att det är 98% effektivt, så jag använder det ofta. När Marie var i djup trance ville hon inte komma ner från molnet. Istället ville hon åka upp. När det händer tillåter jag klienten att göra vad de vill. Jag vet aldrig vart det kommer att leda. När hon rörde sig uppåt fann hon sig själv i svart rymd omgiven av många stjärnor. "Jag ser hur liten jag är, och hur stort det är där ute." Hon verkade sväva, svävande i luften. "Det är runt mig och jag känner att jag är en del av allt. Jag vill komma närmare stjärnorna. Bara komma närmare den närmaste stjärnan och se om jag kan titta inuti den."

D: *Vilken riktning vill du gå?*

M: Stjärnan kom till mig. Jag behövde inte gå till den. Den är där. Jag tittar genom den och jag ser inuti den, antar jag. Det är som gaser. Det är som ångor. Ingenting stannar stilla. All ånga, gas och färger. Som iriserande vatten, som ett oljeskimmer på vatten. Jag är inte i den svarta himlen längre. Jag är i färger. Det är bara blinkande ljus.

D: *Så stjärnan ser inte alls ut som du trodde att den skulle se ut.*

M: Nej, jag trodde att det skulle vara som de stora stjärnorna som skulle göra mig blind, men det är inte så.

D: *Vill du se om den har en yta?*

M: Det känns rätt precis som det är för att det omsluter mig, omfamnar mig. Bara sväva genom gaserna. Och mitt huvud rör sig hela tiden så jag kan se bakom mig och runt omkring. För att se om jag kan se dess utsida... men jag ser bara dess insida.

D: *Så den behöver inte ha en solid yta?*

M: Nej. Jag känner mig perfekt i den. Jag är ett med den. (Skrattar) Jag känner mig inte främmande för den. Den accepterar mig som en del av den. Ingen avvisning. Jag är en del av den stjärnan, och den har inte blivit störd av mitt utseende. Den fortsätter fortfarande och jag är bara en del av den. Ingen struktur. Ingen form.

D: *Känner du att du har en kropp, eller hur känns det?*

M: Omsluten. Jag känner att det viskar runt min kropp. Mycket behagligt, mycket tillfredsställt, väldigt dämpat... en del av ångorna. Svävande. Jag känner mig svävande, så känner man att man har en kropp när man svävar? Man känner sig bara som om man hänger. Det är allt runt mig.

D: *Känner du dig ensam?*

M: Jag är helt ensam. Nåväl, jag känner inte att jag är ensam för jag är med den. Jag känner mig inte ensam.

D: *Jag menade, det finns inga andra.*

M: Nej, ingen förutom mig. Inga människor alls. Inte ens tanken på människor. Jag är i kosmos. Jag känner mig ett med det. Inte åtskild från det. Om jag försöker sväva ut och se på det kanske jag känner mig åtskild från det. Jag vet inte.

D: *Har du något behov av att göra något annat?*

Jag försökte få henne att gå vidare med berättelsen.

M: Nej, jag behöver inte göra något annat än att vara just där. (Skrattar) Jag vill inte gå någon annanstans. (Skrattar)

Detta kunde ha pågått ett bra tag, så jag förde henne framåt till en tidpunkt när hon beslutade att lämna den platsen och gå någon annanstans som var passande. När jag gjorde det var hon inte längre i rymden. Hon såg sig själv på en mycket hög klippa. Det fanns ett utskjutande område, en del som sträckte sig ut över en enorm klyfta.

M: Jag kan se där nere. Det är som att jag ser massor av små myror. (Skrattar) Det kan vara människor. Men de är så små. Jag ser små prickar som kan vara träd. Det kan vara bilar. Det kan vara människor. De rör sig, så det är som om jag ser något på långt avstånd. Jag tror att jag kanske är på toppen av ett berg... ja. Det är inte skrämmande. Jag är över alla andra. Det är nog människor. Det första jag tänkte på var myror... små myror. Det är avlägset.

D: Bli medveten om din kropp. Hur känns din kropp?

M: Jag känner inte att jag är i en kropp.

D: *Vill du stanna där eller vill du gå ut?*

M: Jag behöver bara vara där lite längre istället för att gå ner från berget. (Skrattar) Jag känner att jag är lite i himlen, som om marken bara är ett litet tunt lager och sen är jag över allt annat. Så det är som om allt annat är runt mig. Men jag känner att jag är mer i himlen än på klippan jag står på. Jag känner att jag bara skulle kunna flyga därifrån om jag ville.

D: *Inga begränsningar. Inga ansvar. Total frihet. (Ja)*

Jag beslutade att förflytta henne igen, så jag lät henne lämna den platsen och gå någon annanstans som var passande. Denna gång blev vi överraskade igen. Hon var fortfarande inte i en fysisk kropp.

M: Det är som bara klippa. Det finns inget gräs. Det finns inga blommor. Det är bara ren klippa. Jag är i graniten. Det finns färger i klippan. Det är grått och svart, men jag ser inga andra färger. Jag är förvånad.

D: *Hur känns det att vara en del av en klippa?*

M: Den samma känslan av att vara omsluten, som om det är runt mig. Ändå är jag fri. Jag kan resa mig och gå när som helst.

D: Det låter som att du kan vara en del av vad som helst.

M: Ja. Jag känner mig inte avvisad. Det accepterar mig, stödjer eller vaggande mig. Jag är bara en del av det.

D: Det låter som att du kan välja vilken form du vill vara och uppleva det. (Ja) Det är intressant. Känner du att du lär dig något när du blir dessa olika objekt?

M: Jag känner mig bara som en del av något, och det är en tröst för mig att jag bara accepteras och älskas och är en del av det. Ingen avvikelse mellan de två. Ingen separation. Inte ett åtskildhet, men en distinkt skillnad i känslan av att vara omsluten. När jag är en del av något lär jag mig att känna mig ett med det istället för åtskild.

D: Tror du att du någon gång kommer att vara i en fysisk kropp?

M: Inte om du inte säger till mig att göra det. (Skrattar.) Det känns begränsande att vara i en kropp. (Skrattar.) Jag känner mig omgiven, och det känns som att sätta på en kropp skulle grunda det och stoppa flödet som pågår.

Jag spenderade en hel del tid med att försöka flytta henne för att hitta ett liv vi kunde undersöka. Istället fortsatte hon att hitta sig själv som en del av något fast: en sten, ett träd, en blomma. Eller så såg hon sig själv flyga från plats till plats som en osynlig observatör. Hon gillade att titta på människorna i en park, och djuren och insekterna. Hon älskade friheten att komma och gå som hon ville utan ansvar. Varje plats hon såg sa hon att hon bara besökte; det var inte riktigt hennes "hem." Jag visste att hon till slut hade gått in i en fysisk kropp, eftersom det var den jag pratade med som låg på sängen. En gång trodde jag att vi hade lyckats, men hon var återigen observatören som tittade på människor. "Jag vet inte hur det känns att vara i en kropp. Det känns inte ens som att den är där. (Skrattar.) Jag har någon sorts vikt eftersom jag är på fast mark. Jag känner mig mer hemma med gräset." Hon kände sig mer som en del av allt, och att fokusera på sig själv förvirrade henne bara.

Jag förberedde mig för att flytta henne igen när en varelse dök upp bredvid henne. Hon kände sig bekväm med den, så jag tänkte att vi kunde få den att svara på några frågor och kasta ljus över detta.

Mycket ofta, när en entitet plötsligt dyker upp så här, kan det vara klientens guide eller skyddsängel. De kan visa sig på vilket sätt de vill, men syns normalt på ett icke-hotande sätt. Så jag tänkte följa den tankegången för nu istället för att kalla på det undermedvetna. Ibland kan dessa entiteter ge några svar.

D: *Fråga honom: Vi har drivit igenom flera liv där hon inte var i en fysisk kropp. Har Marie haft andra liv?*

Marie valde att svara istället för att låta honom göra det, men hon gav viktiga svar.

M: Jag känner att jag har varit mer i rymden än i en kropp under större delen av mitt liv. Det känns nästan främmande att känna "mig själv" och inte vara kombinerad med allt annat. Jag är van vid total frihet... ett fritt flöde. Jag förstår inte hur jag ska gå från ingenting, att känna mig rymlig och med allt runt mig, till att känna mig ensam och i en kropp och behöva vara någonstans.

D: *Var detta hennes första gång i en mänsklig kropp? Vad säger han?*

M: Vad du vill att det ska vara. (Vi skrattade.) Han säger att jag behöver komma ner från himlen och känna mig solid, känna marken under mig och jorden. Jag vet inte riktigt hur det känns. Mer än att vara en del av ångor och vara en del av något fast. Ner till marken. Röra marken och känna att jag står på något. Vara stilla och röra marken med händerna och röra träden.

D: *Hon kan plocka upp saker och känna dem och veta att hon har en riktig kropp. Är det vad du menar?*

M: Ja, det antar jag. Jag måste sätta mig ner, lägga mig ner och känna mig jordad. Och jag vill inte att det ska begränsa mig till att känna att jag är innesluten, för den andra känslan var att jag var "ett" med det och smälte samman med det. Nu när jag känner mig solid känner jag mig åtskild. Jag känner att jag inte är en del av det. Kanske är det därför jag vill vara solid. Det känns rätt att inte alltid flyta som en heliumballong som alltid flyger upp och upp och upp. Jag vill ha något som ett snöre som någon kan hålla mig med och binda det till något, så att jag alltid kan stanna här på marken istället för att försöka hitta "där uppe." Och se det som något bra, inte något begränsat. Något som är motsatsen till att flyta så att det är lika bra som att flyta. Det känns bara så bekvämt att flyta istället för att stå där. Frihet... kanske är det mycket av det. Att flyta känns fritt.

Jag föreslog att hon kunde ha båda. Hon kunde sväva fritt på natten när hon sov och sedan hålla sig jordad under dagen. På så sätt skulle hon aldrig förlora den delen av sig själv.

Marie hade ett allvarligt fysiskt problem som var en av huvudorsakerna till sessionen. Hon hade utvecklat eksem över större delen av sin kropp, vilket gjorde henne olycklig med den ständiga klådan och svedan. Hon rev sig till den grad att det började blöda. Läkarna kunde inte göra något annat än att ge tillfällig lindring. Jag bestämde mig då för att kalla på det undermedvetna (SC). Guiden hade hjälpt, men jag kände att han var begränsad i sin förmåga att besvara dessa frågor.

D: *Är det sant att hon har haft många liv som bara former och delar av saker? (Ja) Är detta hennes första gång i den fysiska kroppen?*
M: Ja. Acceptera kroppen. Acceptera denna kropp. Den tjänar dig väl.

Orsaken till eksemet var ett försök att bevisa för henne att hon var fysisk. Det riktade definitivt uppmärksamheten mot kroppen, så att hon kunde vara säker på att hon var i en kropp och att hon var tvungen att acceptera det. Vi arbetade med att ta bort symtomen genom att få henne att inse att hon måste leva här och att denna kropp var nödvändig. Hon var inte längre den icke-fysiska observatören, utan en aktiv deltagare.

M: Jag vet att jag är jordad. Min egen tyngd håller mig på marken. Jag är jordad. Jag vill uppleva hur det känns att vara på marken istället för i luften hela tiden. (Skrattar) Att känna hur det är att vara i en kropp... inte alltid sväva i något oändligt eteriskt. Jag behöver inget för att få mig att känna mig mänsklig. Jag är mänsklig. Jag är inte splittrad.

Detta är ett av de största problemen som förstagångare möter. De har aldrig varit i en mänsklig kropp förut och känner sig mycket begränsade och instängda. De kan utveckla fysiska problem och ofta omedvetet försöka förstöra kroppen (genom olika åkommor) eftersom de inte vill vara här. Det viktigaste för dem att förstå är att de frivilligt valde att komma hit vid denna viktiga tidpunkt i Jordens historia och att de måste stanna för att kunna genomföra sitt uppdrag. Det finns inga genvägar, om de inte vill riskera att återvända till andra sidan som ett misslyckande.

När Marie först gick till den vackra gasformiga stjärnan trodde jag att hon hade rest till en annan planet, men den hade ingen form och det hade inte hon heller. Jag tror att det var en annan beskrivning av att återvända till Källan. Det beskrivs vanligtvis som att vara i ett starkt ljus eller en stor sol, men det har alltid vackra färger. Det ger alltid en känsla av total kärlek och personen vill inte lämna eftersom de är så lyckliga där. Så småningom börjar de sin resa, och det är vanligt att först uppleva det som enklare former av liv, såsom stenar eller växter. De föredrar detta eftersom livet är kort och de kan komma och gå mycket snabbare. Men det är början på att veta hur det känns, även om de inte gillar att förlora sin känsla av frihet.

THE SHIMMERING

ETT ANNAT LIKNANDE fall kom från Hope, som frivilligt deltog som demonstration för min klass i Perth, Australien. Det var inte bara av nyfikenhet; hon hade några fysiska problem. Hon sökte hjälp med leukemi så desperat att hon var villig att låta en hel sal full av studenter bevittna regressionen. När vi började sessionen väntade hon inte på att jag skulle avsluta induktionen. Hon började redan beskriva något ovanligt. Det påminde henne om de snötäckta bergen i Tibet. Hon beskrev dem som vackra, isolerade, stilla och fridfulla, majestätiska och kraftfulla. Luften var krispig och absolut ren från föroreningar. Sedan beskrev hon något i luften som var helt oväntat. Självklart är jag så van vid det oväntade att jag bara fortsatte att ställa frågor. "Luften är som levande kristaller som har utvecklats till små bitar. De är överallt i luften, inte i marken. De är i luften. Jag andas in dem." Min första tanke var att det skulle vara omöjligt att andas kristaller. "Åh, de är små, mycket små partiklar. Det är en mycket vacker plats,

DE TRE VÅGORNA AV VOLONTÄRER OCH DEN NYA JORDEN

som en annan dimension.—Jag är så högt upp att man kan se saker och manifestera dem, och projicera dem till Jorden. Det är enkelt. Det är mitt jobb. Jag är länkad till allt, men för att manifestera detta kan jag inte prata med människor. Förstår du vad jag menar? Vissa saker måste läras. Det är egentligen en intrång.—Nåväl, det finns egentligen inga människor här där jag är.—I stället för människor... energi. Du skulle inte tro detta."

D: *Så det finns inga andra människor omkring dig?*

H: De är på Jorden.—Jag tror inte att jag är en människa. Jag är detta skimrande.—Egentligen, nu när du nämner det, finns det många varelser. Jag tänkte på människor? Dessa är inte människor. De är mina kollegor. De är gjorda av små protonliknande saker.

D: *Så du har egentligen ingen form. Du bara rör dig? Skulle det stämma?*

H: Ja, tänker faktiskt, manifesterar. Jag manifesterar situationer som ska vara på Jorden. Det gör vi alla. Det är det vi gör.

D: *Du sa att detta var ditt jobb?*

H: Ja, men jag måste gå ner. Jag har beslutat mig för att gå ner och bli en av de där människorna eftersom vi manifesterar. Det gör vi alla... de skimrande. Det finns många av dem. Sedan går de ner eftersom du skapar det, du levererar det, du förankrar det. Vi förankrar det på Jorden.

D: *Kommer dina kollegor också att gå ner?*

H: Det är ditt eget val. Det är ditt beslut. Du måste ha någon som håller energin här, förstår du? Vissa skimrar ner. Och jag är en av dem.

D: *Varför bestämde du dig för att komma ner om du var så lycklig där?*

H: Ordet "plikt" kommer till mig. För att vi alla spelar våra roller. Vi vet vår roll. Det gör vi alla. Jag kommer ner. Är det okej?

D: *Vad du än vill göra, men det verkar som om du egentligen inte vill. Är det korrekt?*

H: Du läser mig väl.

D: *Du visade känslor som om du verkligen inte ville komma ner.*

H: Det handlar inte om att vilja. Det handlar om vad som måste göras.

D: *Är det någon som säger till dig vad du måste göra?*

H: Det är inte tvingat. Det är inte så. Det finns ingen skolfröken här. Vi möts, vi vet, vi beslutar. Det bara är, eller så kommer vi ner.

27

D: *Berätta för mig vad som händer när du bestämmer dig för att komma ner.*
H: Tja, Jorden är väldigt, väldigt annorlunda. Var är kärleken? (Upprörd) Jag förstår det inte. Allt är så tungt. Vi kan inte andas kristaller.
D: *Nej, det finns inga kristaller där, eller hur?*
H: Allt är gömt undan. Det är hårt... och människor är... Jag ska säga dig något.—Vill du höra detta?— Där nere, där jag är nu, tror de inte på det skimrande. (Vi skrattade båda.) Om du pratar om det skimrande, sliter de din kropp så här... drar från ena änden till den andra. Prata inte om det skimrande. (Hon satte sitt finger mot sina läppar och gjorde ett "tyst"-ljud.) Vet du vad de gör med människor här? (Hon började gråta.) De drar dem isär. De förstår inte vad som krävdes för att skapa en fysisk kropp. De bara förstör den och de har ingen koppling till det skimrande. Jag måste hitta en plats där de har en koppling.

Tydligen när hon bestämde sig för att komma till Jorden var det vid en tidpunkt när det fanns mycket fördomar mot människor som var annorlunda. Som en ren och oskyldig själ insåg hon inte faran med att berätta för människor om var hon kom ifrån.

H: Jag visste inte att detta skulle hända. Vi möts i hemlighet i små grupper. Om de hittar oss, alla här inne... det är bara (ljud av dragning) snabbt.

Under hela denna session använde Hope många handrörelser som var omöjliga för kvinnan som transkriberade att beskriva eftersom hon inte kunde se dem. Jag önskade att jag hade haft en videokamera. Rörelserna verkade hänvisa till någon form av tortyr. Hon gjorde skärande rörelser ner längs framsidan av sin kropp och över halsen. Hon visade också en typ av isärdragning av sin kropp. Under sessionen verkade det som om hon inte ville vara helt tydlig med vad som verkligen hade hänt henne när hon var i det fysiska. Men jag kunde känna från rörelserna och känslorna att hon hade blivit torterad och dödad för sina övertygelser. Det undermedvetna (SC) verkade tycka att det var mildare för henne att berätta historien utan att gå in på detaljer. Detta var mycket skonsammare för Hope. Jag kan bara föreställa mig hur detta måste ha påverkat en mild och ren själ som kom till Jorden för första gången, vars enda önskan var att hjälpa människor. Detta måste ha varit helt oväntat för en själ som kom direkt från en plats av gudomlig och osjälvisk kärlek. Platsen för det skimrande.

D: *När du kommer ner, är du i en fysisk kropp?*

H: Åh, ja, för du måste ha en kropp här nere. Och de gör saker med kroppen. Kroppen är tät, tung som bly.

D: *Det är inte bekvämt, men du valde att gå in i kroppen för att utföra ett arbete. Är det korrekt?*

H: Ja, jag glömde det för en stund. Det är för att berätta för människor om det skimrande. Jag ska berätta vad det är. Det är de fattiga människorna på Jorden som har blivit avskurna från detta. Det är så tungt här med rädsla. Vårt jobb är att skingra rädslan och verkligen koppla dem till det skimrande. Till var de kom ifrån. Och möjligheterna varierar eftersom det skimrande kan sänkas för att manifesteras. Men det är inte så enkelt som jag trodde. För jag har inte haft några begränsningar, nej, det har jag inte. De viskar det i vinden. Det viskas bort, men du vet inte, eller hur? Så frågan uppstår, hur gör vi det? Hur avslutar jag det jag kom hit för att göra? Hur? Jag söker efter ett svar. Ibland känner jag, "Vad är poängen?" Det finns inget gott.

D: *Men du vet att de inte alla är så. Det finns några som kommer att lyssna.*

H: Det är inte dem du behöver hantera. De kommer också från det skimrande. De arbetar. Det är de—så många—som har glömt varifrån de kom. Deras länk, deras kraft och deras skönhet. Det är så tungt att du glömmer.

D: *Finns det ett sätt att hjälpa dem att minnas?*

H: Det är därför jag är här. Jag söker—jag tror att jag misslyckades— kalla ner fler skimrande. Kalla ner fler skimrande så att energin byggs upp. Det händer nu... mer ljus. Och mer inspelning.

D: *Vad menar du med inspelning?*

H: Fler kallades in.

D: *Vad sägs om de som redan var här på Jorden? Kan de göra dessa saker?*

H: De skimrar här som människor.

29

D: Så du menar att de alla har glömt?
H: Jag tror att det är mer jag. Jag tror att jag har glömt. Jag hade hoppats att det inte var så, men ja, det är definitivt jag, för det finns många andra jag kan se nu; många andra som gör sitt arbete. Många har glömt. Många har inte. Jag är en av dem och jag känner att jag inte har kommit upp till standard. Jag har inte lyckats.
D: Men du vet att när du går in i en fysisk kropp, är saker annorlunda.
H: Inte för vissa människor... för mig.
D: När du är i en fysisk kropp börjar du leva livet som vilken fysisk person som helst.
H: Uppenbarligen, till min stora sorg.
D: Tror du att det finns ett sätt att föra tillbaka minnena till den här kroppen som du talar genom?
H: Det skulle vara min innersta önskan.
D: Är du medveten om att du talar genom en fysisk kropp?
H: Ja, och den har ont.
D: Varför har kroppen ont?
H: Sorg... det är bara total sorg över att ha glömt uppdraget den kom hit för att utföra. Total sorg.

Det undermedvetna (SC) sa att sorgen berodde på att Hope inte gjorde det hon kommit hit för att göra. Hon hade glömt, och detta orsakade smärtan i hennes kropp. Jag pratade med det om att återställa kroppen till fullständig balans och harmoni så att hon kunde utföra sitt uppdrag. Jag sa: "Hon vet inte medvetet att hon har avbrutit processen."

H: Åh, hon är ganska smart. Hon har en rimlig uppfattning. Hon är på väg dit.

Det fanns också mycket rädsla som hade sitt ursprung i tidigare liv där hon hade blivit brutalt skadad.

H: Det finns lager och lager och lager av livstider med förlöjligande, smärta och förnedring.
D: Varför valde hon att ha livstider av smärta och förnedring?
H: För saken. Glömde användningen av energin, som är förlorad på planeten. —Jag tror att hon låter andra stoppa henne.

D: *Vilka är de andra som hon låter stoppa henne?*
H: Jag tror att kyrkan och denna Gud och allt detta ligger staplat ovanpå henne. Det är väldigt högt, allt ovanpå henne som stoppar henne. —De är böcker. De är bara böcker med felaktig kunskap. De är bara ord.
D: *Vi kan bara kasta bort dem. Hon behöver dem inte längre.*

Jag arbetade mycket med att få henne att visualisera att hon tog bort böckerna och lagren och kastade bort dem. Jag gav också många förslag för att hjälpa henne återfå sitt självförtroende, eftersom inget skulle hända henne i detta liv om hon valde att uttrycka sina tankar. Allt var kopplat till tidigare liv och hade inget att göra med det nuvarande. Det undermedvetna höll med mig, och jag trodde att vi gjorde framsteg.

H: Hon är lite förvirrad eftersom när hon arbetade i anden ensam hade hon allt hon behövde och var ensam och glad att vara det som ett skimrande. Som människa håller hon sig ensam. Hon håller sig undan. Hon skulle må mycket bättre av att arbeta i grupper, så att hon hade stöd. Hon är van vid att vara ett skimrande, ensam i en härlig isolering. Om du kunde säga till henne att det inte är samma sak på Jorden. Att man inte kan isolera sig och överleva. Vi gillar inte att kritisera, men det är en brist, om det är ordet man kan använda. Hon behöver vara social, men hon har gömt sig undan. I en grupp skulle hon inte vara ensam.

Jag ställde då den "eviga" frågan: Vad var Hopes syfte? Vad ville de att hon skulle göra?

H: Om hon bara skulle ge sig själv och sitt arbete tillräcklig tilltro och uppskatta sin ensamhetstid, och inte oroa sig så mycket för andra. Hon försöker vara normal. Stort, stort misstag. Hon kan aldrig vara normal. Du vill arbeta, och de flesta människor i det här rummet är inte normala.
D: *Du är medveten om att det finns andra i rummet (min klass)? (Åh, ja.) Många av oss är inte vad du skulle kalla normala?*
H: Ingen här är normal bland människorna. Jag menar inte det på ett oförskämt sätt alls. Jag menar det med den största respekt. Hon

behöver stödet. Det är som på de gamla dagarna. Det här är hennes problem. Hon har gått förbi kyrkan, men kyrkan gav ändå en gemenskap. Hon har ingen gemenskap.

När hon fortsatte att referera till det "skimrande" såg jag det som bara ett annat ord för andens form och hur de såg ut i den andra världen.
Vi fokuserade nu på de fysiska problem hon hade: leukemi och tumörer i halsen.

H: Hon ville inte vara här. "Vad är poängen?" sa hon till sig själv i hemlighet.
D: *Bestämde hon sig bara för att hon inte ville vara här?*
H: Nej, nej, nej, nej, nej. Hon såg vad som hände och hon började känna smärta, men under allt detta skimrade det inte. Förstår du vad jag menar? (Ja) Hon är faktiskt här. Och när hon minns det skimrande tror jag att hon kommer att vilja vara här.

De fysiska problemen hade uppstått från en ovilja att vara här längre. Hon var besviken på sitt arbete och sitt karriärval. Hon ville hjälpa människor, men hon trodde inte att det fungerade. Dessutom hade hon gett så mycket av sig själv till sin man att hon inte levde sitt eget liv. "Hon lever någon annans liv." Hon var tänkt att leva sitt eget liv. Hennes man skulle vara överens om det. När allt detta hade klargjorts arbetade det undermedvetna (SC) extremt snabbt för att ta bort det fysiska problemet, leukemin. Det gjorde en snabb rörelse över kroppen som om det kastade bort något och meddelade: "Det är gjort!!"

H: Det var ett gift av tankar.
D: *Varför utvecklade hon det i lymfkörtlarna?*
H: Hat mot hennes situation.
D: *Genom att skapa ett så högt antal vita blodkroppar förstörde det kroppen.*
H: Ja. Var är glädjen? Var? Inte rättvist.

Jag betonade att hon nu kunde föra glädje in i sitt liv. Och SC sa igen att hon inte skulle vara så mycket ensam. Hon var inte menad att arbeta i isolation. Jag har märkt att många människor som tillhör den andra vågen av volontärer inte vill vara runt andra människor. De föredrar att arbeta och leva i ensamhet. Men här ligger paradoxen. De är tänkta att hjälpa människor genom att sprida sin energi, men de flesta av dem tycker inte om människor. Så de föredrar att vara ensamma, vilket därmed motverkar deras syfte.

Hon började hosta och jag frågade om hennes hals. Hon hade en tillväxt där. De sa att det berodde på att hon var fylld av rädsla och att det hade fastnat där. Hon var rädd för att tala på grund av omedvetna minnen av vad som hände när hon talade ut i andra livstider. SC sa att tillväxten var hård som ben. Den hade funnits där länge och hade förkalkats. Efter att ha studerat den, spräckte det den på mitten, som en valnöt.

H: Valnöten är delad i två. Den försvinner. Nu kan man tala sanningen enkelt. Hon kommer inte vara rädd. (Leukemin, lymfkörtlarna hade blivit omhändertagna. Det var borta.)

D: *När hon går tillbaka till läkaren och tar blodprovet, kommer han att märka skillnaden?*

H: Ja. Och kommer hon kunna berätta för honom varför? Det kommer vara svårt för henne att göra det till en början.

D: *Men han kommer att märka att något är annorlunda.*

H: Han kommer att säga: "Spontana remissioner inträffar."—En dag kommer hon att erbjuda honom en behandling.

D: *Har ni avslutat arbetet med Helens kropp?*

H: Det är klart. När hon rör sig och bestämmer sin riktning, kommer hennes kropp att röra sig och bestämma med henne. Vi ger henne informationen. Fri vilja. Hon måste tro. Hon kommer att gilla det skimrande. Hennes röst kommer att få en vacker klang och rytm som vi kommer att tycka om att lyssna på.—Hon behöver vilja vara här. Och det kommer hon nu.

D: *Du vet, vanligtvis måste jag be dig att träda fram, men du har varit här hela tiden, eller hur? (Skrattar)*

H: Skulle jag inte ha varit här?

D: *Åh, nej, det var helt i sin ordning. Du visste vad studenterna här behövde. Ibland kan du bara komma in direkt, när det är viktigt.*

H: Och det beror på vem du arbetar med.

DE TRE VÅGORNA AV VOLONTÄRER OCH DEN NYA JORDEN

D: *Så det var inte nödvändigt för henne att återuppleva alla de smärtsamma tidigare liven, eller hur? Det tjänade inget syfte. Det räckte att veta att det var det som orsakade problemen.*

H: Ja. Du kan upptäcka att det kommer att ske en snabbare utveckling i dessa sessioner eftersom tiden, som vi känner den, förändras.

D: *Så sessionerna kommer att gå snabbare och komma till poängen snabbare?*

H: Du skulle kunna det. Vissa kommer, ja.

D: *Det beror alltid på personen. (Ja)*

H: Detta arbete är så viktigt.—Och att ha avsikten med det skimrande att föra himlen till Jorden. Och hur vackert att veta att när du går till sängs på kvällen, med ditt arbete, har du fört lite av det skimrande... himlen till Jorden. Vi frågar dig, "Vilken bättre arbetstillfredsställelse kan det finnas?" För varje person du helar, lättar Jorden. Vi tackar dig för ditt arbete. Vi skickar det skimrande till dig. Vi tackar dig. Vi hedrar dig.

Så i det här fallet skulle jag tro att det skimrande hänvisade antingen till Gudskällan eller andesidan, särskilt när hon nämnde att andas in kristallerna. Oavsett vilket, syftar det på utgångspunkten för vissa själar som gör sin första resa till Jorden. De kommer med de bästa intentionerna och upptäcker att det inte är så lätt som de trodde att det skulle vara när de väl anländer hit.

KAPITEL TRE
ETT ENERGIVASEN

LOUISES HUVUDSAKLIGA anledning till att komma till sessionen var att hitta orsaken till rädslan för förlust som tycktes förfölja henne genom hela livet. Hon verkade ständigt vara på jakt efter att hitta "sitt folk". Hon ville veta hur hon kunde lokalisera och ansluta sig till dem (vem de än var). Hon var aktivt engagerad i metafysiska grupper och undervisning och hade lärt sig mycket. Ändå fanns det ett stort tomrum i hennes liv som hon försökte fylla. Känslan av tomhet, olycka och förlust hade ingen logisk förklaring. Naturligtvis förväntade vi oss att hitta svaren i något som hände i ett tidigare liv. Men det undermedvetna (SC) hade andra idéer. Kom ihåg, det har en logik som är helt främmande för oss eftersom det kan se den större bilden.

När Louise kom ner från molnet såg hon ett märkligt landskap. Terrängen var bara taggiga toppar, vissa väldigt höga och andra små. Hela marken var täckt av dessa, inget annat. "Deras färg är ljusbrun med gnistor, som om de är kristaller. Allt är taggigt och vasst." Jag undrade hur någon skulle kunna röra sig och gå på en sådan yta. Hon sa att hon inte stod, hon flög, svävade och tittade ner på detta. "Topparna är för vassa. Allt är för vasst. Det är som om kristallerna är toppar i de andra topparna, och de har samma former som de taggiga topparna. De är långa och glänsande och spetsiga. Det finns några små, små och några större. Och det finns många ljusreflektioner som studsar överallt. Några av topparna är så höga att de mestadels är i molnen."

Jag bad henne att bli medveten om sin kropp, eller hur hon uppfattade sig själv. "Jag antar att jag måste ha en kropp eftersom jag inte vill trampa på de där vassa topparna. Jag kan känna sensationer. Jag märker varma och kalla fläckar, och jag kan känna en bris och jag kan se." "Nu lägger jag märke till ytan mellan topparna och kristallerna. Om jag tittar närmare på ytan är det inte statiskt... det finns saker som rör sig. Det är lite som bitar av ett moln, förutom att de inte är vita eller gråa, och de glänser mer. Och när de rör sig glider de liksom runt och ändrar form, men de är inte ett moln. När jag först landade här trodde jag att det var tomt, men jag ser att det inte är det. De är nästan som glänsande klumpar. De är inte bestämda och de kan rulla runt mellan saker, men de kan också sväva. De är som klumpar, men några av dem är pyttesmå och några är större klumpar, och de har ingen bestämd form. De är lite som ett moln, förutom att ett moln är mer dimlikt."

D: Är det de enda livsformerna du kan upptäcka?
L: Nej. Det finns faktiskt små, små saker som kryper på ytorna. Det finns rörelse överallt.
D: Tror du att dessa klumpar är medvetna varelser som skulle kunna veta saker?
L: Ja, de vet saker.—Det är som ett minne av inre såpbubblor. Förutom att de är i olika former och storlekar... integrerade.
D: Nåväl, vad sägs om dig själv? Tror du att du ser ut som en av dem?
L: (Skrattar) Det är vad jag undrar. Jag kan definitivt sväva och jag kan definitivt ändra positioner. Jag har ingen känsla för hur jag ser ut. Jag känner saker som varmt och kallt.—Jag kan ändra form... kan ändra storlek enkelt som ingenting.—De andra svävar runt eller kryper. Vissa av dem är så nära ytan att de är på den. Jag vet inte om jag är som dem eller inte.
D: Du kan ta reda på det. Informationen finns där. Är du som de andra? (Nej) Hur är du annorlunda?
L: Det är som en enklare livsform... det är en övergång. Det är inte som en kropp. Det är inte rent ljus heller. Och jag stannade bara här, och jag är inte exakt som det. (En plötslig insikt.) Jag är på ett uppdrag! Detta är som en viloplats.—Det är en plats mellan. Jag är på min resa hem... och detta är bara en viloplats.
D: Du är mer utvecklad och de är enklare? (Ja) Och du tror att du är på väg hem? (Ja) Vad menar du?
L: (Viskar) Det är där jag bor.
D: Har du varit någon annanstans? (Ja) Berätta för mig om det. Var var du?
L: På Jorden. Jag ska inte tillbaka dit. Det är därför jag är på denna viloplats innan jag går hem för att bli renad. Allt är klart på Jorden.
D: Är du glad att komma bort därifrån?

L: Nej, jag saknar skönheten, men jag vill inte tillbaka dit.—Jag saknar hemmet. Hemma... där finns inget taggigt. Där finns inget hårt. Vi vet alla. Vi älskar alla. Jag saknar hemmet, men det är okej att vara på den här platsen. Det här är bara en plats att stanna till på. Jag vet inte exakt varför jag stannade här, förutom för att stilla en nyfikenhet. Jag visste inte om platser som denna. Du vet att på Jorden kallar de dem för "amöbor." Förutom att vissa av dem är väldigt små och vissa är enorma, och de är intelligenta. De kan slå sig samman med varandra. De kan ändra form. De kan växa. De kan krympa. Det är ganska trevligt att vara så. Kanske är det därför jag tycker så mycket om vatten på Jorden.

D: *Men det är skönt att bara vara ingenting ett tag, eller hur?*
L: Ja. Det är verkligen trevligt.

Jag beslutade att kondensera tiden och flytta henne framåt till när hon anlände tillbaka hem. Jag frågade hur det var. "Det är verkligen vackert och glänsande, och många saker är blå och gröna och gyllene."

D: *Objekt eller bara färger?*
L: Nåväl, objekten är färger. Allt kan beröras och kännas, så det finns ingen skillnad. Det är solidt, men du kan också gå rakt igenom det, men det har alla möjliga utrymmen. Det kan göra ett skepp som kan resa mycket långt och som är gjort av särskilt ljus. Och vi kan göra vackra saker om vi har minnen av vart vi har varit, och vi skapar.
D: *Måste du ha minnen innan du kan skapa något? (Ja)*

Hon förundrades över och var imponerad av de magnifika saker hon såg som skapades. Hon suckade djupt. "Det är så säkert och så vackert här. Jag saknar det." Hon började gråta.

D: *Men du åkte till Jorden av en anledning, eller hur?*
L: Vi ville det, och vi åkte alla till den vackra, vackra platsen. Vi skulle vilja att de visste vad vi vet och kände vad vi känner.
D: *Men du vet att när människor kommer till Jorden så glömmer de, eller hur?*
L: Vissa av dem glömmer. Vissa av dem gör det inte.
D: *Är det lättare när de glömmer?*

DE TRE VÅGORNA AV VOLONTÄRER OCH DEN NYA JORDEN

L: Nej, det är svårare eftersom de dras in i allt. De lider och fastnar. Nej, det är lättare att komma ihåg. Om de är modiga nog att berätta för folk... men vissa av dem blir rädda. Vissa av dem vet att de inte kommer att bli trodda, och vissa av dem bara glömmer. Men det är så vackert där, och du vet att vi också åker till Jorden och njuter av de platserna, så att vi kan samla minnen, så att vi kan vara mer kreativa och göra mer för andra.

D: *Så ni måste gå och uppleva det fysiska för att få minnena? (Ja) Utan det kan ni inte skapa? Är det vad du menar?*

L: Vi kan skapa. Det är vad vi är. Vi är skapare av ljus, och ändå kan vi också berika så mycket av planeten som helhet. Förstå, det finns koppling överallt där. Det är inte som folk tror. På Jorden accepterar människor det, men det finns olika planeter som inte är likadana. På dem vet alla att det är lätt att skicka meddelanden. Det är lätt att koppla upp sig. Det är lätt att gå vidare. Det är lätt att resa. Det är enkelt.

D: *För de har inte glömt vad de ska göra. (Ja) Men är inte det en del av testet, att glömma när man kommer till Jorden?*

L: Nej. Faktiskt tror jag att när vi höjer deras medvetande på Jorden mer och mer och mer, kommer de att minnas. Det är vad alla vi vill göra för dem där. Så att de behandlar varandra bättre, så att de inte måste lida för att lära sig sina läxor. Det är inte nödvändigt. Det är vad som har gjorts, men det behöver inte vara så.

D: *Det är lättare att helt enkelt minnas utan lidandet. Är det vad du menar? (Ja) Men människor lyssnar inte, eller hur?*

L: Nej, inte alltid.

D: *Vet du att du talar genom en kropp som nu lever som Louise?*

L: Ja. Men det här är mitt hem i det här livet.

D: *Jag undrade om detta var innan hon gick in i Louises kropp.*

L: Detta är både innan och efter.

D: *Så efter att hon är klar här kommer hon att återvända till samma plats? (Ja) Men om hon var så lycklig där och det är så vackert där, varför bestämde hon sig för att komma tillbaka som Louise?*

L: Innan Louise var det ett volontäruppdrag att åka till Jorden.

D: *Så hon har återvänt om och om igen.*

L: Ja, men Louise är den sista. Jag vet detta. För efter Louise är det över, och hon får återvända hem igen, precis som jag är hemma.

D: Så du tror att hon vid den tidpunkten kommer att ha avslutat alla sina läxor?

L: På Jorden, ja... men inte alla läxor.

D: Visste hon när hon kom hit att detta skulle vara hennes sista gång? (Ja) Det har varit svårt, eller hur? (Ja) Skapade hon de svårigheterna av en anledning?

L: Hon ville vara så komplett som möjligt.

D: Vad menar du?

L: När vi lämnar denna plats av ljus och lämnar denna galax, som vi kallar det, och vi går till andra civilisationer, som de kan kallas, då tar vi på oss en del av deras karma. Och då avslutar vi all vår mänskliga karma från denna resa.

D: Så Louise har också varit på andra platser förutom Jorden, och du säger att ni tar på er karma från andra platser?

L: Den karma som Louise avslutar är bara från hennes mänskliga liv.

D: Då är det dags att stänga det kapitlet? (Ja) Hon har lärt sig allt hon kan lära sig i dessa liv.

L: Inte bara lärt sig, utan också bidragit. För syftet med resan var att bidra.

D: Vad skulle hon bidra med?

L: Lära människor att tänka... lära människor att älska... lära människor att ta hand om varandra... lära människor att ha tro... lära människor att skapa fred... lära människor att övervinna sjukdom... lära människor att vara kopplade till naturen... lära människor att essensen av förtvivlan är koppling... lära människor att de kan vara med varandra i harmoni... lära människor att krig är något som kan avsluta ett liv.

D: Det är alla underbara saker, men när vi kommer till Jorden blir det svårt, eller hur?

L: Rätt. Men det finns så många av de andra. Förstå, några av oss glömmer, men de andra var inte vi. De är nya. De håller bara på att lära sig. Olika nivåer. Olika saker att bidra med... olika läxor att lära. Och också några från olika områden...vissa har haft fler mänskliga liv. Och faktiskt finns det också andra från andra galaxer som har kommit.

D: Finns det också de som har kommit tillbaka igen och igen och igen? (Ja) Är det de som är mer fast i karmahjulet?

DE TRE VÅGORNA AV VOLONTÄRER OCH DEN NYA JORDEN

L: Ja. Och det är därför "utlänningar" kommer för att hjälpa dem.— Många människor vill bli hjälpta men de placerar sig själva i sina egna boxar. De vet att de vill bli hjälpta; det är bara det att de fastnar i sitt eget perspektiv. De fastnar i sina begränsningar av det ögonblicket i tiden och sina kroppar, så de tror inte att de har något annat. De vill få hjälp utan att göra något annorlunda. De tror att det är allt som finns: kroppen eller den maten eller den platsen eller den synen. Louise fastnar ibland. Hon hade andra livstider som hon också mindes. Den här gången kom hon för att minnas vem hon var och vad hon kan göra. Hon gör ett bra jobb, men inte så bra som hon skulle ha velat.

Det verkade som att några av volontärerna var riktigt gamla själar som också hade beslutat sig för att komma hit och hjälpa till. De verkade också vara nya för Jordens vibrationer, och detta orsakade dem problem. En av de viktigaste sakerna som skulle skilja dem från de som var här för första gången var att de hade mer erfarenhet. Ändå insåg Louise att de alla måste arbeta tillsammans för att hjälpa dem på Jorden som var "fast".

KAPITEL FYRA
OBSERVATÖREN BLIR FYSISK

PAULA VAR DEN SOM VALDES för demonstrationen vid en av mina hypnosklasser i Arkansas. Jag vet aldrig hur dessa sessioner kommer att gå eftersom personen befinner sig i en "guldfiskbålsituation," där alla tittar på. Detta kan göra dem självmedvetna och nervösa, vilket kan påverka resultatet. Mitt jobb är alltid att se till att de är avslappnade så att de kan gå in i trance utan känslan av att vara exponerade. Demonstrationen görs alltid den sista dagen av klassen, och vid det laget har de flesta av eleverna blivit bekanta med varandra. Så det är inte samma sak som att behöva prestera inför en grupp främlingar. Jag beundrar dem för att de vågar ta risken eftersom jag respekterar deras känsla av sårbarhet. Det är alltid ett äventyr eftersom ingen vet vad resultatet kommer att bli. På något sätt verkar det alltid fungera perfekt. Jag antar att det är för att "de" har kontrollen.

Paula väntade inte tills jag avslutade induktionen. Hon var redan i ett annat liv när jag bad henne hitta en plats som var vacker och fridfull. Jag visste att det inte var den typiska vackra platsen så snart hon började beskriva den. Hon såg ett hav och en kristallkupol på en strand. Hon kallade det sitt "hem," och kupolen öppnade sig när hon gick in i den, och visade genomskinliga väggar som man kunde se igenom. Jag frågade henne vad som fanns inne i kristallkupolen. Allt är i centrum. Det kretsar i cirklar. Från centrum kommer allt ut, spiralande mot utsidan av kupolen mot mitten där jag sitter. Genom kupolens mitt är alltets centrum. Det är här energin kommer ifrån.

D: *Energien fokuserar där i mitten av rummet? (Ja) Varifrån kommer energin?*
P: Inifrån! Den bara genereras. Den är levande.

Hon sa att hon bodde ensam på denna plats. När jag frågade henne om hennes kropp sa hon att hon inte såg någon kropp. Hon uppfattade sig själv som ljus.

Eftersom det inte fanns något behov av att konsumera något i en ljuskropp, sa hon att hon bara existerade på den platsen. Det fanns inga andra varelser där.

D: *När du genererar denna energi, vad gör du med den?*
P: Jag går överallt. Jag kan röra mig runt hela planeten.
D: *Så du är inte bunden till den platsen? (Precis) Går du utanför kristallkupolen?*
P: Ja, det gör jag. Jag kan det. Jag rör mig runt den. Jag verkar bara vara där.
D: *Är du lycklig där?*
P: Jag är ensam. Ingen annan.

Hon kunde inte minnas hur hon först kom till den här platsen, men hon visste att hon hade varit där under lång tid. "Jag skapade det."

D: *Hur kunde du skapa det?*
P: Jag minns inte. Jag ser ingenting.

Det verkade som att detta inte ledde någonstans, så jag bestämde mig för att flytta henne framåt i tid. Även om tid inte skulle existera på en sådan plats, bad jag henne att röra sig framåt för att se om det någonsin kom en tid då hon inte längre var ensam där. När jag bad henne att röra sig kunde hon inte se något. Det var tomt. Så jag lät henne röra sig till en tidpunkt då hon inte längre behövde vara på den platsen. När jag frågade vad hon såg, började hon beskriva en kaotisk scen. Strider... krig... hästar och svärd och mycket slagsmål. Hon var inte en del av det, hon observerade bara kriget. Hästar... många människor på hästar... slagsmål... krig... spjut och svärd och hemska strider. Jag ser på dem.

D: *Vad känner du för det?*
P: Jag står inte ut med det. Jag ser på. Jag skulle hellre observera eftersom jag inte vill bli skadad. Jag kan inte stoppa det. (Hon började gråta.) Så mycket lidande!

Hon fortsatte att gråta eftersom hon kände sig hjälplös och oförmögen att göra något. Jag försäkrade henne om att det var okej att vara känslosam. Jag flyttade henne framåt i tiden för att se vad som hände sedan. Då fann hon sig själv i en fysisk kropp för första gången under denna session. "Jag går... varmt... det är varmt... öknen."

D: *Varför kom du in i en fysisk kropp?*
P: För att lära mig. Jag var tvungen att sluta vara en observatör.
D: *Var det någon som bad dig göra den förändringen?*
P: Det var mitt eget val. Jag var tvungen att lära mig.—Så nu går jag bara genom öknen. Jag försöker bara hitta en plats att vila på.
   Hon kände som om hon hade varit i öknen under en lång tid. Igen kände hon att hon inte hade något hem. Hon letade bara efter en plats att vila på, hon var väldigt trött. "Jag har gått en lång tid... jag tror att jag kommer att dö. Jag tror inte att jag kommer klara det. Jag är trött och svag."

   Jag förkortade tiden och frågade: "Hittar du en plats att vila på?" Hon såg sig själv gå genom gatorna i en stad där det fanns många människor. Hon såg att hon var man, och medan han gick genom gatorna tog någon tag i honom och satte honom på deras häst. Han visste att han var i trubbel. "Jag är rebellisk.—De satte mig på en häst. De tar mig bort. De tar mig i all hast. Det verkar som om jag är på väg tillbaka till öknen igen. Vi lämnar staden. Vi lämnar... inte igen.... Han tar mig till sanddynerna.—Jag är medvetslös. Han slog mig i huvudet."

D: *Vad händer sedan när han tar dig ut i öknen? (Paus) Du kan titta på det som en observatör om du vill.*
P: Jag verkar inte se något mer. Jag tror att jag kanske är död. Jag tror att han kan ha dödat mig när han slog mig i huvudet. Min kropp var redan död på hästen. Jag ser ingenting.
D: *Varför tog han dig ut dit?*
P: Han ville inte ha mig där.

   Hon kunde inte hitta fler svar, men jag visste att nu när hon var ur kroppen skulle vi kunna förstå allt. "Vi kan hitta svaren på de här sakerna eftersom vad som än hände redan har hänt. Du är på andra sidan av det."

P: Jag är glad att vara ur kroppen.
D: *Men du sa att du kom in i kroppen för att lära dig. Tror du att du lärde dig något?*
P: Det är så kort. Allt där var så kort. När jag var en observatör var det längre. Det här är kort.
D: *Vad vill du göra nu?*
P: Jag vill vila. Det var traumatiskt.

Eftersom detta var en demonstration för en klass visste jag att jag inte skulle ha lika mycket tid att utforska, så jag lät henne lämna den scenen och kallade fram SC. Jag frågade varför det valde att visa dessa två liv för Paula. "Det första där hon var energin och observatören. Det där hon bodde i den kristallkupolen och genererade energi."

P: Det var enkelt.
D: *Det var inte mänskligt, eller hur? (Nej) Varför ville ni att hon skulle veta om det livet?*
P: För att koppla till enheten. Det var hennes början.
D: *Men hon var ensam i det livet.*
P: Ja. Det var fridfullt. Vi ville att hon skulle minnas att hon är ett med allt. Vi ville att hon skulle minnas att hon aldrig är ensam.
D: *Varför är det viktigt för henne att veta det?*
P: Enkelt... enkelt. För vi är alla likadana. Hon tror att hon är speciell. Vi är alla likadana. Vi är alla speciella. Ibland glömmer hon det.
D: *Hon har gått igenom några svåra tider i det här livet, eller hur? (Åhh, ja!) Men hon överlevde.*
P: Ja, det gjorde hon.
D: *Varför hände de sakerna henne?*
P: Hon ville gå dit. Varje liv valdes av henne för att lära sig. Varenda ett.
D: *Även när livet är svårt?*
P: Ja, det är bara illusioner.
D: *Sedan visade ni henne livet där hon var i öknen. Hon var i en mänsklig kropp då. (Ja) Varför visade ni henne det livet?*
P: För att visa henne hur illa livet kan bli. Hungrig och ensam och varmt... allt. Alla stora extremiteter som kroppen kan uthärda.
D: *Varför ville ni att hon skulle veta det?*
P: Så att hon kan se hur bra hon har det nu.

D: Men hon blev illa behandlad som barn, eller hur?
P: Ja... inte så illa som hon tror.
D: Sedan gick hon in i ett dåligt äktenskap. (Ja) Vad lärde hon sig av det?
P: Ödmjukhet och tålamod.

Vi fokuserade sedan på Paulas fysiska klagomål. SC gick in för att läka och reparera. Den sa att den använde flytande ljus. "Det flödar från Källan." Hon hade haft problem med nedre delen av ryggen och hade opererats där.

P: Ja. Hon har blivit stelopererad.
D: Vad orsakade det?
P: Skuld. Skuld från andra livstider. Det är oviktigt. Håll inte fast vid det förflutna. Det är borta.

De separerade sedan ryggkotorna och reparerade dem med hjälp av mer flytande ljus. "Det är vackert!" Detta tog också bort skulden. "Hon måste släppa det. Släppa det." De gjorde sedan mindre justeringar i njurarna, levern och bukspottkörteln. Det sades att detta orsakades av oro. Jag frågade, "Vad har hon att oroa sig för?"

P: Jag vet inte. Hon är löjlig.—Den mänskliga kroppen är ett mirakel. Du vill inte skada den.

Avslutande meddelande: Bara lita på och tro på sig själv.

Så många av dessa volontärer har varit observatörer genom otaliga livstider över hela universum. Vad skulle kunna vara mer naturligt än att de fortsätter att vara observatörer nu i denna viktiga tid i Jordens historia?

KAPITEL FEM
BESKYDDAREN

RICHARD VAR EN äldre man som hade gått i pension efter en framgångsrik yrkeskarriär. Han föddes 1948, vilket skulle kunna placera honom i den första vågen. Han betraktade sig själv som en ensamvarg och hade ingen familj. Han hade inga problem och verkade nöjd med sitt liv. När jag tillbringar större delen av mitt arbete med att hantera förödande problem och allvarliga sjukdomar, är det uppfriskande att hitta någon som är relativt lycklig. Naturligtvis fanns den "eviga frågan": Vad var hans livsändamål och hur skulle han uppnå det?

När Richard steg ner från molnet såg han två bilder eller scener som verkade vara sammansatta, och han var osäker på vilken han skulle fokusera på. Han såg en grönaktig, långhalsad dinosaurie stå under ett träd och lugnt äta blad. Men det fanns också en pyramid i fjärran. "Dinosaurien är på ena halvan av bilden och äter blad, och pyramiden i sanden är på den andra sidan. Jag sitter bara här och tittar på dem. Det är så tydligt som dagen."

Han bestämde sig för att fokusera på pyramiden och gick mot den. Den var mycket stor och toppen var mycket spetsig. Det som gjorde den annorlunda och intressant var att det fanns en mycket ljusstark sfär i pyramidens övre del. Den var lika ljus som solen och lyste i alla riktningar. Liknande en fyr, förutom att ljuset inte roterade utan förblev stilla och sände ut ljusgult vitt ljus.

Jag bad honom sedan att bli medveten om sin kropp, och han såg att han var en ung man som bar lädersandaler och något liknande en kort toga som bara nådde till knäna. Det ovanliga var att han såg att han hade mycket långt grått hår, vilket inte verkade logiskt för någon så ung. Han bodde helt ensam i ett mycket litet stenhus nära pyramiden. Jag frågade om han hade något att göra med pyramiden.

R: Det är som om pyramidens ljus håller mig säker på något sätt. Det kommer från pyramidens topp och ser överallt. Var det än lyser är allt säkert. Det är vad jag känner. Jag är glad att göra mitt jobb. Jag sjunger och nynnar.

D: *Varför sa du att det är som om ljuset ser?*
R: Jag är medveten om det, antar jag. Jag är medveten om det även när solen är ute. Ljuset är fortfarande där. Det är inte solen. Det finns en sol på himlen, men denna pyramid är där och den ser över hela landet... inte bara mig. Ljuset kommer bara ut i vår riktning. Jag är säker. Jag är definitivt säker. Ja, jag känner inga bekymmer. Jag är glad och mitt liv är glatt eller upplyst där, ja.

Jag frågade om han någonsin hade varit inne i pyramiden, och han tittade för att se om det fanns någon ingång. "Ja, det finns trappor som går upp på sidan. Och jag går upp och det finns en dörr precis under den stora ljusbollen." När han gick in i det mörka rummet fanns det ingenting där förutom en glödande rosa kristall som svävade i luften i mitten av rummet. Han tog den i sin hand och höll den. "Ljustrålarna lyser runt i min hand... om jag stänger handen lyser ljus ut genom mina fingrar. Jag har inte sett den förut, men jag vet bara att det är säkert att hålla i den." Jag undrade om den hade ett syfte, och det slog honom att om du håller den och ställer en fråga, skulle den svara.

D: *Det är intressant. Tror du att den har någon koppling till det större ljuset som är på pyramidens topp?*
R: De är definitivt kopplade. Ja, de är i harmoni med varandra på något sätt. Det är som en silvertråd eller något som kopplar dem som du inte kan se.
D: *Låt oss fråga stenen om pyramiden. Kanske har den svar om denna plats.*

Jag började sedan ställa frågor för stenen att svara på. Richard upprepade varje fråga efter mig och sa vad han hörde. Många gånger gjorde svaren ingen mening för honom. Jag kommer att komprimera svaren här.

R: Pyramiden byggdes av de Gamla från en annan värld. Syftet med det glödande ljuset på pyramidens topp: det är skydd. Det skyddar allt. Det finns saker från rymden som kan komma in och skada planeten om det inte skyddar den. Jag vet inte vilken typ av saker.

Vi måste skydda. Den säger bara: "Jag skyddar denna plats från varandra." De Gamla placerade det ljuset på toppen av pyramiden. De kom hit, byggde pyramiden och åkte iväg i någon typ av rymdskepp. Pyramiden är bara ett solitt block förutom det lilla rummet som har den svävande rosa kristallen som lyser, och den stora bollen på toppen. Ljuset lyser bara som en fyr, men det roterar inte. Det bara lyser i alla riktningar. Det är inte nödvändigtvis ett ljus som du ser. Det är som en energi som går i alla riktningar. Det finns en annan pyramid som gör samma sak, men den är långt borta, mycket långt borta, och det verkar finnas sten och sand mellan de två pyramiderna. Inget annat.

D: *Är detta beläget på jorden?*
R: Först trodde jag det, men nu tror jag inte det eftersom himlen är lite lilaaktig. Det är inte som en himmel jag har sett. Nu ser jag att jag är väktaren av denna plats. Jag är en del av denna plats. Det ser ut som om vi är ett tillsammans. Jag håller den igång, vad det nu är. Jag ser till att den fungerar rätt, men jag ser inga kontroller eller något. Jag antar att jag kommunicerar med den mentalt... ja.

D: *Så du är lycklig där?*
R: Extremt lycklig, ja. Min kropp känns ung, men jag känner att jag har varit här länge... en motsägelse, men det är vad det känns som. Jag är lycklig att vara här ensam.

Jag flyttade honom framåt till en viktig dag. "Det finns ett cigarrformat rymdskepp som svävar över pyramiden och det är vänligt och en del av den, inte att det är viktigt. Jag är glad att se det eftersom det släpper av förnödenheter, men inget ovanligt. Det är bara så att man inte ser det så ofta. Det svävar bara, släpper ner saker. Det behöver inte landa. Det svävar förnödenheterna ner och placerar dem på plats. Vad det än är, är jag glad att vara ensam här, och det kommer förbi och ger mig förnödenheter och frågar mig vad jag gör, och det är allt. Det är inte särskilt dramatiskt."

D: *Så du behöver inte gå ombord och ha kontakt med det?*
R: Nej, jag ser inte mig själv ha kontakt med någon ombord.
D: *Så det är en viktig dag eftersom det bryter rutinen.*
R: Sant. Men jag är inte ledsen när jag ser det åka. Jag ser det komma, och jag är glad, men när det åker, är jag fortfarande glad. Jag är en

lycklig person i detta liv! (Förvånad) Jag är frisk. Jag ler och flinar och jag har bara roligt. Jag njuter bara av det.

Varje gång jag flyttade honom till en annan scen var det samma sak. Allt verkade vara ganska monotont. "Det här är en mycket lycklig plats. Jag behöver ingen alls. Det låter konstigt, men jag behöver ingen."

Det verkade verkligen som om varje dag var precis som varje annan dag, men jag antar att det inte spelade någon roll eftersom han var lycklig i sin ensamhet. Jag trodde inte att vi skulle kunna lära oss något mer, så jag flyttade honom framåt till den sista dagen i hans liv och frågade vad som hände.

R: Helt plötsligt kommer en stor ljusstråle från himlen och drar upp mig. Och jag tas någonstans och det är allt. Jag är borta. Den kom bara från himlen. Det är inte från ett rymdskepp. Den kom bara från himlen, men jag är redo för det. Det är inte som om det är en överraskning. För jag har mina armar utsträckta, och jag ser den och strålarna bara kommer och hämtar upp mig. Och jag är borta, och vart jag går vet jag inte. Låt oss se.

D: *Så den tog den fysiska kroppen?*
R: Vet du vad? Det gjorde den inte. Nu när du sa det, vad som är kvar av den fysiska kroppen ligger bara där på marken.
D: *Var det något fel på kroppen?*
R: Måste ha blivit gammal för den är väldigt rynkig. Måste ha levt länge. Oj... det där är intressant!
D: *Låt oss se vart den tar dig.*
R: Jag är i ett rum med detta råd av äldre.

Han hade uppenbarligen gått till andevärlden och framträdde inför ett råd för en livsutvärdering. Detta behandlas mer utförligt i mina andra böcker om livet efter döden.

R: Jag står framför dessa människor som sitter ner. Jag kan verkligen inte urskilja ansikten, och de bara ställer mig frågor. "Nå, tyckte du om det?" och jag säger, "Ja, det gjorde jag." "Du gjorde ett bra jobb." Och "Det är dags för dig att vila." Och de ler alla mot mig

DE TRE VÅGORNA AV VOLONTÄRER OCH DEN NYA JORDEN

och säger, "Du kommer göra det igen... något liknande nästa gång."

D: *Hur känner du inför det?*

R: Jag har ett stort leende på mitt ansikte. Jag är glad som alltid. Oj, detta är tråkigt om jag alltid är glad. (Skratt) Vi är vänner... vi är gamla vänner. Jag pratar, och det är trevligt att se dem. Och jag har på mig en mörkröd mantel av någon anledning. Det är intressant. Jag har en ljusröd mantel och de har alla vita mantlar, så jag vet inte vad det betyder.

D: *Fråga dem vad det betyder.*

R: Det första jag får är: "Du har avslutat den nivån och du ska gå vidare till en annan nivå." Vad det nu innebär.

D: *Hur länge måste du vila innan du måste göra det igen?*

R: Det första som kom var, tjugo år; vad nu år är.

D: *Fråga dem, när du gör det igen och kommer tillbaka, kommer detta att vara livet som är känt som Richard, eller finns det andra liv däremellan?*

R: Nej, det är det! Det kommer att vara det liv du är i nu.

D: *Är detta första gången Richard är på planeten Jorden?*

R: De sa ja... ja, det är det.

D: *Du har aldrig varit på Jorden förut?*

R: Definitivt inte... du har inte det.

D: *Kommer det inte vara lite av en chock för hans system att komma till den här planeten?*

R: De sa nej, för du vet hur man är ensam och hanterar energierna. Så varför ska jag dit? "Du är där för att skydda. De kommer inte veta det, men människor omkring dig är skyddade. Vart du än går kommer de på något sätt att vara skyddade."

D: *Som du gjorde i det andra livet vid pyramiden? Saker var skyddade.*

R: Åh! (Känsla av igenkänning)... kanske det. "Du har en helande närvaro. Du kommer bara att gå runt, och var du än är kommer människor att få något bra av det. De kommer inte veta det medvetet, men de kommer att känna det undermedvetet. De kommer att känna något." —Richard kommer att vara säker. Han kommer att skydda människor, men inte på det sätt han vanligtvis förstår att man skyddar. Det är på ett sätt som han inte är medveten om. Han är här för att skydda människor... bara genom att vara

DE TRE VÅGORNA AV VOLONTÄRER OCH DEN NYA JORDEN

där. Närvaron kommer att skydda människor på sätt de inte förstår. Och han kommer inte vara medveten om att han gör detta.

D: *Jordens energier är väldigt annorlunda, eller hur?*

R: "Ja, men du kommer att bygga något ute på landet som du inte vet om än. Det kommer att avslöjas för dig senare. Det är inte dags för dig att veta. Det kommer att vara något storslaget; inte nödvändigtvis stort, men för att skydda och hjälpa planeten. Det kommer att vara en slags energikraft som kommer att hjälpa till att skydda; högre energier av något slag. Även om planetens energier inte nödvändigtvis är goda, är du fin med det. Du kan hantera det. Det är inget du inte kan hantera."

D: *Så han kan leva på jorden i dessa energier utan att samla på sig karma?*

R: Absolut! "Ja, du kommer att leva på planeten utan någon karma." Wow! Det är intressant.

D: *Vi vill inte berätta för honom om det inte är dags, men är det hans syfte?*

R: Hans första syfte är att uppleva planeten Jorden och leva bland dess folk, men huvudsyftet är att bygga något senare. Det är huvudsyftet; något att rikta och hjälpa planeten med. —"Du ska vara ensam. Njut av att vara ensam. Njut av ensamheten denna gång."

D: *Är det en av anledningarna till att Richard har levt ensam större delen av sitt liv?*

R: Ja, för i många liv har han varit ensam. Han tycker om det på det sättet. Han är van vid det.—Det behöver finnas andra människor som gör det han gör. Men tiden är ännu inte mogen i världen för att vi alla ska göra vår grej. Att bara hänga... bara njuta av att hänga. Det är mycket som att ta hand om den andra planeten. Leka... njuta av sig själv.—Det kommer att finnas någon typ av nätverk för mänsklighetens bästa. Han säger att många människor fortfarande kommer att fastna i sina gamla spår. Han säger, "Du är långt över det nu. Du vet det eftersom du ser att de inte förstår, men du kan inte oroa dig för dem. Du har ett högre syfte, och det kommer att avslöjas vid en annan tidpunkt."

Richard hade en fråga om återkommande UFO-drömmar som han hade haft hela sitt liv. "De är till för att visa honom hans rötter. För att alltid påminna honom om att han kom från ovan. Han är inte från Jorden. Vi behöver människor som honom för att hjälpa den här planeten. Det är en tuff plats, men det är en testplats för många saker. Det är lågfrekvent, men det är vad du gör det till. Du vet det. Vi behöver inte säga det till dig. Du är över det. Vi behövde dig här vid denna tidpunkt av en anledning som du kommer att förstå senare.— Inom fem år kommer han att veta varför han är här och vad han ska göra. Vid det ögonblicket förändras saker." (Den här sessionen genomfördes i december 2009.)

Jag frågade om 2012. "2012... folk lägger för mycket tid på att oroa sig för det. De behöver arbeta med sina liv. De säger till mig att de behöver 'rensa upp sig själva'. Det kommer att bli värre eftersom vibrationerna ökar, och de människor som inte höjer sina vibrationer... det blir svårare för dem, så fler och fler människor kommer att 'checka ut'. De vet inte hur de ska hantera energin. Det är inte nödvändigtvis 2012. Det är bara ett datum, men det kommer snart. Det är bara att någon satte ut det datumet, och det råkar vara så att saker och ting liksom kulminerar runt det datumet."

D: Kommer folk att veta att något har hänt?
R: Ja. Vi kan inte berätta det för dig just nu, men det kommer att bli klart för alla när detta inträffar.
D: Jag har fått höra att vissa kommer att bli lämnade kvar. De kan inte anpassa sig till energin?
R: Ja, många människor kommer att bli lämnade kvar. Men det är okej.
D: Kommer Richard att arbeta med den nya jorden?
R: Ja, ja det kommer han.
D: Kommer jag fortfarande att vara kvar för att arbeta med den nya jorden också?
R: Ja, ja, det kommer du.
D: En fråga som många har ställt till mig är: "Kommer människor bara att försvinna?"
R: Nej, de kommer inte bara att försvinna. Inte på det sätt som du tänker på att försvinna... återigen, du kommer bara att behöva vänta och se.—Även om det ibland är frustrerande, du vill att saker ska hända, men saker kan inte hända ännu. Det finns andra saker som behöver äga rum. Jag frågar dem, "Kommer det att bli några slags katastrofer?" Allt vi kan säga är att haven och vattnet

just nu kommer att översvämma mer av planeten. Det har inget att göra med global uppvärmning.

D: *Har det inget att göra med isarnas smältning?*

R: Nej, möjligen en stor meteorit som slår ner eller något. Just nu är det problem med vatten, ja.

D: *Är det då många människor kommer att lämna?*

R: Ja, definitivt ja. Människor kommer att delas upp i två grupper. De som vill stanna här och hantera förändringen, och de andra som vill "checka ut" och inte klarar av vibrationerna. Det kommer att vara tufft i början för de människor som vill stanna, men de vill ha tuffheten. De kan hantera det. De kommer att vara redo för det.

D: *Så det kommer att vara svårt i början.*

R: Det kommer det vara, men bara för att de flesta människor inte är redo för det. Det kommer att ta människor på sängen.

D: *Så vårt jobb är att försöka hjälpa människor att förstå vad som händer.*

R: Ja. Människor kan inte hjälpa andra om de har för många egna problem. De kan inte göra det som är rätt för planeten om de inte kan göra det som är rätt för sig själva. De måste lära sig att släppa taget. De håller fast vid för mycket som inte ger mening för dem. De driver sig själva till vansinne. De tänker inte. De tillåter inte. De måste tillåta saker; inte tvinga saker och lyssna. De behöver meditera mer. Tystnad. Människor behöver tysta sig själva mycket mer. De behöver vara ensamma och i stillhet. För många människor är rädda för att vara ensamma. Det finns så många som inte förstår. Det är det som drar ner jorden. Vibrationerna... det är en påtaglig effekt. Den högre vibrationen är en effekt, och människorna som inte vill höja sin vibration är en annan effekt, och det kommer att orsaka en förändring. Det är som magneter... motsatserna.

Efter att Richard vaknade slog jag på inspelaren igen för att spela in ett minne som han behöll.

R: Det förklarades för mig att vibrationerna blir snabbare. Det orsakar en kraft, en annorlunda kraft, och du går antingen med vibrationerna och gör dina snabbare, eller så fastnar du. Och de flesta människor på jorden vägrar att höja sina vibrationer, så det betyder att de två krafterna blir starkare, motsatta om de inte är tillsammans. De är längre ifrån varandra och så småningom snart, kommer det att orsaka något att hända på planeten.

D: *Som två magneter?*

R: Två magneter, istället för att två motsatser attraherar... motsatser i det här fallet repellerar väldigt kraftigt; kommer att repellera och orsaka något negativt att inträffa, eller positivt, beroende på vilken sida du är på.

Så det verkar som om den första och andra vågen av volontärer har andra uppdrag förutom att bara vara. Deras energier kan användas för andra syften. I det här fallet är några av dem här för att använda sina energier för att skydda alla som kommer i kontakt med dem. Även om ingen medvetet är medveten om vad som händer, är det en skön känsla att veta att de är där.

KAPITEL SEX
EN TRÖTT VOLONTÄR

SALLY HADE EN LÅNG LISTA med problem som hon ville ta itu med under sessionen. Hon befann sig i ett kärlekslöst äktenskap med en kontrollerande man som hon desperat ville lämna. Detta hade varit ett mönster i hennes liv, eftersom hon också hade haft en kontrollerande mor. Naturligtvis var jag inte förvånad över att allt detta hade tagit ut sin rätt på hennes kropp, och hon hade många fysiska problem som behövde åtgärdas. Hon ville verkligen hjälpa människor (med hjälp av ljud) och hade skuldsatt sig för att öppna ett holistiskt hälsocenter. Men det fungerade inte och hon oroade sig för bristen på pengar.

När Sally steg av molnet såg hon en märklig syn: "En storstad... en stad inom en stad... den har en kupol över sig. Nästan som ett glaslock ovanpå staden. Det finns höga och låga byggnader. En stad omsluten av en bubbla. Jag tittar från utsidan av bubblan."

D: Ser du några människor eller fordon eller bara byggnaderna?
S: Bara byggnaderna... det finns ingen utanför. Alla är inne. Ingen reser utanför kupolen.
D: Vad finns utanför kupolen? Kan du se?
S: Det är nästan som atmosfären runt den. Som att titta på utsidan av en planet. Jag står på utsidan och tittar in... nästan som natthimlen, stjärnorna. Det är som att du ser Vintergatan stående på utsidan av en glasstad. Det är nästan som Smaragdstaden i Trollkarlen från Oz.
D: Flyter staden där ute eller vad?
S: Ja, det gör den. Bara där ute i rymden.
D: Det är intressant. Vill du gå in i kupolen och se hur staden ser ut?
S: Absolut. Jag tittar... undrar hur folk går in och ut. Det är som en kupol som drar sig tillbaka och öppnar sig. Du reser genom den här portalen... Den öppnas och stängs. Den öppnas när de väljer att resa utanför sin värld. —Nu är jag inne i ett stort rum. Det hörs skratt. Det finns ett bord. Det finns energivarelser runt bordet. Jag

har kommit till ett råd. Det finns tolv stolar och det är rådet, säger de... "ljusens råd".

D: *Är det så de ser ut, som ljus?*
S: Det gör de. Var och en har en annan färg av ljus.
D: *Det låter vackert. Var medveten om din kropp... hur ser du ut?*
S: Det finns ingen kropp. Jag är en energiboll.
D: *Är du en viss färg?*
S: Jag är lavendel. Med en röd färg längst ner som rör sig till lavendel... nästan som en låga. De är längre. Deras struktur verkar vara annorlunda. De sitter runt det här bordet. De använder ord, "Skapelsens gnista där experimentet började." Där livsplanerna görs och resan att resa föreställs. Härifrån kom jag. Det har en gnista... Guds gnista för att skapa en plan för detta liv. Av lektioner... av kontrakt.
D: *Är det här allt bestäms?*
S: Det är vad de säger.
D: *Menar du när du började alla dina liv eller bara det nuvarande?*
S: Det är här alla liv skapas. Alla resor... alla legender. Jag söker förståelse där... klarhet.
D: *Så vad säger de till dig?*
S: De skickar iväg mig, frigör mig. De frigör mig... låter mig gå. Det finns inget... plötsligt finns det mörker. Det är tillbaka in i atmosfären. (Förvirrad.)
D: *Gav de dig några instruktioner?*
S: Jag hörde inga.
D: *De sa bara att det var dags att gå? (Ja) Hur kände du dig över det?*
S: Inte bra... inte säker... förvirrad... inte riktigt villig att acceptera uppdraget... inte vilja gå dit de vill att jag ska gå. Jag trodde att jag var klar. Jag trodde att jag var färdig.
D: *Har du haft andra livstider och lärdomar tidigare?*
S: Ja, många. Jag är utmattad. Jag var pensionerad. (Skratt) Ville inte tillbaka till densiteten... till tyngden... genom tiden.
D: *Du trodde att du var klar, men de sa att det fanns ett annat uppdrag?*
S: Det var min del i att välja att vara i spänningen... uppvaknandet... experimenten, men trött... så trött... inte vilja komma tillbaka... inte säker på att energin skulle stödja min resa... hade inte återhämtat mig tillräckligt... hade inte haft tid att regenerera.

DE TRE VÅGORNA AV VOLONTÄRER OCH DEN NYA JORDEN

D: *Är det vanligtvis så att man har tid att återhämta sig?*

S: Ja, väldigt mycket så. Densiteten... lärdomarna. Svåra... de var svåra... var tvungen att kämpa knappt igenom... var redo att återvända hem för att återhämta mig... föryngra mig. Flöda tillbaka till Källan... för att vila. Jag var i början av en viloresa. —Och sedan uppvaknandet till experimenten som skulle ske. Det skulle kunna komma denna gång. Jag ville vara här. Jag ville se och uppleva det skiftet, för att hjälpa, men mitt väsen var så trött.

D: *Så det var ditt val då?*

S: Det var ett val jag inte var glad över att göra, säger de. (Båda skrattade.) De frågade om jag var redo för prövningen att genomföra denna övergång en sista gång. Jag kunde vila när uppvaknandet, när skiftet, experimentet var framgångsrikt. Då skulle det vara dags att slappna av.

D: *Om du hade vilat hade du missat allt, eller hur?*

S: En del av mig längtar efter den vilan. En del av mig vet inte hur man tar sig ur densiteten. Energierna är så låga i det fysiska väsendet. Det kämpar för att röra sig uppåt... livskraften... är försvagad.

D: *Ja, men du sa, "När experimentet var framgångsrikt." Vad menade du med det?*

S: Att jorden var på sin väg att lyckas med att röra sig in i sin nästa dimension... in i sitt nästa liv.

D: *Det är för att jorden också är levande.*

S: Ja. Hon skulle göra något som inte har gjorts på många, många eoner, eller någonsin i Källans väg. Det är en historisk milstolpe för alla varelser; för alla entiteter att bevittna.

D: *Så när de sa det till dig, gick du med på att komma?*

S: Det gjorde jag. Jag ville vara en del av detta. Att vara en guide... vara en assistent. Jag kunde välja var jag skulle vilja återvända för att börja ett nytt liv... skapa en ny värld... skapa i Skaparens bild. Energi av ljus... energi... ny energi. —Eller återvända hem.

D: *Vad tycker du skulle vara det bästa valet?*

S: Kreativiteten. Det är kreativiteten min själ ropar efter. Att skapa nya saker och nya sätt att göra saker utan densiteten... lättare, snabbare... portaler... resor... portaler igen. Jag ville bevittna den nya skapelsen.

DE TRE VÅGORNA AV VOLONTÄRER OCH DEN NYA JORDEN

D: Så du valde att komma in i detta liv nu? (Ja) Pratar vi om Sallys liv? (Ja) De har förtroende för dig, annars skulle de inte ha skickat dig.

S: Hon har inte längre förtroende för sig själv.

D: Valde hon familjen hon skulle in i? (Den kontrollerande modern.)

S: Ja. Det var hjärtats lärdomar, valfriheten, som hon kom för att övervinna. Det var en sista hinder, snabbningen.

D: Hade hon några karmiska relationer med familjen?

S: Hon valde namnet. Vibrationen var ett måste. Det är något hon valde inom sig... namnet som skulle väljas... (Jag ändrade hennes namn för anonymitet). Det bär ett numeriskt vibrationsmönster, kopplat till hennes cellulära struktur. När det namnet uttalas känner det detta nya liv, denna nya energi.

D: Så namn är viktiga som människor väljer?

S: Ja. Du har en resonans inom den cellulära strukturen. Det är en del av mönstringen. Det är en del av kodningen. Det är en del av uppvaknandet och processen. Hon valde den kroppen och insisterade på att namnet skulle ges. Modern visste inte det. Det var inte moderns val. Det var ett förhandskrav av något slag för själen att få det namnet i den inkarnationen.

D: Jag har hört att astrologiska effekter också har något med det att göra, eller hur?

S: Ja, väldigt mycket så. Hon föddes specifikt i december 1959 som en portal, en ingång med en gående aktivering av energi. Hennes födelsedag är en port.

D: Vad menar du med att vara en port?

S: Det är en resväg för själar och medvetande. En öppningsdörr som aktiverar den cellulära strukturen i vår varelse. De som kommer i kontakt med henne erbjuds denna aktivering för att vägleda dem genom solståndet, vägleda dem genom förmörkelser och väcka deras ljus i deras DNA, vilket har aktiverats inom henne de senaste veckorna. Hon har känt den förändringen i sin kropp, förmågan att fokusera ljus genom sig själv och förankra det i kärnan. Detta har påbörjats under de senaste fyra månaderna. Och om hon fortsätter att förankra och dra in i ljusets kärna blir det starkare för dem runt henne.

D: Så andra människor påverkas bara av att vara i hennes närhet?

S: Genom det fält hon skapar, det är porten, expansionen. Det är en helande portal för andra. För att stödja dem på deras resa.

D: På detta sätt är hon symboliskt en portal? Är det vad du menar? (Ja) Och de borde komma till henne för helande?

S: De kommer så småningom när resonansen blir starkare. Det kommer att vara som en attraktion när hon förankrar det i kärnan.

D: Men du vet att Sally har många problem, eller hur?

S: Hennes fysiska varelse har inte tagits väl om hand. Hon kämpar med sig själv. Det är en rädsla hon måste övervinna för att hjälpa andra att övervinna, och det stoppar henne. Rädslan, expansionen... rädslan för att inte vara älskad.

D: Hon sa att hon har upplevt rädsla som liten flicka. Varför kom hon in med denna känsla av rädsla?

S: När hon gick in genom porten fäste sig rädslan vid henne eftersom hon innan hon lämnade oss inte var säker på om hon skulle klara det. Hon var inte säker på att hon hade verktygen innan hon lämnade oss. Känslorna, familjen, miljön var för mycket. Hon kom in som en klar och öppen empat. Det var för överväldigande. Densiteten träffade henne mer än hon trodde att den skulle.

D: Som empat, betyder det att hon tar upp andras känslor?

S: Det gjorde hon. Det var överväldigande. Det stängde henne; hindrade henne från att gå framåt under en mycket lång tid. Hon var rädd för energin som var runt henne. Hon förstod inte och hon kom utan någon förståelse. Hon stängde av sig från Källan och stängde sig själv från Källan. —Hon ville åka hem omedelbart. Hon bad oss att få åka hem.

D: Hon glömde sitt kontrakt, eller hur?

S: Hon gjorde det.

D: Vad sa ni till henne när hon ville åka hem?

S: Att det fanns tid. Vi var här. Hon var inte ensam. Hon var välutrustad och begåvad. Hon hade möjligheten att växa och expandera bortom vad sinnet kunde förstå och åstadkomma. Hennes själs väg var att vara en observatör för Källan, att vara ögonen, att vara öronen, att vara det bultande hjärtat. Att överföra energin tillbaka till detta råd och vara vittnet.

D: Men hon har inte levt upp till detta uppdrag, har hon?

S: Hon är fast i rädsla och osäkerhet. Det är hennes uppfattning. De gamla banden som hon lyssnar på. De spelar om och om igen i

DE TRE VÅGORNA AV VOLONTÄRER OCH DEN NYA JORDEN

hennes sinne. Hon har rädslan att inte göra rätt. Det är en utmaning och ett hinder som hon måste övervinna.

D: *Kommer dessa rädslor från ett annat liv eller från det nuvarande?*
S: Det är ett mönster inom hennes själ, från den allra första gnistan från Gud. Hon har till viss del lyckats övervinna den rädslan. Detta var möjligheten att snabbt gå framåt när saker rörde sig och förändrades, utvecklades... snurrade med ett stort språng.

D: *Så när hon först kom in, när hon först lämnade Källan, var hon rädd att hon inte skulle klara det?*
S: Nej. Hon återvände till den hela själen igen i detta liv för att förena allt som är inom henne, för att föra hem alla aspekter och fullborda de kommande tre åren för att återvända till den hela själen.

D: *Vad menar du med de kommande tre åren?*
S: Hon har ett tidsfönster kvar. Hon kommer och måste uppnå att föra hem dessa aspekter. Det är en del av hennes kontrakt. En del av vad hon kom för att göra i detta liv är att återvända till enhet, till den hela själen.

Det förklarades i serien "Convoluted Universe" att vi är en del av en större själ, en Översjäl, eller som de säger, en "hel själ." Detta är vårt sanna jag, men det är för stort för att gå in i en kropp. Det har sagts att om all energi av en person skulle försöka gå in i en fysisk kropp skulle kroppen förstöras. Det skulle vara för mycket. Så själen är som en diamant med många facetter. För att lära sig så mycket som möjligt på kortast möjliga tid skickar den hela själen ut splitter, skärvor eller aspekter av sig själv för att uppleva så mycket som är helt möjligt. Detta går tillbaka till konceptet om samtidig tid eftersom vi verkligen lever alla våra förflutna, nuvarande och framtida liv samtidigt. Detta görs så att själen ska få så mycket kunskap som möjligt genom erfarenheterna som de olika aspekterna lever igenom. När den Nya Jorden äntligen uppnås kallas alla våra individuella aspekter tillbaka och återförenas med den hela själen.

D: *Och hon har tre år på sig att uppnå det?*
S: Det stämmer. Det är hennes sanning.

Denna session genomfördes i december 2009.

D: Vad händer om hon låter rädslan vinna?
S: Hon kommer att återvända hem till oss. Det kommer inte att finnas någon anledning till hennes existens här.

D: Men om hon lyssnar och gör vad hon är tänkt att göra?
S: Hon kommer att nå belöningen, kommer att nå essensen och resa genom tid och rum. Hon var menad att återvända till den eviga varelsen och skapa planeter, nytt liv, nya system.

D: Kommer hon att vara här när den nya jorden tar sitt språng, som du sa?
S: Nej, inte om hon inte fullföljer sitt uppdrag. Om hon gör det kommer hon att bevittna och assistera. Just nu är hon mycket motvillig.—Hennes man kommer inte att resa till den nya jorden förrän han väljer att lära sig sin lektion.

D: Jag har fått höra att om människor fortfarande håller fast vid karma, så kan de inte gå vidare.
S: De kommer inte att resa vidare. De kommer att stanna i densiteten för att bearbeta sina lektioner. De kommer inte att resa till det nya ljuset, till det nya medvetandet.—Hon behöver vara bron mellan dualiteten och den nya världen för att gå från den ena till den andra. Att ha en fot i båda världarna. Hon har inte lyckats flytta den andra foten över bron. Hon stannar i densiteten. Vibrationen är överväldigande vissa dagar och tider.—Det finns ett sista skifte i medvetandet som måste ske innan de färdigheter hon har med sig, de verktyg hon har med sig, kan manifesteras. Mänskligheten måste unravel en gång till för att föra fram informationen, förändringarna, vibrationen som behövs för att föra civilisationen framåt till sitt nästa steg. Det finns många delar kvar. Det finns många beslut kvar att fatta. Många har inte fattat dem. Många är rädda för att gå in i sina ledstjärnor.

D: Så detta är inte den slutgiltiga vi ser när de talar om den nya jorden?
S: Experimentet ligger efter. Det reser inte så snabbt som förutsagts. Det finns guider som kommer till denna jord för att stödja denna process som nästan har stannat av till denna punkt i tiden vi talar om. Det pågår en omvärdering i många dimensioner av hur man får spiralen att röra sig framåt som den började. Den har stoppat. Den är stoppad medan vi tittar. Det är i ett tillstånd av väntan. Många är i vänteläge.

D: Vad orsakade att det stannade?
S: Det är rädslans täcke som genomsyrar allt. Energierna filtreras ner till en kärna. Många, många väljer att ge efter för en vibration som har saktat ner de händelser som har satts i rörelse. Det är tillfälligt. Vi har skickat många för att göra hål genom atmosfären av rädsla, så att mänskligheten kan andas igen. För att tillåta energin att rulla framåt medan de rör sig ut i universum. Det finns entiteter och varelser i mänskliga former som har förmåga att göra hål i denna låsning runt jorden, och de börjar sitt arbete med att ta bort rädslan och öppna portalerna för att resa igen.

D: Vad är det sista skiftet som måste ske?
S: Bubblan av densitet och rädsla måste minskas. Den måste dras tillbaka för att hon ska kunna expandera och föra fram kunskap för dessa rädslobaserade entiteter att förstå och införliva i sina varelser. Hon måste släppa rädsla inom sin egen varelse. Hon är den första att flytta denna energi.

Jag valde sedan att fokusera på hennes fysiska kropp. De sa, "Den är mycket dysfunktionell för det arbete hon har att göra här." Hon hade klagomål om kemiska känsligheter, problem med levern, hjärtat och en fibroidtumör.

D: Varför kom kroppen i det tillståndet?
S: Hon har inte lyssnat på de budskap som den har skickat henne. Hon har gjort vad många har gjort och tagit all stress och oro och lagrat det inom sig och gjort det till en del av sig. Istället för att släppa ut det lagrade hon rädslan och den började bygga upp sig i alla cellulära strukturer som stoppskyltar, blockeringar. Och sedan började varje del bygga på varandra, och det hela kom till den långsammaste droppen vi har sett inom denna fysiska varelse. Hon har ännu inte lärt sig att släppa vad som tynger henne. Det lagras inom henne. Det måste släppas. —Det kan göras i en session där flödet öppnas, där man börjar ta bort hindren som vi ser dem. Vi kommer att möjliggöra öppningen av flödet in i den cellulära strukturen. —Hon måste kräva sin läkning och välja det som sitt val eftersom hennes rädsla är: om hon är frisk. Om hon inte är i fysisk form och god hälsa, då kan hon inte uppnå saker. Rädslan håller henne tillbaka. Hon måste släppa den rädslan för

DE TRE VÅGORNA AV VOLONTÄRER OCH DEN NYA JORDEN

att vara frisk så mycket som hon väljer och vill vara. Det är en rädsla för: Hur skulle livet vara om det blev läkt? Hon måste då uppnå saker och röra sig framåt i sitt liv om det blir läkt.

Jag bad sedan om en visualisering som skulle hjälpa Sally att släppa rädslan och introducera läkning.

S: Flödet börjar i de himmelska rikena där man ser den kristallina floden komma genom tidens och rummets början och flöda ner genom kronchakrat, öppnande genom det tredje ögat, ner genom ansiktet... ner genom det tredje chakrat... ner till hjärtats centrum... genom torson till höfterna och ner när floden flödar genom varje sida av varje ben... ner till kärnan, till moderns hjärta, till den gudomliga öppningens flöde.

D: Är detta en flod av energi?

S: Det är det.

D: Är det helande energi?

S: Den är kristall-laddad.

D: Den är väldigt, väldigt kraftfull. Håller du på att hela de delar som energin rör sig genom?

S: Den tillåter syret att nå cellerna. För tillbaka livet till lungorna... hon andas inte. (Djup andning)

D: Vad sägs om hennes hjärta? Hon var orolig för det?

S: Det är energin hon måste flytta från hjärtesorg. Det kommer att finnas tillräckligt för att stödja arbetet hon fortsätter med. Flödet kommer sakta att börja öppna sig, men hon måste slutföra läkningen i det området. Det är hennes att reparera. Hon är den som stängde dörren från början. Hon måste öppna den. Vi kommer att erbjuda livets flod genom hennes väsen för att hon ska kunna arbeta med sin kropp för att få tillgång till denna flod, expandera och använda fritt, men hon måste välja floden. Hon måste välja ljusenergin. Hon måste erbjuda det genom organen och föra det till den energivarelse som kallar henne mänsklig. Hon måste se flödet som att allt är levande. Hon måste se det som en levande elixir. Hon måste se rörelsen som den kommer från höjden. Den kommer från Källan och genom. Hon måste känna lättheten, den helande energin som bär med sig en gåva. Det är det enda sättet kroppen kommer att öppna sig och acceptera.

D: När vill ni att hon ska visualisera detta?
S: Precis innan hon går och lägger sig eftersom all läkning sker i kroppen på natten.
D: För att det medvetna sinnet inte kan störa då?
S: Det kan det inte.
D: Så ni vill att hon föreställer sig denna flod av energi... denna kristallina energi som flödar från kronchakrat och ner genom de andra chakrana?
S: In i kärnan.
D: Och ni vill att hon gör detta varje natt innan hon somnar?
S: Ja, inte när hon är i kris och inte när det är kaos. Det måste göras varje natt i stillhet och frid. Kroppen läker inte i kaos. Kroppen läker bara i frid.—Då kommer hon att få förmågan att överföra denna energi när den flödar genom henne till andra. Energin kommer att flöda genom hennes händer in i deras kronchakra och de kommer att börja flödet av energi inom sig.

Detta är en mycket värdefull och effektiv helningsteknik som vem som helst kan praktisera. Jag använder den i vissa av mina workshops eftersom den är väldigt lätt att visualisera. Denna kristallina flod av energi är mycket kraftfull.

Jag frågade om hennes lever, som hon hade haft problem med. "Den är som en smutsig svamp som behöver rengöras. Denna elixir, denna livskraft, kommer att erbjuda energin att rengöra i långsamma steg när hon börjar släppa ut ilskan som är samlad där. Vi har startat gnistan. Vi har börjat i varje organ med ett ljus av läkning. Hon får inte låta ljuset slockna. Läkningsprocessen har börjat och hon måste fortsätta."

D: Hon måste göra det själv.
S: Det är hennes val.
D: Ni sa att hon också höll fast vid ilska såväl som rädsla. Varifrån kommer ilskan?
S: Hon vet att hon är menad att gå vidare till en annan plats. Hon är arg för att hon inte är där ännu. Hon känner till sitt uppdrag på en själslig nivå och blir medveten om det oftare än hon inser. Hon vet att detta inte är världen hon ska leva i just nu. Hon blir arg och frustrerad och blir rädd. Hon vet att detta inte är världen hon kom

för att stiga in i. Hon har varit i en värld av himmel på jorden. Hon vet att detta inte är där hon är menad att vara och hon blir väldigt, väldigt arg på sig själv. Det skickar henne in i den negativa cykeln och hon är menad att bryta cykelns dualitet, visa andra och sätta ett exempel.

D: *Hon behöver arbeta mycket med sig själv.*
S: Hon har det. Hon har varit vad vi kallar "andligt glidande." Hon förstår konceptet men har inte införlivat det i sitt dagliga liv. Hon är väldigt bra på att tala om för andra hur de ska göra detta, men hon har inte gjort det själv ännu.

D: *Ni finns där för att hjälpa henne, men hon måste göra det själv, eller hur?*
S: Hon måste. Det är hennes läxa.

Jag frågade sedan om fibroidtumören Sally hade i sin livmoder. Hon hade många problem med sin fysiska kropp.

S: Hon har bett oss att ta bort den vid flera tillfällen, och vi har visat henne hur hon ska gå in i cellstrukturen, in i mitokondrierna, för att ändra cellstrukturen i fibroiden. Hon har gjort detta flera gånger, men hon tror inte att hon är den som stoppar processen. Hon måste tro att hon kan ändra sitt DNA, att hon kan ändra strukturen på denna fibroid. Vi finns där för att assistera och vi har gett henne verktygen. Det är ytterligare en sak hon måste försöka göra varje dag: gå in i cellstrukturen... tala med den... förstå den och släppa den.

D: *Vad var orsaken till det?*
S: Det är smärtan och lidandet hon har burit i sitt sköte från sitt svek mot sig själv. Sviket hon känner från sin familj. Det går tillbaka till många generationer i hennes liv. Hennes kreativitet som själ har slocknat. Det är något som överskuggar hennes kreativitet och som har vuxit sig större och blockerat hennes förmåga att vara i den gudomliga feminina energin.

Detta var ytterligare en sak som SC ville att Sally skulle arbeta med själv. Jag har många gånger sett SC läka sådana saker omedelbart, men i vissa fall känns det som om klienten borde arbeta med det själv. Då förstår de processen bättre och kan använda den på andra.

S: Hon måste börja minska storleken på fibroiden för att fullfölja och öppna flödet till sin kreativitet. Vi har påbörjat läkningen för henne. Vi kommer inte att slutföra den. Det är hennes resa. Det är hennes läxa att slutföra. Det kommer att ta tre månader att hela kroppen om hon fokuserar dagligen. Det måste komma från hjärtat, från sanningen.

D: *Och tro att det är möjligt.*

S: Och veta att hon har förmågan att göra denna förändring inom sig. Det är katalysatorn för henne att se att detta är sättet att göra förändringar i sitt liv. Om hon inte ser att detta kan uppnås, kommer hon inte att tro att hon kan göra de andra förändringarna.—Hon har varit rädd, och det har hindrat henne från att kliva över tröskeln. Hon går ofta fram till dörren, men hon kan inte kliva igenom nu, och hon måste kliva över men saknar energin och styrkan för det. Men hon säger det till sig själv. När hon får självförtroende och använder denna läkande teknik kommer hon att se att hennes kropp får styrka och ljus och kommer att ha förtroendet att veta att det inte är nödvändigt att ta dessa mediciner eftersom hon har ljuset inom sig för att läka. Alla har det. Hon vet det. Hon är menad att undervisa i det. När hon övergår kommer hon att kunna stödja sin kropp med ljus istället för medicin. Det kommer att bli en övergång med tiden. Ljuset kommer att föda hennes celler. Hennes kropp övergår från växtbaserad medicin till ljuset som en kristallin varelse, och ljuset kommer att föda den kristallina varelsen.—Vi är alltid med henne, men hon öppnar sig inte för oss. Hon måste börja känna oss och veta att stödet kommer att bära henne, och vi kommer att ha öppnat alla dörrar hon uppfattar som stängda.—Dessa rädslor har också hållit tillbaka hennes helande center.

D: *Hon har ett väldigt viktigt beslut att fatta.*

S: Hon måste fatta ett beslut. Det är ett beslut som dödar henne varje dag, och hennes energifält är fast i att stanna eller gå medan hon vandrar genom detta fält av osäkerhet. Det är tätheten som drar och tynger ner hennes fysiska väsen. Det är som om hennes fysiska kropp kvävs av att inte fatta beslutet.

D: *Och om hon bestämmer sig för det andra sättet kan hon inte stanna på jorden, eller hur?*

S: Det stämmer. Hennes resa kommer att ta slut. Hon behöver inte längre vara här. Hon kommer inte att stanna i tätheten med de andra. Hon kommer att återvända till Källan. Hon kommer inte att ha någon mening med att gå framåt. Hennes uppgift kommer inte att finnas här. Hon har ett treårigt fönster för att fatta detta beslut och för att röra sig inom sitt fält. Detta är nu en avgörande tid. Hon måste komma bort från att tveka. Hon kommer inte att röra sig och vi har sagt det till henne, och hon hör oss och hon vet, och vi erbjuder det med all vår kärlek och allt vårt stöd i hela vårt väsen.

D: Vad var den där staden med kupolen ovanpå som hon såg?

S: Det är hennes hem och de kallar det Atlantis. Det är inte i den form av Atlantis som du känner till. Det är i en ny dimension. Det har fått ett nytt liv. Dessa själar har fortsatt och blivit upplyfta och överförda till en ny dimension i tid och rum, och hon har gått till den dimensionen i rymden, inte till livet då hon var där.

D: Men det var inte viktigt för henne att utforska det livet vid denna tidpunkt?

S: Det var viktigt för henne att återvända till rådet eftersom det bara är rådets sanning som kan nå fram till henne, för att påminna henne om att vi har skickat henne hit för ett viktigt uppdrag, och vi vet att hon kan och kommer att uppnå detta. Och hon måste höra de orden att hon måste och kan uppnå detta. Det är skrivet och det har sagts, och det är så. Hon måste höra det och känna det och vara det, och valet kommer att vara enkelt för henne att gå in i det utrymme som är skapat för henne.

Jag tycker att det är viktigt för den första och andra vågen av volontärer att förstå att deras egna rädslor och känslan av att inte vilja vara här på jorden kan skapa kraftfulla blockeringar som hindrar deras utveckling. Många säger att de helt enkelt inte vill vara här. Det är för svårt, och de vill bara lämna. Om de verkligen vill återvända "hem" måste de börja förstå och arbeta med dessa känslor. Annars kommer de att fastna här och inte uppfylla sitt ädla uppdrag.

KAPITEL SJU
KOLLA PÅ BARNEN

JAG KUNDE FYLLA många, många böcker med rapporter om "normala" regressioner till tidigare liv. Av de tusentals terapisessioner jag har genomfört har jag aldrig funnit någon som inte har kunnat gå tillbaka och hitta ett annat liv. Under många år rapporterade alla om liv på denna planet, Jorden, i alla möjliga former och miljöer. Jag låter bara SC (Det Högre Jaget) ta dem till den mest lämpliga tiden och platsen. Jag vet aldrig var det kommer att vara, så mitt jobb är bara att ställa frågor och försöka hitta relevansen till deras nuvarande problem. Det finns fortfarande många som kommer för sessioner som går till dessa typer av liv, men jag är nu övertygad om att de är personer som fortfarande har karma att arbeta igenom, och det är anledningen till att visa dem dessa samband.

Från exemplen i denna bok blir det nu uppenbart att många själar kommer för att uppfylla andra roller. Majoriteten har aldrig levt på jorden tidigare och finner det förvirrande, obekvämt och främmande att vara här. De är de jag kallar "förstagångarna". Men andra har kommit på uppdrag unika för deras talanger som de har förfinat under andra tider och platser. Vi har redan sett några som är här för att vara lärare, beskyddare och de som endast ska påverka genom sin omedvetna närvaro och energi. I detta kapitel hittar vi en annan unik varelse som hade en specifik talang som de styrande ansåg vara till hjälp vid denna tidpunkt.

Laura anlände framför en medelstor pyramid och var förbryllad över varför hon var där. Hon upptäckte att hon var en ung, stark man som bar kort kjol-liknande kläder med lädersandaler som snörades upp längs benen. Sedan såg hon att han bar ett stort metallhänge runt halsen. Det hade något som liknade en sol utsnidad i det, med strålar

som gick ut åt alla håll. "Det verkar inte som ett smycke. Det är en del av vad jag ska ha eller bära. Det verkar som att det alltid är där. Det har ett syfte."
När jag ställde frågor blev syftet klart. "Det är en stjärnport. Det hjälper mig att resa till platser. Jag stirrar in i detta hänge, och det är en portal för att ta mig platser." Han stod nu inne i pyramiden och försökte komma ihåg hur man aktiverar den. "Det är konstigt att det inte finns någon annan här. Jag försöker fortfarande komma ihåg. Hänget verkar vara kopplat till pyramiden. Jag brukade veta hur man använder det, men nu minns jag inte riktigt helt."
Jag bad honom att se sig själv göra det, och det skulle komma tillbaka till honom.

L: Jag upptäcker att jag håller upp mitt hänge för att möta pyramidens centrum... Jag justerar det mot pyramidens topp. Jag håller det platt. Upp till toppen... det kommer att vara så jag gör det... energin, ja. Jag ser nu ljuset som kommer ner genom pyramiden och träffar min tumme. Och jag vet att det är så jag kan gå dit jag vill. Jag vet inte vart jag ska, men jag vet att jag kan ta mig dit.

D: *Har du blivit undervisad hur man gör detta?*

L: Jag bara vet det... men jag är förvirrad just nu. Eftersom det inte finns någon annan här, och jag är van vid att ha många människor omkring mig. Vi lärde oss alla tillsammans. Vi var en grupp. Vi var i ett klassrum. – Jag antar att detta är min resa... Jag ska vara ensam. Jag ska lära mig om mina krafter och mig själv.

D: *Vad lärde ni er när ni var tillsammans?*

L: Om stjärnorna... om världens vidsträckthet... symboler... Jag känner att jag ska undervisa andra, men jag känner inte att jag vet tillräckligt ännu för att undervisa.

D: *Nu när du är där vid pyramiden, betyder det att du redan har slutfört dina klasser?*

L: Det måste vara så. Jag måste vara på väg att börja min resa. Jag känner att jag ska testa mina krafter... min förmåga att göra det vi lärdes.

D: *Var känner du att du borde gå om du ska testa det?*

L: Jag känner att jag skulle låta hänget bestämma vart jag ska gå. Ljuset kommer ner från pyramidens topp. Och det aktiverar hänget, men jag känner att jag måste ha ett mål för att mitt sinne ska ta mig dit.

D: *Vad bestämmer du dig för?*

L: Det skulle vara trevligt att besöka hela galaxen. Det skulle det verkligen.

D: *Det finns mycket att besöka där, eller hur?*

L: Ja, det är det verkligen.

D: *Vad är syftet med det?*

L: Det är som att kolla till barnen för att försäkra sig om att de mår bra. På olika platser... som en lärare skulle kolla till barnen för att se om de sköter sig.

D: *Tror du det är ditt jobb?*

L: Jag vet inte. Jag känner mig väldigt lycklig som kan göra det, så det känns inte som arbete.

D: *Tror du det viktigaste är att kolla på barnen snarare än vuxna?*

L: Ja, jag antar att jag ser alla människor som barn. —Du har rätt. Det måste vara mitt jobb.

D: *Om det känns rätt. Måste du rapportera till någon om vad du hittar?*

L: Jag känner inte för det, men kanske är jag bara på semester. Kanske ser jag bara vad som finns där ute.

D: *Var var klassrummet? Hur ser det ut?*

L: Utomhus... folk sitter på marken med korslagda ben, och det är lustigt... klassrummet består enbart av män och vi alla har kjolar på oss. Det finns inga kvinnor. Där är en lärare. Han är mycket strålande... mycket avancerad. Vi har stor respekt för honom.

D: *Är det han som undervisade er om stjärnorna och allt? (Ja) Är det han som lärde dig att använda hängsmycket?*

L: Jag tror det. Jag är inte riktigt säker på vem. Hängsmycket har alltid funnits där. Det är som om vi är födda med den kunskapen.

D: *Och en av sakerna ni lärde er handlade om stjärnorna?*

L: Det är viktigt. Så att vi kan komma och gå vid vissa tider. Du måste vara säker på att du känner till tiderna. Det finns sprickor, och sprickorna kan vara farliga att resa igenom om du inte reser vid rätt tidpunkt. De lärde oss hur man reser. (Han hade svårt att förklara.)

D: *Fråga någon där varför det kan vara farligt att resa vid vissa tillfällen?*

L: Jag frågar min lärare. Han vet. —Han når inte fram till mig. Han är för kunnig och jag är inte tillräckligt kunnig.

D: *Be honom förklara det för dig på ett enkelt sätt eftersom detta kan vara viktigt för dig att veta.*

L: (Viskar till läraren.) Han säger att det finns portaler och galaxerna måste linjera sig på ett visst sätt, vid en viss tidpunkt, och då kan man bara glida igenom dimensionen. Om jag inte gör det kan jag gå vilse. Jag kan hamna i en annan dimension och då kommer jag att vara vilse och inte ha samma klass eller samma... Jag kommer att vara ur min tidszon, säger han. Det är vad en rift är, säger han.

D: *Skulle du inte kunna komma tillbaka? (Nej) Det vore inte bra. Kan han berätta för dig hur man undviker det?*

L: Vi ska lära oss stjärnorna och deras linjering och veta när man ska gå och när man ska komma tillbaka. Han säger att det är som att korsa en flod och man måste följa strömmen. Annars sveps man iväg och kommer inte tillbaka.

D: *Det låter vettigt. Men vet du var portalerna är?*

L: Jag lär mig. Jag lär mig. Det är därför vi är i den här klassen. Men inga tjejer. Varför inga tjejer? Varför finns det inga tjejer i vår klass? (Paus) För riskabelt... det är för riskabelt. Det finns inte tillräckligt med kvinnor. De är inte förbrukningsvaror. De behöver göra fler barn. De är inte förbrukningsvaror. Vi är. Det finns fler män än kvinnor, och kvinnorna behövs för att växa.

D: *Så det är männen som behöver lära sig att tidsresa. (Ja) Varför vill de att ni ska veta hur man tidsreser?*

L: Åh, vi ska kolla på barnen. För att se till att de mår bra... hur de växer.

D: *Barnen är viktiga, eller hur?*

L: Ja. Men när de säger "barnen" spelar det ingen roll vilken ålder de har. De kallar barnen för dem som lär sig... människorna... de lärande.

D: *De är fortfarande bara barn. (Ja) Du måste se till att de har det bra eftersom de är framtiden?*

L: Ja, du har rätt. Det är mitt jobb. Jag rapporterar tillbaka till läraren. Jag går tillbaka till honom och berättar eftersom han är den som förbereder oss för att gå vidare.

D: *Vet du vad han gör med informationen när det rapporteras till honom?*

DE TRE VÅGORNA AV VOLONTÄRER OCH DEN NYA JORDEN

L: Inte ännu, nej. Han är väldigt vis. Ibland tittar man på honom och ser bara vitt ljus.

D: *Kan du fråga honom vad han gör med informationen?*

L: Han ritar det på kartor. Han håller kartor; många, många kartor och han ritar in informationen. Det är fler än bara jag som går ut. Det är många som går ut och sedan tar de med sig informationen till honom och han ritar in den.

D: *Har ni alla olika uppgifter, eller är det bara att kolla på barnen?*

L: Det är mitt jobb att kolla på barnen. Jag vet inte vad de andra gör, men de går också. De vet hur allvarligt det är att gå vid rätt tidpunkt.

D: *Betyder det att du inte har en fysisk kropp när du reser till olika platser?*

L: Jag känner mig inte fysisk när jag reser. Jag känner mig överallt. Jag kan se. Läskigt.

D: *Så du behöver inte anta en fysisk kropp. (Nej) När du såg dig själv vid pyramiden, var det en fysisk kropp? (Ja) Varför behövde du ha en då?*

L: För att lära mig.

D: *Så det kanske finns tillfällen när du måste ha en kropp? Låter det logiskt?*

L: Ja. Vi har alla kroppar där.

D: *Men när du går ut för att samla information, har du ingen fysisk kropp.*

L: Kanske är det för mycket besvär att ta med den.

D: *Det låter rimligt. Och du reser med det här hängsmycket? (Ja) Berättar de för dig vilken plats du ska åka till?*

L: Det måste de, men jag hör inte att de säger det till mig. Man tänker och vet... kanske inplanterat. Kunskapen finns där. —Kunskapen fanns inte om planeterna. De var tvungna att lära oss. Han lärde oss med en pekpinne och visade oss alla stjärnorna. De är väldigt visa.

D: *Har du någonsin behövt komma till planeten Jorden? Vet du vilken det är?*

L: Det är möjligt, men jag tror inte det.

D: *Så din hemplanet är någon annanstans?*

L: Jag vet inte var den är. Det är definitivt mark och mycket topografi, men jag vet inte var den är.

73

Jag beslutade att föra honom framåt till en viktig dag, och han gick till dagen för sin examen. De hade alla avslutat allt de behövde lära sig, och nu var det dags att lämna.

L: Vi står alla i en sal, och en efter en... han rörde vid vår panna och sa till oss att vi hade ett tredje öga och att vi nu behövde ge oss av.
D: Ge er av och göra vad?
L: Jag vet inte. Kanske bara mer av våra jobb. Vi är klara med att vara tillsammans. Den gruppen är färdig. —Jag ska ge mig ut och försöka dela kunskapen.
D: Med vem delar du den?
L: Människor, bönder, fårherdar...
D: Kan de förstå vad du försöker lära dem?
L: Lite grann... Jag stannar kvar. —De verkar så fast förankrade. De tror att de måste stanna där med sina får. Det behöver de inte. De kan gå vart de vill. Men de tror inte att de kan göra det.
D: Känner du att det är ditt jobb att lära dem?
L: Jag vet inte vad mitt jobb är. Jag är förvirrad över att jag inte bildar en familj. Jag bara vandrar omkring.

Det verkade som att vi hade nått en återvändsgränd. Han skulle förmodligen fortsätta så resten av sitt liv. Och det var okej eftersom han tydligen hade hittat sin väg. Så jag flyttade honom framåt till den sista dagen i hans liv. "Vad händer? Vad ser du?"

L: Jag är på en äng, ett fält, och jag blir attackerad av en stor katt. Men jag har levt ett långt liv. Jag är fortfarande ensam, och jag är inte upprörd över den här katten... det var okej. Jag är i frid.

Jag flyttade honom till en plats där allt var över och han kunde se hela sitt liv från ett annat och mycket bredare perspektiv. Jag frågade honom vad han hade lärt sig av det livet.

L: Det känns lyckligt bara att tänka på det.
D: Varför gör det dig lycklig?

L: Svårt att sätta ord på det... bara energin. Energierna är lätta. Jag lärde mig bara att tro. Vi kan göra vad som helst som vi bestämmer oss för. Ingenting är omöjligt.

Jag kallade då in SC. "Varför valde ni det livet för Laura att se?"

L: För att hon ska veta att hon har krafter. Hon kan lära sig att använda dem.
D: *Allt vi någonsin har lärt oss, förlorar vi aldrig, eller hur?*
L: Nej, men vi begraver dem.
D: *Men kommer hon kunna använda dem nu i det här livet?*
L: Några av dem, ja. Hon kan använda dem för att ta sig till platser. Att resa till platser.
D: *Menar ni med sitt sinne?*
L: Med sin kropp. Hon behöver gå och kolla på barnen.
D: *Hur vill ni att hon gör det?*
L: Samla dem. Samla dem alla. Lär dem.
D: *Hur vill ni att hon samlar dem?*
L: Kalla på dem. De kommer veta. Kalla dem tillsammans. Samla barnen.
D: *Jag tänker att de flesta barn har föräldrar, familjer. Man kan inte gå ut och samla ihop alla barnen, eller hur?*
L: Barnen är stora. De är inte små. Vuxna.
D: *Det är annorlunda.*

Jag bad SC att ge henne råd om vad hon skulle göra.

L: Jag ser ett berg som delar sig på mitten. Människor behöver förbereda sig. Förändringar... deras liv kommer att förändras. De behöver tid att förbereda sig. Moder Jord förändras. De behöver förändras med Moder Jord. De måste veta. Barn växer upp och blir gamla utan att någonsin riktigt växa upp. Deras livsmiljö kommer att förändras. De behöver förändras. Jag ser många förändringar på Jorden blinka förbi framför mina ögon, som en vulkan och ett jordskred och saker som kommer att förändra Jordens ansikte.
D: *Vad vill du att Laura ska göra? Vad är hennes uppgift?*

L: Hjälpa dem att förbereda sig för förändringarna, att anpassa sig.— Hon vet inte.
D: *Inte på ett medvetet plan. (Nej) Kommer du att ge henne kunskapen hon behöver? (Ja) För att minnas den kunskap och de förmågor hon hade tidigare?*
L: Ja. Det kommer att återvända när det behövs. Hon måste dela det. Barnen vet inte.

En av Lauras frågor handlade om en privat flygolycka hon var med om, som förändrade hennes liv. Hon ville veta varför det hände. Hon hade varit en mycket framgångsrik fastighetsutvecklare, vilket hade gjort henne väldigt förmögen. Hennes karriär var huvudfokus i hennes liv, och hon hade bestämt sig för att inte skaffa barn. Allt hon tänkte på var pengar och framgång, tills hon nästan dog i kraschen och tillbringade lång tid på sjukhus för att återhämta sig. "Hon var på fel väg. Hon ville inte lyssna. Hård i huvudet." Det förändrade hennes liv på många sätt. Omedelbart efteråt kände hon sig driven att få barn och blev gravid vid första försöket. Hon fick två döttrar med ett års mellanrum.

L: Barnen väntade på att få komma in. Barnen skulle redan ha varit där.
D: *Ja, men hon var så upptagen med sitt företag att hon inte tog sig tid att skaffa dem.*
L: Barnen skulle omdirigeras till en annan familj. Men de sa: "Nej, vi väntar." (Hon började gråta.)
D: *Men flygolyckan vände hennes liv och hon är på rätt väg nu, eller hur?*
L: Inte helt.
D: *Vad vill ni att hon gör nu för att komma på rätt väg?*
L: Bara vara medveten om att barnen kommer att behöva hjälp.
D: *Så ni kommer att ge henne meddelanden om vad hon ska göra härnäst?*
L: Ja, det är inte skrivet än. Saker rör sig väldigt snabbt.
D: *Är det därför ni inte vill berätta för henne än?*

L: Ja, jag tror inte att det är fastställt.
D: Så ni vill bara att hon ska vara tålmodig och att ni kommer att säga till henne.
L: Tålamod finns inte i henne. Hon har inget. (Skrattar) Bara vara redo.—Hennes lärare har alltid följt henne. Han är här för att förbereda henne så att hon inte ska vara rädd.
D: Alla har ett jobb att göra och som ni sa, tiden rör sig väldigt snabbt. Jag har hört om den nya jorden och de saker som kommer att förändras. Är allt detta kopplat? (Ja) För att vara förberedd att gå till den nya jorden, eller vad?
L: Kanske gå till en station. Vissa människor kommer att gå till en väntestation medan saker återskapas.
D: Några av dem kommer inte att gå direkt eftersom det inte är dags än?
L: Ja, deras förberedelser är inte färdiga än.
D: Jag har hört att deras frekvenser och vibrationer måste vara rätt, annars kan de inte gå. Är det det ni menar?
L: Förberedelserna är på olika platser... sortera dem och skicka dem till rätt plats.
D: Så många av dem kommer att gå till väntestationerna? Är det efter att de lämnat sina fysiska kroppar eller innan?
L: De kommer att ta med sina fysiska kroppar.
D: Så de kommer att gå till dessa platser när katastroferna sker här på jorden. (Ja) För att vara redo att gå vidare dit de ska?
L: Ja, det kommer att hända väldigt snabbt.
D: Så hon måste hjälpa människor att förbereda sig.
L: Ja, barnen... för att rädda barnen.

Avskedsmeddelande: Bara dröm det och gör det. Var uppmärksam på drömmarna.

D: Det är så ni kommunicerar, eller hur?
L: Ja. Bara älska och var kärleksfull.

Detta var alltså en annan "förstagångare" som inte medvetet kände till sitt uppdrag på jorden. Det handlade om något hon hade gjort i hela universum, att kolla in barnen, de små, och se hur de har det. Och hjälpa dem att förstå vad de behöver göra inför de kommande tiderna. Hon hade alltså ett specifikt uppdrag, men det hade nästan hamnat på villovägar på grund av hennes upptagenhet med sitt företagsjobb. Det krävdes en flygkrasch som nästan dödade henne för att få hennes uppmärksamhet och sätta henne tillbaka på sin väg. Som de har sagt, tiden är kort och ibland måste de ta drastiska åtgärder för att få människor att ändra riktning.

KAPITEL ÅTTA
FÖRVISNINGEN

DORIS HUVUDKLAGOMÅL var att hon kände sig som om hon flöt omkring och inte visste i vilken riktning hennes liv skulle gå. Hon hade redan varit involverad i flera framgångsrika företag och tänkte nu på att starta ett metafysiskt center. Hon kände att hon hade många talanger och förmågor, men ville ha råd om hur hon skulle använda dem.

När vi började sessionen hade Doris svårt att se något eller identifiera var hon var. Allt hon kunde se var mörkt, och känslan av mycket utrymme runt henne. Efter mycket frågor började hon känna något, som om hon var på en stor, kall plats. Sedan kände hon att hennes armar gjorde ont och hon kunde inte röra dem. "Jag tror att de är bundna. Jag är inte säker. Jag kan inte röra mig." Jag gav förslag för välbefinnande så att hon inte skulle känna sig obekväm. Resten av hennes kropp kändes domnad från midjan ner. "Det känns som om min kropp är instängd. Jag kan inte röra mig."

I alla fall hade vi gjort en början, men hon kunde fortfarande inte ge mycket information. Så jag flyttade henne bakåt till innan hon kom in i denna begränsade plats, så vi kunde ta reda på vad som hade hänt för att orsaka detta.

Do: Jag visste något. Jag visste för mycket. Jag var tvungen att sättas undan. Jag kunde berätta saker. Det känns som en annan tid. Som medeltiden, men inte medeltiden. Jag ser människor i långa svarta kåpor, men de är inte människor.

D: Vad är de?

Do: Jag vet inte. De bär svart. De skadar människor. På torget. Och människor gör inte vad de ska göra. —De kontrollerar dem med något. De får dem att göra något. De får dem att hålla sig borta. Jag hjälper människorna. Jag skulle inte ha hjälpt människorna. Men människorna vet inte.

D: Är du man eller kvinna?

Do: Jag är varken. Jag är inte. Jag är bara. Jag vet inte vad jag är, men jag är inte som människorna. Jag är som "dem", men jag vill inte vara som dem. Jag vill inte skada människor.

D: *Kan du se hur din kropp ser ut?*

Do: Den är väldigt lång... hög. Den är som en penna hög. Jag bär svart som de.

D: *Varför skadar de människor?*

Do: De gör inte vad de ska göra. De vill kontrollera dem. De vill sätta dem i arbete.

D: *Har du varit där länge med dessa människor?*

Do: Ja, jag har varit där en mycket lång tid. De är mina vänner... människorna. Jag har hjälpt dem. Jag har undervisat dem. (Skrattande sarkastiskt.) Jag har undervisat dem, men nu skadas de för att jag undervisade dem och nu vet de för mycket.

D: *Vad undervisade du dem?*

Do: Hur man odlar och hur man lever.

D: *Jag ser inget fel med det. Det är bra saker.*

Do: Jag trodde det. Jag trodde att jag skulle gå dit och hjälpa till att undervisa dem.

D: *Var de där i svart hela tiden?*

Do: Nej, de kom bara för att se vad som hände. Jag har varit där länge.

D: *Sa någon till dig att komma och hjälpa?*

Do: Jag var tvungen att komma. Jag vet inte varför. Det var mitt jobb, att hjälpa människor.

D: *Var människorna annorlunda när du först kom dit?*

Do: Ja. De var grova... mycket grova. De visste inte hur de skulle föda sig själva bra. De åt bär och bark och insekter. De visste inte hur man växer något. Jag skulle hjälpa dem att utvecklas. Jag trodde att jag gjorde vad jag skulle göra. Men de kom och sa till mig att jag undervisade dem för mycket. De växte för snabbt. De borde inte lära sig så snabbt. Det var inte bra... men de lärde sig.

När han först kom till denna plats satte han på sig den svarta kåpan för att dölja sitt verkliga utseende. Han hade faktiskt en kropp som liknade en stor grön gräshoppa. På hans ursprungliga hemplanet hade alla samma utseende. Han var tvungen att dölja sig eftersom han inte var som människorna, och han visste att hans kropp skulle skrämma dem. Han sa att ingen sa till honom att lämna och gå till denna plats.

"Det var mitt jobb att gå. Jag har alltid gjort detta. Jag hjälper människor."

D: *Så du gick till andra platser innan du kom till denna?*
Do: Ja, men denna gick fel. De säger att vi arbetade för mycket för snabbt. Men de lärde sig, så jag undervisade dem och de verkade förstå. Jag lärde dem hur man tar hand om varandra. Jag lärde dem om landet och vattnet och träden och växterna. Jag lärde dem att de kunde hitta näring, och jag lärde dem hur man håller register. Jag skulle inte ha undervisat dem hur man håller register. Det var okej att undervisa dem om mat, men jag skulle inte ha undervisat dem om att hålla register. Men det är viktigt att hålla register för att veta hur man spårar tid och årstider och hur saker var i världen. De behövde veta hur man håller årstider... för att veta när man ska plantera. De behövde veta hur man gör det. De kunde inte bara fortsätta utan att veta. Hur kunde de plantera? Hur skulle de veta? De behövde hålla koll på vilka de var.

D: *Undervisade du dem hur man bygger hus och sådana saker?*
Do: Ja, de lärde sig. De lärde sig att använda trä och träd. De lärde sig att leva inomhus. De lärde sig att leva tillsammans som en grupp istället för individuellt, och livet blev enklare. —Sedan kom de andra och sa att jag gjorde fel. De skulle inte veta så mycket. Det var för tidigt.

D: *Men du visste inte det. Du trodde att du gjorde vad som var rätt? (Ja) Sedan sa du att de skadade människorna?*
Do: Ja. De i svart startade krig, och människor började skada varandra. Och de skulle glömma. De skulle inte fortsätta.

D: *Så krigen var för att hindra dem från att göra framsteg? (Ja) Glömma vad du hade undervisat dem?*
Do: Ja. Livet var för enkelt. De lärde sig för mycket. De växte. De var rädda för att om de fortsatte på det sätt de gjorde, skulle det vara för tidigt.

D: *Varför var det ett problem?*
Do: Jag vet inte. Jag förstod inte varför det var ett problem. De sa bara att det var fel.

D: *Vad ser du nu?*
Do: Jag ser ljus och jag ser rymd och stjärnor. Jag gick ut i rymden och kom tillbaka hem.

D: *Vad hände när du kände att du var bunden eller instängd?*
Do: De satte mig i något. De tog mig bort. Ut i rymden. Jag var inne i något, och jag kunde inte röra mig. De tog mig bort från människorna. Jag brydde mig för mycket om människorna. — Sedan lät de mig lös. Jag är i ett fordon i rymden, och jag kan se stjärnorna. Det är vackert! —Men jag kan inte gå tillbaka.
D: *Skulle du vilja gå tillbaka?*
Do: Jag vet inte... rädd. Människorna blev så skadade, men jag vill inte gå tillbaka.
D: *Hur känns din kropp nu?*
Do: Lätt... den känns lätt.

Det var ingen med henne i detta fordon som transporterade henne. Hon var helt ensam. "Det är fredligt." Allt hon kunde se var rymd och stjärnor. Hon hade ingen aning om vart hon var på väg. Så jag flyttade henne framåt tills hon stannade någonstans och frågade vad hon kunde se.

Do: Jag vet inte. Det känns väldigt tungt där jag är. Jag vet inte var jag är. Det ser ut att vara ganska kargt. Det finns inte mycket här. Det finns inga träd. Det är inte vackert. Luften känns tung.
D: *Så detta fordon var programmerat att ta dig dit? (Ja) Hur är din kropp nu?*
Do: Det är en mycket konstig känsla. Mina fötter, mina ben och mina händer är väldigt tunna. Mycket, mycket tunna. Jag har inga fingrar eller tår. Det är bara platt. Min kropp känns rund. Den är större. Den är hög och rund. Jag har inte längre en kåpa på mig för att dölja den, så det är som en gr äshopps kropp, men jag står upp.
D: *Hur ser ditt ansikte ut?*
Do: Jag har stora ögon... mycket stora ögon. —Här behöver jag inte bära den svarta kåpan eftersom det inte finns någon här. Det är bara jag. Det finns några hål i klipporna som jag kan gå in och ut ur. Det finns inget att göra.
D: *Måste du äta?*
Do: Jag tror jag får vad jag behöver från luften. —Det är en mycket tung plats. Jag tror inte jag kan stanna här länge.
D: *Vad ska du göra?*
Do: Jag måste bara vara här.

D: Finns det något sätt för dig att lämna?
Do: Nej. De skickade mig bort. De skickade mig dit så att jag inte skulle blanda mig i dem längre. Jag kan inte lämna. Jag måste stanna här.
D: När du tänker tillbaka, när du först kom till dessa människor... hur kom du dit?
Do: Jag valde bara att komma. Jag såg dem och de behövde hjälp, och jag frivillig och sa att jag skulle gå och hjälpa dem. Vi hade tittat på dem länge. Vi går runt från plats till plats.
D: De andra tittade på vad du gjorde, eller hur?
Do: Ja, det måste de ha gjort, antar jag, men de blandade sig inte i vad jag gjorde. Det var för att se vad jag gjorde. Jag frivillig.
D: Men nu har de skickat dig till denna karga plats där det inte finns något?
Do: Ja. Det finns inget. Jag gillade den andra världen. Den var så vacker. —Jag ska stanna här. Jag vet inte vad jag annars ska göra.

Detta skulle kunna ta en extraordinärt lång tid om varelsen inte behövde mat, och kanske inte ens ha något sätt att dö, som vi uppfattar det. Så jag bestämde mig för att flytta henne framåt till en annan scen för att ta reda på vad som hände. Hon lät plötsligt ut ett stort utrop av lättnad. "AH! Jag har ingen kropp. Jag är borta. Jag behöver inte vara där längre. Jag kan gå."

D: Vad hände?
Do: Jag kände något och sedan, jag bara lämnade. Jag lämnade. —Jag var där en lång tid.
D: Såg du aldrig någon annan?
Do: Nej. Det var väldigt tungt, men vackert. Planeterna, jag såg planeterna. Jag såg stjärnorna. Det var vackert som en orkester. Åh! Det var så fint!
D: Det var som ett straff att bli skickad dit, eller hur?
Do: Men det var inte. Det var vackert i slutet.
D: Så du bestämde dig bara för att lämna?
Do: Jag vet inte. Det var som om jag öppnade upp och jag var borta. Jag bara lämnade.
D: Hur är du nu?
Do: Jag är som stjärnorna och ljuset. Som små stjärnor.

DE TRE VÅGORNA AV VOLONTÄRER OCH DEN NYA JORDEN

D: Vad tycker du om det livet?
Do: Det är som att leva två liv i ett.
D: Lärde du dig något från den erfarenheten?
Do: Saker är inte alltid som de verkar. Mycket gott kan vara dåligt och mycket dåligt kan vara gott. Det spelar ingen roll. Det är allt detsamma i slutändan. (Skratt)
D: Det är svårt att se när du är mitt i det. —Vart ska du gå nu?
Do: Jag vet inte. Jag är okej. Jag känner mig mycket glittrig.

Hon såg ingen runt omkring som kunde berätta för henne vart hon skulle gå härnäst. Så jag flyttade henne framåt för att se vart hon hamnade.

Do: Jag går till ljuset. Vi går alla mot ljuset.
D: Ser du andra?
Do: Ja. Alla vi är glittriga saker. Vi går alla mot ljuset.
D: Hur är ljuset?
Do: Det är fantastiskt! Det är vackert! Det är väldigt varmt.
D: Vet du vad ljuset är?
Do: Det är allt. Åh, detta känns underbart! Nu är jag hemma. Ljuset är allt. Det är allt.
D: Så det är bra att vara tillbaka hemma nu.
Do: Underbart. Men de säger nej, jag kommer inte att stanna där länge. Jag måste gå ut igen. —Jag vet bara det. Jag känner det, ja. Jag kommer inte att vara där länge.
D: Men du kommer att njuta av det medan du kan.
Do: Ja. Det är vad jag ska göra. Jag har andra saker att göra. —Jag vet inte. Jag måste lära mig något.
D: Är det något du inte kan åstadkomma på den platsen?
Do: Allt finns där. Du kan inte lära dig när allt finns där.
D: Så du måste lära dig något annat?
Do: Ja. Det finns alltid mer att lära.

Jag flyttade henne framåt till när hon bestämde sig för att lämna igen och gå någon annanstans. Vi visste att hon lämnade eftersom hon nu var i den fysiska kroppen av Doris.

D: Berättar någon för dig vad du ska göra?

Do: Nej. Du vet bara. Det är dags. Du kan känna det. Något händer. Jag rör mig.

D: *Bort från ljuset?*

Do: Ja, jag är inte vid ljuset längre. Som en komet som skjuter genom stjärnorna. Så känns det! Jag går bort mycket snabbt och gnistorna kommer av som kometer. Det är mycket vackert. —Det är som att vara på en hiss och någon drar dig, men du vet inte vem. Och du går på ett visst sätt men du vet inte hur. Du bara går, men det finns ingen där. Det är som om du är på en väg och du kan bara gå på det sättet; du kan inte gå något annat sätt.

D: *Men du vet att det kommer att bli okej, eller hur?*

Do: Ja. Det är alltid okej.

D: *Så du rör dig genom rymden och stjärnorna är mycket, mycket vackra.*

Do: Det är den bästa delen.

Jag flyttade henne framåt till där hon slutligen skulle stanna, och frågade vad hon kunde se.

Do: Jag vet inte. Jag har aldrig varit här förut. Det är som att stå i eld. Det är som att stå i en låga men det är inte varmt. Himmelen är i alla olika färger. Det är som att stå i en låga. Du har färger runt omkring dig. Det känns okej. Det är bara annorlunda. Det är inte tungt. Det är inte varmt.

D: *Finns det några andra varelser runt omkring?*

Do: Ja, det finns människor, men de ser mig inte. De ser annorlunda ut. De ser gamla ut som om de är rynkiga, men de är gjorda av stenar. —Inte stenar. De ser stora och klumpiga ut. De ser mig inte.

D: *Låt oss gå framåt och ta reda på vad du ska göra där.*

Do: De har städer där. De behövde hjälp. Jag ska hjälpa dem. Först kunde de inte se mig. Jag var tvungen att förändras. Jag var tvungen att bli mer som dem så att de kunde se mig. Det är en vibration. Det är vad det är. Det var en annan vibration. Jag var tvungen att studera dem så att jag kunde ändra min form för jag skulle hjälpa dem. De har problem där. Något med planeten är inte rätt. De kommer att dö om de inte förändrar något de gör. De gör något mot planeten.

DE TRE VÅGORNA AV VOLONTÄRER OCH DEN NYA JORDEN

D: Vad ska du göra för att hjälpa?
Do: Jag måste lära dem något. Jag måste ta reda på vad de gör och lära dem något annat. Det är en del av mitt jobb att ta reda på vad de gör och vad de behöver.

Jag flyttade henne framåt så att vi kunde ta reda på vad det var.

Do: Något om planetens mitt; de kommer för nära planetens mitt, och det kommer att förändra hur planeten rör sig... De gräver eller bryter. Det kommer att förändra något i planeten. Det kommer att påverka allt. De måste sluta. De måste lära sig att de inte behöver vad de tror att de behöver. Jag måste vara försiktig och se om de kommer att lyssna. Jag vill inte förlora en annan planet. Jag måste vara försiktig.

Jag flyttade henne bort från den scenen och jag frågade varelsen om den visste att den talade genom en fysisk kropp. Den sa att den visste, "Jag känner det."

D: En fysisk kropp som kallas Doris. (Ja) Varför bestämde du dig för att gå in i en fysisk kropp efter att du hade hjälpt alla dessa människor på andra planeter?
Do: Jag måste alltid se ut som alla andra. Kan inte göra något om du inte gör det.
D: Så ditt jobb har alltid varit att gå från plats till plats? (Ja) När du är klar med en plats, går du någon annanst stans? (Ja) Sa någon till dig att komma till Jorden?
Do: Ja, de sa att de behövde min hjälp. Det är mitt jobb.
D: Så den här gången var du tvungen att gå in i en fysisk kropp? (Ja) Varför kände de att du behövde bli människa denna gång?
Do: Det fungerade inte förra gången.
D: Tror du att det kommer att fungera nu om du är människa? (Ja) Hur känner du för det?
Do: Jag gör vad jag måste göra. Det fungerar bättre. Det finns många människor nu. Det är många fler. Många av Väktarna är här.
D: Menar du att fler av dem kommer?
Do: Ja, och det finns många här. De arbetar tillsammans.
D: Var de inte det förra gången?

DE TRE VÅGORNA AV VOLONTÄRER OCH DEN NYA JORDEN

Do: Det var bara en. Många av oss kom till denna planet.

D: *Varför beslutade de alla att komma denna gång?*

Do: Det är en viktig tid. Det är viktigt för alla... inte bara denna planet. Det är viktigt för alla planeter. Det har att göra med vibrationerna. Det är vibrationerna från planet till planet. Det går genom rymden och tiden och förändras.

D: *Och du är här för att hjälpa till med vibrationerna?*

Do: Ja. Jag är här för att hjälpa planeten.

D: *Tror du att du kommer att kunna hjälpa bättre genom att vara i fysisk form?*

Do: Det var det enda sättet denna gång.

D: *Men du vet när du kommer hit att du glömmer, eller hur?*

Do: Ja, det var svårt. Jag förstod inte.

D: *Är detta första gången du kom in i en fysisk kropp?*

Do: Jag var en gräshoppa.

D: *Det stämmer. —Vad tycker du om att lära dig lektioner på Jorden?*

Do: Det är svårt.

D: *Är du under några typer av begränsningar medan du är i den fysiska kroppen?*

Do: Jag vill inte blanda mig i människornas liv.

D: *Vad anser du vara blandande?*

Do: Ibland försöker jag berätta för människor och de förstår inte.

Jag beslutade då att kalla in den högre medvetenheten så att vi kunde få fler svar, särskilt de som rörde Doris personliga frågor. Först ville jag veta varför den visade henne det livet.

Do: Hon behöver veta att hon är den hon tror att hon är.

D: *Hon är en mycket kraftfull ande, eller hur? (Ja) Denna ande har en stor mängd förmågor. (Ja) Så hon har inte haft några liv på Jorden som människa?*

Do: Några, inte många.

D: *Jag har hört talas om andra andar som denna som har frivilligt kommit. De gör ett fantastiskt arbete, eller hur? (Ja) Men samlar dessa typer av andar karma?*

Do: Nej... De kan. De behöver inte.

D: *Varför valde hon ett så svårt liv denna gång?*

DE TRE VÅGORNA AV VOLONTÄRER OCH DEN NYA JORDEN

Do: För att hjälpa. För att veta hur man hjälper och förstå, så att hon inte skulle göra som hon gjorde förut.
D: *Vad menar du?*
Do: För att hjälpa mer än hon behövde.
D: *När hon undervisade människorna för mycket?*
Do: Ja... att gå bortom.
D: *I detta liv hade hon många problem som barn under sin uppväxt.*
Do: Ja... för att hon skulle veta hur man är människa.
D: *Att vara människa med alla sina brister, alla sina problem. (Ja) På det sättet dömer hon inte, eller hur?*
Do: Nej, hon dömer inte.

Doris hade alltid haft psykologiska förmågor och hon kunde göra många saker. Hon visste saker som andra människor inte visste. Hon kunde se saker om andra människor. Hon ville veta om det.

Do: Vi hjälper henne. Att veta varför hon är här. Hon fick ha dessa förmågor så att hon inte skulle glömma.
D: *Varför är hon här?*
Do: För att förändras... för att skapa en förändring... för att rädda planeten.
D: *Men hon är bara en person. Eller är det en sammanlagd kraft av alla andra som har kommit?*
Do: Som att vara en del av ett nätverk. Hon är en av dem... och hon håller ljuset, och människor hon pratar med kan känna det. De förstår inte, och de tror att hon är annorlunda. Det är hon. Hon pratar med människor. Hon planterar ett frö, sedan är det upp till dem att låta fröet växa. Hon har alltid gjort detta. Hon förstod bara inte.
D: *Är varje en av dessa speciella andar en del av nätverket?*
Do: Ja. De räddar planeten. Det fungerar. —Hon behöver undervisa. Andra liv... andra planeter. Undervisa om universum och stjärnorna. Det finns annat liv.

KAPITEL NIO
EN VARELSE FRÅN RÅDET

JAG MÖTER STÄNDIGT klienter som är i kontakt med råd eller är en del av ett råd när vi genomför sessioner. Jag har funnit att det finns många typer av råd. Det finns råd över solsystemet, över galaxen, över universum, etc. Det finns tydliga regler och förordningar som hjälper till att hålla allt i rätt ordning. Inget lämnas åt slumpen. Det finns också råd på den andliga sidan som har andra typer av uppgifter som sköter registren för dem som lever på Jorden. Alla dessa råd verkar ha ett stort intresse för att samla kunskap och information. Jag är glad att det finns någon som tar hand om allt detta, annars tror jag att det skulle vara totalt kaos.

När Susan kom ner från molnet stod hon i det varma vattnet i havet. Hon var nära stranden eftersom hon såg trappor som gick ner i vattnet. Trapporna ledde upp till ett tempel. Hon såg tre kvinnor stå på den högra sidan av trapporna. Sedan dök tre till upp på den andra sidan och välkomnade henne.

S: De bär enkla ljusa klänningar. De som är längre ner på trapporna blir blöta upp till knäna och låren. —De tar mig in. Jag tror att jag måste berätta något för dem för att få gå igenom. Inte bara vem som helst får komma hit. Det finns ord de pratar.
D: Vet du vad du ska säga för att de ska låta dig komma upp?
S: Jag är bekant med ordningen. De väntar på mig på ett sätt. De är inte av min ordning.
D: Vad menar du med "ordning"?
S: En grupp individer som bryr sig om samma sak.

Susan började göra intrikata handrörelser. Jag frågade vad de var till för. "Det är en signal för en energiexchange."

D: Är detta en del av vad du måste göra för att de ska känna igen dig?
S: De accepterade mig för den jag säger att jag är. De var medvetna om min ankomst.

D: *Visste de att du skulle komma? (Ja) Var kom du ifrån?*

Susan fortsatte att göra handrörelser och pekade uppåt. "Vad pekar du på?"

S: (Överraskad) Wow! (Skratt) Det är en stjärnbas.
D: *Känner de till det? (Ja) Hur kom du dit?*

Hon var förvånad över sina svar och svarade på mina frågor med misstro och humor. "Jag kom genom portalen ner i vattnet. Det är fantastiskt. —De visste att jag skulle komma."

D: *Den ordning du tillhör, finns den på stjärnbasen?*
S: Det är intergalaktiskt. —Jag var tvungen att anpassa mig till ytkrafterna genom att acceptera fysisk form för att delta i den allmänna kulturen för den tiden. Jag ser ut som en kvinna som är klädd som de.
D: *Vad är din normala form, när du är på den andra platsen?*
S: Det är ljus. Jag är en ljuskropp.
D: *Är de andra på den plats du kom ifrån likadana?*
S: Korrekt. Absolut. Vi är här för att hjälpa.
D: *Så när du kommer till en plats som denna, måste du likna människorna där?*
S: För tillfället gör jag det. Annars skulle det orsaka förvirring.
D: *Men nu har de accepterat dig och välkomnat dig?*
S: Det var förutspått av stjärnorna och astronomerna. Det var ett utsatt datum.
D: *Visste de att någon skulle komma?*
S: De representerar delegationen från tid till annan för informationsutbyte.
D: *Har de gjort detta tidigare?*
S: Ja, många gånger. Men jag kommer bara periodvis.
D: *Du sa att det var för ett utbyte. Vad är det för slags utbyte?*
S: Informationsutbyte... för att samla stöd med stor oro som vi måste använda vid denna tid.
D: *Varför fanns det stor oro? Missbrukar någon informationen?*
S: Tendensen finns där och fröna av girighet börjar växa. Vi är medvetna om det. Dessa människor använder sitt inflytande. Vi

har hopp om att saker kan förändras vid denna tid innan girighetens frön har grott.

D: *Har du tidigare tagit med information som du tror har missbrukats?*

S: Vid olika tillfällen.

D: *Gav du bara det till alla när du kom tidigare? (Nej) Vem gav du det till vid de tillfällena? Denna grupp eller en annan grupp?*

S: En annan grupp. Detta är inte första gången det har inträffat katastrof på denna planet.

D: *Vad orsakade det de andra gångerna?*

S: Manipulation av materia. Manipulation av naturlagar och materia för människans vinning.

D: *Av de varelser som levde vid de tiderna?*

S: Ja. Du känner till historien. —Jorden var täckt av is, var en av gångerna.

D: *Det var för att stoppa vad de gjorde?*

S: För att börja om.

D: *Det börjar alltid om, gör det inte?*

De har sagt detta många gånger, och det har rapporterats i mina andra böcker. Det har funnits många civilisationer i Jordens avlägsna förflutna som har nått perfektionens höjd, bara för att bli nedbrutna av människans inneboende girighet efter makt.

D: *Hur blev de förstörda andra gånger, förutom av isen?*

S: Stora explosioner. Det finns en saknad planet i detta solsystem. Den exploderade.

Hon hänvisade till planeten mellan Mars och Jupiter som exploderade och skapade asteroidbältet. Detta har också skrivits om i mina andra böcker.

D: *Jag har hört talas om den. Det orsakade en stor mängd kaos, gjorde det inte?*

S: Den naturliga lagen är avsedd att inte blandas med.

D: *Någon blandade sig i lagen vid den tiden? (Ja) Hur påverkade explosionen av den planeten Jorden?*

S: Det orsakade stor förstörelse och eld som regnade ner från himlen.

DE TRE VÅGORNA AV VOLONTÄRER OCH DEN NYA JORDEN

D: *Så det var tider när civilisationer förstördes i det förflutna? (Ja) Men du har kommit nu för att träffa dessa människor, och du nämnde att något annat kommer att hända?*
S: Vi är bekymrade över frötankarnas former av girighet som cirkulerar i dessa människors sinnen.
D: *Men denna grupp gör det inte?*
S: Inte vid denna tid. Vi är här för att ge råd och information.
D: *Tror du att de kommer att lyssna på dig?*
S: Vi har stort hopp.

Hon sa att hon skulle gå upp till templet för att träffa de som var där. Så jag tog henne framåt tills hon var vid templet. "Möter du många människor?"

S: Bara delegationen som skickades fram. Min far är prästen som presiderar över detta tempel. Han har inflytande över de andra.
D: *Vad är rådet du ger denna grupp?*
S: Sluta experimentera med den naturliga lagen.
D: *Vilka experiment gör de som är emot den naturliga lagen?*
S: Genmanipulation... genetisk manipulation.
D: *Varför gör de det?*
S: För att de kan. De är mäktiga.
D: *Hur gör de genmanipulation?*
S: Jag är inte säker på att det kan delas.
D: *Du tycker inte att jag borde veta om det?*
S: Det är inte du.
D: *Vad händer om de fortsätter med vad de gör?*
S: Förstörelse.
D: *De är inte medvetna om detta?*
S: Nej. Det börjar bli splittrat. De har varit självstyrande fram till denna punkt, men politiskt finns det en viss oro och olika tankeskolor som har försökt hålla sig till ljusets väg.
D: *Är du tillåten att stoppa det om de inte kommer att lyssna?*
S: De kommer att sättas på en väg mot självförstörelse.
D: *Jag undrade om du skulle kunna komma in och hindra dem från att göra vad de gör.*
S: Det skulle gå emot den naturliga lagen. Vi kan bara ge råd.
D: *Och om de inte lyssnar, finns det inget du kan göra åt det?*

DE TRE VÅGORNA AV VOLONTÄRER OCH DEN NYA JORDEN

S: Inget vi kan göra.
D: *Du sa att du har sett detta hända tidigare?*
S: I många tider på många världar.
D: *Då, om de inte lyssnar, måste de återuppbygga igen, eller hur? De börjar denna cykel om igen? (Ja) Men denna gång hoppas du att de lyssnar.*
S: Vi har stort hopp.

Hon skulle ge informationen till prästen och sedan skulle han gå och prata med de människor som gjorde det fel. Hon skulle inte stanna; hon skulle återvända när hon behövdes.

D: *Kommer du att kunna se vad de gör?*
S: Ja. Vi är alla medvetna.
D: *Med "vi" menar du de i gruppen du kommer ifrån?*
S: Rådet. De är de som övervakar.
D: *Är de på andra sidan den portalen? (Ja) Men de får inte blanda sig i? (Nej)*

Jag flyttade henne framåt för att se vad som hände.

D: *Går prästen och pratar med de andra? (Ja) Lyssnar de?*
S: Under en tid... över 962 år har passerat, och det har förstörts igen av sin egen hand.
D: *Vad hände?*
S: Det exploderade. Girighetens frön hade vuxit. Den naturliga lagen hade manipulerats till den punkt där stor förstörelse föll över dem igen. (Gråter.)
D: *Hur ser det ut när det händer? Du kan se som en observatör, även om det är svårt.*
S: Det är som vågor av energi som ekar runt planeten. Det exploderar... skräp och eld, vatten.
D: *Vad orsakade chockvågen?*
S: Energibemaningarna kom tillbaka på dem själva.
D: *Visste de att detta kunde hända? (Ja) Men de fortsatte ändå?*
S: Det handlar om kontroll. Vi kan bara ge råd och vägledning.
D: *Vad ser du när du tittar på det?*
S: Ruin... total ruin. Det är så sorgligt... rök, bränt kött, eld.

DE TRE VÅGORNA AV VOLONTÄRER OCH DEN NYA JORDEN

D: *Fanns det några överlevande?*
S: Ja... några få.
D: *Kan du se vad som händer med dem?*
S: De samlar sig och återuppbygger. De återförenas.
D: *Tror du att de har lärt sig något av detta?*
S: Jag hoppas det. Wow! —Det finns inget vi kan göra. Vi drar tillbaka igen. Till rådet. Det stora rådet.
D: *Tillbaka förbi portalen?*
S: Ja. Det är faktiskt en stjärnport.
D: *Som ni använder för att gå fram och tillbaka?*
S: Korrekt. 14932-11
D: *Vad betyder det?*
S: Det är namnet på stjärnporten.
D: *Det låter som ett långt nummer, så det måste finnas flera. Menar du det? (Ja) Hur används det numret?*
S: För identifieringsändamål.
D: *Så ni kan gå fram och tillbaka? (Ja) Så det är möjligt för människor att gå igenom denna portal?*
S: Ja. Om de är i sin ljuskropp, skulle möjligheten komma fram.
D: *De kan inte gå i sin fysiska kropp?*
S: Nej. Inte för tillfället.

Människor måste gå ut ur sina kroppar för att kunna hitta dessa platser, så de är inte lätta att lokalisera.

D: *Hur är den plats där de har det stora rådet?*
S: Det är vackert. (Suckar) Vi är ljusvarelser. Jag ser många ljuskroppar och energi, och det luktar vackert.
D: *Vad orsakar doften?*
S: Ljuset. Jorden luktar illa.
D: *Vad gör ni medan ni är där vid det stora rådet?*
S: Vi planerar att hjälpa varhelst vi behövs och vi är här för att ge råd och stöd.
D: *Så ni är mest bekymrade för Jorden?*
S: Jag har blivit tilldelad i denna sektor.
D: *Är det vad du mest gör med din tid?*

S: Vi undervisar. Människor behöver oss på den astrala planet. Vi kan lära människorna saker de borde veta som skulle föra gott in i deras liv.

D: *Så ni behöver inte komma ner fysiskt som ni gjorde tidigare?*

S: Endast under omständigheter där intervention behövs.

D: *Så ni undervisar människor när de är på den astrala? Menar du när de reser ut ur kroppen på natten eller vad?*

S: Ja. Den mänskliga själen har förmåga att vara på många platser vid många tillfällen. Det är då vi kan vara till största hjälp. Vi kan hjälpa där, men igen, inte blanda oss i den fria viljan. Det är vad den naturliga lagen styr.

D: *Det är inte att blanda sig i deras fria vilja om de söker er?*

S: Exakt.

D: *Kroppen är ganska begränsad, är den inte? (Ja) Jag har hört att mycket av detta händer på natten när människor sover.*

S: Eller när de är i tillstånd som du hjälper dem att uppnå. Vi har övervakat er och hjälpt er under en mycket lång tid på er astrala planet. Du är en underbar, villig student.

D: *Jag vet att jag har fått mycket hjälp. Jag skulle inte kunna göra det själv. Det finns många märkliga platser som ni vill att de ska veta om?*

S: Absolut.

D: *Men det fysiska är det minst av allt, är det inte?*

S: Men nödvändigt för lärande.

De bekräftade att de har kontakt med människor medan de sover på natten eller i dessa typer av förändrade tillstånd, och de kan ge dem mycket information. Jag beslutade att det var dags att gå framåt, så jag frågade dem om de visste att de talade genom den fysiska kroppen som kallas Susan. De sa att de var medvetna.

D: *Du vet när jag gör detta, vi tror att vi ska gå till tidigare liv, gör vi inte?*

S: Det är ditt recept för läkning. Detta är vad du har kontrakterat med dina teammedlemmar för att underlätta läkningen i det fysiska. Vi anser det vara ett recept. Ingredienserna är bra.

D: *Men hon gick inte till ett tidigare liv, åtminstone inte den typiska typen med en fysisk kropp. (Skratt)*

DE TRE VÅGORNA AV VOLONTÄRER OCH DEN NYA JORDEN

S: Nej. Ingen anledning till det. Vissa människor behöver det, men hon gör inte det. — Du vet att hon inte kommer att gilla detta. (Skratt)

D: *Varför inte?*

S: Hon vill inte tro på stjärnor.

D: *Varför inte? Jag vet att de är verkliga.*

S: Du är skyldig. Hon kommer inte att gilla det. (Högt skratt) Om du säger till henne att det är en ängel, kommer hon att säga, okej.

D: *Så det är okej om det är en ängel, men inte en ljusvarelse. (Skratt)*

S: Exakt.

D: *Hon kan betrakta er som en ängel i en annan form.*

S: Det är bra.

D: *När vi först började lät det som om hon var du. Är du en aspekt av henne eller vad?*

S: Ja. Du vet! (Skojande)

D: *Jag vet, men vi försöker hjälpa henne nu. En del av detta tar lite tid att justera.*

S: Vi har arbetat med det ett tag. (Fortfarande road.) Hon är redo eller detta skulle inte ha hänt.

D: *Sa ni till henne att komma hit till mitt kontor?*

S: Absolut.

D: *Hon var överraskad eftersom hon sa att hon aldrig hade hört talas om mig förut.*

S: Är vi inte kloka! (Skratt)

D: *Min dotter kallar er mina PR-människor.*

S: Så glada att få vara till tjänst.

D: *Ni gör detta ganska ofta, har jag funnit. Men denna session kommer att vara annorlunda än vad hon förväntade sig, med hennes sätt att tänka?*

S: Åh, absolut. Vi känner att hon är redo vid denna tidpunkt, men hon kommer att gå igenom en justeringsperiod. Vi har ordnat tillräckligt med stöd för att vara med henne så att hon kan höra och smälta vid sin egen takt.

D: *Vi vill inte ge någon något de inte kan hantera.*

S: Du vet mycket väl. (Skrattar igen.) Vi har observerat dig under en lång tid. Hon är redo att höra från dig eftersom hon känner en slags samhörighet med dig på ett sätt och hon kommer att kunna förstå och förmedla hur hon känner. Och du kommer att kunna hjälpa henne och stödja henne på hennes resa. Det är din roll i det här.—

Hon vill tro att hon inte är så värdelös som hon blev programmerad att tro under sina tidiga år. Och för att hon ska upptäcka att hon går genom rådet, att det är hennes ursprung, kommer hon inte att tro det. Hon kommer inte att tro det.

D: *Hur ska hon förklara det nu, att du talar till henne?*

S: Hon kommer att höra det i rösten. Vi manipulerar redan hennes röst. Hon vet, men hon kommer att höra auktoriteten i rösten.

D: *Så det är dags för henne att förstå att hon är större än hon tror att hon är. Är det vad du menar?*

S: Absolut. Det här enkla leendet leder ingenstans, och du vet att vi alla måste underlätta den nya jorden och hjälpa människor att anpassa sig till den nya jorden. Detta är vårt primära motiv här. Saker förändras. Människor behöver någon som hjälper dem att anpassa sig till förändringens dimension. Och människor som du och hon är så nödvändiga. Att hjälpa människor att anpassa sig och underlätta anpassningen till den nya jorden.

D: *Det är vad jag har fått höra. Saker förändras så snabbt, och ni vill inte att allt ska förstöras igen.*

S: Det kan inte hända. Du vet det. Det kan inte hända och kommer inte att hända.

D: *Det tar bara så lång tid att göra om det gång på gång. Är det därför ni skapar den nya jorden?*

S: Du vet att du är säker. Hon vet att hon är säker.

D: *Vi vet också att alla inte kommer att gå till den nya jorden. Det är vad jag har fått höra.*

S: Du har blivit informerad korrekt. Du ser splittringen. Du ser klyftan. Du förstår.

D: *Jag försöker. Det är komplicerat.*

S: Det är mycket komplicerat. Därför behöver vi enkla recept för människor.

D: *Du måste börja med små steg, små smulor.—Varför visade ni henne den förstörelsen i början?*

S: Hon har cellulärt minne i sin kropp från den tiden från en plats... du skulle kalla dem parallella existenser. Och nej, hon var inte en direkt del av förstörelsen. Det är inpräntat i hennes celler från att ha bevittnat förstörelsen.

D: *Varför ville ni att hon skulle veta detta?*

S: Hon underskattar kraften i de verktyg hon har fått för att dela med sig till planeten jorden just nu. En tid av stort uppvaknande... en tid av den nya jorden... som integreras i jorden. Hon underskattar detta. Vi ville att hon skulle se hur värdefullt det är att dela ljuset. Hon underskattar sin kraft. Ljuset är avgörande att sprida just nu.

D: *Men hon gör mycket gott, eller hur?*

S: Ja, det gör hon, och vi är stolta över henne. Men fortfarande i mindre skala. Tills hon tror på sig själv är det svårt att ta henne till en större skala.

D: *Vill ni att hon ska gå till en större skala?*

S: Inte förrän hon är bekväm med det i sin fysiska kropp.

Susan hade hört varelser tala till henne under lång tid, men hon trodde att det var hennes änglar. Egentligen var det rådet. De skrattade: "Hon kommer inte att gilla det alls. Berätta det för henne försiktigt, okej?"

S: Hennes kontrakt är att koppla människor till källljuset. Hon hör bara kopplingsdelen. (Skratt) Och det är okej.

Susan hade också haft många fysiska saker som hände med henne. "Knuffar. Riktigt hårda knuffar. Det är bara nödvändigt när allt annat misslyckas, och vi beklagar att hon kände sig straffad på något sätt."

SC gick snabbt igenom hennes kropp och fixade alla fysiska klagomål som Susan hade på sin lista.

**** "Rädsla är en illusion av denna värld och det är allt den är."

KAPITEL TIO
FÖRSTÖRELSEN AV EN PLANET

ÅR 2009 VAR DET första gången jag åkte till Sydafrika, och Cathy var personen som bjöd in oss att komma till Johannesburg och ordnade klassen. Jag bestämde mig för att välja henne för demonstrationen den sista dagen av klassen. Folket där i Johannesburg har inte blivit utsatt för mycket inom metafysik, så de var oerhört ivriga att lära sig. De har böcker, men inte många talare och lärare. Allt med klassen var nytt för dem eftersom de var på den mest grundläggande nivån av förståelse. Detta var även så mina föreläsningar var. Det var uppfriskande att hitta sådan förundran och entusiasm hos människor. Allt gick smidigt under klassen, och jag hade lärt dem grunderna om att använda min metod för hypnos för enkla tidigare liv och läkning. Det var vad vi förväntade oss i demonstrationen, att återuppleva ett normalt tidigare liv. Det skulle vara gränsen för deras förståelse vid denna inledande fas. Så när vi började sessionen tog den en vändning som lämnade dem helt chockade. Det var normalt för mig, men det presenterade idéer de aldrig hade hört talas om. Uttrycken av förvåning var uppenbara i deras ansikten. De fortsatte att titta på mig för att se hur jag reagerade, eftersom det var en total avvikelse från vad jag just hade lärt dem. Jag var väl medveten om att sessionerna inte längre strikt utforskade enkla tidigare liv, utan vågade sig in i det okända (särskilt de tre vågorna av volontärer). Jag tror det överraskade dem att jag inte avslutade sessionen, utan fortsatte som om ingenting ovanligt förekom. Självklart var det inte ovanligt för mig. Jag försökte ge dem lugnande blickar medan jag fortsatte sessionen. Jag visste att jag kunde förklara det ytterligare efteråt. Jag hade inte haft möjlighet att ta upp denna möjlighet innan demonstrationen. Jag antar att "de" tycker att mina studenter nu är redo, oavsett var de befinner sig i världen.

När vi började sessionen gillade Cathy att vara på molnet och var tveksam till att sväva bort från det. Hon blev känslosam och började gråta. Det fanns ingenting som indikerade varför det påverkade henne på detta sätt, eftersom hon inte ens hade sett något än. Ändå är det alltid en indikation på att vi har hittat något viktigt (eller i hennes fall, att något viktigt skulle komma) när personen visar känslor. Känslor kan inte fejkats, och senare verkar det inte ens rationellt för klienten. "Varför grät jag? Det verkar inte meningsfullt. Varför upprörde det mig?"

Jag visste att jag måste få henne bort från molnet, så jag frågade om hon kunde åka vart som helst, vart skulle hon vilja att molnet tog henne?

C: Jag vill åka upp! (Djupt andetag) Jag vill åka hem.
D: *För att uppleva det igen en stund. Du kan göra vad du vill. Vilken väg skulle du gå?*
C: Norr. — Jag ser stjärnor. De är vackra! De är ljusa och snurrande. — Nu ser jag ett rosa land. Det är färgen på rosor. Det är långt borta. — Det är där jag bor. Jag kommer närmare. Jag ser mycket vind... mycket moln som lämnar. Molnen har en mjuk rosa färg. Och det finns ljus... de kommer från stjärnorna.
D: *Vill du gå mot ytan så att du kan komma ner? (Nej) Varför inte?*
C: För att det inte finns där längre. — Det är bara damm. Det är borta.

Hon började snyfta högt. Studenterna såg på mig mycket förvirrat.

D: *Hände något med det?*
C: Jag vet inte. — Det finns inget liv. Det finns bara dammklumpar och varm luft. — Jag kan inte komma nära. Det släpper inte in mig. — Det är för farligt.

Cathy kunde inte förklara varför det var farligt, men medan hon svävade var hon tvungen att hålla sig på ett säkert avstånd. Allt hon kunde se var moln och damm. Det fanns inga tecken på liv, byggnader eller vegetation. Bara en öde planet. Det gjorde henne otroligt ledsen. "Jag kan inte gå tillbaka. Vi förlorade allt. Det är borta. Alla är borta. Det finns inte där. Allt är förlorat." Hon sa att hon inte var där när vad som än hände, men hon visste att det en gång hade varit en blomstrande plats med människor. Och hon visste att hon hade levt där en kort tid. Eftersom hon inte kunde få mer information bestämde jag mig för att flytta henne bakåt till innan katastrofen hände, innan de svåra tiderna, och se hur det var. Hon var ivrig att prova det och kom snabbt dit. "Jag ser barn. De leker i vatten. Det finns mycket vatten.

D: Är det fortfarande en rosa färg?
C: Nej. Det är vitt. Och marken är grön. — Barnen leker. De dansar.

Hon sa att barnen såg mänskliga ut. När jag bad henne att titta ner på sig själv och berätta hur hennes kropp såg ut, sa hon att hon inte kunde se sin kropp. Jag frågade henne om hon kunde känna sin kropp. "Ja. Det känns lugnt. — Jag ser en stad... en vit stad. Den har höga, grå marmormurar med korridorer, och det finns mycket skratt. Den lyser. Det finns alltid ljus."

D: Bodde du där någon gång?
C: Jag tror att jag besökte där. Det var inte mitt hem, men jag bodde där.
D: Varför åkte du dit för att besöka?
C: För att undervisa. — För att lära barnen kärlek och lycka.
D: Blev du tillsagd att åka dit?
C: Ja. Det var vackert. Enkla människor, men goda.

Hon hade rest till många platser dit hon kände sig dragen för att undervisa, dit hon behövdes.

D: Är det vad du gillar att göra?
C: Jag vet inte... (Suck)... inte längre. (Hon började gråta.) För att det gör ont.
D: Gör det ont för att planeten blev förstörd eller vad?
C: Ja, för att det hände. Sedan när jag lämnar vet jag inte vad som händer med dem.

Hon visste intuitivt när något skulle hända, men människorna visste inte. Så hon lämnade långt innan katastrofen hände. Hon visste fortfarande inte exakt vad som orsakade förstörelsen. "När jag behövs åker jag och undervisar."

D: Vad gör du när du inte behövs? Vi kan titta på det. (Paus) Finns det något annat du gör då?

C: Nej. Jag väntar bara tills jag behövs.
D: *Var väntar du? Du kan se det.*
C: Det är svårt att förklara.
D: *Gör ditt bästa.*
C: Det är fullständig fred. Det är mjukare.
D: *Ser det fysiskt ut?*
C: Nej. Det är nästan som rörelse... som en sång.
D: *Det låter vackert. Finns det någon med dig eller är du helt ensam?*
C: Jag är inte ensam, men det finns ingen fysisk där. Ändå känner jag att det finns andra omkring mig alltid.
D: *Så du gillar den platsen?*
C: Ibland. — Ibland behöver man komma bort och se saker. Det är en plats där jag väntar tills jag måste gå och undervisa och hjälpa andra. Sedan återvänder jag hit.
D: *Har du någonsin levt i en fysisk kropp?*
C: Jag kan inte minnas. Detta är allt jag minns, denna plats av ren fred och skönhet.
D: *Det är mycket bra. Du är en mycket kärleksfull person. Du måste vara full av kärlek för att lära ut kärlek. Det är underbart. — Är du medveten om att du talar genom en fysisk kropp just nu? (Ja) Varför bestämde du dig för att gå in i en fysisk kropp om det var så vackert där?*
C: Jag vet inte. (Skratt)
D: *Vill du ta reda på? (Hon skrattade.) Vi kan. Det skulle hjälpa, eller hur? (Ja)*

Jag tog henne sedan till punkten där det beslutades. När hon lämnade den vackra platsen. "Vad hände?"

C: Det var dags. De måste göra arrangemang. — Mitt jobb var inte färdigt. Jag var tvungen att undervisa mer.
D: *Pratar någon med dig?*
C: Vi pratar alla tillsammans. Vi beslutar vad som är bäst.
D: *Vad beslutar ni?*

D: *Vill de andra också gå? (Nej) (Vi båda skrattar.) Varför vill de inte gå?*

C: För att det är stort. Det är en stor utmaning. De känner att det inte är rätt för dem att gå.

D: *Finns det en anledning till varför?*

C: För att de inte behövdes. (Hon började gråta igen.)

D: *Men du tror att du behövdes?*

C: Åh, ja!

D: *Vad känner du att du behövdes för?*

C: För att förändra saker... långsamt... för att förändra flödet... för att hjälpa människor att minnas att det är okej.

D: *Vad glömde de?*

C: Sig själva. De glömmer vem de är... vem de verkligen är. När de kommer in i det fysiska glömmer de.

D: *Vem är de egentligen?*

C: Det är upp till dem att lära sig. De tror att de är något annat och att de inte är det.

D: *Så du ska hjälpa dem att minnas?*

C: Det är en del av det, ja.

D: *Vad är den andra delen?*

C: Att hjälpa till att förändra saker. — Flödet. Som en ström... förändra flödet.

D: *Flödet av vad?*

C: Allt. Det går åt fel håll.

D: *Vad orsakade att det gick åt fel håll?*

C: Att glömma... att glömma att älska... att glömma att älska och att leka.

D: *Så när människorna började glömma, orsakade det att flödet gick i fel riktning? (Ja) Om flödet fortsätter att gå i fel riktning, vad skulle hända?*

C: De skulle dö. Deras själ. (Snyftande.)

D: *Så du tog det på dig att komma hit och göra en skillnad?*

C: En liten... liten skillnad.

D: *Det är ett stort beslut. (Ja) Det kräver mycket mod att göra det.*

C: Det kräver dumhet.

D: *Tror du att du kan göra en skillnad?*

C: Jag vet inte. — Att komma in i en fysisk kropp var inte vad jag trodde det skulle vara.

D: *Men de andra varelserna du var med, ville de inte ta chansen? (Nej) (Vi skrattade båda.) Så du känner att du är helt ensam som gör detta?*
C: Nej. Jag vet att jag inte är.
D: *Är du medveten om att det finns andra som hjälper också? (Ja) Är de människor som Cathy känner? (Nej) Men kanske vet de inte vad de gör heller.*
C: De lär sig.
D: *Men du sa att du saknar hem?*
C: Ja. Jag var verkligen lycklig där och det var en del av det.

Jag beslutade att kalla fram det högre medvetandet och få svar på hennes frågor. Jag frågade varför det valde att visa Cathy den scenen. "Vi letade efter tidigare liv, eller hur?" (Ja) "Finns det en anledning till att hon inte åkte dit?"

C: Hon kan inte minnas dem. Hon är inte menad att göra det.
D: *Låter som hon bara gick från plats till plats som en andlig form? (Ja) Gjorde mycket gott?*
C: Hon försöker.
D: *Så hon kom till Jorden för att göra en annan uppgift? (Ja) Var det vad ni ville att hon skulle veta?*
C: Hon vet.
D: *Men hon visste inte medvetet. (Ja) Tror du att det är viktigt för henne att veta?*
C: Det är viktigt... ja.
D: *Detta kommer hjälpa till att förklara många saker som pågår i hennes liv?*
C: Ja. Det är därför vi ledde henne till dig.
D: *Är hon en av volontärerna jag har pratat med tidigare?*
C: De är olika.
D: *Hur är det annorlunda?*
C: För att hon vanligtvis inte gör detta. Vi var tvungna att fråga.

Jag ställde den eviga frågan: Vad var hennes syfte? Vad var hon menad att göra i detta liv? "Vill ni berätta för henne?"

C: Inte riktigt. (Skratt) För att det är större. Hon är på sin väg. Hon kommer att veta när tiden är mogen.
D: Så just nu är hon inte redo att veta hela bilden? (Nej) Måste vara ganska stor.
C: Jag kan inte säga. (Skratt)

Eftersom det högre medvetandet inte ville avslöja den större bilden, riktade jag min fokus på hennes fysiska syfte. Hon hade varit involverad i den korporativa världen och blivit desillusionerad och slutade. "Hon försökte vara mänsklig. Hon ville passa in. Hon ville göra det bästa för denna planet och hon trodde att hon skulle kunna göra det bäst där. Fler människor där." När hon arbetade i den korporativa världen blev hon mycket sjuk. Det var en av de viktigaste anledningarna till att hon var tvungen att lämna. De sa att det hände för att hon inte var lycklig. Jag frågade dem om hennes fysiska kropp, och att göra en kroppsscanning, men de var före mig och arbetade redan med det. Läkare trodde att det var något fel på hennes blod. De diagnostiserade det som svår anemi vilket gjorde henne svag och fick henne att svimmar vid oväntade tillfällen.

C: Vi arbetar på det. Hon kan känna det. Hon kan känna det.
D: Vad var fel med blodet?
C: Ingenting allvarligt. Det var bara flödet. Hon hade stoppat flödet.
D: Hon talade om flödet, men jag trodde att hon menade flödet av världen. Men kopplade hon till det?
C: Det är allt en del. Det är samma sak.
D: Läkarna sa att det var något mycket allvarligt.
C: Det var det. —Men hon lyssnade. Hon lämnade det företaget.
D: Vad gör ni med blodet nu?
C: Jag energiserar det.
D: Hur energiserar du blodet?
C: Jag bara gör det.—Det kommer att bli bättre... mycket bättre. Vi har hållit på med det medan vi pratar. Låt dem fortsätta gissa... ja.

Läkarna sa också att det var något fel med levern. "De" sa att det var en del av samma problem, med flödet, och detta gjorde att blodet blev dåligt (förgiftat).

DE TRE VÅGORNA AV VOLONTÄRER OCH DEN NYA JORDEN

D: *Har du rättat till det?*
C: Ge mig en minut. Vi behöver fortfarande en minut.

Sedan fokuserade de på hennes rygg. Den hade orsakat henne problem eftersom hon hade svårt att släppa taget. Hon ville förbli kopplad. "Det är som att ha en fot inne och en fot ute." De rättade till problemet, "Bara rättar till flödet, och tar bort vem hon var till vem hon är nu. — Vi kommer att titta på det lite mer, men vi kan rätta till det. Vi vill bara göra det steg för steg." Alla andra fysiska problem (nacke, ben) var kopplade till den ursprungliga orsaken. De skulle fortsätta att arbeta med henne efter sessionen.

Hon hade velat veta om kontrakt eller karma med människor i hennes liv, men om hon inte hade varit på Jorden tidigare, skulle det inte ha funnits något. "Hon har lärare som lär henne hur man lever. Hennes föräldrar var de som förde in henne. Endast för att lära henne." När hon växte upp kände hon mycket ilska och aggression. Hon ville veta var det kom ifrån. "Det var sorg. Den planet... den förlusten."

D: *Vad hände med den planeten?*
C: De gav upp på sig själva.
D: *Hon sa att hon inte var där när det hände. Allt blev förstört.*
C: nej, de tog bort henne. Hon skulle ha hatat att se det. Det var mycket sorgligt.
D: *Vad orsakade förstörelsen?*
C: Dem själva. — Det är svårt att förklara för att det är så annorlunda, men avsikten var att de gav upp kampen för att bli bättre... för att älska. De glömde vad de behövde göra.
D: *Så allt blev förstört.*
C: Ja. De valde det.
D: *Är det därför hon var tvungen att komma till Jorden nu?*
C: För att människorna valde att döda sig själva, ja.
D: *Och ni vill inte att det ska hända igen?*
C: Vi vill gärna ge dem en chans. Vi försöker.
D: *Ni vill inte att det ska upprepas?*
C: Vi gillar inte att förlora. (Skratt)
D: *Hon vill inte gå igenom det igen. Hon har ett stort jobb som hon frivilligt tog på sig.*

C: Vi frågade henne. Hon gick till slut med på det. Hon förstod vad det skulle kräva. Vi är mycket stolta över henne för att hon tog chansen. Men vi visste att hon skulle. Hon gör mycket för oss.

En annan fråga hon hade handlade om besök som hon hade haft på natten när hon var barn som hade skrämt henne.

C: För att hon lever i båda verkligheterna. En fot inne; en fot ute. Hon har svårt att släppa taget och har den kopplingen tillbaka till Källan.

D: *Varför uppfattade hon det som skrämmande?*

C: För att det var det. Det var mycket skrämmande. Att möta negativitet och — hur ska jag förklara detta — inte ondska, men inte förståelse. Hon uppfattade det som något fysiskt. Det var fysisk energi. Hon kunde känna energin. Det var en person, men inte vad hon trodde att det var. Det kom från andevärlden.

D: *Men ibland har hon fortfarande besök.*

C: För att hon kan se igenom till den nästa verkligheten.

D: *Genom slöjan? (Ja) Men hon borde inte vara rädd för det?*

C: Nej, men vi förstår varför hon är. Nästa gång kommer hon att förstå.

D: *Om du förstår saker, är du inte rädd för dem, eller hur?*

C: Precis.

D: *Vi har en fråga till. Hon kände att hon kunde flyga som barn. Var det sant eller är det bara hennes fantasi?*

C: Tja, alla kan flyga. Alla.

D: *Varför vet vi inte om det?*

C: För att vi glömmer.

D: *(Skratt) Vi känner oss bundna till jorden?*

C: Vi tror att vi är. — Som barn visste hon att hon kunde göra det, så hon gjorde det.

D: *Menar du att om vi började minnas, kunde vi fortfarande göra det?*

C: Ja... om vi lär oss att leka. Vi behöver leka. Bara leka... bara känna glädje och kärlek och acceptans. Ni blir för seriösa. Ni måste föra tillbaka glädjen i ert liv, för annars dör er själ. Det är inte så illa. Det verkar bara så. Lek, ha kul. Då kan vi förändra flödet. — Kom ihåg hur det var att flyga.

D: *(Skratt) Jag ser bara en bild av att alla flyger.*

C: Det händer.

D: Kanske är det dags.
C: Jag hoppas det. Jag verkligen gör.
D: Hur som helst, vill ni att vi ska minnas var vi kom ifrån; hur det var och varför vi är här?
C: Det är upp till er att ta reda på. Det är inte mitt jobb. Bli medveten.
D: Och vi kan göra en skillnad?
C: Åh, ja. Alla har sin väg.
D: Eller världen skulle dö som den andra?
C: Kanske värre. Vi vill inte det.

Jag var på väg att avsluta när det högre medvetandet oväntat frågade mig: "Är det något du ville veta?" Det tar alltid mig på sängen eftersom mitt huvudsakliga fokus är klientens intresse. Så jag tänkte snabbt, "Vad vill jag veta? — Varför var jag tvungen att komma till Sydafrika? Det är min första gång. Varför behövdes jag?"

C: På grund av balansen.

De expanderade inte på det uttalandet, så jag kan bara spekulera. Kanske menade de att min energi behövdes för att hjälpa till att balansera den delen av världen. De har sagt till mig många gånger att när vi går någonstans lämnar vi en del av vår energi där och vi påverkar mer än vi någonsin kan föreställa oss.

Efter lunch tillbringade jag mycket tid med att försöka förklara sessionen så gott jag kunde utifrån deras begränsade förståelse. Det var också svårt att förklara för Cathy eftersom hon inte hade något minne av vad hon hade sagt.

Detta var ytterligare ett exempel på vad jag kallar den "andra vågen". Hon var här som en observatör, men också som en lärare för att hjälpa människor att minnas. I detta fall bad "de" henne att komma istället för att hon frivilligt anmälde sig, men hon gjorde det motvilligt.

Något annat ovanligt hände omedelbart efter sessionen. Det var varmt denna tid på året i Sydafrika, och regn var ovanligt. Men plötsligt bröt en kraftig åskskur ut över byggnaden vi var i. Det var starka vindar, regn och höga åskknallar. De sa att detta var extremt ovanligt och aldrig hände under denna tid på året. När vi återvände till huset där vi bodde frågade vi Cathys bror, James, om regnstormen. Han sa att det inte hade varit någon storm i den delen av staden. Det verkade ha varit lokaliserat endast över byggnaden och gatan där vi genomförde klassen. Hade det något att göra med energin som genererades från de involverade, eller det högre medvetandet?

Ovanliga väderfenomen har inträffat under några av mina andra klasser. När jag höll min klass i öknen i Dubai bröt plötsligt en stark sandstorm ut runt byggnaden där vi genomförde klassen. Under en av mina transformationskonferenser som vi har i Arkansas gick vi plötsligt under en tornadovarning, och en tornado sågs direkt över kongresscentret. Kanske hände det mest konstiga oförklarliga fenomen medan jag höll min klass i november 2010 i Sydney, Australien. Detta var en stor klass (över 60 studenter) och rummet var fullt. Jag genomförde intervjun precis innan jag skulle utföra demonstrationen på sista dagen av klassen. Plötsligt kastades rummet in i kaos när en stråle (ett verkligt vattenfall) av vatten bröt igenom taket direkt över några studenter som satt vid sina bord. Vattnet forsade ner från ljusarmaturerna. De skrek och hoppade upp, dränkta, medan någon grep en stor soptunna och satte den på bordet för att försöka samla in vattnet som inte ville sluta. Störningen härskade när någon gick för att hitta de ansvariga för byggnaden. Först trodde jag att det var regn, men det gav ingen mening eftersom vi var på tredje våningen i en femvåningsbyggnad, och solen sken utanför. Det mest uppenbara svaret var att en vattenledning hade brustit i taket. Det strömmade ner i minst fem minuter, saktade ner och ökade igen. Jag fann det underhållande och sa till slut, skrattande: "Okej, grabbar, ni har gjort er poäng! Ni kan stänga av det nu!" Jag visste inte säkert, men jag misstänkte att det bara var våra vänliga gremlins som lekte med oss igen. När personerna som var ansvariga för byggnaden kom in stod de där, mållösa med öppna munnar, stirrande på vattenfallet och soptunnan som var halvfull med vatten. De fortsatte att säga: "Detta har aldrig hänt förut. Det finns inga vattenledningar i taket. Det finns inget som kan orsaka detta." Sedan, när vattnet sakta avtog till en droppe, frågade de om jag ville att de skulle städa upp det. Jag sa att det skulle vara okej, eftersom det var sista dagen av klassen och jag inte ville ha några fler förseningar. Studenterna flyttade bara till torra bord och stolar. Det var månader senare som jag frågade "dem" om det under en annan session. De sa att det fanns minst tre personer i klassen som var skeptiska, och de trodde att detta skulle vara ett sätt att övertyga dem om att jag verkligen arbetade med något ovanligt under mina sessioner.

Många andra oförklarliga fenomen har inträffat i rummet under mina klasser (såväl som under mina privata sessioner på mitt kontor). Jag tror inte att dessa saker är av en slump eller tillfällighet. Det kan vara den kombinerade energin som genereras av studenterna, av "dem" eller av det högre medvetandet. Det tjänar bara till att visa att vi inte känner till vår egen kraft. Tänk på vad vi skulle kunna göra om vi lärde oss att utnyttja denna otroliga energi. Rädda världen? Eller kanske skulle vi kunna flyga!!

KAPITEL ELVA
EN ANNAN PLANET FÖRSTÖRD

TERRY VAR EN ANNAN KUND som försökte upptäcka vem hon var. Planeten hade alltid känts mycket främmande för henne och hon försökte stabilisera sin identitet. En annan fall av någon som kände att de inte hörde hemma här, och som hade svårt att anpassa sig. Denna session hölls i gästhuset där jag bodde utanför Santa Fe, NM. Jag hade åkt dit för att hålla min klass på Northwestern New Mexico College vid El Rito campus. Jag såg några klienter medan jag var där.

När Terry kom ner från molnet befann hon sig i en "tom plats." Det fanns osäkerhet när hon försökte beskriva. "Jag känner inte igen den. Det är öppet. Det är ett stort utrymme. Det verkar som om det brukade finnas något här, och det är inte här nu. Det är som om något har förstörts. Det är en ödeläggelse. Och det känns inte som om det finns liv här nu. Terrängen känns förkolnad. Det finns en känsla av att det fanns vegetation, kanske träd av något slag. Kanske byggnader. Det finns ett intryck av dem, men jag ser inget kvar av dem. Som inget. Det är konstigt. Och det känns som... en förlust. Och jag känner mig ensam där. Det känns som... alla har lämnat."

Jag bad henne att bli medveten om sin kropp. Hon bar en slät, sömlös dräkt som påminde henne om mocka, men i lager. Hennes kropp verkade väldigt lätt och tunn, med inte mycket substans. När hon såg på sina händer var de större än hon förväntat sig, och fingrarna hade en ovanlig form. När jag frågade om hennes huvud och ansikte, sa hon att hon bar en åtsittande huva. Hennes ansikte: "Släta drag. En oval känsla. En mycket liten mun och en pytteliten näsa. Mina ögon är små, men breda. Mer horisontella, nästan som springor." Hon blev överraskad över att hon inte hade några svårigheter att andas i denna öde plats.

T: Jag känner som om jag har varit här förut. Det här är en plats jag brukade känna till. Jag känner som om jag hörde att något hände.
D: *Och när du visste det förut, var det inte så här?*

T: Nej. Det var helt. Många människor och aktivitet. Det var en livlig plats. Jag hade inte sett det själv. Och det är sorgligt. Det finns många olika berättelser. Men jag tror att det var någon slags... nästan självförstörelse. Några har sagt att det förstördes av yttre krafter, men jag tror inte att det är sant. Jag tror att det var något som inte kunde hjälpas. Nåväl, det kunde troligen ha hjälpts, men de visste inte vad de skulle göra.

D: *Tror du att detta var ditt hem?*

T: Ja, jag gör det. Jag tror inte att jag har varit där på riktigt länge. Det verkar som om jag kan känna de andra, de människor jag kände, som inte fick lämna. Som också förstördes eller gick förlorade.

D: *Då var det några som fick lämna.*

T: Ja. Jag vet inte varför jag gjorde det, men jag gjorde det. Och jag hände inte att vara där när det hände.

Hon sa att hon inte behövde komma till denna plats i något. Hon tänkte bara på det, och hon var genast där.

D: *Var var du när du tänkte på detta? Låt oss flytta till den platsen. När du bestämde dig för att du ville se det, var var du?*

T: Det är i rymden. Ingen planet. Bara där ute. En del av allt.

D: *Vad menar du?*

T: Det är bara... ett utrymme.

D: *Inga farkoster eller något fysiskt? (Nej) Tja, hur kan du existera där ute?*

T: Du behöver inte mycket.

D: *Vad menar du? För det verkar som om du har en fysisk kropp, eller hur?*

T: Jag har inte när jag är här ute. När jag är här ute i rymden, finns det ingen fysisk kropp. Jag känner mig som en ljuspunkt. Så fort jag ville lämna igen, försvann kroppen bara. Jag behövde den inte längre.

När hon talade om att känna sig som en ljuspunkt såg hon sig själv som hon verkligen var. När alla vi först skapades var vi bara gnistor av ljus som skickades ut för att lära och ha erfarenheter. När du tar bort kroppen och de fysiska ting vi omger oss med för att leva ett liv, är allt vi verkligen är en evig ljuspunkt.

D: Du sa att du lämnade denna planet innan katastrofen hände? (Ja) Kan du se den tiden? Hade du en fysisk kropp då?
T: Det verkar som om jag hade det. Och jag är i någon slags farkost.
D: Finns det andra med dig?
T: Många människor. Farkosten är liten.
D: När du lämnade, visste du att något skulle hända?
T: Inte med säkerhet. Jag lämnade inte för att något skulle hända. Men det kändes som att något skulle kunna hända.
D: Var det andra som lämnade vid samma tid?
T: Ja. Men igen, inte för att de kände att något skulle hända.
D: Vad var ditt jobb?
T: Det involverade mig att flyga i denna farkost. Jag flög bort en lång tid, men vi skulle definitivt gå tillbaka och fram och tillbaka.
D: Berätta vad som hände på den här resan när du lämnade. Vart gick du?
T: Det verkar som om det var långt bortom planeten. Det känns som om vi såg andra planeter? Andra varelser? Kanske. Och vi togs långt bortom... till och med det universum.
D: Och vad var ditt jobb där ute?
T: Bara att titta. Bara att observera. Samla information. Se vad som händer på andra ställen.
D: Är det vad ditt folk gör?
T: Det verkar som en del av vad vi gör. Det känns som att utforska, och sedan föra informationen tillbaka. Och sedan arbeta med andra med den informationen. Och gå ut igen.
D: Tycker du om den typen av arbete?
T: Ja. Det är intressant.
D: Så du var ombord på en liten skep eller en större, när du är så långt ute?
T: Det känns som en liten.
D: Landar du på dessa andra planeter, eller observerar du bara?
T: Det känns som att vi bara observerar. Jag kommer inte ihåg att vi landade.
D: Du kommer inte ihåg att interagera med folket då.
T: Nej. Det känns som att det är på avstånd. Men vi kan fortfarande berätta mycket om vad som händer, på avstånd.

Jag försökte flytta berättelsen framåt och ta reda på mer om allt detta, så jag bad henne flytta till en viktig dag när något hände.

T: (Förvirring) Vi ser en ovanlig planet av något slag som... Den är som en flytande orange. Och den fortsätter att ändra form.
D: *Är det vad som gör den ovanlig?*
T: Ja. Vi har inte kommit över det exakt förut. Det verkar inte vara bebott, men vi försöker ta reda på en funktion och syfte med den. För den har ingen fast form. Och det verkar som att den orsakar en störning... (förvirring) påverkar sin omgivning. Och den ser ut att orsaka problem för andra planeter.—Även planeter som inte har invånare verkar ha något syfte. Och det är som att denna har sprungit amok. Sättet den fortsätter att ändra sin form orsakar störningen.
D: *Fluktuation. (Ja) Ska ni göra något?*
T: Vi ska mest bara observera, men det finns en känsla av alarm. Och vi måste gå tillbaka och ge denna information till dem som är ansvariga. Det finns en brådska kring det. Och en annan känsla. Detta är på något sätt vad som påverkade vår planet.
D: *Även om det var så långt borta?*
T: Även om. Jag vet. Ja. Det orsakar stor oro.
D: *Över hela universum eller vad?*
T: Ja. Ibland på subtila sätt och ibland på stora sätt. Jag har ingen förståelse för hur, men det känns brådskande. Det kan utgöra en fara för vår värld, och andra.—Vi åker tillbaka. Det finns inget mer vi kan göra här, eller mer information att samla. Det är dags att åka tillbaka och föra vidare informationen.
D: *Okej. Låt oss flytta tiden framåt till där du går för att rapportera informationen. Hur ser den platsen ut?*
T: Den har strukturer som är svåra att beskriva. Vi gör dem. De är inte naturliga former, men de ser ut som naturliga former. Och inuti... bara massor av utrymme. Det är en byggnad, men den ser ut som om den kommer ur marken.
D: *Var ligger denna plats?*
T: Det är på den planet, min planet. Och jag gick dit för att överlämna informationen. De som är ansvariga är i denna byggnad.—De är oroade. Och de kommer att skicka ut andra, ett mer vetenskapligt team, för att ta reda på vad som egentligen händer med denna

planet. De har andra sätt att testa eller samla information. Vi är de som gör utforskningen. Och nu kommer folk med andra verktyg att skickas ut.
D: *Du åker inte tillbaka med dem?*
T: Nej. För en liten stund stannar vi där vi är. Vi stannar aldrig länge, eller inte för länge. Sedan skickas vi ut på ett annat uppdrag.

Jag flyttade henne framåt till en annan viktig dag, och efter en lång paus svarade hon långsamt och sorgset.

T: Jag är i en farkost igen. Det finns en annan teammedlem i farkosten. Och vi får veta om vår planet. Och… det är skakigt. Men vi hör att det har varit en förstörelse. Och… (hade svårt att verbalisera) och… vi vet inte vad vi ska göra.
D: *Tror du att det orsakades av planeten ni såg?*
T: (Stort suck) Vi vet inte i det ögonblicket. Det verkar som om det är det första vi tänker på. Och… vi vet inte vad vi ska göra. Vi vet inte vart vi ska gå. Vi är lite svävande. Det är som om vi har förlorat oss där ute. Vår uppdrag är fruktlös. Vi vet inte vart vi ska. Vi har aldrig fått veta vad vi ska göra om något händer. Och jag vet att det finns andra där ute, men vi är inte nära dem.
D: *Inga sätt att kontakta dem.*
T: Det verkar inte som det. Även om någon nådde ut till oss.
D: *Och skickade ett meddelande till er.*
T: Ja. Vi verkar inte kunna nå någon.
D: *Tja, kanske de inte skulle veta vad de skulle göra heller.*
T: Nej, troligen inte.
D: *Hur många är det i din farkost?*
T: Bara två av oss.
D: *Måste ni äta eller konsumera mat?*
T: Det verkar inte så.
D: *Tror du att ni kan leva där ute ett tag?*
T: Ja. Vi är inte oroliga för det. Det är… vi vet inte vart vi ska. Och vad vi ska göra, exakt.
D: *Tja, låt oss flytta tiden framåt. Vi kan göra detta mycket lätt. Flytta tiden framåt och se vad som händer. Vart går ni? (Paus) Vad beslutar ni att göra?*

DE TRE VÅGORNA AV VOLONTÄRER OCH DEN NYA JORDEN

T: (Paus) Vi beslutar oss för att utforska, och se om det finns något annat ställe vi kan landa. Vi skulle vilja hitta vår sort, om möjligt.

Här började ett högt elektroniskt surrande på inspelningen och delvis dolde orden. Det hade inte varit tydligt under sessionen. Det kunde bara höras på inspelningen under transkriberingen. Detta fenomen förekommer ibland och jag tror det beror på den energi som genereras. Bandet kan också snabba upp och låta "chipmunk-aktigt," eller sakta ner så att rösterna låter djupa och dragande. Det orsakas aldrig av den normala mekaniken i bandspelaren.

D: *Så vad gör ni?*
T: Vi hade erfarenheten av denna utforskning, och vi har kartor. Så vi känner vår dragning i det avseendet, men vi har ingen plan, exakt. Vi ska fortsätta att utforska, men nu... för oss.

Det verkade som om de under denna tid av utforskande återvände till planeten de såg i början av sessionen och fann den livlös och demolering.

D: *Tja, låt oss flytta tiden framåt. Hittar ni någonsin en plats att gå till? (Lång paus) Så ni kan sluta utforska och vara säkra någonstans?*
T: (Paus) Det verkar som att vi aldrig hittar det. Det verkar som att... vi förändrar vår form istället.

Det elektroniska surrandet stoppade plötsligt lika snabbt som det började.

D: *Åh? Vad menar du?*
T: (Förvirrad) Jag vet inte hur, men vi kunde... lämna vår form bakom oss på farkosten. Och bara vara i rymden.
D: *Är det då du blev ljuspunkten?*
T: Jag antar det.
D: *Varför bestämde ni er för att göra det?*
T: Vi måste ha haft kunskapen att vi kunde. Och utan vår planet kändes det bara som att våra kroppar inte hade mycket mening.
D: *Ni tänkte att ni inte skulle kunna hitta en annan plats?*

T: Vi ville aldrig riktigt. Vi ville se om vi kunde, men det verkade inte så viktigt vid den tidpunkten. Eller nödvändigt. Vi kunde inte gå tillbaka. Och vi skulle ha känt—även om vi var tillsammans—ensamma, på en annan planet.

D: Så ni två bestämde er för att göra detta tillsammans? (Ja) Är detta en form av död? Förstår ni det begreppet?

T: (Stort suck) Jag tror det. Ja. Det var av fri vilja, men, ja.

D: För jag undrade om era kroppar kunde dö.

T: Tja, vi behövde bara dem inte längre. Det var inte så att de gav upp. Det var bara att de aldrig skulle tjäna något syfte.

D: Ni kunde ha fortsatt resa och resa, men ni tror inte att det skulle ha varit meningsfullt?

T: Nej. Det verkade meningslöst. Även om poängen var att hitta ett nytt hem, trodde vi inte att något hem skulle ha varit detsamma. Och det var på något sätt sorgligt.

Det surrande återvände just när jag nådde slutet av bandet och vände på det.

D: Vad ska ni göra nu?

T: Det känns bra. Det känns som en slags fortsättning. Det finns en övervakning.

D: Fortfarande utforskar.

T: Inte så mycket utforska, som hålla…. Jag vill säga, något som en stabilisator.

D: Finns det någon eller något som kommer att berätta för dig vad du ska göra?

T: Hmm. Jag vet typ bara, men jag tror att jag har fått instruktioner också. (Paus) Det är mer den stillastående ljuspunkten, på något sätt, än allt det rörliga jag hade gjort. Och på detta sätt finns det en slags hjälp som detta ger på en större nivå. Det är en liten ljuspunkt, men det känns väldigt stort. Och det känns väldigt solid, på något sätt, och stabiliserande. Det är som en stabiliserande punkt i universum som hjälper saker att fungera på det sätt de behöver.

D: Stannar du där ute under lång tid, bara stabiliserar saker?

T: Ja. Stabiliserar, håller saker där de ska vara. Så att saker inte kastas ur kurs.

D: Menar du som planeter... eller saker i universum?
T: Tja, det är nytt.
D: Får ni någonsin lust att sluta vara det, och bli en fysisk kropp?
T: Det verkar inte så. Jag gillar detta.
D: Behöver du fortfarande instruktioner om vad du ska göra?
T: Jag fick de preliminära, de inledande instruktionerna. (Paus) Och inte så mycket just nu. Men jag har en känsla av vad jag behöver göra, om jag behöver göra något annat. Det kan förändras, men det kommer att vara vad som behövs.
D: Men är du medveten om att du pratar med mig genom en fysisk kropp?
T: Jag tror att jag vet det. Jag gör det och jag gör det inte. (Skratt) Jag är medveten om denna kropp som ligger här.
D: Ja, som du pratar genom. (Ja.) Men du är också där ute och stabiliserar saker. (Rätt) För jag vill inte blanda ihop dig eller förvirra dig.
T: Det kan hända.
D: Tja, låt oss flytta fram tiden tills du bestämmer dig för att gå in i denna fysiska kropp för första gången.—Vad hände när du bestämde dig för att gå in i en fysisk kropp?
T: Denna? (Ja.) Tja... jag är inte säker på att det var min idé.
D: Jag undrade om du hade instruktioner.
T: Ja. Det var nödvändigt. Det fanns något jag skulle göra, eller behövde göra, i en kropp. Jag var ganska bekväm med det jag gjorde, och det är som att det måste skakas om lite. Och det fanns någon erfarenhet jag behövde ha, som jag inte kunde ha som denna ljuspunkt.
D: Men du fick instruktioner för att göra detta?
T: Ja. Det var inte min idé eftersom jag var ganska lycklig.
D: Du hade varit i det fysiska. (Ja.) Men hade du någonsin varit i det fysiska på planet Jorden? För det är där vi pratar ifrån.
T: Höger. (Paus) Jag vet inte... det känns bra. Jag försöker se tillbaka. — De sa till mig att komma. De gjorde det. — Något att göra... och det känns som något för mig också. Något om att uppleva densiteten. Och lära mig att hantera densiteten. Det känns mycket annorlunda.
D: Är det annorlunda än den andra planeten?

T: Ja. Även om vi hade form, var allt lättare. Det fungerade annorlunda.
D: *Tror du att det kommer att bli lätt att uppleva denna kropp?*
T: Det verkar inte så. Jag är villig att gå. Och jag vet att det är rätt, men jag kan inte säga att jag ser fram emot det. Det verkar ganska konstigt.
D: *Du hade all den friheten där ute.*
T: Ja. Och all utforskning var rolig.
D: *Men det måste finnas en anledning, annars skulle de inte ha bett dig att komma. (Ja.) Det måste vara viktigt.*
T: Det är vad de säger.
D: *Finns det någon förberedelse innan du går in i kroppen?*
T: Det verkar som att jag ser många bilder. Jag är någonstans där jag visas något som bilder av livet på planeten, och det går väldigt snabbt. Mycket information, snabbt.
D: *Saker du behöver veta?*
T: Ja. Lite hur saker fungerar här.
D: *Det skulle vara svårt att komma in utan kunskap, eller hur?*
T: Ja. Det är en förberedelse. Och nästan som en klass. Och det är roligt att lära sig, eller vad man ska lära sig.

Hon beskrev uppenbarligen imprinting-processen, som beskrivs i detalj i mina andra böcker. Detta görs vanligtvis med en själ som inte har varit på Jorden förut, för att förbereda dem. Så det var uppenbart att hon var en första gången besökare.

D: *Så du kommer att veta hur det kommer att bli där du går.*
T: Och det verkar annorlunda, men inte... så dåligt. (Skratt) Inte så svårt som det kändes initialt.
D: *Hur kändes det när du först kom in i kroppen?*
T: (Paus) Hmm. Inte... hårt. Det är en obekväm känsla. Det känns som... jag är inte säker på detta. Det är väldigt annorlunda. Det är... svårt att justera.
D: *Jag kan förstå det. Tja, det var därför jag ställde de frågorna. För jag pratar med den fysiska kroppen, och hon har frågor. Om varför hon kände sig annorlunda när hon var på Jorden i denna kropp.—Varför tror du att hon visades detta tidigare liv, där hon var utforskaren, och planeten som förstördes?*

Det surrandet hade fortsatt under denna sida av bandet och blev ganska högt och störande.

T: (Stort suck) Hon behövde se sina andra existensformer utanför denna planet.
D: *Där hon kom ifrån? (Ja.) Varför är det viktigt för henne att veta?*
T: Hon längtar efter det.
D: *Men livet på den andra planeten finns inte längre, eller hur?*
T: Nej. Men hon behövde veta att det fanns. Och det är där hon kommer ifrån. Hon skulle hellre vara där, om hon kunde.
D: *Men självklart är det omöjligt, eller hur? (Ja) Och hon skulle kunna ha stannat i rymden, göra det också, eller hur?*
T: Hon skulle ha velat. Men hon behövde ha detta liv. Det finns saker hon kan föra till denna plats vid denna tid.
D: *Vet du vad hon ska göra i sitt liv just nu?*
T: Ja. Helande arbetet behöver expandera på nya sätt. Men hon är på rätt spår.
D: *Hon hade en fråga. Hon har undrat om det hela sitt liv. Hon kände att hon inte visste vem hon var. Hon har spenderat mycket tid på att uppfinna karaktärer för att hon inte visste vem hon var. (Ja.) Kan du förklara varför hon kände så?*
T: Tja, det är lite roligt, men inte så bra för henne. Hon vet inte hur man gör detta, leva detta jordliv. Hon har sort av provat på hattar, och ingen av dem har passat. Och hon blev förlorad. Det var svårt, och hon börjar nu känna mer av vem hon är. Och det är den riktning hon verkligen behöver gå i. Men hon höll nästan på att bli helt förlorad.
D: *Eftersom hon inte visste vem hon var.*
T: Rätt. Det var förlamande för henne.
D: *Men ni kunde hjälpa henne att förstå?*
T: Ja. Vi skickade de rätta människorna till henne att träffa och arbeta med för att hjälpa henne.
D: *Så hon kan bli mer förankrad i den fysiska kroppen?*
T: Mer transformerad. Mer minnas vem hon egentligen är, och hitta sätt att manifestera det fysiskt.
D: *Det är därför hon nästan blev förlorad, eftersom hon inte var säker på vem hon var, och vad hon gjorde här?*

DE TRE VÅGORNA AV VOLONTÄRER OCH DEN NYA JORDEN

T: Rätt. Hon blev förvirrad. Vi kommer att hjälpa henne eftersom hon vill. Och det är bra för henne. Vi kommer att göra vad vi kan för att föra henne framåt med det. Hon behöver vara här. Oavsett om hon gillar det eller inte!

D: *Hon kommer att kunna justera sig, eller hur? (Ja.) Ni kommer att hjälpa henne att hitta sin identitet och anpassa sig. (Ja.) Det är mycket viktigt. Men en annan sak som har oroat henne: ända sedan hon kom in i denna kropp, har hon haft fysiska problem. (Ja.) Varför har det hänt?*

T: Huvudsakligen har det varit justeringen. Det var inte en lätt justering till det fysiska. Och det fanns gånger när hon inte var säker på om hon skulle stanna. Och hon fördes in i en miljö som inte var särskilt ren, förorenad. I kombination med nyheten av kroppen, gjorde det en svår början. Och bristen på att känna sig själv var också en hård fysisk påfrestning.

D: *Ja, jag kan förstå det. Jag har blivit informerad av andra som du, att ibland är energin så annorlunda, att den måste justeras när den kommer in i en fysisk kropp för första gången.*

T: Ja. Vi gjorde justeringar. Omständigheterna var mycket svåra, med föräldrarna och födseln. Och vi kunde bara göra så mycket.

D: *Varför var det svårt?*

T: Föräldrarna var en annan typ av varelser, och mycket, mycket tätare energimässigt. De var de rätta varelserna, men inte en särskilt bra energimatch. Men det var vad som behövdes. Men det gjorde det svårt för henne att anpassa sig. Och hon försökte.

D: *Men hon har haft fysiska problem hela sitt liv. Det är dags för det att sluta, eller hur?*

T: Ja, för att hon ska kunna göra sitt arbete. Och för att gå dit hon behöver gå. Hon har också behövt ytterligare justeringar vid något tillfälle i det förflutna. Detta var vad som orsakade huvudvärken och tröttheten. Det var också justeringar vi gjorde, och även genom sitt andliga utvecklingsarbete, var hon involverad i att göra justeringar på egen hand. Men vi kan se att hon behöver gå förbi det nu. Hon har tagit på sig mycket. Och också, med att fortfarande inte vara fullt justerad för att vara på denna planet. Men vi hjälper till att justera det i det hon gör. Kroppen reagerar. Och hon kan fortsätta att göra framsteg på ett annat sätt utan den fysiska bördan. Det är dags.

121

SC fortsatte att göra en kroppsscanning för att se vad som behövde arbetas på.

T: Det finns något som pågår i hjärnan som är—umm, det är svårt att förklara, men—en koppling görs inte. Vi måste bara återkoppla. Det behövdes en justering i grunden.

D: Kan ni göra det?

T: Ja, vi gör det. Det borde hjälpa. Och vi lättar på lite tryck från huvudet. Och det finns mycket stress i systemet som vi ska lindra. Genom hela hennes kropp.

D: Vad mer ser du som behöver uppmärksamhet?

T: Binjurarna, njurarna, levern. De flesta av organen är toxade. Inte sjuka, men toxade. De har arbetat över tid. Så vi hjälper till att återställa hälsan där. Vi hjälper henne att få den uthållighet hon behöver för att fungera helt, så att hon kan göra det hon borde göra. Hon vaknar med huvudvärk och har sedan problem med att somna om. Så detta kommer att hjälpa med det. — Organen byggs upp på nytt. — Hon kan inte ha tröttheten längre.

D: Kanske gjorde hon det för att hon inte ville vara i kroppen.

T: Ja, det var en del av det. Det var lite komplicerat. Från tid till annan letade hon efter ett sätt ut. Det blev överväldigande. Men vi har aldrig sett henne ha sjukdomar eftersom hon är starkare än hon tror. Och hon har något att göra här som är viktigt. Det är inte dags för henne att lämna. Och hon vet det. Och hon skulle aldrig ha tagit sig själv bort. Livet kommer att bli en trevligare upplevelse för henne nu. — Vi cirkulerar ljus genom hela hennes system för att regenerera. — Det var nästan omöjligt för henne.

D: Är ni nästan klara?

T: Ja, vi är klara.

Vid denna tidpunkt slutade det höga surrandet plötsligt och kom inte tillbaka för resten av sessionen.

D: Hela kroppen? Ni har gått igenom allt?

T: Ja. Och det kommer att fortsätta. Men vi har fått igång det. Och det finns mycket mer ljus i hennes kropp nu. Och det finns mer styrka.

Avskedsmeddelande: Vi är alltid här. Vi är här för att hjälpa henne. Och hon kan kalla på oss när som helst. Och hon har mycket hjälp på många nivåer.

D: *När hon kallar på er, hur ska hon tilltala er?*
T: Tänk bara på oss. Tänk bara på Allt.
D: *Tänk på Allt och kalla på det när hon vill prata med er. Det är underbart. Är det allt ni vill berätta för henne innan vi går?*
T: Ja. Och att helt lita på vad vi har gjort här idag.

KAPITEL TOLV
MER FÖRSTÖRELSE

ELLEN DRÖJDE EN stund innan hon kom ner från molnet och meddelade att hon inte ville komma ner, hon ville gå UPP. Jag sa att hon kunde gå vart hon ville. Hon skrattade medan hon svävade uppåt bortom jorden. Efter att ha svävat genom rymden svävade hon oväntat under jorden och kom upp ur en grotta. Terrängen var sandy röd jord med en platt horisont.

E: Det är rödaktigt brunt... mest rödaktigt. Först påminde det mig om Sedona, men det är inte det. Det är typ den färgen. Bara stenar och sand. Ingen vegetation. Jag är vid öppningen av grottan och tittar ut. Det finns en brant lutning som går rakt ner. Jag svävade upp ur grottan och kom till öppningen. Det är mycket ljusare där ute, så det är svårt att justera.

Jag ville att hon skulle titta på sin kropp, och hennes medvetna sinne försökte hela tiden blanda sig i, och sa till henne att hon inte kunde se vad hon såg. Medan jag fortsatte att prata med henne svarade hon: "Lite klumpig... klumpiga fötter. (Skratt) Jag vet inte hur jag ska beskriva dem. Jag ser inga skor. Marken där ute är het. Jag står på sanden, och det ger inte så mycket mening. Jag känner mig inte som en människa. Någon slags tanfärgad, men inte som människor som får bränna... som beige... jag är bara en slags, jag vet inte... en konstig liten kropp. Det känns som om jag hittar på det. En slags konstig, beige, mjuk, klumpig grej. (Skratt) Det känns inte så högt. Korta. Mina armar känns som om de är lite långa, men korta ben och tjocka, klumpiga fötter." Jag frågade om hon hade på sig något. "Det är som om jag inte behöver kläder, men jag känner mig inte naken."

D: Känns kroppen manlig eller kvinnlig?
E: Varken, eller mer manlig... det känns inte kvinnligt.
D: Hur känns ditt ansikte?

DE TRE VÅGORNA AV VOLONTÄRER OCH DEN NYA JORDEN

E: Det är typ ett stort huvud med större ögon. (Skratt) Det är som att ha på sig stora solglasögon. Jag ser inget hår någonstans.

D: *Bär du på något?*

E: Jag har någon slags instrument, men jag är inte riktigt säker på vad de gör.

D: *Vad ser instrumentet ut? Kanske vi kan räkna ut det om du beskriver det.*

E: Långt och cylindriskt, och det har något slags grepp på sig... typ som en pistol, men det är inte en pistol. — Jag tror att det är för att testa jorden. Som om jag kom hit för att testa jorden utanför. Jag tror att det samlar jordprover. Det kan vara två fot långt.

D: *Åh, så det är inte litet?*

E: Kanske är det inte så stort. Kanske ser det stort ut bara för att jag är så kort.

D: *Hur testar du jorden med detta instrument?*

E: Åh, bara scoopar upp lite av det där inne och gör något slags test för något från atmosfären för att se om det fortfarande är kontaminerat.

D: *Så du testar atmosfären såväl som jorden?*

E: Det är som att något i atmosfären påverkade jorden. Jag testar för att se om det är klart och hur mycket det fortfarande är påverkat. — Det finns inget här längre. (Hon började gråta.)

D: *Varför gör det dig känslosam?*

E: Vi behövde inte vara i grottan. Vi brukade vara på ytan, men något hände.

D: *Finns det andra förutom dig?*

E: De är där nere. Jag kom just ut för att göra testerna. Vi bor långt ner. Det är därför jag svävade upp ur grottan. — Det är allt borta.

D: *Vad letar du efter i jorden?*

E: Strålning. För att testa säkerhetsnivåerna. Och det är lite bättre nu eftersom vi kan komma upp. Det är bättre än vad det var. Vi har varit där nere länge.

D: *När ni bodde på ytan, hur var det?*

E: Det liknade jorden. Det fanns växter och grönt och vatten och människor och allt ni har i civilisationen. Det är konstigt för det verkar som om det som var där tidigare... det översätts mycket som en glad jord. Men det var länge sedan, och kroppen jag har nu verkar inte vara den kroppen jag hade då. — Jag kan inte se så mycket av platsen. Det är mer känslan av att det som var där är borta.

D: *Var du där när det hände?*

E: Det är som att den varelse som kontrollerade jorden inte är den varelse som var där när det var en stad. Det är förvirrande. Jag tror att det var en lång tid innan han kom ut för att ta proverna. Men det är som om han hittade denna plats senare. Det verkar som att gruppen under jorden lever där nere för att de kan. Men de kom efter de andra som är borta från vad som hände. Och de lär sig om det. De visste att det hände och de ville komma och studera planeten efter förstörelsen. De kom för att se om det skulle kunna stödja liv igen.

D: *Så du och andra människor kom från någon annanstans? (Ja) Berättade någon för dig vad som orsakade förstörelsen?*

E: Det verkar som om det antingen var en kärnvapenexplosion eller någon slags stor katastrof, men jag kan inte se exakt vad som hände. Vi skulle övervaka dem (blir upprörd) och vi brydde oss mycket om dem, men de dog. Det var ett krig, men de var försvarslösa. De blev attackerade.

D: *Men det gör dig ledsen. (Ja) Du sa att många människor kom med dig?*

E: Jag är inte säker på hur många som är där nere, men det finns tillräckligt för att göra det arbete som måste göras.

D: *Låt oss se hur det ser ut där du kom ifrån. Var du där innan du kom till denna plats. Hur ser den platsen ut?*

E: Jag kom i ett skepp. Det verkar inte som så många är i skeppet. Det ser ganska litet ut. Jag är bara i ett område. Det finns skärmar och paneler och ljus och den typen av saker. Vi är i rymden. — Jag är inte säker på var jag kom ifrån innan skeppet.

D: *Berättade någon för dig att du skulle åka till denna plats?*

E: Det var som att vi inte fick blanda oss i.

D: *Hur som helst, landade ni på denna plats och den var redan förstörd? (Ja.) Men ni visste att ni inte kunde leva på ytan på grund av strålningen?*

E: Något med det är giftigt, men det är också bara en naturlig öppning där vi kan leva istället för att bygga något där ute.

D: *Men ni visste att ni inte kunde stanna på ytan?*

E: Det är inte särskilt trevligt. Det var trevligare att gå under jorden. Det är mycket ljusare där ute och varmt. Grottan var en naturlig formation där vi kunde bo. Det är som en laboratoriemiljö. Vi tog med våra instrument för att göra vad vi behöver göra.

D: *Finns det många av er där nere?*
E: Det är inte ett högt antal. Det är svårt att säga... kanske sex eller tolv av oss. Jag tror att vissa kan gå till andra delar för att göra saker.

D: *Måste ni äta mat?*
E: Jag ser inget runt omkring, så vi måste inte. Det verkar som om vi inte sover heller.

D: *Så ni kan stanna där länge. — Men ert jobb är att gå till ytan och kontrollera jorden?*
E: Ja, det var det jag gjorde. Det är konstigt. Det är som om de kroppar vi har nu är anpassade till vår miljö. Det är bara trevligare att ha skydd. Jag tror också att det är där vi inte blir så mycket märkta.

D: *Men du sa att det gjorde dig ledsen att se vad som hände.*
E: Det gör mig ledsen. Jag vet inte om det gjorde honom ledsen. Det verkar som om det gjorde det, men jag vet inte hur hans känslor är.

Jag flyttade honom framåt till en viktig dag. "Vi är under jorden i vårt laboratorium. Vi förbereder oss för att lämna. Vi har samlat våra prover."

D: *Förändrades atmosfären?*
E: Det ser förbättrat ut, men vi går iväg. Det är som det var, och... det var det. Det är fortfarande bara stenig sand. Det är inte något man skulle kalla en plats där man kan växa saker.

D: *Så du känner att ditt jobb där är avslutat?*
E: Ja. Vi lämnar mycket av utrustningen där. Så om vi skulle behöva, kan vi gå tillbaka senare. Det är mycket osannolikt att någon någonsin skulle hitta den.

D: *Var ska ni nu?*
E: Det är ett möte. Vi är på skeppet, men vi pratar också med andra som inte är på skeppet.

D: *Vad handlar mötet om?*

E: Det är viktigt att försöka se till att detta inte händer igen. Mycket forskning gick förlorad. Baserat på vår analys kunde planeten inte återställas eller åter växa. Liv kunde inte återvända inom en tidsram som var acceptabel, så detta måste undvikas i framtiden. Allt blev förstört.

D: *Så det kommer bara att överges?*

E: Den specifika planeten blev förstörd. Och det finns andra platser där vi inte vill att detta ska hända.

D: *Hur känner du för det?*

E: Som om vi misslyckades.

Jag flyttade honom till en annan viktig dag. "Jag har erbjudits möjligheten att åka till jorden."

D: *Hur fick du erbjudandet?*

E: Jag volontärade. Jag bad om det.

D: *Bad de om frivilliga? (Ja.) Var är du när detta händer?*

E: Jag är på ett skepp. Min överordnade, min ledare, sa att för att förhindra att detta händer på jorden behöver de människor som kan åka.

D: *Är de rädda för att samma sak kan hända jorden? (Ja.) Och vill du gå?*

E: Jag gör det. Det verkar som om det kommer att vara mycket skrämmande. Rädsla är inte något jag förstår väl, men efter att ha sett förstörelsen på nära håll var det väldigt skrämmande.

D: *Finns det andra på skeppet som vill gå och volontära?*

E: Ja, ja. Vi vill göra skillnad. Vår besättning åker. Vissa stannar på skeppet. Vissa går. De på skeppet ger stöd åt de som är på ytan. De hjälper oss att komma ihåg, för det är svårt att minnas när man är där nere.

D: *Vad händer med kroppen när du lämnar skeppet?*

E: Jag måste vara som en jordperson.

D: *Jag tänkte på kroppen du var i... stannar den på skeppet, eller dör den, eller vad händer?*

E: Det är nästan som om det var en dräkt eller ett fordon. Det var funktionellt. Det fanns inget nöje eller vad människor skulle tänka på som normalt liv. Det var för att gå och göra ett jobb. Vi bytte dem ofta.

D: *Menar du att det inte är en riktigt solid kropp?*
E: Det var solid, men det är nästan som om det är gjort av något syntetiskt. Det är också biologiskt.
D: *Så när du lämnar kroppen, vad händer med den?*
E: Tja, den är inte död. Den är inte levande. Det är en fungerande biosuit.
D: *Försämras den när du lämnar den?*
E: Jag tror inte det. Jag är inte riktigt säker. Kanske kan andra använda den för sina jobb.
D: *Om du ska åka till jorden för att volontära för detta projekt, ger de dig några instruktioner?*
E: Att minnas. Att vi skulle ha många utmaningar och många saker som vi inte förstår och... att bara minnas att vara glad. Att vara glad är väldigt viktigt.
D: *Tror de att det kommer att vara lätt att vara glad när du kommer till jorden?*
E: Nej. Det finns mycket olycka där. Det finns många sorgsna varelser där och vi vill inte att de ska vara sorgsna. De säger att den huvudsakliga saken är att vara glad. Det är en slags vag koncept för oss eftersom vi inte riktigt vet vad det kommer att betyda.
D: *Så det är ingen uppgift du måste utföra?*
E: Hålla mig vid liv. Hålla ett öga på saker.
D: *Du sa att det skulle finnas många utmaningar.*
E: Saker vi inte har hanterat tidigare.
D: *Men du vill fortfarande göra det?*
E: Tja, det är väldigt spännande. (Skratt) Det är mycket mer spännande än att samla jordprover. — Människorna där har glömt vissa saker och de lär varandra allt fel. Och vi vill hjälpa dem så att de inte förstör sig själva. Vi måste hjälpa dem att minnas.
D: *När du går till jorden för att göra detta jobb, ska du ta på dig en kropp?*
E: Ja. Jag ska vara en flicka. (Hon skrattade lekfullt.)
D: *Hade du ett val?*
E: Ja. Jag tror det, men det är lite konstigt.
D: *Vad är konstigt med det?*
E: Jag valde det för att det inte är det dominerande på planeten. Jag ville se hur det är att inte vara av den överlägsna — inte överlägsen, men inte den dominerande — inte den mer

favoriserade. Vi ser att kvinnor har mycket problem. Män också... men kvinnor kan få barn. Och kvinnorna kommer att hjälpa till att förändra saker eftersom de är de som bär barnen. De kommer att vara särskilt hjälpsamma för att avskräcka krig och förstörelse. Om du skapar ett liv vill du inte förstöra det.

D: *Men när du går in i barnet, kommer du ihåg varför du kom?*

E: Först, men när jag kommer hit är ingen från min besättning runt mig. Eller om de är det, minns jag inte, och jag kan inte säga. Det är mycket förvirrande.

D: *Jag tycker du är mycket modig att gå och göra det utan någon omkring dig för att hjälpa dig.*

E: Det finns några här för att hjälpa oss, men det är svårt att... jag vet inte.

D: *Men du har ingen av ditt eget slag, ditt eget folk, omkring dig.*

E: Tja, vi är alla ganska lika överallt, men vi är alla i olika kroppar. Det finns folk tillbaka på skeppen som kan kommunicera med oss. De kan kommunicera med alla, men inte alla lyssnar.

D: *De andra människorna lyssnar inte?*

E: Inte så bra. De är inte säkra på vad det är. Det skrämmer dem.

D: *Om de kan kommunicera med dig när du är i den mänskliga kroppen, betyder det att du inte riktigt är ensam, eller hur?*

E: Nej, men att vara i den fysiska verkligheten känns väldigt separerat. Jag gillar det inte... att vara separerad.

D: *Hur ska de kommunicera med dig medan du är i kroppen?*

E: De kommer att göra förändringar för att höja vibrationerna. Det är som att få en uppgradering till kroppen. Det är att föra in ny programmering. På något sätt, eftersom vi gör det, hjälper det de andra att göra det.

D: *Uppgradera programmering?*

E: Det är som om du ändrar en del av den eller till och med flera delar av den, så börjar den förändras ännu mer utan... det är svårt att förklara.

D: *Gör de detta med den fysiska kroppen innan du går in i den?*

E: Kanske lite, men mer kommer att göras senare.

D: *Så det kommer att vara en pågående process?*

E: Ja. De sa att vi skulle glömma ett tag. Inte alla, men vissa. Beroende på miljön de kom in i.

D: Det här är viktigt för att göra uppgraderingarna och omprogrammeringarna, så att du inte går vilse?

E: De säger att vi aldrig går vilse. Den mänskliga sidan av sinnet slåss dock med den icke-mänskliga sidan av sinnet. Den ena vill slappna av och låta allt vara, och den andra är helt förvirrad... för mycket på gång. Det får mig att inte vilja förstå allt hela tiden. Det får mig att vilja känna ingenting. Jag tror att den del som blir förvirrad är den mänskliga delen. Den delen är verkligen inte medveten om att den är något annat. Det är riktigt konstigt. Det är som att vara två personer i en kropp.

D: Sa de när du kommer att minnas dessa saker när du är i kroppen?

E: Så småningom. Ellen vet en del av det nu. Hon oroar sig mycket för det.

D: Ska du göra något när du kommer in i den mänskliga kroppen? Du sa att du är här för att hjälpa.

E: Genom att vara här hjälper... att leva ett liv.

D: Bara genom att vara levande? (Ja) Du behöver inte gå ut och göra saker?

E: Genom att leva livet lär du dig saker och upplever saker. Och informationen överförs tillbaka till skeppet, och de analyserar den och gör korrigeringar.

D: Hur överför du informationen tillbaka till skeppet?

E: Genom att vara... genom att leva... de kan läsa allt.

D: Tja, vet du att du pratar genom en fysisk kropp nu? (Ja) Och denna fysiska kropp är förvirrad. (Ja) Hon förstår inte varför hon är här.

E: Hon gör det mer komplicerat än det är. Hon fortsätter att tänka att hon fysiskt måste gå och göra något.

D: Hon tror att hon måste förändra världen helt på egen hand.

E: Det är för att det är för att hon trott att hon var ensam så länge, så all den vikten fick henne att känna så.

D: Hon sa att hon ville vara till tjänst för att hjälpa människor.

E: Det är hon. Innerst inne vet hon att hon är det, men hon tror att det inte är tillräckligt.

D: Hon har försökt lämna planeten, eller hur? (Försökte begå självmord.)

E: Hon trodde att hon var ensam, och hon var inte säker på vad detta liv innebar. Hon förstod inte smärtan.

D: Hon har varit med om några negativa saker i detta liv, eller hur?

DE TRE VÅGORNA AV VOLONTÄRER OCH DEN NYA JORDEN

E: Ja. Hon ville så gärna att det bara skulle finnas kärlek här. (Skrattar) Men hon förstod inte att bara genom att vara här gjorde hon en skillnad. Jag tror att hon trodde att det skulle gå mycket snabbare. Hon ville åka tillbaka och slippa hantera det mer. Det verkade som om saker inte skulle förändras, men nu vet hon att det är annorlunda.

D: *Om hon hade kommit ur det snabbt, skulle hon inte ha gjort sitt jobb, eller hur?*

E: Nej, och hon skulle inte ha fått se slutet av det från där hon är nu. Hon skulle ha velat åka direkt tillbaka till jorden. (Skrattar.)

D: *För att hon skulle säga, "Jag fullföljde inte mitt kontrakt." (Skrattar.)*

E: Ja, precis det. Det är märkligt här.

D: *Hon sa att jorden är svår. (Ja) Det är inte lätt att vara här.*

E: Nej, men det är inte utan sin skönhet.

D: *Tror du att det kommer att bli lättare för henne nu när hon kan förstå vad hon ska göra?*

E: Jag tror det. Hon har försökt lista ut det länge. Hon letade efter ett större projekt, men saken är att hon redan är en del av ett större projekt. Hon behöver inte leta efter något annat.

D: *Jag har fått höra att när volontärerna kommer in bara för att vara, så påverkar deras energi många människor.*

E: Det gör den, och det är det som skrämmer henne. Hon förstod inte dessa känslor, särskilt de negativa. Hon gillar inte hur de känns eftersom hon har funnit sig själv känna sig dålig gentemot andra varelser, och det skrämmer henne. Hon kom hit för att hjälpa till att sprida kärlek, och när hon känner sig dålig, känner hon att hon sprider icke-kärlek.

D: *Så hon ska älska dessa människor som har behandlat henne illa?*

E: Det gör hon.

D: *Det är viktigt eftersom vi inte vill att hon ska samla på sig karma. (Nej) Vi vill inte att hon ska fastna här.*

E: Nej, och hon var rädd att hon redan var det.

En av Ellens frågor handlade om ovanliga geometriska symboler som hon hade ritat. Hon ville veta var de kom ifrån. I många år har jag hanterat symboler och människors tvång att rita dem, så jag trodde att jag hade de flesta svaren på detta, men jag vill alltid se vad SC har att säga. Verifiering är alltid bra.

E: Symbolerna är en del av DNA-uppgraderingarna.

D: *Så det har inget att göra med vad som händer på skeppet?*

E: På sätt och vis, eftersom det är en av de platser där information överförs ifrån, särskilt till hennes fysiska kropp. Jag är inte säker på att de är översättbara. Jag tror att en del av det hon skriver är en sammanslagning av symboler som hon har sett utanför världen och symboler som är uråldriga på denna värld. De kan inte göra någon skada. De är kraftfulla på vissa sätt och de är positiva, men hon ska inte tvinga fram det. När det är lämpligt kommer det. Hon måste lära sig mer om energier i denna värld.

D: *Men en del av henne förstår vad dessa symboler betyder?*

E: På vissa nivåer, ja. Det är därför hon är intresserad av dem. Hon brukade vara rädd för att de kunde vara något negativt, men nu är hon inte rädd längre. Hon visste bara inte var de kom ifrån. De talar till den smartare delen av sinnet som inte kommer upp till ytan så ofta. (Skratt) Hon behöver inte oroa sig för att tolka dem. Hon kommer att träffa andra som också har symbolerna, och de kommer att prata om dem.

Ellen hade haft några negativa upplevelser med män i sitt liv, och hon ville veta om det fanns någon positiv i hennes framtid. SC sa att det fanns någon på väg, men ville inte gå in på detaljer eftersom det inte ville förstöra överraskningen. Det fann detta roande, så jag visste att en positiv upplevelse väntade henne. Hon var också orolig för sin son.

D: *Jag har fått höra att det är ovanligt för din typ av varelse att få barn när ni väl går in i den mänskliga kroppen.*

E: Hon ville ha den upplevelsen. Hon var rädd för att ha den upplevelsen. Även om hon tillät det och ville att det skulle hända, beslutades det att hon inte var redo. Hon hade inte anpassat sig. Hon arbetar fortfarande på det. Hon blir bättre på det. Han är också som vi.

D: *Det är därför de är kompatibla? (Ja) Men hon skulle inte få upplevelsen av att uppfostra honom?*

E: Det skulle vara annorlunda. Det skulle inte vara den fullständiga Jordupplevelsen för honom, eller snarare så att han kunde förstå.
D: *Det är därför han var tvungen att uppfostras av morföräldrarna?*
E: Ja, för en tid. Saker kommer att förändras.
D: *Hon ville veta om hon skulle kunna få vårdnaden om honom. Vad tycker du?*
E: Det kanske inte blir ett problem i framtiden. Saker förändras. Vårdnad kanske inte är en fråga. Allt beror på tidslinjen och när vi gör skiftet. På den nya jorden kommer det inte att vara ett problem. Han har det bra just nu.
D: *Så det kommer inte att vara ett problem eftersom vissa människor inte kommer att följa med i skiftet?*
E: Inte alla.
D: *Men sonen kommer, eftersom han också är en av volontärerna. (Ja) Förmodligen den enda anledningen till att hon kunde få det barnet med den typen av själ.*
E: Ja. Han var viktig eftersom han höll henne igång när hon inte ville det.

Ellen hade flera frågor om ovanliga saker som hände henne som barn, men SC sa att det inte ville gå dit. Det var bäst om hon lämnade det därhän. Hon behövde inte utforska det vidare. Saker som bara skulle uppröra henne, som hon inte behöver oroa sig för. Hon är medveten, men det tjänar inget syfte för henne. Hon behövde gå framåt. "Den delen av hennes liv är nästan som ett annat liv. Det var mycket träning... mycket erfarenheter från jorden. Att försöka förstå varelserna här. Den delen av hennes liv sov hon sig igenom, så att säga. När jag säger 'sov', menar jag att hon inte var medveten om vad hon gjorde här. De är hennes erfarenheter i medvetandet. Hon har hjälpt många människor som hon aldrig har träffat. Andra människor som hon hjälpte på samma sätt hjälpte också henne att minnas. Det handlar inte om fysisk kontakt. Det handlar om frekvensen, och när själar går igenom svåra situationer, öppnar det olika vägar för andra. Mest genom deras kamper, när de tar sig igenom dem, är det som att öppna en dörr för andra. Hon valde att komma och arbeta med missbruk. Det är en stor grej. Det är en stor utmaning att övervinna det, och att göra det hjälper andra att övervinna det."

Jag frågade om hennes fysiska kropp: "Hon tar ganska bra hand om sig själv. Hon gick igenom en period då hon inte gjorde det. Hon pressade den till gränsen. Det var nästan 'kaputt.'"

Avslutande meddelande: Vi försöker göra henne lugn. Hon är ledsen att vi lämnar, men vi lämnar inte riktigt. (Skratt) Vi vill bara att hon inte ska oroa sig. Hon är alltid omhändertagen.

Jag har liknande fall spridda genom mina andra böcker, där människor har varit närvarande när en planet förstördes. Antingen som vittnen från ytan eller från ett rymdskepp, eller när de återvände till planeten för att se inget annat än förödelse. Detta är alltid en mycket känslomässig upplevelse för dem. Det hade en bestående påverkan som följde med in i det nuvarande livet, även om det var på en omedveten nivå. Många har rapporterat en djup känsla av sorg som var överväldigande, men som inte hade någon logisk förklaring. Vissa har berättat att de redan som barn kände en intensiv sorg. De sa att deras familj inte kunde minnas att de någonsin sett dem le eller verka glada.

Andra talar om en irrationell rädsla som har förföljt dem och hållit tillbaka deras liv. Naturligtvis orsakade dessa underliggande känslor problem i deras nuvarande liv. Det förklarar också deras iver att frivilligt komma till Jorden vid denna kritiska tidpunkt i historien. De hade sett fruktansvärd förstörelse på nära håll och ville inte att det skulle hända en annan planet. Så när deras överordnade sa att Jorden var i fara, var de bland de första att räcka upp handen och anmäla sig frivilligt. Men de insåg inte vilka svårigheter som låg framför dem, med alla minnen raderade när de kom in i denna värld. Det hjälper dock nu att förstå att de har ett viktigt arbete att utföra, även om det inte är dramatiskt. Deras energi är otroligt viktig för att de nödvändiga förändringarna ska kunna ske. Allt de behöver göra är helt enkelt att vara!

KAPITEL TRETTO
LIV SOM ETT TRÄD & LEMURIA

MARIA HÖLL HÄSTAR på sin ranch, gift i flera år utan barn. Hon pratade inte om några problem, ville bara veta om sin mening. Jag säger alltid till människor som kommer för att träffa mig enbart av nyfikenhet att de kommer att få mer än de barginerade för. Det här är ett exempel på det. Jag måste alltid förvänta mig det oväntade.

Istället för att komma ner från molnet, reste Marian mycket långt ut i rymden. Hon kunde se Jorden som en vacker, blågrön sfär med stjärnor runt omkring. När hon svävade blev hon medveten om någon slags rymdskepp "parkerad" där ute. När jag frågade henne vart hon ville gå, eller vad hon ville göra, sa hon: "Jag vill bo på skeppet. Jag gillar tanken på att vara på skeppet och inte vara bundet till jorden. Att kunna flyga runt till olika galaxer och åka till olika planeter. Jag vill inte riktigt tillbaka till jorden." Jag frågade om hon ville utforska skeppet närmare. "Jag tror att jag redan vet hur skeppet ser ut. Det verkar som om jag redan har bott på skeppet, och jag har varit på jorden ett tag, av någon anledning. Och jag vill åka hem. Skeppet kommer att ta mig hem." Jag sa att hon kunde göra vad hon ville, och hon sa att hon ville gå ombord.

D: Okej. Hur skulle du ta dig ombord på skeppet?
M: Jag tror att jag bara kan stråla över mig själv. Jag kan bara tänka mig dit.— (Överraskad skratt) Jag kommer in i holodecket där... jag kommer in i en redwoodskog. De vackra träden och havet med solnedgången, men det är verkligen på holodecket på skeppet. Jag är där, och jag skapar det inom denna hologram. Det är vackert. De träden är min familj.
D: Varför tror du det?
M: För att jag bodde i ett av dessa träd vid ett tillfälle, under en lång, lång, lång tid. Jag tror att jag bara bestämde mig för att jag ville vara ett stort träd, och att uppleva att vara ett gigantiskt träd. Men jag växte upp som ett babyt trädet, så de stora träden omkring var mina föräldrar, och mostrar och farbröder, där vi alla var familj.

Jag började som en liten nöt som växte till en fröplanta och växte och växte. Och vi absorberade den helande energin från den magnifika solen. Och den sände ut blad, och den matade planeten. Och vi var så glada där. (Emotionell.)

D: *Som ett stort träd skulle du ha levt länge.*

M: Det gjorde jag—tusentals och åter tusentals år. Men sedan dog inte trädet, jag lämnade bara trädet.

D: *Du upplevde allt du kunde. (Ja) Hur var det att vara ett träd?*

M: (Djupt suck) Ahh.... underbart! Jag hade alla ekorrar och fåglar. Det var som om jag var en medvetenhet, och de alla levde inom mig. Och jag älskade dem och vårdade dem, och de älskade mig.

D: *Men sedan kom du till den punkten att du inte kunde lära dig mer av att vara ett träd?*

M: Det var som om jag blev tillsagd att—jag vet inte vem som sa det till mig, men jag blev tillsagd att gå tillbaka till skeppet för min nästa uppgift.

D: *Det är där du får dina uppdrag, på skeppet? (Ja) Så just nu ser du på detta igen på holodecket bara för att komma ihåg eller vad?*

M: Ja. Jag behöver bli påmind om varför jag fortfarande är så kopplad till träden. Varför jag målar dem, varför de pratar med mig.

D: *Så fungerar det? Du lär dig allt du kan från en upplevelse, och sedan går vidare till nästa? (Ja) Så vad ska du göra nu?*

M: Jag blir strålad tillbaka till jorden, till vad som ser ut som Lemuria, vid den plats där Hawaii ligger nu.

D: *Du fick inte åka tillbaka hem?*

M: Nej. Jag skickades tillbaka på en annan uppgift. Jag skickades till Lemuria. Jag har inte varit hemma på länge, länge, länge. (Blir känslosam.)

D: *Var är hem? Vet du?*

M: (Tyst gråt, sedan en viskning.) Jag tror att det är på solen. Det är mycket ljust. Det är så fullt av kärlek (Känslosam). Ingen har kroppar, vi är alla bara ljusvarelser. Det finns så mycket kärlek. (Hon började gråta.)

Detta är det sätt som många av mina klienter har beskrivit Gud, Källan som var och en av oss ursprungligen kom ifrån. Det jämförs ofta med det starka ljuset från solen och kallas ibland "Den Stora Centrala Solen." Det beskrivs alltid som en plats av otrolig kärlek.

D: *Men du var tvungen att lämna hemmet vid ett tillfälle?*
M: Jag skulle. Jag blev tillsagd att. Jag blev tillsagd att det var mitt jobb, och att jag kunde komma tillbaka. Att jag behövde gå och sprida lite ljus. (Gråtande.)
D: *Besökte du många platser?*
M: Ja. (Suck) Jag har varit överallt. (Fortfarande gråter mjukt.)
D: *Bara på jorden, eller upplevde du andra saker?*
M: Jag tror mest på jorden. Jag tror att jorden var där jag kände skulle vara bäst.
D: *Så nu längtar du hem, men jag antar att du inte kan åka tillbaka förrän du har avslutat jobbet?*
M: Jag tror att jag kan åka hem snart. Jag tror att jag kommer att kunna åka hem efter detta liv, efter att Marian är klar. Jag tror att jag har förtjänat det.
D: *Har du lärt dig allt som finns att lära?*
M: Ja. Jag tror att jag kommer att åka hem i ett fordon, dock som en Merkaba, med massor av ljus och färger. Det är som om det är mitt eget lilla skepp.

I Gamla Testamentet refererar Merkaba till de brinnande vagnarna som sågs av olika profeter, särskilt Hesekiel. I modern tid tycks det referera till ett UFO som beskrevs i de bästa termer de kunde hitta i den tidens period.

Jag ville få veta mer om hennes nämnande av Lemuria. Lemuria var tänkt att vara en förlorad kontinent som låg i Stilla havet. Man tror att den fick samma öde som Atlantis, som låg i Atlanten. Lemuria anses vara äldre.

M: Hmm—Mu-landet. Jag var tänkt att vara en helare av något slag, men jag var en man. Det är ungefär som vad kahunas är nu, men jag var någon sorts byshaman. Vi lade energi i stenar.

Kahunas är kvinnliga heliga prästinnor som nu finns på öarna i Hawaii.—Jag bad henne se sig själv lägga energi i stenar.

M: Jag bodde i en by. Det var vackert, det var vid vattnet, och vi hade dessa stora stenar som monoliter. De var verkligen gigantiska

DE TRE VÅGORNA AV VOLONTÄRER OCH DEN NYA JORDEN

stenar! Vi lade dem inte där, skeppen satte dit dem. Men jag skulle gå och lägga energi i stenarna. (Paus) Jag la bara mina händer på stenarna, och infunderade stenarna. Jag rörde vid stenarna. Och jag fokuserade verkligen starkt på denna energi, och det går in i stenarna. Och det stannar där. Sedan kan sjuka personer gå till stenarna och extrahera energin och bli helt friska.

D: *Så energin förblir i stenarna så att den kan användas senare.*

M: Ja. Fortfarande där. Även om nu stenarna ligger under vattnet.

D: *Du sa att stenarna sattes där av andra? (Ja) Hur hände det?*

M: De flyttades med sina skepp, i luften.

D: *Från andra platser?*

M: Ja, från andra platser eftersom de var för tunga. Det ligger över land, så de skulle bara ta dem—de svävade genom luften. Det var verkligen något att se.

D: *Du var lyckligt lottad att kunna se det. Hur såg det ut?*

M: (Skratt) Verkar normalt eftersom jag var van vid det. Inte alla fick se det, dock. De gjorde vanligtvis det tidigt på morgonen innan alla hade vaknat. Men det såg bara ut som ett stort disk-skepp som "jzhhhhhhhhhhh" med en av dessa stora stenar som var långa, cigar-formade stenar. Och de skulle sätta dem i jorden.

D: *De lade dem på jorden?*

M: Nej. De skulle gräva ut ett hål och sätta dem där. Och ibland skulle de skära in i stenen, som ansikten. Men det var inte mitt jobb. Mitt jobb var bara att lägga healingenergi i stenarna.

D: *Varför lade dessa varelser dit dem?*

M: Jag tror att de ville visa oss vad de var kapabla till, och de ville hjälpa oss. Det var en undervisningsmekanism, på något sätt, eftersom vi också blev lärda att flytta saker med våra sinnen. Vi kunde göra det också, för de stenar vi flyttade var mindre. Några av oss, inte alla. Man var tvungen att verkligen, verkligen, verkligen tro att de var precis som oss.

D: *Tror du inte att du kunde ha flyttat en stor med bara ditt sinne?*

M: Nej, men jag kunde ha gjort det med några andra, som tjugo eller trettio fler.

D: *De skulle alla fokusera? (Ja) Och de ville visa dig att det var möjligt? (Ja) Naturligtvis gjorde de det med ett skepp, ett farkost, eller hur?*

M: Nej, de gjorde det med sina sinnen på farkosten.

Någonstans här började bandet att snabba upp, och det blev värre mot slutet. Det snabbar upp så mycket att rösterna lät "chipmunky" och var svåra att transkribera. Jag undrade om det hade något att göra med ämnet: att lägga energi i objekt?

D: *Jag trodde att kanske skeppet genererade en energi.*
M: Tja, skeppet och varelserna på skeppet var alla som en varelse. De gjorde allt genom magnetism. Så de fokuserade magnetiken.
D: *Så de kunde fungera som ett sinne? (Ja) Och kunde då flytta dessa saker. (Ja!) Berättade de för dig att lägga energi i stenarna?*
M: Inte med ord—eftersom de inte pratade med ord. De pratade med tankeblock, så de skickade mig dessa tankeblock. Och det kändes väldigt bra att det var något jag kunde göra.
D: *Såg du någonsin dessa varelser? (Ja) Så de var inte alltid i farkosten?*
M: Åh, nej. Några av dem skulle ibland komma ut. De skrämde vissa människor dock. Men de var mestadels ljusvarelser. De var som sfärer. De kunde ta en form, men mestadels var de bara ljusets sfärer som utstrålade alla dessa vackra färger. Och de var skrämmande eftersom de utstrålade så mycket kärlek och visdom. Och de skulle ta former som skulle se ut som en mänsklig form, men det var egentligen ljus. Ljusvarelser. De hade inte riktigt armar eller ben. De var långa, och bara lysande, flytande diamantljus.
D: *Låter vackert.*
M: De var från solen.
D: *Berättade de det för dig?*
M: Jag tror att jag bara visste eftersom det var där jag kom ifrån. Och de kom bara för att kolla upp mig eftersom vi alla kom från samma plats.
D: *Hade du något minne av att komma från solen?*
M: På ett sätt. Jag minns bara att jag rullade in i en babys kropp och tänkte, åh nej! Och kände mig verkligen tung, tät.

Jag frågade hur han och de andra i byn såg ut. Han var väldigt lång, med långt tjockt svart hår och gyllenbrun hud. Han hade fjädrar och stenar och klippor runt halsen och huvudet. Och han bar något

DE TRE VÅGORNA AV VOLONTÄRER OCH DEN NYA JORDEN

som liknade en kjol. Kvinnorna i byn var vackra med långt lockigt hår. De såg ut som moderna indianer eller hawaiianer.

D: *Blev du tränad till att bli shaman?*
M: Jag tror att jag föddes till det. Mina föräldrar, min mor var en medicinkvinna. De är borta nu. De dog, men jag fortsatte att göra det de gjorde. Jag gjorde andra saker—jakt, och människor skulle komma och prata med mig. Och jag skulle prata med dem om saker, och ge dem stenar att hålla i.

D: *Varför gav du dem stenar?*
M: För att det skulle förändra deras vibrationalfrekvens. Det var fysik. Det skulle få dem att känna sig annorlunda, och bättre. Och de trodde på det. Så för att de trodde på det, gjorde de det möjligt.

D: *Var dessa bara vanliga stenar?*
M: Nej, grundläggande var de lätt färgade stenar som vi skulle hitta—ädelstenar och småstenar—på stranden. Jag skulle lägga healingenergi i dem.

D: *Precis som du gjorde med de gigantiska stenarna. (Ja) Så du skulle ge dem till folket, och det skulle göra dem friska. (Ja) Men sedan blev du tillsagd, genom ditt sinne, att också lägga energi i de stora stenarna?*
M: Ja, för att det skulle få Jorden att må bättre. Det är för både Jorden och folket.

D: *Lades de stora stenarna i någon slags design eller formation?*
M: Typ en antenn. Men det är i en formation som ser ut som en rak linje.

D: *Vad menar du med en "antenna"?*
M: Det skickar ut frekvenser i solsystemet. För att låta alla varelser i solsystemet veta hur dyrbar planeten Jorden är.

D: *Lever dessa varelser med dig, eller stannar de på sina farkoster?*
M: De går överallt. De kommer bara och kollar upp mig. De går till andra planeter. De kan göra det väldigt snabbt. De zippar bara in och ut. Men jag måste göra detta med dem, eller kalla på dem, så kommer de att dyka upp. De är familj. Jag kallar dem inte förrän jag verkligen behöver något, dock.

D: *Varför kallar du dem "familj"?*
M: För att vi alla är från solen.

141

DE TRE VÅGORNA AV VOLONTÄRER OCH DEN NYA JORDEN

De var alla kopplade, precis som när hon var trädet och var kopplad till hela naturen eftersom allt kom från solen. Han, vid ett tillfälle, hade en riktig familj, men de hade gått bort. Men det fanns många små i byn, och alla var glada att bo där tillsammans. De tog alla hand om varandra. Det verkade inte finnas mycket mer att utforska vid det här laget, så jag flyttade honom framåt till en viktig dag och frågade vad han såg.

M: Hela ön är bara utplånad. En stor översvämning. Vi sjunker; hela ön sjunker. Och sedan dör jag. Men vi dör inte riktigt, vi blir bara täckta av vatten.
D: *Var det plötsligt?*
M: Ja, helt plötsligt. Precis en morgon, som en tsunami.
D: *Du hade ingen varning om att det skulle komma?*
M: Nej. Men det är okej.

Jag frågade om varelserna försökte varna dem, men han sa att de inte var närvarande. Det skulle förmodligen inte ha varit mycket de kunde göra ändå. Det hände så plötsligt att hela ön blev täckt.

M: Många människor dog. Självklart, ingen dör egentligen. De flyter bara iväg till en annan plats. Det var skrämmande, dock, förstås. Det var en gigantisk ö. Så många tusentals och åter tusentals, hundratusentals dog som vi inte ens kände till. Det var som en kontinent som sjönk.
D: *En kontinent istället för en ö?*
M: En stor kontinent. Vi var bara vid kanten av vad vi trodde var vår ö. Men vi visste inte hur stor den var eftersom vi bara gick så långt. Men när vi kom ut ur våra kroppar och såg ner och såg hur stor Lemuria var, var den storleken av en enorm kontinent. Vi var bara en annan grupp på den andra sidan. Vi stannade bara nära eftersom det var säkert. Från här kan jag se att hela kontinenten sjönk, och bara gick under vattnet. Det var som en stor spricka i jorden, som en jordbävning. Det var vad det var, en gigantisk jordbävning. Och havets botten öppnade sig bara och sög ner hela saken. Svalde den. Och allt vattnet från hela havet kom rusande in. Stilla havet är mycket stort.

D: Jag undrar om varelserna kunde ha gjort något även om de var där.
M: Jag tror att de tittade på och kanske tog några på sina skepp. Det var allt som var tänkt att vara.
D: Det fanns inget de kunde göra för att stoppa det, antar jag.
M: Nej, det var Moder Jord som gjorde detta. Hon kalibrerade sig själv. Det fanns någon störning på den andra sidan av planeten som orsakade en justering.
D: Vad ser du?
M: Jag ser dessa stora vågor av solaktivitet komma in i Jorden. En justering. En justering. Jag vet inte vad det betyder, annat än att det var nödvändigt på grund av någon grupp som ställde till med obalans runt planetens nät. Och det gjorde jordbävningarna och tidvattensvågen.
D: Vad var justeringen på den andra sidan av världen?
M: Jag tror att det var ett annat experiment. De gjorde ett experiment där de försökte justera något, och det slog tillbaka.
D: Från ditt perspektiv kan du veta mycket. Vilka var det som gjorde experimentet?
M: De är inte från jorden, de kom från ett annat system. Jag vet inte vilka de var. Jag kan inte se dem. De är som ett gruppmedvetande på något sätt, men de är inte från solen. Vår grupp skulle aldrig... vår grupp älskade planeten jorden eftersom vår grupp kom från solen. Så vi hjälpte till att vårda planeten jorden och dess livsformer. Vi hjälpte—inte bara vi—vi hjälpte alla till att göra henne till den frodiga paradiset hon är. Vår grupp älskar fortfarande den här planeten.
D: Kan du ta reda på något mer om experimentet?
M: Jag tror att de bara var nyfikna på vad som skulle hända om de förstörde nätverken. Bara för att se som ett experiment. (Suckar) Jag kan inte uttala var de är ifrån.
D: Är det okej. Men fick de tillåtelse att göra detta?
M: De är i den här dimensionen av fri vilja, och ingen stoppade dem. De hade ingen hänsyn till alla livsformer som skulle påverkas. De var bara kalla och observerande, inte elaka. Bara som: okej, låt oss se vad som händer om vi gör detta.
D: Vet du vad de tänkte efter att det hände och de såg all förstörelse?

DE TRE VÅGORNA AV VOLONTÄRER OCH DEN NYA JORDEN

M: De hade ingen mänsklig ånger. De hade inte den genetiska koden för att känna medkänsla eller ånger. De lämnade bara för att hitta en annan plats för att experimentera. Tillbaka till sin egen dimension för att rapportera.

D: När du ser ner på jorden, tar det lång tid för den att återgå till det normala?

M: Åh, nästan hundratusentals år. Det är som om hon bara behöver vila och ta en tupplur och läka. Och låta solens helande kraft hjälpa till.

D: Men alla människor blev väl inte utplånade?

M: Några överlevde, och andra fördes in. Varelser kom in för att hjälpa till att förändra DNA:t för att möjliggöra... det var också ett experiment, men annorlunda än utsädet. Rådet av Nio tog på sig att hjälpa till att återbefolka jorden.

D: Varför var de tvungna att förändra DNA:t?

M: För att DNA:t bara hade två strängar, och lemurierna hade tolv.

D: Gör det någon skillnad?

M: Ja. De kan vara ett med naturen, och de är alla kopplade till det universella medvetandet.

D: Är det därför de kunde använda energin?

M: Ja, för att de har krafter.

D: Är det på grund av DNA:t?

M: Delvis. Vi kom från solen.

D: Jag undrar vad som var så speciellt med DNA med tolv strängar?

M: Det hade volym och var så enormt, interdimensionellt, Skaparens kraft. De var väldigt kärleksfulla... endast för det goda.

D: Efter att alla förstördes och de beslutade att återbefolka, varför kunde de inte bara låta det vara tolv strängar som det var?

M: Rådet av Nio ansåg att detta skulle vara bättre eftersom de trodde att vi hade fått för mycket för snabbt. Vi var inte redo, så det var ett sätt att sakta ner evolutionen.

D: De trodde att det var bättre att gå bakåt?

M: Ja. Konstigt, eftersom grottmänniskor, neandertalare och forntida människor efter Lemurien bara hade två strängar. Och deras hjärnor var inte som... de var som djur.—De kom in och blandade sitt DNA. Och det blev mycket komplext, och sedan gick vi tillbaka till de tidiga stadierna, och de lämnade.

D: *Men de trodde att det var bättre att gå bakåt och låta människor börja om igen? (Ja) De förlorade alla sina krafter, eller hur? (Ja) Tycker du att det var en bra idé?*

M: Det är inte för mig att döma. Jag observerade bara.

D: *Men vet du vad planen var, om det återgick till bara två strängar? Skulle det utvecklas vidare efter det?*

M: Det förändras nu.

D: *Hur förändras det?*

M: Jag vet inte hur jag ska förklara det, förutom att "det bara är så." Det är en del av planen att låta det utvecklas till vad det kunde vara, borde vara, har varit, för att hjälpa oss alla att nå en ny frekvens. Inte alla kan gå. Inte alla kommer att få sina tolv strängar.

D: *Det kommer att ta ett tag, eller hur?*

M: Det har pågått länge.

D: *DNA som omstruktureras?*

M: Ja, det kommer. Det händer snabbare nu.

D: *Varför händer det snabbare?*

M: På grund av snabbheten... på grund av att nätet justeras... att revorna repareras.

D: *Så nu tillåts DNA att förändras igen? (Ja) Hur kommer människor att märka det i vår värld idag?*

M: Några människor kommer inte att märka det, men de som är medvetna kommer att känna sig väl förbundna med "Allt" som är. Deras sinnen kommer att förstärkas. De kommer att bli lättare... mer genomskinliga.

D: *Kommer människorna runt dem att märka detta?*

M: Några kommer. Andra kommer bara att fortsätta att gå i sömnen.

D: *Jag tänkte att om de blev mer genomskinliga borde det vara märkbart.*

M: De kommer bara att bli osynliga.

D: *(Detta var en överraskning.) Till slut?*

M: Ja. Men de kommer fortfarande att vara där. Det är som att byta kanal på TV:n.

D: *Men om de blir osynliga kommer de runt dem inte att se dem längre? (Ja) Var kommer de att vara?*

M: På en annan kanal.

D: *En annan dimension? (Ja) Kommer de att vara medvetna om det? (Ja) De kommer att veta att något har hänt? (Åh, ja.) Men de andra människorna kommer inte att göra det? (Nej) Kommer denna förändring av DNA att påverka psykiska förmågor?*

M: Ja. Människor kommer att bli mycket mer telepatiska. Inget behov av ord, kommunicera genom hjärtat och genom tankeblock. Ingen möjlighet att ljuga eller fuska. Du kommer inte att behöva det.

D: *Alla skulle veta.*

M: Ja, det är en bra sak.

D: *Det är det. Men varför händer detta nu? Det tillåts komma tillbaka.*

M: Det är dags. Det måste hända. Tiden gick för Gaia (Moder Jord) att ta examen och ta med sina bästa elever. Och lämna förstörelsen, korruptionen, negativiteten och mörkret bakom sig. Det är som om hon delar sig, förändras till två... en Ny Jord... ett Nytt Jerusalem, och det kommer inte att bli en kärnvapenförintelse som skapades. Detta är en del av den stora designen av det stora ljuset i himlen, Rådet av Nio.

D: *De som går är kopplade till de tolv strängarna av DNA eller vad?*

M: Ja, de som går—det kommer att finnas några som stannar kvar för att hjälpa de andra som är kvar eftersom de kommer att vara så rädda. Några kommer att stanna av uppoffring eftersom det kommer att vara panik. Det är väldigt sorgligt.

D: *De som är kvar... deras DNA har inte förändrats?*

M: Nej, de tillåter det inte. Jag vet inte hur det fungerar, förutom att människorna har blyskor på fötterna och de vill inte lätta upp.

D: *Så det är ett personligt val då? (Ja) Okej, du kan se allt därifrån. Du sa att Lemurien var där Hawaii är nu? (Ja) Är det allt som finns kvar av hela kontinenten?*

M: Ja, det och en del av Japan och Singapore. Det var en enorm kontinent. Baja-halvön, Kalifornien var en del av kusten. Det var enormt.

D: *Finns det några andra delar kvar?*

M: Ja, men jag vet inte namnen på öarna.

D: *Öarna i Stilla havet?*

M: Ja. Det sträckte sig ända till Japan. Det var väldigt stort.

D: *Så det låter som om det täckte större delen av Stilla havet, eller hur?*

M: Jag tror det.

DE TRE VÅGORNA AV VOLONTÄRER OCH DEN NYA JORDEN

D: Vi har hört mycket om Atlantis. Kom det efter Lemurien? (Ja) Fanns det några överlevande från Lemurienkatastrofen?

M: Några av dem gick över i början. De var de goda. Jag tror att de luftlyftes av några av rymdbröderna till där Atlantis skulle utvecklas.

D: Så de startade en ny civilisation i den delen av världen? (Ja) Detta är saker vi inte vet om idag.

M: Många människor vet om detta.

D: Tja, de vet om Atlantis, men de vet inte mycket om Lemurien. (Ja) Och de vet inte om DNA:t. Men detta är en del av mitt jobb, att få fram all denna information. (Ja) Men till slut fick du höra att leva i Marians kropp? Är det rätt? (Ja) Varför bestämde du dig för att komma tillbaka in i en mänsklig kropp i vår tid just nu?

M: Jag kom bara för att vara en del av förändringen.

Den här delen besvarade frågorna så väl att jag inte tyckte det var nödvändigt att kalla fram SC. Det höll med, så jag bytte till Marians frågor. Naturligtvis är den första alltid vad jag kallar "den eviga frågan." Vad är hennes syfte? Varför är hon här? Vad ska hon göra?

M: Hon är bara ett ljusväsen från solen som är här för att höja vibrationerna, hjälpa till att rena vattnet och höja vibrationerna så att alla kan må bättre.

D: Det låter inte som om hon har haft särskilt många liv på planeten Jorden. Är det rätt?

M: Hon har haft 500 eller fler.

D: På Jorden? (Ja) Jag trodde inte att det var så många.

M: Hon har mycket erfarenhet, och några av dem var korta... bara för att uppleva födelser och dödsfall. Det är egentligen inte många liv om man tänker på miljontals år.

D: Ja. Varför kom hon till Jorden för att uppleva allt detta?

M: (Skratt) För att hon älskar spänningen och att minnas var hon verkligen kommer ifrån. Hon älskar känslan av kärlek, att ge och att ta emot. Hon älskar den här planeten. —Hon vill bara ha roligt. Hon vill inte att saker ska bli för tunga. Hon blir så ledsen när människor runt henne är ledsna.—Hon kan läsa tankar.

DE TRE VÅGORNA AV VOLONTÄRER OCH DEN NYA JORDEN

En av hennes frågor handlade om huruvida hon hade någon karma att betala av. Om så var fallet ville hon bli av med den. De sa: "Hon är i princip klar. Det har tagit henne lång tid." Marian levde i grunden ett perfekt liv, ett vilande liv: hon gjorde vad hon ville, hade inga fysiska problem. Hon skickade ut ljus till allt—människor, djur och jorden. Det verkade som om hon var en av den andra vågen: observatörerna som bara är här för att generera och sprida positiv energi till andra. Och hon gjorde sitt jobb väl.

Jag frågade om några problem hon upplevde under sina tidiga år när hon växte upp. "Hon har alltid varit skyddad. Hon var en katalysator för att andra skulle kunna arbeta igenom sin karma. Och det hjälpte henne också, men mest var hon alltid en katalysator. För att människor skulle lära sig kärlek."

Innan vi avslutade sessionen kom jag på några fler frågor. "De där stenarna som fanns i Lemurien, de som placerades där och hade energin, finns de fortfarande kvar eller hamnade de på havsbotten?"

M: Vissa finns fortfarande på Big Island i Hawaii. De är gömda. De är begravda i lavan.

D: *Det finns mycket lava där. (Ja) Så den ön har fortfarande mycket energi från dem?*

M: Ja, absolut, ja.

KAPITEL FJORTON
RÅDET

NÄR CAROL KOM FRÅN MOLNET var hon förvirrad. "Det känns som om jag är på fel ställe. Det känns inte som ett liv på Jorden jag söker. Jag känner att jag är i en annan dimension. Jag ser universum. Stjärnor och galaxer. Molnet känns som ett fordon av något slag. Det tar mig genom ett hål. Jag har precis zoomat ut därifrån och molnet är mer som en ljuskula. Jag ser många saker… galaxer och det finns en plats jag försöker nå. Jag ska till ett visst system där jag har levt mycket längre än jag har här. Det finns flera stjärnor och flera solsystem och jag känner att jag är på väg hem till mina vänner. De saknar mig."

D: *Dras du till en viss plats i detta system?*
C: Ja. Den dyker just upp där. Jag är på en av planeterna nu. — Det finns en mycket stor byggnad. Och många människor går omkring och gör sina saker. Och byggnaden är en slags huvudkontor. Jag går in.
D: *Varför tror du att det är någon sorts huvudkontor?*
C: Mitt kontor är här. — Det finns några människor som är medvetna om att jag bara går dit energetiskt. Jag har spenderat mycket tid här.
D: *Vill du gå till ditt kontor? (Ja) Berätta hur det ser ut.*
C: Det är på översta våningen och det är helt av glas. Jag ser berg i fjärran och vattenfall överallt i staden.
D: *Vad finns i ditt kontor?*
C: Inte mycket. Det är mycket stort och rymligt. Datorn finns på mitt skrivbord. Hela skrivbordet är min databas. Skärmen är toppen av mitt skrivbord.

Jag bad henne att bli medveten om sin kropp och den verkade mänsklig, men på något sätt annorlunda. Hon kände sig varken manlig eller kvinnlig, "Varken. Båda." Hon hade på sig byxor och en skjorta samt en jacka som flöt. När jag frågade om hon kände sig ung eller gammal, sa hon: "Jag känner mig väldigt gammal och ung... tidlös. Jag är som en människa som inte identifierar sig som man eller kvinna, eller ung eller gammal. Det är ett mycket avancerat mänskligt samhälle."

Förutom att hela hennes skrivbord var en dator fanns det också andra konstiga saker i hennes kontor. "Det finns glas som hänger i rummet. Det här är fönster och skärmar för databaser. Jag kan peka på dem och de aktiveras."

D: *Så det är inte glasfönstren du ser ut genom?*
C: Rätt. Det är inte glasfönstren. Mer som glaspaneler. När jag pekar på dem aktiveras de och saker rör sig medan jag letar efter data. Olika gör olika saker.
D: *Vad är ditt jobb på detta kontor?*
C: Jag är en slags direktör. Jag är en del av ett råd.
D: *Är det därför du måste ha en databas?*
C: Ja, vi övervakar system.
D: *Andra system förutom ditt eget?*
C: Ja. Det finns andra byggnader på andra planeter som är en del av detta nätverk. Det här är välvilliga regeringar. Det är samma byggnad på många planeter. (Hon började gråta.) Jag saknar denna plats! Mina vänner är här. Hela min familj är här i detta system. — Jag har fastnat i detta projekt på Jorden.
D: *Vad menar du med projektet på Jorden?*
C: Vi är en del av experimenten med projektet på Jorden. Vi är de som utformade det. Vi är en del av en grupp av arter... många... vi är inte de enda. Vi är en del av det mänskliga experimentet på Jorden och gav det dess utmaningar och övervakar dess projekt och processens framsteg.
D: *Var du där från början? (Ja) Det skulle ha varit länge, eller hur? (Ja) Men du sa att du övervakade flera olika system.*
C: Det finns många olika experiment på andra planeter i universum. Jorden är inte den enda. Det finns fler som är mer stökiga.
D: *Jorden är en av de mer stökiga?*
C: Inte Jorden. Den mänskliga arten har gått snett.
D: *Har de gått snett överallt?*
C: Nej. Vissa har utvecklats ganska bra.
D: *Vad fick Jorden att gå snett?*

DE TRE VÅGORNA AV VOLONTÄRER OCH DEN NYA JORDEN

C: Det var inblandning.

D: *Kan du berätta vad det var?*

C: Jag tittar på det just nu... databasen... jag kollar historik. Någon sorts biologisk bakterieintroduktion som förstörde DNA, men vi bestämde oss för att gå med det och se vad som händer.

Det här lät precis som det Phil rapporterade i Keepers of the Garden om en meteor som kraschade på Jorden under de tidiga utvecklingstiderna. Den bar på en okänd bakterie som introducerade sjukdom. Det slutade med att det förstörde det stora experimentet att skapa den perfekta människan på Jorden. Hon hade rätt i att rådet var mycket ledsna över att deras experiment hade blivit förstört. De var tvungna att göra ett val, antingen förstöra allt och börja om eller låta det fortsätta, med vetskapen om att det aldrig skulle bli den perfekta art som det var avsett att vara. Det beslutades att eftersom så mycket tid och ansträngning hade lagts ner på experimentet, skulle man låta det fortsätta. Detta är också en förklaring till en del av den experimentering som fortfarande genomförs av utomjordingar. De försöker få mänskligheten tillbaka till den ursprungliga planen, av en art där individer aldrig skulle bli sjuka och bara dö när de var redo.

D: *Men meteoriten förstörde den ursprungliga planen?*

C: Ja, men vi tror att inget är en olycka.

D: *Jag har blivit informerad om att människokroppens form är den mest funktionella. Är det därför den används på många ställen?*

C: Ja, det är en kombination av många arter. Det finns reptilianska. Det finns silikon. Det finns många arter som bidrog till det mänskliga fordonet för deras medvetande.

D: *Om du har funnits sedan allra första början, är du tidlös, eller hur?*

C: Vi är inte i tid. Vi är inte i samma typ av tid.

D: *På Jorden tänker vi på det som en lång tid som går för att utvecklas från en cell till den mänskliga kroppen som den är nu. Men du känner inte igen tid?*

C: Saker manifesteras bara. Som de tänks på föds de.

D: *Men du verkade glad där i rådet, eller hur? (Ja.) Varför bestämde du dig för att lämna?*

C: Jag beslutade att jag ville uppleva det inifrån och ut istället för att bara titta. Jag visste att det skulle bli svårt och jag blev starkt

151

avskräckt av andra från att göra det. De behövde mig där. Och de ville inte att jag skulle vara otillgänglig. Men jag beslutade att gå för jag trodde att jag kunde fixa saker inifrån. Jag är en mästare.

D: *Om du är en mästare borde du kunna åstadkomma vad som helst.*

C: Ja, men det blev inte som det skulle.

D: *Det låter som om du är envis om du gick emot deras råd.*

C: Ja, och det är en av mina egenskaper. Eftersom jag är en uppfinnare, och för att uppfinna och skapa måste man veta skapelse från alla vinklar. Jag är en skapare.

D: *Du sa att du hjälpte till att skapa liv på Jorden från allra första början?*

C: Jag hjälpte bara. Det var ett stort team.

D: *Men sen bestämde du dig för att gå och uppleva det?*

C: Ja, för att göra mig liten. Att vara i ett mikrokosmos.

D: *Du var tvungen att börja där? Jag försöker förstå vad du menar.*

C: Tja, mikrokosmos var på den minsta nivån av att vara, började på molekylär nivå med protokoll. Innan man går in i former.

D: *Så du måste börja på den nivån om du ska gå till Jorden?*

C: Jag behövde inte. Jag gjorde vad jag ville. Andra människor ser behovet av det, men jag gjorde inte.

D: *Så är det den första formen du går in i? Mikrokosmosnivån?*

C: Partikel... medvetandet av en partikel. Mindre än en elektrod... mindre än kärnor... mindre än... liten. Inget ord för det på detta språk.

D: *Vad skulle du uppleva på den nivån?*

C: Energi, bara energi. Det är en väldigt stor spänning att vara så här liten.

D: *Kommer du att behöva gå igenom en väldigt lång process innan du får återvända?*

C: Jag kan gå tillbaka när som helst.

D: *Om du ville börja med att vara ren energi, vilken slags form går du in i efter det?*

C: Jag har provat dem alla; när jag var ett träd, var jag elektron, var partikel, var ljusvåg, var kärna, var stjärna, var planet, var ocean, var vatten, var djur, var reptil, var människa, var jag, var sten, var småsten, var många saker.

D: *Lärde du dig något medan du var alla de olika formerna?*

C: Nej, inget att lära... bara att vara. Det handlar inte om lektioner. Det handlar om erfarenhet. Bara att uppleva.

D: *Men du behövde inte komma. Det var ditt eget beslut?*

C: Ja, och jag var tvungen att kämpa för det. De försökte blockera och jag sa: "Flytta."

D: *Då försökte de inte stoppa dig?*

C: Nej. Fri vilja respekteras alltid.

D: *Så du gick igenom alla de formerna och så bestämde du dig för att gå in i den mänskliga kroppen?*

C: Ja, och jag var människa en tid, men slutade vara människa... det var för grovt vid den tiden.

D: *När du var människa, upplevde du många olika slags liv?*

C: Alla har liv. Upplev dem alla. Ville ta reda på vad som var fel. Vad är fel i ledningarna? Hur påverkade bakterierna, och hur reparera det?

D: *Hur ska man laga skadan?*

C: Skadan var en omdirigering till en annan typ av evolution. Kan bara laga skadan inifrån i denna situation. Kan inte laga det som observatör.

D: *Så det är därför du upplevde många olika typer av liv?*

C: Ja. Var tvungen att se på allt.

D: *Och några av livens var negativa liksom positiva, eller hur?*

C: Ja, men negativt är en illusion. Negativt och positivt är båda byggmaterial. Negativt är ett evolutionärt katalysator.

D: *Men du vet att människor anser att något negativt är dåligt.*

C: De borde omformulera det till evolutionär katalysator. Vi har avsiktligt givits dessa katalysatorer för evolution. De saker som verkar negativa... de sakerna är med avsikt.

D: *Men du har gjort detta länge i jordiska termer, antar jag.*

C: Jag har gått fram och tillbaka. Jag har inte varit här hela tiden. Ja, och längre än mänskliga projekt på Jorden, har vi haft fler innan detta. Det har funnits fler mänskliga experiment innan Jorden upplevde istider. Det har funnits sex... den sjätte av många... av flera.

D: *Vad menar du? Förklara vad de sex är.*

C: Jorden har varit hundratusentals år utan liv alls. Och mellan dessa finns små fönster för att ha komplexa livsformer, och vi har utnyttjat dessa varje gång.

D: *Det är vad jag undrade, vad de sex faserna är.*
C: Det är inte faser... bara experiment. Sex fönster i tiden när den mänskliga komplexa livsformen kunde finnas här på Jorden. När människa och växt och djur kunde existera. Det var inte människor de första två gångerna. De första två gångerna var det bara andra arter. Inte nödvändigtvis sådana du skulle känna igen i detta rum och tid. Människorna är ett nyare experiment med kombinationer efter att ha experimenterat med många andra livsformer. Människor var kanske den största idén.
D: *Så som de är nu? (Nej) Det var den sjätte fasen?*
C: Nej, det fanns inga faser. Det var bara experiment. Och detta var det sjätte experimentet här, och den mänskliga livsformen var i de senaste fyra experimenten här. Men vi har experimenterat med människor i många galaxer, och de är den nyare uppfinningen än de andra arterna som är äldre. Men vi har haft brister och vi upptäcker mer medvetande som kan hålla mer medvetande. Och för att hitta ett fysiskt fordon som kan hålla och vägleda medvetande. Vi har inte fulländat denna idé om fysiskt fordon i någon form än, men vi har evigheten att upptäcka detta.
D: *Att försöka fullända det?*
C: Ingen perfektion... mer erfarenhet. Så snart du når perfektion är det inte perfekt längre eftersom du vill prova något annat.
D: *(Skrattar.) Men några av arterna, människorna, som var på Jorden överlevde inte och fortsatte, gjorde de?*
C: Det är korrekt. Det rensar tavlan. Började om.
D: *Det fungerade inte som det skulle?*
C: Det finns inget "borde" eller "inte borde." Ibland lät vi det gå tills det såg ut att det inte längre var konstruktivt. Ibland skulle devolution äventyra andra experiment, och vi skulle behöva begränsa experimentet.
D: *Det är ett väldigt stort projekt, eller hur?*
C: Det är universellt. Det finns andra universum också.
D: *Och var och en skulle påverka den andra, så du skulle behöva övervaka allt?*
C: Ja, och se till att experimenten inte blandar sig med varandra. De skulle orsaka skador på framstegen för en annan. Mänskligt experiment när människor ibland har utvecklats teknologiskt har inkräktat på andra experiment och behövde begränsas.

D: *Finns det andra varelser som du själv som har kommit till Jorden?*
C: Många. Specifikt nu.
D: *De kunde ha stannat där borta också, eller hur? (Ja.) De valde alla frivilligt att komma?*
C: Ingen är tvingad.
D: *Jag har pratat med många olika typer av frivilliga som valde att komma vid denna tidpunkt i evolutionen. Vad är ditt jobb medan du är här?*
C: Omskriva från insidan och ut.
D: *Alla människor eller bara vissa?*
C: Bara vissa som lär andra att omskriva sig själva. Vi är här för att undervisa. Varje person kan omskriva sig själv... omskriva... deras neurologiska system är skadat. Och så kan neurologisk omskrivning endast göras av varje individ i varje form, och kan inte omskrivas för dem. Och detta är ett experiment, och vi hjälper till i detta experiment för att skjuta det i en viss riktning vid denna tid. Vi kommer att lämna efter denna tid.
D: *Varför behöver människan omskrivas?*
C: För att hålla mer medvetande.
D: *Så det handlar inte om att hålla mer kunskap.*
C: Nej. Förklara: evolutionen av hjärtat och medkänsla är det som saknas tekniskt. Människor har gått vidare till teknologiska framsteg utan hjärtbalans, utan hjertevolution. Och det har varit katastrofalt. Så vi är här för att utveckla hjärtat först tills hjärtat är i linje med denna kunskap.
D: *Varför måste människan ha mer medvetande?*
C: För att kunna hantera makt välvilligt, för missbruk av makt är människans fel. Denna biologiska bakterieskada som gjordes på det neurologiska systemet hände tidigt i experimentet innan människan var fullt formad.
D: *Så idén är att stoppa negativiteten på detta sätt?*
C: Eller att omdirigera hur negativitet används eftersom båda är nödvändiga. Både positivt och negativt, kan inte vara en utan den andra. Och mörkt och ljus är en del av det vävda mönstret som bygger bilden. Båda måste läras för att användas klokt, för positivt kan missbrukas också.

DE TRE VÅGORNA AV VOLONTÄRER OCH DEN NYA JORDEN

D: Jag vet att det finns många frivilliga som kommer som vill vara i den mänskliga formen bara för att hjälpa. Men det verkar som om du har en annan uppdrag.

C: Vi är inte här för att rädda mänskligheten. Vi är här för att se vart detta kan gå.

D: Är detta varför du valde att gå in i Carol?

C: Ja, och varför jag valde den svåraste omkopplingen att omskriva. För på detta sätt är det det enda sättet att visa andra hur man kan hantera denna djupa biologiska skada.

D: Du kom in i hennes kropp som en baby?

C: Jag föddes in i denna kropp.

D: Du hade redan haft andra liv som människa?

C: De är alla mina liv. Jag är ett och samma. Det är alla samma jag som lever alla liv.

D: Så syftet med Carol är att du kommer att omskriva henne så att hon kan undervisa andra?

C: Ja, för dem som vill lyssna.

D: Du vet att hon har en metafysisk skola där hon försöker undervisa andra.

C: Ja, jag är en av skaparna av skolan. Det finns tusen involverade i skapandet av skolan. Jag är den som har, ska vi säga, hjärnan bakom operationen.

D: Så du lade idén i hennes huvud att ha skolan?

C: Nej, det var gruppen som lade idén i hennes huvud. Det är en idé hon föddes med... en idé som lades i hennes huvud. Det var hennes öde.

D: Och det är en bra idé. Hon hjälper människor. (Ja) Men hon har problem just nu med skolan.

C: Hon identifierar sig för mycket med mänskliga villkor.

D: Hon känner att det är stagnerat och att det inte når så många som det borde.

C: Det är korrekt. Det når inte så många som det borde. Hon behöver helt enkelt slappna av och låta det flyta. För mycket mänskligt tillstånd involverat.

D: Kan du ge henne några idéer om hur hon kan attrahera nya studenter?

C: Vi sätter upp det. Vi är vad hon kallar "i en."

D: Hon gör det på internet. Jag antar att du vet vad det är.

C: Ja. En grundläggande version av vad vi har. Internet är födelsen av massmedvetandets informationsåtkomst för alla. Det är det första steget, men vi kommer att stoppa detta om hjärtat inte är i balans i denna art.

D: *Hur kommer ni att stoppa experimentet?*

C: Vi har kosmisk destruktionsförmåga. Allt vi behöver göra är att omdirigera kosmiska krafter. Deras förstörelse kommer att inträffa om teknologiska framsteg fortsätter utan hjärtat.

D: *Men det skulle betyda att alla skulle bli förstörda.*

C: Nej, inget blir förstört.

D: *Det skulle förstöra hela experimentet.*

C: Det kommer att fortsätta, men det kommer att börja om. Inget blir någonsin förstört. Det omvandlas bara till energi och energi kan återanvändas och omassigneras på ett sätt som ingen dör. Det är inte verkligt.

D: *Men skulle det inte vara att erkänna nederlag om ni gjorde om experimentet?*

C: Nej, det är att erkänna fel riktning... en annan riktning. — Det finns mycket förtroende för att det kommer att gå i rätt riktning för sådana som oss här. För vi knuffar experimentet inifrån istället för hur vi brukade göra utifrån. Vi knuffar inifrån istället för utifrån. För detta måste vara en expansion från inom formen. — Vi ser att riktningen inte är helt slutförd. Det finns fortfarande många människor som lyssnar på... fel riktning.

D: *Har detta något att göra med den nya Jorden som håller på att bildas?*

C: Det finns bara en Jord, men den kommer att transformeras eller inte.

D: *Jag har hört så många olika saker. Jag har hört talas om att det förändras vibrationer.*

C: Det kommer att finnas andra dimensioner av Jorden. Det kommer att finnas mer än en... mycket mer. Det kommer att finnas mer än två. Det kommer att finnas många versioner av Jorden.

D: *Men det kommer fortfarande att finnas negativitet på en version?*

C: Ja, och till och med mörkare verkligheter än vad du föreställer dig. Det finns helvetesversioner av Jorden, för vi testar den mänskliga kroppen för att se hur mycket den kan tåla.

DE TRE VÅGORNA AV VOLONTÄRER OCH DEN NYA JORDEN

D: *Jag har blivit informerad om att de som är negativa inte kan gå till de högre versionerna av Jorden?*

C: De kommer att bosätta sig i den version som de matchar. De som inte kan matcha vissa vibrationer kommer att dö. Vi rensar arten av defekta exemplar. Alla som gör valet inifrån får passera "gå."

D: *(Skrattar) Så det är en del av ditt jobb att förbereda folk så att de vet att något händer?*

C: Alla vet att något händer. Det är många erbjudanden för många olika stilar. Hennes är ett av många olika erbjudanden för olika stilar. Det finns några som går med olika stilar.

D: *Vad menar du med olika stilar?*

C: Av vaknande. Det finns ett mål men många pass.

D: *Det finns inget "en väg" som det måste vara?*

C: Det finns bara det sättet det måste vara. Människans hjärta måste utvecklas för att gå längre, för vi har låtit det mänskliga experimentet fortgå med teknologiska framsteg i sitt nuvarande tillstånd utan att hjärtat har utvecklats. Och vi har låtit dessa gå väldigt, väldigt långt... vi har låtit dessa gå extremt långt för att se vad som händer. Och vi har redan sett vad som händer... ingen anledning att upprepa. Nu antingen ny riktning eller inte alls.

D: *Så vad såg du skulle hända?*

C: Star Wars är sant. Det hände i en galax långt, långt borta.

D: *Så om de fortsätter med vad de gör, kan de förstöra Jorden själva?*

C: De skulle kunna förstöra hela system. Och andra experiment som vi inte vill att de ska röra.

D: *Så det är därför du vakar så att de inte går i den riktningen?*

C: För att begränsa experiment som har gått amok.

D: *Människor vet inte dessa saker, och de gör dumma saker.*

C: Hon ville se vilket liv som är kopplat till detta nuvarande. Jag är den.

D: *Du är den som på den andra planeten valde att komma ner och leva i denna galna värld.*

C: Jag kom inte ner. Jag kom över. (Jag skrattade.)

Jag kallade sedan fram SC och frågade varför den valde det livet för henne att se.

C: Så att hon kan se att hon är en gruppsjäl. Detta är inte bara en varelse. Hon såg en aspekt på en planet, men det finns en grupp på många planeter som hon är en del av.

D: Den andra varelsen i vad det kallade "rådet." (Ja) Och hon är en del av det?

C: Ja, rådet är alla en varelse.

D: Varför ville du att hon skulle veta detta?

C: Så hon kan se var skolan verkligen kommer ifrån. Hon har misstänkt att det finns en gruppenergi bakom den. Hon visste det, men ville inte tänka att det var så stort eftersom hon inte ville tänka på sig själv som "speciell." På ett sätt ville hon inte att det skulle gå till hennes huvud.

Jag frågade sedan om hennes fysiska problem, särskilt sköldkörteln som hon tog medicin för. Det var ett mycket allvarligt tillstånd. SC sa att det orsakades av rädsla. "Ilska orsakade det också... otrolig ilska. Det finns mer kopplat till ilska än rädsla."

D: Var kom ilskan ifrån?

C: Hon har haft en guppig resa.

D: Hon sa att hon kommit överens med allt som hänt i hennes liv.

C: På många sätt har hon det. Hennes sinne har släppt det. Hennes hjärta har förlåtit. Men kroppen har inte släppt det. Det är ett cellulärt minne. Det var också en självmordsönskan, en omedveten självmordsönskan.

Läkarna hade sagt till Carol att hon skulle dö om hon inte tog sin medicin. Jag bad SC att arbeta på sköldkörteln och frågade vad den gjorde. "Avslappnande. Bara avslappnande och att vara till freds med att vara i en mänsklig form och vara här i ytterligare fyrtio eller femtio år." Det sa också att hennes skola skulle expandera och gå över hela världen. "Du har inte sett något än. — Hon har redan varit här i fyrtio år. Det är länge för en varelse som inte är införd på Jorden."

Avskedsmeddelande: Var inte rädd för att lysa ett ljus. Var inte rädd för att vara mäktig. Var inte rädd för att vara mer speciell. Hon är rädd för att vara mer speciell än andra människor. Det är hon inte. Hon är mycket rädd för egot, för egot är den största nedgången och hon är mer rädd för egot än något annat. Hon har sett så många egon förstöra bra arbete och hon vill aldrig att hennes ego ska förstöra något arbete hon har gjort. Därför håller hon sig i ett inferiört utrymme för att motverka egot. Hon kommer att guidas om hur man hanterar det när prestationerna blir större; hon kommer att guidas om hur hon ska hantera det.

Så det verkar som om även mästarsjälar har valt att komma, även om de blev rädda att inte göra det. Det har sagts att även en avatar kan bli vilse och fastna i det smutsiga och besvärliga på Jorden.

DEL TVÅ
ETS OCH LJUSET VARELSER

KAPITEL FEMTON
FLER VOLONTÄRER

DET KAN VERKA lite konstigt att kombinera UFO:er och utomjordingar med de Tre Vågorna av volontärer och den kommande dimensionella skiftet till den Nya Jorden. Men faktiskt passar det ganska bra. Detta beror på att hela ämnet om utomjordingar har varit belagt med rädsla och misstro sedan början. De flesta utredare söker efter och upptäcker vad de uppfattar som ondska och skräck. Detta bygger helt och hållet på deras trossystem; de skapar det som de fruktar. De har aldrig tänkt på konceptet som jag har upptäckt: att vi är dem och de är oss. Dessa varelser skapade oss, så de har ingen önskan att skada sina barn. På grund av fri vilja och lagen om icke-inblandning kan de endast se på och skaka på huvudet åt dumheten och det barnsliga beteendet hos dessa barn. När de andra utredarna använder hypnos på sina klienter håller de normalt personen i ett lätt tillstånd istället för att föra dem in i det djupa tillstånd som jag använder. I det lätta transet fångas personen upp i känslorna, och rädslan regerar. Utomjordingarna är väl medvetna om den effekt de har på människor, oavsett deras utseende eller handlingar, och de föredrar att personen inte ska ha något minne av mötet. De är här för ett definitivt syfte och det är ett syfte som den mänskliga varelsen, som har fått sina minnen utplånade genom att återfödas i den fysiska kroppen, inte skulle förstå. Många av människorna ska inte minnas sin koppling förrän det är dags, förrän deras uppdrag har nått den rätta nivån så att de kommer att kunna förstå. Om minnena kommer fram för tidigt kan experimentet äventyras. "De" har sagt att den ideala situationen skulle vara att personen aldrig vet vad som händer, att de har möten. De vill inte störa personens liv. Men på grund av tillsatser i vår mat, föroreningar i vår atmosfär, om personen är på några droger (rekreationella eller medicinska) eller alkohol, ändras kemin i deras hjärna. Detta får dem att minnas ett möte (oavsett om det är en faktisk händelse eller en dröm) på ett förvrängt sätt. Det är färgat av deras känslor så de uppfattar att något fruktansvärt har hänt dem eftersom det ligger bortom deras medvetna sinne att förstå. Det är därför det är bättre om minnet utplånas av utomjordingarna. Rädsla är den starkaste känslan som en människa har. Om den inte förstår något, kommer den in med rädsla, vilket naturligtvis kommer att förvränga minnet. I den metod jag använder får jag det medvetna sinnet ur vägen så att vi kan kommunicera med SC, den del som har all kunskap. Då kan vi hitta den sanna historien, eller så mycket av historien som SC tycker är lämplig. Det vet var personen befinner sig på sin resa och deras uppdrag, och vet hur mycket de kan hantera. De ger aldrig personen mer än de kan hantera, och jag måste respektera det när vi gör en session. Om SC säger att det inte kan ge mer information, eller att det inte är dags för något att avslöjas, så måste jag respektera det. SC måste alltid behandlas med stor respekt, och jag har skapat en bekväm arbetsrelation med den delen av klientens sinne. Det är därför jag kan få information som de andra utredarna inte ens skulle försöka att hitta.

Anledningen till att ämnet om utomjordingar passar in med de Tre Vågor är för att dessa volontärer ofta har kommit från andra dimensioner, planeter eller rymdskepp. Som jag har sagt tidigare är volontärerna rena och orörda själar som kommer till Jorden just nu för att hjälpa oss göra övergången till den Nya Jorden. De flesta av dem har inte levt i en mänsklig kropp tidigare och är inte fast i Karmans Hjul. I serien Konvolutioner fann jag att många av dem kom direkt från Gud, eller Källan, och hade aldrig levt i någon typ av kropp. De hade alltid varit ett med Källan och hade inte skickats ut på den långa resan av experimentering och lektioner för att utöka Källans kunskap. De var ganska nöjda med att förbli där i den totala kärleksmiljön, och gick bara med på att lämna för att hjälpa Jorden. I serien Konvolutioner talar många av dem om möten som hålls på den andliga sidan och andra olika platser. Vid dessa möten fick de veta att Jorden var i trubbel och behövde hjälp från utsidan. De bad om volontärer, och många tog sig an utmaningen. En sade: "Jag räckte dumt upp handen och sa att jag skulle gå." När hon sade "dumt" menade hon att hon inte fullt ut förstod svårigheterna hon anmälde sig till. Dessa milda själar ville bara hjälpa, av kärlek. När de anländer hit inser de varför det kallas den mest utmanande planeten i universum. Också i denna bok har vi upptäckte att några av dem var andar eller energier som reste och utforskade, och som aldrig känt behovet av att bli fysiska. Det är uppenbart varför dessa själar har upplevt problem med att anpassa sig till en så fientlig och konstig miljö. De anses vara modiga och beundras stort för att de gick med på att ta på sig denna skrämmande uppgift.

Nu ska vi utforska de fall jag har funnit där personen har levt på rymdskepp eller andra planeter och dimensioner och faktiskt inte hade någon önskan att utforska Jorden. I min bok Förvararna skrev jag om mina tjugofem år av att undersöka normala UFO- och bortförandefall. I den boken trodde jag att jag hade hittat svaren på allt som någon skulle vilja veta om detta fenomen. Men jag hade fel, det finns mycket mer att upptäcka. När jag skrev den boken hade jag ännu inte blivit medveten om kopplingen till volontärerna och deras svåra roll på Jorden. Sett från detta perspektiv är ETs inte inkräktarna, utan skyddarna. De skyddar och övervakar bara sina egna. Även om dessa typer av volontärer inte är medvetna om det, är de aldrig ensamma. De människor de lämnade bakom sig vakar över dem för att se till att de är säkra och anpassar sig väl till denna främmande miljö på Jorden. Jag hade redan funnit några fall som rapporterades i serien Konvolutioner, men vid den tiden hade jag inte hela bilden. Dessa kommer att refereras till i denna bok när den fortsatta berättelsen utvecklas.

FÖRSVUNNEN TID

HELA MITT ARBETE tog många vändningar och gick i en annan riktning. Så varför skulle jag ha blivit förvånad när mitt arbete med UFO:er och ETs också tog en annan vändning? I mitt tidigare arbete hade jag undersökt episoder av försvunnen tid och kondenserade tidshändelser (rapporterade i Förvararna), men jag kunde alltid koppla det till fysiska varelser på rymdskepp. För mig gjorde det det något lättare att förstå om jag kunde hålla det inom gränser som våra medvetna sinnen kunde hantera. Men mitt arbete gick nu i en riktning som kopplade många händelser till varelser och fordon som inte var fysiska. Det undermedvetna sinnet kände igen det som naturligt, även om personens medvetna sinne inte skulle ha övervägt en så konstig koncept. Våra sinnen öppnades verkligen, och allt mitt arbete påverkades. Jag skulle behöva förändra mitt sätt att se på saker helt.

Jackie var en av de tolv sessioner jag genomförde medan jag var i Laughlin, Nevada, direkt efter attacken den 11 september 2001. Naturligtvis, eftersom det var en UFO-konferens, träffade jag många människor som ville se om de hade haft erfarenheter av den typen. Jackie var en av dessa. Jag hade genomfört Experiencer-möten varje morgon under konferensen, med hjälp av Barbara Lamb. Jackie ville utforska en incident av försvunnen tid som störde henne. Hon och hennes vän Elaine hade gett sig av mycket tidigt (03:00) på en bilresa till Sedona, Arizona. Resan tog normalt cirka fyra timmar, och de borde ha anlänt runt 07:00. Istället kom de flera timmar senare (ungefär två timmars försvunnen tid), och fann sig på en konstig motorväg när de kom in i Sedona. Jag hade velat säkerställa att de inte bara hade stannat till på motorvägen och somnat, eftersom det var så tidigt på morgonen, men hon var säker på att de inte hade det. Den tiden på morgonen skulle det ha varit mycket lite trafik, och det var deras huvudsakliga anledning till att resa så tidigt. Det verkade inte finnas någon logisk förklaring till förseningen. Så detta skulle vara huvudfokus för sessionen. Det hjälpte att hon kände till exakt datum och tid för händelsen. Hon hade hållit en journal över detta.

En annan sak hon ville utforska var att hon trodde att hon hade ett implantat i näshålan. Hon visade mig en uppsättning röntgenbilder som hennes läkare hade tagit när hon gick på en kontroll för ett fysiskt problem. På en av dem fanns det en liten vit prick i den övre näshålan. En annan uppsättning röntgenbilder som togs några månader senare visade inget sådant föremål. Under tiden sade hon att något hade kommit ut ur hennes näsa. Eftersom hon inte visste vad föremålet var kastade hon bort det. Hon ville ta reda på om det hade funnits något i hennes näsa, och om hon hade några andra implantat i sin kropp.

Jag skulle först utforska händelsen med försvunnen tid. Efter att hon hade kommit i trans förde jag tillbaka henne till sitt hus tidigt på morgonen den 1 juli 1993.

D: Det är mycket tidigt på morgonen, när du förbereder dig för att åka på en resa. Du svävar ner till huset denna morgon när du gör dig redo att åka. Det är nu tidigt, tidigt på morgonen den 1 juli 1993. Vad gör du? Vad ser du?
J: Mina lampor är släckta. Jag var just på väg ut genom dörren.
D: Har du packat allt du ska ta med dig? (Uh-huh) Vilken bil ska du åka i?
J: Min Ford.
D: Ska du köra, eller är det Elaine?

J: Jag kör. Det är tidigt, fem över tre. Det är fortfarande mörkt ute, och jag och Elaine är i bilen. Jag gillar min musik. Min musik hjälper tiden att gå.
D: Hur länge kommer det ta dig att komma till Sedona?
J: Ungefär fyra timmar. Jag har gjort detta många gånger. Vi pratar om en ny väg att ta, uppför sjutton och sen rakt över från Lynn's Park till Sedona. Över en bergsväg. Mindre trafik. Vi har aldrig gått den vägen.

Vi hade redan funnit något som hon inte varit medveten om. Hon tog en annan motorväg än den hon kom ihåg.

D: Skulle den vägen vara kortare?
J: Nej, längre.
D: Varför bestämde du dig för att ta en ny väg?
J: Avtal. Jag gick med på att vara där. För att träffa dessa människor.
D: Ska de vara på den motorvägen?
J: Ja. Den här vägen gör det lättare att se dem. Under medvetet visste jag att de skulle vara där. Inte medvetet.
D: Vad menade du med ett avtal? Är detta något som har arrangerats?
J: Mina människor. (Sorgset) Jag saknar dem.

Hon började bli känslosam och började gråta. Jag pratade med henne för att vinna hennes förtroende, så att hon kunde prata om det. Hon grät när hon fortsatte.

J: De är helt... ljus. De är gjorda av ljus. (Sniffar) Jag har saknat er så! (Känslosamt) Det här är en konstig plats.
D: Är dessa människor du känner från någon annanstans?
J: (Stort andetag) Ja!
D: När gjorde du detta avtal för att träffa dem?
J: Medan jag sov berättade de för mig var jag skulle komma. (Sniffar) Det kommer att vara någonstans på den vägen. Jag visste inte exakt var, men jag var tvungen att skynda mig. Måste vara där vid en viss tid.
D: Och det är därför du ville åka vid den tiden på morgonen? (Uhhuh) Men du sa att det här är människor du känner. Varifrån känner du dem?

DE TRE VÅGORNA AV VOLONTÄRER OCH DEN NYA JORDEN

J: Från ljuset. (Sniffar fortfarande) (Känslosamt) De är av ljuset. Energin av det.
D: Hur kände du dem?
J: (Känslosamt) Jag är dem! (Bestämt) Jag är dem!

Jag försökte ta reda på vad hon pratade om, utan att leda.

D: Så har de kommunicerat med dig medan du har varit på Jorden?
J: Alltid, men jag förstår dem inte alltid. Jag glömmer ibland vem de är. (Känslosamt) En koncentrerad form av ljus. Det är en maximal blå koncentration av ljus. Jag är dem!
D: Du är dem. Tja, låt oss gå framåt i tiden, till där du är på väg till platsen där du ska ha mötet. Tar det lång tid att komma dit?
J: Vi behöver gas i bilen. Jag måste stanna för gas. Jag känner mig bra! Jag känner mig levande, och vaken. Full av energi och spänd. Men när vi stannade för gas, kände jag mig så sömnig. På ett ögonblick var jag så groggy. Vid den tidpunkten då jag gick runt bilen för att låta Elaine köra, kunde jag inte hålla ögonen öppna.
D: Ja, det är tidigt på morgonen.
J: Det här var annorlunda. Det var inte sömn. Hon kör. Säkerhetsbältena på. Jag ser på hastighetsmätaren. Och det är den sista saken jag såg, sjuttiofem miles i timmen. Jag tänkte, vi kommer att vara där om tjugo minuter.
D: Finns det ingen annan trafik?
J: Tja, jag såg en bil passera på andra sidan, delad motorväg.
D: Vad hände sen? För ditt undermedvetna vet. Det sover inte. Det kan berätta vad som hände.
J: Vi stannade. Vi svänger av till höger, en väg. Det var en grusväg. Det fanns stängsel längs med den. En gård av något slag. Jag fick ner fönstret. Det är väldigt mörkt.
D: Så hon svänger ner på vägen? Hon ifrågasatte det inte ens?
J: Nej. Hon log. Jag tittade till höger. Det fanns något... silverdome-formad, som en vattentank. Men det var inte en vattentank. Två "personer" kom till min dörr. En kom till hennes. Och vi gick.
D: Hur ser människorna ut?
J: Grå.
D: Och du gick ur bilen?
J: Uh-huh. Elaine var okej. Hon gick bara tyst.

DE TRE VÅGORNA AV VOLONTÄRER OCH DEN NYA JORDEN

D: Var tar de dig?
J: Vi är på det här skeppet... i det här rummet.
Uppenbarligen var det silverdome-objektet faktiskt ett skepp.
D: Du är i rummet. Vad händer sen?
J: Jag blir undervisad... av dessa robotar... gråarna. Jag känner rösterna komma från dem, att jag är en sändebud. (Nästan gråter) Att jag måste lämnas igen. Jag vill inte gå tillbaka. (Känslosamt) Jag går tillbaka, men jag skulle hellre stanna med dem. Jag ville verkligen vara med dem. Jag är en del av ljuset. Del av ljuset. Dela mig själv.—Gå tillbaka.
D: Vad menar du med att dela dig själv?
J: Dela mig från dem igen och gå tillbaka till Jorden. Jag måste gå tillbaka ner. Jag vill stanna med dem. (Känslosamt) De är så fulla av kärlek. Och varje molekylär plats är ljus. (Sniffar) Jag vet inte om jag kan göra det de vill att jag ska göra.
D: Vad vill de att du ska göra?
J: Sprida ljuset. Sprida ljuset. Gå tillbaka och förstärka Gud-källan genom att sprida ljuset. (Sniffar)
D: Berättar de för dig hur du kan göra det?
J: De säger att jag vet hur.

Idén kom till mig att detta var något liknande de små ljusvarelserna i Bartholomew-berättelsen i Konvolutioner, Bok Ett, som kom till Jorden för att sprida ljus.

D: Är de de som berättar för dig, eller finns det andra varelser i rummet?

Hon hade rätt när hon kallade dem "robotar" eftersom de är biologiskt skapade maskiner som bara gör vad de blir tillsagda eller programmerade att göra. Så jag visste att de normalt sett inte tänker själva. De utför bara de enklare uppgifterna. Jag undrade varifrån de fick instruktionerna som de gav henne.

J: Det är mer som en telefon. De pratar med någon väldigt långt borta.
D: Och de upprepar det för dig?

J: De är en telefon. De sänder meddelanden. De innehåller meddelandena. Och de är också av ljuset. Det här är så underbart... men jag känner mig så fragmenterad när jag går tillbaka. (Sniffar)

D: Varför tog de dig till det skeppet denna tidiga morgon?

J: Jag behövde en... en apparat. Det är en apparat. De satte en apparat i min hjärna. (Sniffar fortfarande)

D: Hur gjorde de det?

J: Med en metallförlängning. Den gick in genom min högra näsborre.

D: Och det satte den i hjärnan?

J: Nära hjärnan. Så att jag kan tänka med dem fortfarande. När jag lever, kommer jag att få koncept som de projicerar till mig. För att hjälpa mig att leva. För att hjälpa mig att undervisa. Koncepten kommer att dyka upp i mitt sinne som bilder. Ord, men som bilder.

D: Så det kommer att hjälpa dig att veta vad du ska säga och vad du ska undervisa?

J: Ja, men ibland tycker jag att det inte hjälper.

D: Varför?

J: Jag försöker undervisa dummies. (Skratt)

D: (Skratt) Tja, stör det dig att de satte det i ditt huvud?

J: Åh, nej. Jag vet att jag behöver det. Det är min... telefonkort.

D: Så du kan kommunicera med dem. Så det är inte som tankekontroll eller något sådant, eller hur?

J: Åh, nej, för jag är dem. Jag är dem.

D: Och det är bara deras sätt att ringa till dig när de vill skicka information?

J: För att hjälpa mig. För att skydda mig. För att låta mig veta. För att varna mig när det finns fara.

D: Tar de också information?

J: Ja, åh, ja. Varje person jag pratar med. Varje koncept. Varje idé. Varje värde. Varje erfarenhet. Det hjälper dem att växa också. Vi att växa.

D: Vad gör de med informationen?

J: Det byggs som... kristaller? Det byggs på Gud-källan. Lägger till. Fullföljer funktionen. Lägger till Gud-källan. Lägger till kunskapen och ljuset. Skapar en funktion. Guds funktion. Han måste ha en funktion.

D: Är det enda sättet de kan få informationen?

J: Nej, de har många, många segment som jag själv som de skickar. Om jag inte gör mitt jobb, så kommer någon annan att göra det.

Kanske är detta en av anledningarna till att jag möter så många människor som berättar samma saker. Hittar jag fler av de många segmenten som gör detta jobb på Jorden? Om så är fallet verkar de vara utspridda över hela världen. Kanske är detta syftet, så de kan samla information från många olika platser.

D: *Men är det enda sättet de kan hämta information, med dessa små saker de sätter i ditt huvud?*
J: Nej, det finns ett annat sätt, men det är inte alls kopplat. Och om vi tänker något, vet vi alla något samtidigt. Kunskap om existens, telegrapherad till varandra och varandra och varandra. Och hela ljuset vet samma sak samtidigt. Men detta är ett mer fysiskt sätt att relatera till mig när jag är på Jorden.
D: *Har du haft dessa i din kropp tidigare?*
J: Ja, före detta liv. Denna gång, nej.
D: *Jag menar när du var yngre. (Ja) Varför behövde de sätta in en annan?*
J: Ibland absorberar kroppen. Och ibland behöver de bara uppdatera, så att de kan samla all kunskap de behöver.
D: *Så det kan hända även som barn, och då måste de ibland ersätta dem?*
J: När jag var sju. Jag var så ensam. Och de fick mig att inte känna mig ensam. (Sniffar) Jag kände mig fortfarande ensam. Denna Jord är en konstig plats. Svårt att prata med människor. Det var svårt att prata med människor. Det blir lättare.
D: *Tja, på den morgonen, finns det något annat de gör medan du är där?*
J: (Känslosamt) De säger till mig att sluta dröja... men jag kommer att göra vad jag behöver göra. Den andra gången var mycket mer fullständig. När jag var ett blått ljus, en block av blått ljus på den andra platsen. Ett helt block av blått ljus.

Jag försökte förstå vad hon menade.

DE TRE VÅGORNA AV VOLONTÄRER OCH DEN NYA JORDEN

J: När jag var med dem. Det var alltid komplett när jag var med dem. Tid existerar inte. När jag var en block, en solid block av blått ljus, det var min lyckligaste tid.

Uppenbarligen förstod jag inte vad hon sade.

D: *Var det när du var yngre?*

J: Om vi skulle prata om din imaginära tid, i år skulle det förmodligen vara för 500 000 år sedan. Jag var lycklig då. (Skratt) Ett bekvämt solidt blått ljus.

D: *Och vad hände sedan? Måste du lämna det ljuset?*

J: För att hjälpa funktionen. När vi kommer hit förstärker vi med våra gärningar. Vi är verkligen. Om vi gör dåliga gärningar reser vi inte i ljuset. Och genom våra gärningar skapar vi energi för att hjälpa Gud-källan, för att förstärka Gud-källan. Det är en block av ljus som ursprungligen var avsedd att skapa nyare och bättre universum varje gång. Oändligt och utan början. Och ibland på fysiska planeter blir du dämpad och kall. Tung och mörk. Och ensam.

D: *Vad var det stora blocket av blått ljus?*

J: Gud! Det var Gud-källan. Vi var alla på vårt eget sätt koncentrerad energi. I det specifika livet var jag den närmaste jag någonsin varit Gud sedan min första... avsked? (Hon var osäker på hur hon skulle formulera det.) Sedan min första gnista från den Gudkällan. Den minskar ibland när du är i mörkret. Jag känner mig separerad och ensam. Väldigt ensam. Men jag vet att jag inte är det. Ibland önskar jag bara att det var lättare.

D: *Valde du att separera och komma ner i det fysiska?*

J: Ja. Ansvar. Den svåraste saken vi har att lära oss är ansvar. Vi är ansvariga för vår egen gnista, vår egen förstärkning av denna Gudkälla. Och det är svårt att förstå ibland eftersom jag vet att jag behöver göra det, för att hjälpa. Jag blir så trött ibland.

D: *I det nuvarande livet som Jackie, menar du, eller bara i alla resor?*

J: I alla.

D: *Varför blir du trött?*

J: Det går inte snabbt nog.

Jag hade hört det förut, att saker var för långsamma i vår jordiska dimension. I de andra dimensionerna, särskilt på den andliga sidan, materialiseras tankar omedelbart. Allt går så mycket snabbare. Vår långsamma och tunga dimension är frustrerande för energivarelser som är vana vid att skapa omedelbart.

J: Det fanns en tid när det var långsamt på andra planeter och andra ställen också.

D: De var annorlunda?

J: Det är aldrig särskilt mörkt.

D: Men allt är lektioner? Det är därför du måste gå till dessa platser?

J: Ja, vi vet att det alltid är lektioner. Denna specifika planet fungerar inte som den borde ha gjort eftersom många av oss tillåter oss att bli trötta och att dra våra fötter när det gäller vad vi måste göra. Vi behöver stanna på den vertikala vägen. Materiella saker spelar ingen roll. Det är inte verkligheten. Inte Verkligheten med stort V. Verkligheten med stort V är vad som räknas. Livet med stort L är vad som räknas. Och detta är inte Livet med stort L. Så jag känner mig resantfull ibland över att vara här, men det är nödvändigt för att förstärka källan, denna energi, denna kristall för att skapa.

D: Det är vad Jackie ville förstå, varför dessa saker hände med henne. Det kommer att få henne att må bättre om hon förstår sitt syfte.

J: Jag förstår syftet. Jag förstår bara inte varför jag låter mig själv misslyckas genom att bli trött.

D: Tja, när du tittar på det, har Jackie några andra implantat i sin kropp?

J: Ja, det finns ett i mitt finger, vänster hand.

D: Vad är det för?

J: Jag vill säga "hälsa", men de säger att det är för mitt blod. Mitt blod har inte tillräckligt med syre eftersom Jorden är en tung plats. Och min kropp producerar inte tillräckligt... det finns inte tillräckligt med syre i mitt blod. Det skapar fler vita blodkroppar eftersom balansen inte är rätt. Jag föreställer mig strålar av ljus, som laserstrålar, som förs in i min kropp genom denna sak. Den är så liten.

D: Är det här för att balansera syret i blodet?

J: Ja, men jag vet inte hur. Jag förstår (En uppenbarelse.) Ljuset är en... propellant? Det ger de små molekylerna en spark. (Skratt)

Jag behöver det. I ytterligare tjugo år behöver jag vara stark. Mycket stark.

D: *Ytterligare tjugo år? Så detta hjälper kroppen att vara i balans och harmoni. Finns det några andra implantat som hon behöver veta om?*

J: Bakom mitt vänstra öra.

D: *Vad är funktionen av det?*

J: Kommunikation. Det har funnits flera bakom mitt öra. En när jag var sju som är högre upp. Och en nyligen.

D: *Den som var där när du var sju, varför satte de dit den?*

J: För att få mig att lyssna på vad jag hörde... om tro. För att hjälpa mig att höra, för att klargöra för mina hjärnbanor sanningen om vad jag hörde. Och att sålla och sortera vad som var sanning och vad som inte var det.

D: *Är implantatet som sattes in i Jackies näsområde det som hon såg på röntgen?*

J: Det var i min näsborre.

D: *Men vad var syftet med det?*

J: Kommunikation. När de vill veta något, eller se något. De ser allt och hör allt jag gör. Och när de vill berätta något för mig, lägger de det i min hjärna. Och jag ser det ibland i bilder, och ibland i ord. Den som visade sig på röntgen är en kommunikationsanordning.

Jag har hört denna samma information från alla jag har frågat om implantat medan de var i trans. Några av dessa fall rapporteras i Förvararna. Utomjordingarna sade att det var mycket viktigt att vi förstår funktionen av implantaten. Implantat har fått en mycket negativ konnotation, och vissa utredare tar till och med bort dem. Syftet med de i näsområdet rapporteras alltid vara detsamma: kommunikationsanordningar som samlar informationen som ämnet får i sin hjärna. Denna information laddas direkt ner i datorer som registrerar historien om vår civilisation och vår Jord. Vissa implantat är övervakare så att ämnet kan lokaliseras, och skyddas vid behov. Andra är liknande tidsfrisättningstabletter eller anordningar som frisätter medicin i kroppen för att hjälpa med sjukdomar eller funktionsstörningar. Jag har funnit att implantaten är mycket positiva.

Jag har aldrig funnit någon negativ implikation från dem. Den enda negativiteten rapporteras av dem som inte känner till hela berättelsen.

D: *Så det är annorlunda än den andra som sattes in i hjärnan?*
J: Det är den. Det är nära min hjärna. De som är i mitt öra är också nära hjärnan. En när jag var sju år gammal, och en som jag känner till från '95. Den som sattes in '93 är i min näsborre.

D: *Är det den som visade sig på röntgen?*
J: '93. Det sattes in vid tiden för resan till Sedona.

D: *Varför har det försvunnit nu på röntgen?*
J: År '96 hade jag försvunnen tid igen, igen tidigt på morgonen. Och de kom. Det var löst. Och jag trodde att de kom för att ta ut det, eller för att justera det. Men nästa dag kom det ut. De kom för att lossa det, tror jag.

D: *Varför lossa det så att det skulle komma ut?*
J: För att jag visste vad de gjorde, och det fungerade inte så bra när jag visste.

D: *Är det detta som Jackie hittade när det kom ut, som såg ut som en liten grön fyrkant?*
J: Ja. (Skratt) När ett barn vill cykla med stödhjul, blir de beroende av stödhjulen, tills någon tar dem bort. Implantatet de tog var de stödhjulen. Gud, jag är på egen hand! Jag insåg inte att jag gjorde det på egen hand. (Detta var en överraskande och störande uppenbarelse.) Jag är ensam.

D: *Men om de har tagit ut det, hur kommunicerar de med Jackie nu?*
J: Kristaller. Kristallerna. Telegrafssystemet som jag nämnde som var mest aktivt. Det blir mer effektivt nu. Vem behöver stödhjulen? Jag har kommunikation utan det.

D: *Det betyder att Jackie inte är ensam. Hon är fortfarande i kontakt. Det är bara inte genom ett fysiskt objekt.*
J: De borde lära mig att vara mer icke-fysisk. Spirituell. Att undervisa med anden. Att lära folk att dö med anden. (Känslosamt)

D: *Det är väldigt viktigt, eller hur? Och detta är jobbet som Jackie gör just nu. En mycket värdefull bidrag. De hjälper henne att veta vad hon ska säga till dessa människor.*

Jackie arbetade som vårdare på ett vårdhem och var i ständig kontakt med äldre och de som låg till sängs.

J: Jag är fortfarande inte säker.
D: Tja, det är en början. Som de sa, Jackie har tjugo år kvar, åtminstone. Under den tiden kan många saker hända. Men Jackie hade några fler frågor. Hon ville veta om att rensa ut karmorna. De dåliga känslor hon har om sin familj och människor som inte förstår henne.

Jackie hade haft problem med sin familj i detta liv. Det var en missförstånd om vad hon gjorde inom metafysik. Detta händer ofta när en person ändrar sin riktning i livet, särskilt om det är motsatt till deras familjs trossystem. Många äktenskap bryts upp när en partner börjar växa i en annan riktning. Det tar ofta mycket förståelse och kärlek för att tillåta dem att utforska sitt nyfunna intresse.

J: Familjen som jag förlorade... det är en liten familj som jag förlorade. Det är symboliskt för den stora familj jag förlorade. Det har gjort mig ensam här. Det är en del av experimentet. För jag behövde veta att jag kunde köra stödhjulen utan dem och fortfarande vara nära dem. Som med min ljusfamilj. Familjen från den ljusets plats.
D: Det är den verkliga familjen som hon har saknat, ljusfamiljen?
J: Och denna familj som jag förlorade här var ett litet exempel. Det berättade för mig att de tog bort mina stödhjul för att lära mig ansvar. Att jag är ansvarig, och inte behöver luta mig mot något eller någon. (Gråter och sniffar)
D: Och hon har telegrafssystemet där hon kan koppla upp sig med den större familjen.
J: Det är mer som en telegraf. (Skratt)
D: Men Jackie gör ett mycket viktigt jobb med sitt arbete med människor som är sjuka och döende. Är detta vad hon ska göra med resten av sitt liv? Kan de berätta för dig?
J: Jag vet. Jag behöver vara ansvarig, och sluta sniffa. Göra det! Gör det bara! Förklara funktionen för människor. Förklara Guds förmåga att föda nya och större universum. Jag behöver lära ut det till dummies.
D: Kommer det att bli tydligt för Jackie så att hon kan lära ut det? För du måste veta vad det är innan du kan lära ut det.

J: Dålig fråga. Den bör vara positiv. Det kommer att bli klart. Det behöver vara positivt. Säg allt positivt från och med nu. Men sedan har jag problem med det. För när jag säger saker positivt, tycker de som inte förstår, att jag beordrar dem.

D: *Men det finns alltid människor som kommer att bli irriterade på grund av vilken nivå de är på.*

J: Informationen kommer att komma från ljusvarelserna. De upplysta själarna. De kommer att separeras från de mindre. De har redan förståelse. Tiden är kort. Alumni är de upplysta. De reste i ljuset; de börjar nå tillbaka och undervisa de andra. Det är alumni.

D: *Det syftar på de som har tagit examen. De som redan har avslutat kursen. Är det vad du menar?*

J: Tja, även de upplysta är nybörjare, men de mindre vet inte det. Om en kattunge föds i ett rum med ränder, är ränderna det enda de ser under hela sitt liv. De kan inte se något horisontellt. Detta är ett faktum! Och sinnet är så. Så jag kan inte undervisa någon vad de inte kan förstå.

D: *Hon var också nyfiken på om hon haft tidigare liv där hon undervisade.*

J: Ja. Hon har haft många liv som går tillbaka till det gamla Egypten där hon försökte undervisa de accelererade lärorna. Men hon kände att det var att undervisa idioter.

D: *(Skratt) Ja, människor förstår inte.*

J: Inte många av dem. Idioterna.

D: *Men hon ska undervisa samma principer nu?*

J: Svart mot ljus . Stjärnor mot ljuset. Negativt mot positivt. Jag behöver bara göra det. Jag behöver bara göra det.

Det är förbluffande för mig hur många gånger jag hör "de" berätta för personen att deras syfte är att sprida ljus och information och förståelse. Många gånger är detta främmande för deras medvetna tänkande. Och även om de håller med om att det är en bra idé, har de ingen aning om hur de ska börja. Kanske är det vad hon menade med att implantaten kommunicerar med henne. Kanske berättar de för henne vad hon ska säga och vad hon ska göra. Och det skulle verka naturligt, som en naturlig instinkt eller impuls. (Hur många gånger har jag hört det? Människor vet exakt vad de ska göra när de sätts i en desperat situation.)

Jackie ville veta om en konstig incident som inträffade när hon tittade på sina händer och de var mycket röda. "Vad hände vid det tillfället?"

J: Gåvan till människor är också helande. Och mitt jobb var att komma upp för att göra detta. Och jag gör det med mina händer, med mitt hjärta. Mina händer var färgen av mitt hjärta. Djup röd. Ingen värme, men energi. Energi för att hjälpa dessa döende människor. (Skratt) Det låter lustigt. Helande dessa döende människor.
D: *Det låter inte lustigt. Du hjälper dem att korsa över med kärlek istället för rädsla.*
J: Åh, ja. De är så vackra. Nittio två och nittio sex år gamla, och vackra. Du kan inte tro hur vackra dessa människor är.
D: *Och röda färgen i händerna var för att hjälpa?*
J: För att leda energin till dem när jag rörde dem. Rör deras panna, håll deras hand. Och för att leda den in i dem som elektricitet i en maskin. Så vid den tidpunkten när jag såg mina händer bli röda, var det för att berätta för mig att detta var den rätta vägen.

DETTA TOGS FRÅN en mycket längre transkription som behandlade olika tidigare liv. Valerie är en registrerad sjuksköterska med många års erfarenhet av att arbeta på sjukhus. Hon var också på upplevelsegruppen som hölls varje morgon under UFO-konferensen i Laughlin 2001. Hon hade en misstanke om att hon kanske hade haft utomjordisk kontakt, men det fanns ingen specifik incident som hon ville utforska. Detta är den del där jag ställde frågor till hennes undermedvetna om vad subjektet ville veta.

D: *En av de saker som Valerie är nyfiken på är att hon tror att hon har kopplingar till det vi kallar ETs, eller utomjordingar, i detta liv. Är det sant?*
V: Hon måste inse att livets väv är mycket sammanflätad. Det finns många, många arter av entiteter i universum. Och hon har varit inkarnaterad bland dessa arter många gånger. Det var en del av hennes lärande väg. Och de olika arterna lär sig av varandra. Det

DE TRE VÅGORNA AV VOLONTÄRER OCH DEN NYA JORDEN

finns naturligtvis många nivåer av vad som händer med utomjordingarna. Det har många syften på många nivåer, men detta var en överenskommelse. På en nivå var ett syfte att ha dessa erfarenheter hända för henne från en mycket ung ålder. Och det skulle hjälpa henne att veta med säkerhet, hjälpa henne att veta utan tvivel, att det finns mer i livet än vad som var framför hennes ansikte. Och det var att hjälpa henne att ställa större frågor, som "Varför är jag här?" och "Hur kan jag få ett bättre liv?" och "Hur kan jag lära andra att få ett bättre liv?" Och om det inte hade varit för dessa tidiga besök, skulle hon kanske aldrig ha ställt dessa frågor. Det hjälper henne att minnas vem hon är. Det var som en tidig väckarklocka. De som har dessa mycket, mycket tidiga väckarklockor, även som barn, är de välsignade. De är de som har en fördel eftersom det ofta är svårt att minnas vem du är och vad ditt syfte är. Om du inte ens har stimulans för att stiga över de som bara är bekymrade över här och nu.

D: *Hon vill också veta om dessa barn som hon drömmer om. Har hon haft dessa graviditeter?*

V: Hon har.

D: *Hon vill förstå det.*

V: Detta är något som många människor har svårigheter med. Men det är avgörande vid denna tidpunkt i Jordens historia att det finns denna fortsättning av gener. Inte bara en fortsättning, utan en modifiering av DNA. Ni kallar det "gener." Det kommer att finnas tillfällen i Jordens framtid när det kommer att vara nödvändigt att ha detta material, och att ha dessa varelser som är delvis mänskliga och delvis— som ni kallar "alien." För att ha dessa raser som ska kombineras eftersom det kommer att finnas framtida tider när det kommer att vara nödvändigt att ha några av bådas egenskaper. Och hon har gått med på att göra detta. Och hon är medveten om, på en djupare nivå, konsekvenserna av detta. Och har verkligen frivilligt bidragit till detta projekt.

D: *Vad hände med dessa barn?*

V: De är säkra. De är lyckliga— på sitt eget sätt. Om hon skulle veta alla omständigheternas liv just nu, skulle hennes medvetna sinne förmodligen övertyga henne om att detta inte är det rätta sättet att leva. Och de kan omöjligen vara lyckliga. Så låt oss nöja oss med att säga vid denna tidpunkt att de är säkra och de är lyckliga. Och hon kan vara lugn i det. Hon behöver inte veta detaljerna om deras liv eftersom hennes medvetna sinne skulle övertyga henne om att detta inte är något slags liv för ett barn eller en person att ha.

D: *Det är annorlunda än det liv hon känner till.*

V: Det är väldigt annorlunda. Det är mycket, mycket främmande för det som hon känner till. Men det är också med dessa barns, dessa själar, val. Det var deras val att göra detta arbete, och att komma in i det livet, precis som det var hennes val att komma in i sitt liv. Det är deras val, och det är deras karma. De gör vad de väljer att göra. Och de gör det mycket bra.

D: *Hon ville också veta, får hon någonsin se dessa barn, eller besöka dem?*

V: Nej, det får hon inte. Det var deras pakt att hon skulle ge dem starten i livet. Och när de behöver "moderande" som ni kallar det, finns det andra kvinnor som har valt att moder många barn. Och de kan hantera detta, och de njuter faktiskt av att göra det. Hon kände att hon inte hade kapaciteten att gå från en situation till en annan, och komma tillbaka hit. Så det är så det är.

D: *Så hon behöver inte oroa sig för det. Allt är bra.*

V: Allt är bra.

D: *Okej. Hon hade några fler frågor. Ibland har hon vaknat med triangulära märken på sin kropp. Vad kommer det ifrån?*

V: Det finns många saker som vi lär oss om, och vi måste lära oss att integrera, hur man anpassar kropparna till andra miljöer. Och vi testar människor. Vi tar dem ombord på skepp, och vi testar dem för att se hur de reagerar på de olika saker i deras liv. För det mesta saker i deras miljö. Vi vill veta hur det påverkar dem. Oavsett om det är maten de äter, dryckerna de dricker, medicinerna, vad de kallar sina "kosttillskott" de är involverade i. Föroreningar i luften och maten. Vi testar dessa saker. Vi har våra instrument. Och vi mäter dessa saker. Och ibland lämnar vår utrustning märken på kroppen. Dessa märken har ingen betydelse i det långa loppet. Det skadar dem inte på något sätt. Och många gånger åtgärdar vi skador som vi har sett i kropparna. Och vi lär oss av dessa tester. Vi kan också se vad som är nödvändigt för att bli av med dessa "dåliga" saker som händer i kroppen, och för att bli av med giftiga ämnen. Och det är en bra sak.

D: Så hon behöver inte oroa sig för det. Det är bara en nyfiken sak när folk finner dessa märken på sina kroppar.

Jag har hört från många människor som har vaknat och funnit dessa konstiga märken på sin kropp, och vi har alltid fått samma förklaring. Att det orsakades av olika maskiner och instrument som användes ombord på skeppet. Jag visste att det inte var negativt, men jag var glad över att ha denna verifiering. Människor är mest rädda för vad de inte förstår.

UNDER EN ANNAN session med en annan klient togs en annan underlighet upp. En av hennes frågor gällde hennes möjliga involvering med ETs. Det finns en teori om att om en person har haft kontakt med dem kan något ibland dyka upp på deras hud som endast är synligt under fluorescerande ljus. Vissa utredare använder detta som bevis för utomjordisk involvering. Hon ville veta om det eftersom hon kunde se saker på sin kropp under dessa ljus.

D: Vad orsakar det? Var kommer det ifrån?
M: Hon var en flitig flicka. De hade henne väldigt upptagen på natten när hon trodde att hon sov. Nej, hon sov inte! Hon var upptagen. Hon arbetade med andra. Den flickan vilar aldrig.
D: Vad gör märkena som är synliga i ljuset?
M: När hon är i kontakt med de andra varelserna. När de rör vid henne, följer det med. Och det är lite oljigt, och det stannar kvar. Och du vet hur hon är, hon var nyfiken och hade det ljuset. Så hon tog fram det och kunde se märkena då. De var där på grund av hennes interaktion med dem, och hennes jobb med dem. Det är bara något som händer under kontakt. När saker rörs vid så rubbas det bara.
D: Det skadar inte kroppen på något sätt?
M: Nej, nej. Det är okej.
D: Det finns andra utredare som säger att detta är en dålig sak.
M: Du vet, det finns många maktspel. Och när hon listade ut att hon kunde se det, gjorde hon det. Hon trodde att hon sov — hon sov inte.

DE TRE VÅGORNA AV VOLONTÄRER OCH DEN NYA JORDEN

D: Vad är hennes jobb med dem?

M: Hon hjälper människor att inte vara rädda. Hon lär sig många saker som kommer att användas senare. Och hon måste lära sig det så att hon kan undervisa det. Folk blir verkligen rädda. Och eftersom hon har varit där och gjort det vet hon att de kommer att vara okej. Hon har haft mycket av den erfarenheten, och hon vet att det är okej. Det är en av hennes uppgifter — hon är bra på det. Så hon hjälper på det sättet, och hon lär sig olika saker. Och det är bra. Hon vill minnas. Det pågår många saker på natten, och det finns många saker på himlen.

D: Gör hon fortfarande detta, eller har hon avslutat den delen av sitt arbete?

M: Nej, det pågår fortfarande, och det kommer att pågå. Faktiskt kommer det att hända mer. Hon kommer att få veta om det, och hon är inte den enda som kommer att veta om det. Men det är okej, det kommer att bli bra. Hon är en bra arbetare.

Så utredarna har rätt, märken kommer att dyka upp under fluorescerande ljus. Och detta är bevis på att personen har haft kontakt med utomjordiska varelser. Så det är intressant för dem som behöver bevis, men personen har inte skadats på något sätt. Det finns fortfarande ingen negativitet inblandad.

KAPITEL SESTO
FAMILJEN

DENNA SESSION ÄGDE rum i början av 2002, innan jag hade upptäckt teorin om de tre vågorna. Det är uppenbart från mina frågor att jag vid den tiden tänkte mer på utomjordingar än detta koncept. Victoria var en gymnasielärare och hade kontakt med många unga människor. Jag tog henne igenom ett mycket traumatiskt tidigare liv där hon blev dödad (tillsammans med flera andra) för att ha försökt sprida information och metafysisk kunskap. När hon dog i det livet steg hon upp och förenades med de andra till ett vackert ljus. Hon ville stanna där eftersom freden var så underbar, men hon var tvungen att komma tillbaka för att försöka sprida kunskapen igen i denna nuvarande tid.

Victoria indikerade sedan att de människor som var involverade i detta... Victoria var inte glad här på jorden. Hon saknade sin "andra" familj. Hon kände en separation från ljuset, andesidan, en sorg som hon aldrig kunde förklara. Men hon försökte hjälpa genom att sprida kärlek till barnen i klassrummet och korridorerna på gymnasiet där hon undervisade. Hon försökte projicera kärlek till dem, och hon trodde att det hjälpte. De kunde känna kärleken, och detta hjälpte henne att veta att hon gjorde något positivt, även om det var på en subliminal nivå. Naturligtvis visste hennes medvetna sinne inte något av detta, förutom att hon var väldigt frustrerad.

V: Jag ser barnen som behöver det och jag försöker sprida det. Och de kanske inte vet det, men jag skickar det. Det gör en skillnad i deras liv, även om de kanske inte vet hur eller varifrån. Och jag ser människor överallt och jag skickar dem kärlek. Och jag måste fortsätta att skicka denna kärlek och dela denna kärlek. Det finns inte så många av min sort runtomkring. Och jag saknar att vara med någon av min sort. Någon vi kan smälta andarna med och vara ett med. När jag var där var vi alla en ande, men vi var tvungna att separera. Vi var tvungna att komma ner hit och sprida ljuset. Läget är dåligt nu. Och vi måste göra vad vi kan för att göra skillnad nu. Vi måste sprida kärleken så snabbt vi kan. Och vi måste försöka få människor att förstå att de måste älska. Kärlek är allt de behöver göra. Om de bara skulle lära sig att öppna sina hjärtan skulle de kunna förändra världen innan det är för sent.

D: *Men det har alltid funnits negativitet.*

V: Åh, jag vet, men nu finns det platser där det bara är överväldigande. Och vi måste försöka förändra de platserna. Det är därför vi är utspridda, för det måste börja någonstans. Och det finns andra människor som också sprider ljuset, men de vet inte om det. De bara gör det.

Victoria antydde sedan att de personer som var involverade i detta speciella arbete var skyddade. När jag frågade vem som stod för skyddet, svarade hon: "De gör det. (Skrattande) De är jag. Jag är dem. De är alltid med mig. Vi var alltid tillsammans tidigare. Och vi kom tillbaka hit. Tillsammans igen."

D: *Du pratar om samma grupp, menar du?*

V: Ja. Det finns andra som inte är med mig, men de som är med mig nu är alltid med mig.

D: *Det låter som om du pratar om utomjordingar.*

V: Jag gillar inte det namnet. Jag gillar det överhuvudtaget inte. Jag kallar dem mina vänner. De själva, oss. Och vi är dem från många, många år sedan. De var här, men inte längre, de lämnade. Men vi kom tillbaka och försöker hjälpa och göra vad vi kan.

D: *Är de i en fysisk kropp?*

V: Några är här i en fysisk kropp. Som jag och de som är här omkring eller där borta som är spridda över hela världen.

Jag frågade om hjälparna, beskyddarna. Hon verkade tro att jag hänvisade till dem som skickades för att utföra arbetet.

D: *Okej, men de som bara ger oss information.*

V: Det är mina vänner.

D: *Är de fysiska någonstans?*

V: Åh, ja, men inte på jorden. Det finns bara några av oss här på jorden som är fysiska.

D: *Varifrån talar de till oss?*

V: Jag känner dem precis här, men jag vet att du inte kan se dem.
D: *Nej, det kan jag inte.*
V: Nåväl, de är här. Precis här.
D: *Här i rummet då.*
V: Ja. De är här med mig. Jag kallade på dem och jag visste att de skulle vara här.
D: *Jag tänkte på något som utomjordingar eller utomjordingar ombord på ett fartyg eller något.*
V: Nåväl, de reser i sin dimension. Men de är här med mig i denna dimension just nu. De är min familj. Och vi är här på ett uppdrag och vi har ett jobb att göra. När jobbet kräver det, som nu är viktigt, så är de här. Och jag kallade på dem.
D: *Så de kan ge informationen.*
V: Jag visste att det var viktigt att saker kommer fram. (Rösten förändrades.) Hon vet inte sanningen ännu, men det kommer en dag. Och hon vet djupt inne vad hennes uppdrag är, men hon kommer inte att konfrontera det ännu. Hon förbereder fortfarande sig själv.

En annan sak som Victoria ville fråga om var en märklig upplevelse hon hade som hon trodde kunde vara kopplad till utomjordingar. Jag använde detta tillfälle för att fråga om det.

D: *Hon ville veta om en incident som hände sommaren 1995 när himlen lyste upp och hon såg tre varelser.*
V: Hon minns inte allt, men hon vet allt. Hon känner till sanningarna om det.
D: *Tydligen vill hon veta det medvetet.*
V: Ja, jag tror att vi kanske bör börja låta henne se dessa saker medvetet nu. Jag tror att det är dags.
D: *Kommer det att vara säkert för henne?*
V: Åh, ja. De är vänner. De är älskade, familjen.
D: *Ja, men vi vill inte göra något som stör hennes liv.*
V: Nej. Hon är redo. Hon har varit redo länge. Hon mår bra. Hon är en av dem så... nej, jag tror att det är dags eftersom vi har ont om tid. Så jag tror att det är dags nu.
D: *Så de saker som hände henne var faktiskt verkliga? Var de kontakter?*

V: Vissa var och vissa var inte, men det spelar ingen roll eftersom det händer henne hela tiden. Det är alltid hela tiden eftersom det finns så många saker som måste göras. Fram och tillbaka, fram och tillbaka.

D: *Jag ville inte öppna upp något som skulle orsaka henne någon skada.*

V: Ja. Och de uppskattar det eftersom du ser efter människorna. De uppskattar verkligen det eftersom de alla har agendor. De har alla saker på gång just nu. De försöker hjälpa och de uppskattar vad du gör.

D: *Kan du berätta för henne vad som hände den natten?*

V: Ja, jag hörde ett surrande ljud, och jag gick upp och tittade ut, och gick till badrummet och kom tillbaka till sängen. Och sedan gick jag upp ur sängen och räckte ut handen och grep honom och jag gick bara med dem.

D: *De tre varelserna?*

V: Nåväl, låt oss se, var det tre? (Paus) Jag tror att det var fyra den natten.

D: *Hur såg de ut?*

V: Nåväl, det var inte dem. Det är bara hjälparna som kom. De kom bara för att eskortera mig. Jag var så glad att se dem, för jag visste vart jag skulle då. De hjälper dem för att de har så många människor som de måste hämta.

Detta är ett annat vanligt tema som jag har funnit. Personen eskorteras alltid av mindre varelser till rymdskeppet. Det är som om de måste ha en av dem på varje sida för att kunna göra resan upp till rymdskeppet. Tydligen kan de inte göra det på egen hand. De kan bryta ner molekylerna i sin kropp och gå igenom väggar och tak på egen hand, men de behöver en eskort för att resa uppåt till skeppet. De sa i min bok The Custodians att det fanns två separata processer som ägde rum.

D: *Du sa att du gick med dem. Vart gick ni?*

V: Vi gick ut den vägen, ja. (Hon pekade åt vänster.) Dit var ljuset. Vi gick upp. Upp och upp och upp och upp och upp och upp och upp och upp och sedan, detta stora område. Gick in. Satt ner och... det var ett klassrum eller något. Och det var något som en stor skärm.

Vi pratade om vad vi måste få gjort. Hur mycket som är kvar att få gjort? Vi måste få det gjort, ja. Ja, jag vet, vi måste få detta gjort. Jag håller med, jag håller med. Det måste göras, det måste göras nu. Ja, jag håller med dig, ja. Ja, jag gör. Ja, min bror. Ja. Jag är redo.

Det var uppenbart att hon samtalade med någon i denna klassrumsmiljö. Jag har beskrivit klassrummet i The Custodians. Det har setts av flera av mina ämnen, och verkar vara beläget på ett av de stora moderskeppen.

D: *Ger de dig fler instruktioner eller vad?*
V: Ja, vi pratar om vad som är nästa steg. Vi planerar. Jag gör saker också på natten. Jag har ställen jag måste gå till och saker jag måste göra. Och detta är som en stoppunkt för att säga att detta är vad jag måste få gjort ikväll. Och så tar jag av härifrån och sedan går jag över dit och... vart gick jag? Jag hade något speciellt jag var tvungen att göra den natten, ja.

Majoriteten av människor inser inte att alla går ut ur sin kropp varje natt. Kroppen blir trött och måste sova, men den verkliga du, din själ, blir aldrig trött. Det skulle bli oerhört tråkigt att vänta på att kroppen ska vakna så att den kan fortsätta med sitt liv. Så medan du tror att du sover, går den verkliga delen av dig vart den vill gå och har alla typer av äventyr. Flyger över hela världen, återvänder till den andliga sidan för mer instruktioner och utforskar andra planeter. Många gör viktigt arbete på natten när de tror att de sover. Du behöver inte oroa dig för att bli förlorad eftersom du alltid är kopplad av "silvertråden," som inte bryts förrän den fysiska kroppens död. När det är dags att återvända till kroppen på morgonen och vakna, rullas tråden "in" så att du kan återvända till ditt liv, ovetande om de äventyr den verkliga delen har upplevt.

D: *Är det din fysiska kropp eller din andliga kropp som gör dessa saker?*
V: Nej, detta var inte min fysiska kropp. Ja, detta är min naturliga dimension. Detta är där jag normalt befinner mig. Jag lämnade min kropp här bak. Men jag är här och instruerar någon annan där

borta. Jag gör något slags jobb där borta. Och det var något speciellt den natten, jag minns nu. Jag var tvungen att göra något speciellt, och sedan kom jag tillbaka. Hjälparna eskorterade mig tillbaka därifrån. Jag vet inte varför. Varför skulle de behöva hjälpa mig? Åh, jag vet varför. För att de måste hjälpa mig med övergången frånut ur min kropp. Det är vad det handlar om. De måste hjälpa mig att komma ut och hjälpa mig att gå tillbaka in för att jag har blivit akklimatiserad till denna kropp, och det är svårt att gå in och ut på det sätt jag behöver.

D: *Ja. Människor säger att kroppen är tung och begränsande.*

V: Ugh, det är besvärligt. Denna, ugh, ynkliga kropp... Det är en underbar gåva, nu ska du inte missförstå mig, men den är begränsande. Det är så annorlunda. Så instängd, men vi ska ta hand om henne för hon har mycket att göra ännu.

D: *Men Victoria mindes inte något av detta eftersom det är bättre så?*

V: (Skratt) Vi lät henne minnas just vad hon behövde minnas vid den tidpunkten. Vi har gett henne bara bitar och delar, och nu är hon redo. Hon har plockat upp tillräckligt här och där. Hon är redo nu och hon vet redan. Hon visste innan hon kom för att träffa dig. Hon vet redan sanningen. Jag är så ledsen över att höra hur människor är ibland. Men, du måste älska dem. Du måste älska dem. Jag tror att hon kan vara lite skrämd av hjälparna i början. Jag tror att hon är redo. Jag tror att vi kommer att låta henne se mer av det nu. Detta var bara för att introducera henne till det.

D: *Men, gör det försiktigt, vi vill inte överväldiga henne.*

V: Vi kommer. Vi kommer inte att chocka systemet. Hon kommer att må bra. Hon har redan sett snabba små glimtar av oss. Och det har inte registrerats helt medvetet, men det har funnits i det undermedvetna och självklart vet vi alla vad som pågår här ändå.

D: *Jag vet att de små hjälparna inte är negativa, men de kan skrämma folk vid första anblick.*

V: Ja, välsigna deras små hjärtan. Jag känner synd om dem, också ibland. De får ett dåligt rykte.

D: *Det är vad jag alltid har sagt till folk, de får ett dåligt rykte.*

V: De är bara programmerade att göra det de måste göra, och ibland är folk inte så vänliga själva, vet du.

D: *I mitt arbete försöker jag låta folk veta att de inte är negativa. Det finns ingen negativitet i detta.*

V: (Skratt) De är faktiskt söta små gubbar. Om du ser på dem tillräckligt länge, växer de faktiskt på dig.

D: *Jag tycker att de är riktigt söta. De ser mycket sorgsna ut. Jag har inget problem med det.*

V: (Skratt) Stackars små saker.

D: *Har du något mer du vill berätta för henne innan vi går?*

V: (Med låg, mjuk, grov röst.) Nej, måste gå nu.

KAPITEL SJU
ETT ANNAT MÖTE

JAG HAR HAFT ett otal klienter som inte ville utforska tidigare liv, utan ville ha förklaringar till konstiga händelser i det nuvarande livet som inte gick att förklara (åtminstone inte för dem). Minnena och känslan av att något hade hänt lämnade dem inte ifred, och de hade inte glömt incidenten. Under mina tjugofem år av arbete med dessa fall, visade sig många av dem vara typiska UFO- och ET-abduktionsupplevelser. Några av dessa finns i min bok Väktarna. Men under åren har fler och fler av dem lämnat den "normala" alienmötet och avslöjat att något helt annat inträffade. Jag har berört några av dessa fall i min Komplexa Universum-serie, och jag trodde att de var isolerade incidenter. Men nu blir de den nya normen, och jag har avvikit från de typiska fallen. Självklart händer detta i allt mitt arbete. Det fortsätter att växa, utvecklas och expandera. Just när jag tror att jag har förstått och greppat det, kastas jag in i ett nytt koncept som styr mina undersökningar ned på en ny och osedvanlig väg.

En av de saker som Janet ville utforska under denna session handlade om ett konstigt minne av en observation och förlorad tid 1974. Jag regressade henne till det misstänkta datumet och tiden för händelsen. Hon kom in i scenen när hon körde sin bil på en motorväg sent på natten (klockan 23). Hennes två barn satt i baksätet, och Janet körde mållöst utan något bestämt mål. Hon var mycket arg på sin make och ville bara komma bort från huset. "Jag ville inte se honom. Jag behövde komma iväg. Han förrådde mig. Jag litade på honom." Motorvägen var nästan öde, bara enstaka bilar. Det var för mörkt för att se något annat. Sedan fångade något hennes uppmärksamhet: "Det finns ett ljus. Jag vet inte vad det är. Det känns riktigt konstigt. Aldrig sett något liknande förut." Sedan började hon darra: "Jag är kall."

Hennes ansiktsuttryck berättade för mig att hon såg något som störde henne. Jag uppmuntrade henne att prata med mig om det.

J: Det lyfts nu. Det lyfts upp i himlen.—Kallt.—En skiva. Den roterar. Den roterar. Den kommer mot oss. Och jag kör så fort jag kan. Jag kan inte köra snabbare. Det är den här dumma bilen.—Den kommer mot oss, och den är verkligen låg. Och jag kan inte köra tillräckligt snabbt. —Jag har mina barn.—Den kom från höger. Den kommer mot oss, och jag kör åt det andra hållet. Jag kör söderut, men jag kan inte köra tillräckligt snabbt. Det är det enda sättet jag kan gå. Den kommer mot oss. (Hon blev känslosam.) Jag är rädd! Jag vet inte vad som kommer att hända. Mina lampor slocknar. Och det finns ingen mer musik.—Den är över bilen. Motorn stannar.—Roterande. Ljus roterar.—Motorn har stannat. Jag kan inte röra mig. Barnen sover. De har lagt dem till att sova.

D: *Vem är "de"?*
J: Människor i skeppet.
D: *Hur vet du det?*
J: Jag vet bara det. De lade dem till att sova eftersom de inte ville att de skulle vara rädda.—Jag är verkligen kall. Jag vet inte vad som händer med mig nu. Jag svävar upp nu. Jag är i ett ljus.
D: *Varifrån kommer ljuset?*
J: Från skeppet. Jag får inte minnas.
D: *Är det okej om du minns nu?*
J: Inte allt.
D: *För jag vill inte göra något som de inte vill att vi ska göra. Jag tror att de förstår det, gör de inte?*
J: De gör det.

Jag kunde tänka och prata så här eftersom jag har arbetat med dem så ofta att jag tror att de känner igen och litar på mig. Jag visste att det inte fanns något att vara rädd för. Jag ville bara ha information, som jag är säker på att Janet också gjorde. Så jag skulle låta "dem" ge vad de kunde.

D: *Varför kan du inte minnas allt?*
J: För mycket.

D: *Jag kan förstå det. Vi vill bara ge Janet information som hon kan förstå vid denna tidpunkt. (Ja) Okej. Kommer Janet att gå ut ur bilen?*
J: Nej. Hon lyftes ur bilen.—Genom taket.
D: *Hur åstadkoms det?*
J: Ljuskroppen.
D: *Inte den fysiska kroppen?*
J: Nej. Dags för henne att veta. Den fysiska kroppen är kvar i bilen. Ljuskroppen är med dem. Gå med oss.
D: *Var togs den?*
J: På skeppet.

De sa att detta inte var första gången detta hade hänt. Hon hade också tagits fysiskt många gånger som barn, men de skulle inte ge några detaljer. De sa att det inte var särskilt viktigt.

D: *Varför tog ni den fysiska kroppen vid de tillfällena?*
J: För att hjälpa till att övervaka henne. Det är inte lätt för henne att vara här. Det är för mycket trauma.—Det är dags att börja nu. Dags att börja hennes process. Dags för henne att minnas nu. För henne att börja sitt verkliga arbete.
D: *Vad hände under de tillfällen hon togs som barn?*
J: Justeringar. I hennes sinne och hennes kropp. Hon var bättre förmögen att förstå. Att acceptera.

Janet kom inte ihåg något av detta medvetet eftersom det skulle ha gjort det svårare för henne att vara här på jorden. Hon hade dock gått med på att komma hit. "Hon ville vara här."

D: *Har Janet haft många liv på jorden?*
J: Nej. Nej. Nej. Nej. Nej, hon arbetade med medvetande i början. Medvetande, och skapandet av medvetande. Fröande, och...
D: *Kan du förklara för henne vad du menar med medvetande?*
J: Fröande—ursprungligt fröande av medvetande på denna planet. I början, och sedan vid flera olika avgörande tidpunkter på jorden. När stora skiftningar inträffar. Stora skiftningar.
D: *Vad menar du med "stora skiftningar"?*
J: Atlantis. En lång tid i Atlantis. Egypten.

D: Varför behövde hon vara här vid de tidpunkterna?
J: Hon gillar att komma vid dessa tidpunkter. Förändringar i filosofi. Avgörande skiftningar är menade att ta planeten i olika riktningar.
D: Så hon hade ingen anledning att komma och leva ett ordinärt liv. Menar du det?
J: Inte riktigt. Nej.
D: Bara när något stort hände? (Ja) Så hon kan välja när hon ville komma?
J: Ja. Det fanns tider hon ville komma, men det var inte bra.
D: Finns det någon som rådger henne, eller berättar för henne när hon ska eller inte ska komma?
J: (Skrattade) Viljestark. Mycket viljestark. (Skratt) Ja. Många. Det finns en grupp. (Skratt)
D: En grupp av fysiska varelser?
J: Åh, nej. Hon arbetar för federationen. Det är medvetandet. Det är hennes specialitet.
D: Kan du förklara för henne vad du menar med federationen?
J: Ja. Världar. Många världar. Skapar nytt liv. Nya världar.
D: Är detta vad hon har varit involverad i? (Ja) Och ibland kommer hon till jorden när tiden är rätt? (Ja) Var är hon resten av tiden?
J: Gör andra saker. Söker nya platser att skapa. Många platser. Många platser.
D: Så när hon inte är i en kropp, arbetar hon med er andra?
J: Era begrepp är begränsade.
D: Det är därför vi försöker lära oss.
J: Vi lär oss. Era begrepp är begränsade. Allt är ett nu-ögonblick. Du kan vara många platser, göra många saker samtidigt. Så att ställa frågor som är linjära... Är hon här, eller är hon där? Hon är överallt. Så, ja. Hon är bara inte här, men hon är överallt. Hon är inte i ert linjära utrymme.
D: Jag börjar förstå många av dessa koncept från andra, och det är fortfarande svårt för våra mänskliga sinnen att förstå detta. (Ja) Så hon är på ett uppdrag medan hon också är där. Menar du det?
J: (Skratt) Ja. Hon tittar på en skärm. Det är vad Det är vad hon gör med jorden.
D: Hon kan se sig själv göra saker på jorden? (Ja) Vad tycker hon om det när hon ser det?
J: Hon gillar det. (Skratt)

D: *Jag vet inte om "varelse" är rätt ord. Men vilken typ av varelse är hon när hon är där?*
J: Hon ser mänsklig ut, en mindre kvinna. Det finns andra manifestationer, men den, ja. Det finns många. Det finns fler än du kan föreställa dig. Så långt din mänskliga hjärna kan gå och gå och gå och gå, och sedan mer, och mer. Alla sätt som Gud kan och sedan mer, och mer. Alla sätt som Gud kan. Vänta. Vi kommer att tolka åt dig.—Du har redan stött på denna upplevelse själv är allt som är.

D: *Men som människor är vi inte medvetna om allt detta.*
J: Ibland är hon det. Ibland. Någon gång då och då, hon kopplar. Inte alltid.

D: *Som regel är vi inte medvetna om de andra delarna av oss själva.*
J: Nej, ingen av er är det. Nej. Nej. Ni kommer att märka att ni blir mer och mer medvetna om andra "ni". Ni kommer att börja integrera mer av vilka ni verkligen är. De andra ni.

D: *Men skulle inte detta vara förvirrande för människan?*
J: För den människa du är idag, ja. Men i det stora hela, ni alla integrerar mer och mer och mer av vilka ni är. Ni känner till er barndom, er ungdom, era andra livstider, era andra erfarenheter, era andra möjligheter.

D: *Men jag tänker att det sätt som den mänskliga hjärnan fungerar på, skulle detta vara väldigt förvirrande. Att veta om andra delar av oss själva?*
J: Det är vad hon gör nu. (Skratt) Det är därför hon blir förvirrad. Hon opererar på multidimensionella nivåer, medveten om andra versioner av sig själv som hon kanske inte är medveten om på ett medvetet plan. Men hon är medveten. Hon kan inte minnas något (Skratt) eftersom hon gör alla dessa saker på olika nivåer. Så hon är på många olika platser och kopplar till olika nivåer av sin existens samtidigt.

D: *Har hon några fysiska förnimmelser när dessa saker händer?*
J: Ibland, ja.

D: *Hur känns det fysiskt, så att hon kan identifiera det?*
J: Vänta. Vi ska tolka åt dig.—Du har redan stött på detta med andra, där de inte kan minnas från ett ögonblick till nästa. Det som de just registrerade i minnet existerar inte längre. (Skratt) Från ett ögonblick till nästa är det minnet borta. Så du känner till detta.

D: Menar du det vi kallar vårt korttidsminne? (Ja, ja.) Vad händer vid de tillfällena?
J: Det är att operera på andra dimensioner och nivåer. Många av er upplever detta. Ni kan inte hålla fast vid många saker nuförtiden. Småsaker. Ni behöver uppleva mer balans.

Detta rapporterades också i The Custodians, som att gå in i ett rum för att hämta något och sedan inte komma ihåg varför man gick in där. Efter några förvirrade ögonblick kan minnet ibland snabbt återvända, med ett: "Åh, ja!" De sade då att man redan hade gått till en annan dimension och återvänt, precis så snabbt.

D: Men om vi återgår till natten då hennes ljuskropp togs upp. Varför hände det?
J: Det var dags för henne att minnas nu. Det var första gången hon hade brutit sig loss från sin man. Första gången hon någonsin vågade sig iväg. Första gången hon hade rört sig bort från sin besatthet av honom. Hon var rädd för att någonsin lämna. Det var den perfekta tiden. Det var dags för henne att minnas att det fanns något mer. Så vi hade ett möte den natten. Och det var en början.

D: Och det var bara för henne och inte barnen.
J: Barnen har sina egna upplevelser. Hennes son, definitivt. Hennes dotter var rädd, men hennes dotter, mycket mer än hon vet, är också väldigt kraftfull. Detta var för Janet. Det var ett uppvaknande. Hon trodde att hennes liv var över. Det var det inte. Och periodvis har vi varit tvungna att ingripa med henne eftersom hon blir förkrossad. Detta är problemet med att hon inte har haft många jordeliv.

D: Och du sa att hon vid andra tillfällen togs för fysiska justeringar?
J: Vissa fysiska, vissa emotionella.

D: Finns det en anledning till det?
J: Hon är nära gränsen för den fysiska upplevelsen.

D: Även som barn?
J: Ja. Som barn var det förödande. Enorm ensamhet och missbruk. Det behövdes justeringar för att hålla henne tillräckligt balanserad för att kunna fungera fysiskt.

D: *Janet tror att hon har kommunicerat med ET:s, och jag har funnit att vår förståelse av ET:s är väldigt begränsad. Kan du förklara vem hon kommunicerar med när hon gör sitt arbete?*

J: Hon arbetar med många olika raser och på många olika nivåer. Och de samarbetar alla. Vissa är bara en ljusstråle. Vissa är de fysiska kroppstyperna som ni förväntar er, med olika typer av fysiska kroppar. Och sedan finns det andra, vissa är bara medvetande. Vissa är bara ljus. Vissa är allt.

D: *Och jag har talat med nästan alla av dem.*

J: Precis. Förstår du?

D: *Jag tror att människor inte är vana vid att tänka på multi-dimensionellt. Vi tänker på ET:s och rymdskepp och fysiska saker.*

J: Vad är multi-dimensionellt? Multi-dimensionellt är en varelse som är medveten om alla sina livstider samtidigt: det förflutna, nuet och framtiden. En varelse kan vara många varelser samtidigt. Det är vad ni alla är. Ni är bara inte medvetna om er multi-dimensionalitet. Ni är bara medvetna om er själva.

D: *För det skulle vara för mycket för oss att ta in, om vi blev medvetna om allt.*

J: För tillfället. Ni skulle kunna det i framtiden. Nu innebär det att en varelse kan vara många olika saker. Så om du kan föreställa dig—låt mig säga detta till dig. Du skulle kunna ha många, många livstider där ute, alla interagerande med det du som existerar nu. Skulle du inte?

D: *Men vi är inte medvetna om varandra.*

J: Nej. Inte ännu.

D: *Under sessionerna berättar fler och fler människor, när de är i detta tillstånd—eller så berättar du för mig—att tidigare liv inte längre är viktiga. Det är inte längre viktigt att minnas vem de var.*

J: Tja, påverkan från de andra liven är inte lika stark nu. Den minskar. Människor vaknar ur drömmen. Ur illusionen. Ur påverkan, mer in i den kosmiska familjen.

D: *Vad menar du med "Vaknar ur drömmen"?*

J: Ur illusionen av separation. Ur illusionen av att leva i en bubbla av biologi på er planet och inget annat. De påverkan är inte lika starka. Er DNA öppnas. Er RNA öppnas.

D: *Vi är så vana vid att tänka att tidigare liv påverkar nuvarande liv.*

DE TRE VÅGORNA AV VOLONTÄRER OCH DEN NYA JORDEN

J: I en linjär konstruktion är det sant, men ni fungerar inte längre i den linjära konstruktionen som ni brukade. Ni går in i en annan dimension, vilket skulle innebära att påverkan från den linjära konstruktionen inte skulle vara lika stark.

D: *Jag får fortfarande vissa klienter som jag måste arbeta med på den nivån.*

J: Ja. Och om de fortfarande fungerar inom den linjära funktionen, då skulle du det. De har bara inte "slått på" ännu. Det är okej.

D: *Alla är där de ska vara.*

J: Precis. Inte alla behöver vara på samma plats. Var skulle all variation finnas? Det skulle inte vara lika roligt.

D: *Det är sant. Därför måste jag arbeta med var och en på den punkt de befinner sig.*

J: Precis.

D: *Jag har också fått höra att karma är annorlunda nu. Är det korrekt?*

J: Absolut. Vid denna tidpunkt, vid denna tidpunkt, är karma ett val. Gå in, gå ut. Det finns de som fortfarande väljer att gå in i karma.

D: *Fastnar?*

J: Absolut. Titta runt på er planet.

D: *Det är vad jag har fått höra, det är som klibbig flugpapper.*

J: Det är helt korrekt. Och de fastnar om de väljer det.

D: *Vad hände med Janet 1996 när hon sa att hon såg sig själv dö? Hon hade en massiv infektion. Och hon såg sig själv falla ihop på golvet. Jag antar att hon var utanför kroppen. Vad hände vid den tidpunkten?*

J: Hon dog.

D: *(Det var en överraskning.) Orsakat av infektionen eller något annat?*

J: Ja. Hon förlorade hoppet. Hon såg inte sin roll på jorden. Hon älskar för djupt, och det kan vara väldigt skadligt. Så justeringar gjordes. Saker reparerades. Men detta påverkade hennes medvetna minne, och hon förlorade mycket av sitt medvetna minne.

DE TRE VÅGORNA AV VOLONTÄRER OCH DEN NYA JORDEN

D: *Dog hon faktiskt den dagen? (Ja) Kom hon omedelbart tillbaka till kroppen efter att justeringarna gjordes?*
J: Nej, det gjorde hon inte. Medvetandet kom inte helt tillbaka förrän nästan 36 månader senare.
D: *Jag trodde att om kroppen dog, så måste hon återvända till den för att hålla den vid liv.*
J: Hon togs om hand. Men hon kunde inte—okej. Vi ska förklara det för dig på detta sätt. Det fanns tillräckligt av henne där för att fungera på en mycket låg nivå. Men under den perioden, under integrationen som ägde rum, kom mer av henne in, om man så vill, mer av hennes högre jag, mer av helheten av vem hon är. Förstår du det? Hon var omedveten om detta, även om hon på någon nivå hade viss förståelse, men inte riktigt. Vänta lite. Vänta lite. Ja. Hon tilläts inte uppleva det vita ljusfenomenet som människor upplever. Det minnet frigjordes. Hon skulle inte ha kommit tillbaka annars.

Jag har haft andra fall där personen hade en nära-döden-upplevelse (NDU) och kom tillbaka med antingen inget minne eller delvis minne av vad som hände. Det har beskrivits som så vackert, fridfullt och perfekt på andesidan, att om de hade haft fullt minne av det, skulle de inte vilja återvända till detta kaotiska liv.

D: *Med andra ord, kan kroppen förbli vid liv utan att hela själen, anden, är i den?*
J: Det skedde en sammansmältning med hennes själ. En starkare sammansmältning med hennes själ som höll henne varm där. Sammansmältningen med hennes själ var inte stark nog på grund av skadorna hon hade upplevt. Inte bara de fysiska skadorna från sjukdomen, utan även de emotionella skadorna. Återigen, hon är annorlunda eftersom hon har svårt att vara här. Själens skador är mycket djupa. Nu skedde en vitaliseringsprocess, baserad på den sammansmältningen med hennes själ, som ägde rum under de där 36 månaderna, som inte återförde mer av vem den här personen är. Under den tiden kunde hon inte fungera som den människa hon varit innan. Förstår du?

Jag förstod egentligen inte, men lät dem förklara så gott de kunde.

J: Och även under denna senaste tvåårsperiod, för att allt detta skulle kunna ske, finns det en process där hon har konflikter mellan det medvetna tillståndet och de andra sakerna som pågår på de multidimensionella nivåerna. Där det är svårt för henne att integrera, och därför har hon de personlighetsbrister som hon ser—och hon kallar dem "brister".

I Convoluted Universe, Book två, fanns det två andra fall där personen i princip dog, och den största delen av själen var inte i kroppen under en lång period. I båda fallen tog det ganska lång tid innan hela själen återvände och kroppen fungerade normalt igen. Personen beskrev det som en känsla av att sömngå eller leva i en dröm. De hade svårt att relatera till sin fysiska omgivning. Andra runt dem märkte också tydligt att något inte var normalt.

J: Vi skulle säga detta till dig. Det finns de av er som möts i drömtillståndet och som är mycket mer involverade i de arrangemang som sker på denna planet än ni har någon aning om vid denna tidpunkt. Det finns de av er som för fram specifik information till formen. Vi skulle också säga att det finns de av er som för vidare sanningen. Som för fram den sanningen utan dolda motiv, utan förvrängning. Och därför, de av er som kommer tillsammans som är av den typen, som är av den naturen, känner varandra mer än ni vet.

Avslutande meddelande: Vi skulle säga till henne att ha mycket tro och tillit till allt hon gör. Att gå framåt med samma nivå av engagemang. Att allt hon behöver kommer att finnas där precis när hon behöver det. Vi skulle säga samma sak till dig. Ni som agerar som en bro på denna planet är mycket älskade. Detta innebär inte att andra inte är älskade. Vi skulle säga till dig, du utför en stor tjänst på planeten. Och det finns många som älskar och uppskattar dig. Var tydlig med dina intentioner. Kan inte misslyckas.

EN ANNAN FALL

JAG HADE ETT annat fall som involverade ET:er, där en kvinna hade sett ljusa ljus och ville veta mer om dem. Hon älskade att vara runt havet, och hon älskade särskilt att simma med delfiner. Hon bodde i Hawaii ett tag, och det var vad hon gjorde där. Nu bor hon i Kalifornien, fortfarande vid vattnet.

"De" sa att ET:erna är i kommunikation med henne, men hon inser inte det eftersom de framträder för henne som delfiner. När de simmar gör de många saker med henne som hon inte är medveten om. En av de sakerna skulle vara borttagning av implantat. Jag sa till dem att jag hade hört att implantaten inte är negativa. De finns i kroppen av en anledning. Och de sa, ja, de tjänar ett syfte. Och när deras syfte har uppfyllts, måste de tas bort. Du behöver dem inte längre. Men delfinerna sände också information till henne. Så jag skulle aldrig ta klienten direkt in i den misstänkta händelsen. Jag har alltid sett till att olika saker händer när hon bara tror att hon simmar med delfinerna. De framträdde för henne på det sättet eftersom hon också var av delfinenergien, och de kände sig bekväma med henne. Hon hade kommit från vattenplaneten, och många av själsgruppen av delfinerna hade sitt ursprung från vattenplaneten. Hon hade minnen av den platsen, och det var därför hon var attraherad av vattnet. Det fick henne att må väldigt bra att återuppleva dessa minnen. Därför presenterade ET:erna sig för henne som delfiner, så att hon inte skulle bli rädd och vara mycket accepterande, så att de kunde utföra arbetet med henne. Återigen, allt är inte alltid vad vi tror att det är.

KAPITEL ARTON
ANPASSNINGAR

JANICE VAR EN socialarbetare, lyckligt gift med tre barn. Hon kom till mitt kontor med huvudfrågan om huruvida hon hade haft en UFO-upplevelse. Hennes enda minne var den konstiga känslan av att gå genom taket i sitt sovrum. Även om hon inte kunde minnas något annat, hade hon en känsla av att något fysiskt hade gjorts mot henne, och hon uppfattade det som negativt. Hon trodde att det kunde ha något att göra med implantat. Det har funnits så mycket negativ information som cirkulerar inom UFO-fältet att folk tror att implantat är något att frukta. Jag berättar aldrig för personen vad jag har upptäckt i mitt arbete eftersom jag inte vill påverka dem. Jag föredrar att de hittar sin egen information.

När jag utforskar saker som har inträffat i deras nuvarande liv, tar jag aldrig direkt klienten in i den misstänkta händelsen. Jag får alltid klienten att gå in i denna typ av scen innan den inträffade, så att vi kan närma oss den från det hållet, och sedan kommer de inte att motstå. Annars är de rädda för att de ska uppleva något traumatiskt eftersom de inte minns det helt och sinnet har skapat rädsla. Jag kallar detta för "bakdörrsansatsen." Då kan de smyga sig in i den faktiska upplevelsen utan att inse vad jag gör. Rädsla är den starkaste känslan en människa upplever. Så om något händer som de inte helt förstår, för med sig rädsla som förvränger och färgar minnet. Jag har funnit detta inträffa många gånger, att berättelsen som berättas under hypnos är annorlunda än den som personen medvetet minns. Ändå ger det mer mening och kan hanteras utan rädsla och förvrängning. Mitt huvudmål är att inte störa deras liv.

När Janice väl var i trans, tog jag henne tillbaka till datumet: 24 augusti 1995 (som hon hade registrerat), och fick henne att komma ner i sitt sovrum den natten. Hon beskrev rummet och sa att hon låg i sängen och läste (vilket var hennes normala vana). Hon kunde höra sina barn nere. Efter en stund lade hon tidningen på golvet bredvid sängen, släckte lampan och somnade.

Då frågade jag om hon sov hela natten. Hon svarade: "Det finns ett ljus eller något. Något är annorlunda. Vad är det? — Jag tror att det finns ett ljus eller något vid frontfönstret. Det är inte riktigt klart. Det är inte något jag någonsin har lagt märke till förut. — Det är som en del av mig känner till den här historien, men det händer inte som jag minns det. — Nu tror jag att ljuset lyfter mig! Under mig lyfter mig! Jag försöker lista ut vad som händer. Jag känner mig lättare. — Jag blir lyft ur sängen. Jag kan titta ner och se golvet bredvid sängen, men det verkar som om det är längre bort. Vänta ett ögonblick! Jag åker upp eller något åker upp. Jag känner mig inte så mycket som jag åker upp som jag ser ner och sakerna inte är så nära som de var. — Jag åker upp någonstans. — Jag är uppe på taket nu. Jag vet inte vad som pågår. Jag vet inte vart jag ska. Jag är högre… högre… åker upp högre. Mitt hus blir längre bort." (Otroligt) "Jag kan inte bara resa ensam i rymden."

D: *Är du ensam?*
J: Jag tror att jag kanske är i en bubbla eller något. Jag känner det inte riktigt. Jag har bara känslan av något runt mig. Jag är i den här riktigt lilla saken. Det ser ut som en bubbla eller något. Den svävar uppåt i en vinkel, men den går bort från huset.

D: *Kan du se vart du svävar?*
J: Jag åker upp i ljuset där. Jag känner inte mina fötter eller något. Jag känner bara att jag svävar.

D: *Kan du se vart du är på väg?*
J: Nej. Jag ser inte. Jag tror att det är något som förenas med oss; det finns något som öppnas. Det är som att en ramp kom ner och jag går upp dit där denna ramp är. Jag tror att det är på ett skepp eller något, men jag kan inte se hela skeppet. Det är som något har öppnat sig och det kom ner. — Jag känner fortfarande att jag är i någon typ av bubbla. Det håller mig säker eller skyddar mig, transporterar mig. Jag svävar i denna sak.

D: *Vad händer härnäst?*
J: Det verkar bli ljusare… något blir ljusare. En ljusning inne i denna plats jag kommer till. Det är som från ett mörkare utrymme till ett ljusare utrymme.

Hon var förvirrad och hade svårt att beskriva vad hon såg. Hon såg en skugga eller kontur av en lång personliknande sak. Sedan insåg hon att hon inte längre var i bubblan eftersom hon gick. "Var är jag? Vart är jag på väg? — Det är bara en korridor. Det är inte särskilt bred. Jag ser ingen, men jag hörde dem säga att jag går in i ett rum med andra människor. Jag såg precis en blixt av något. Det ser inte mänskligt ut. Jag kan inte se dem nu. Var är de? Det finns aktivitet på gång och det finns olika typer av former. Jag känner bara att jag inte är någonstans. Jag fick en blixt av andra skuggor, andra väsen, men nu... någon typ av mörkt rum och jag tror att det finns stjärnor utanför. Men det är natt och det finns något glas, mörka fönster på sidorna. Jag tror att det finns något som kör vad den här saken är."

Jag frågade om det fanns någon i närheten som kunde svara på våra frågor och förklara detta för henne. "Någon säger till mig att jag inte får ställa frågor. Jag hör: 'Du behöver inte veta.' — Något är för omfattande. De säger något eller information är för omfattande... bortom förståelse. — Vad är detta? Jag hör detta i mitt huvud men jag vet inte var det kommer ifrån. — Något om att vara en liten kugge i hjulet. Som jag är mer viktig än en liten kugge, men jag måste vara en del av något; en del av något större." Informationen kom långsamt och stötvis i bitar. "Jag ser en kvinnlig typ av väsen. Jag hör: 'skydd.' Hon är skydd. Det är som ett skydd av förnuft, som balans. Vår familj har en plan. Det har något att göra med universell medvetenhet. Det är en del av universum. — Jag får information som jag inte förstår. Det är menat att trigga något."

D: Något som Janice inte vet medvetet?
J: Jag hör: "Ja, förstås." Det är en förkortning. Det är som anagram eller något. Det är ett sätt att organisera tankar... av tänkande. Det är en matematisk formel. Det är ett sätt att träna hennes sinne för att ta emot information. Det är en öppning. Det är som en passage. Det rensar, en formel. Det är som en pyramid.

Jag bad om en tydligare förklaring.

J: Det finns en vidsträckthet eller en passage eller en avsmalning för att föra informationen genom för att samla in informationen, fordonet. Det är inte klart.

D: *Är detta första gången detta har hänt, den natten? Eller hade det hänt tidigare för Janice?*

Nu bytte rösten, och jag visste att vi hade kontakt med något som kunde ge mer information utan Janices medvetna sinnesförvirring.

J: Informationen har kommit hela hennes liv.
D: *Var det något med den natten som utlöste detta?*
J: Hennes läsande och nyfikenhet, att be om information och en önskan att veta.
D: *Det utlöste en annan typ av händelse den natten?*
J: Hon togs till Källan som en gåva.
D: *Hon mindes det som en faktisk fysisk upplevelse, gjorde hon inte?*
J: Det var en fysisk upplevelse.
D: *Gick hon i sin fysiska kropp?*
J: Ja, hon togs i sin fysiska kropp. Det var en chockerande upplevelse med en öppning som varnade henne. Det bröt ett skal som skyddade henne. Tvingade saker till insikt, bröt den gamla tankesättet. Som att hon var redo att tryckas ut ur boet.
D: *Var detta en verklig fysisk plats som hon gick till?*
J: Det var ett skepp. Hon har gått till skepp.
D: *Hon trodde att något fysiskt hade gjorts mot henne den natten på skeppet. Var det?*
J: Ja, det var en del av det. Hon vet att hon är mamma till många. En nödvändig del av en större plan. Hennes fysiska material används för en större plan.
D: *Mamma till många. Vad menade du med det?*
J: Hennes fysiska delar användes som en del av en större plan. Hon vill hjälpa. Hon tillhandahåller en tjänst. De kan hjälpa andra kulturer, andra civilisationer. Hennes gener och DNA blandas kemiskt eller förstärks eller hjälps på något sätt... en del av ett större projekt och något som hon har gått med på. Hon gick med på att göra detta. Vi skulle inte göra detta om hon inte hade gått med på det.
D: *Det är vad jag har hört; ni gör det inte utan tillstånd, eller hur?*
J: Nej, det är något hon har gått med på tidigare.
D: *När gick hon med på det?*

J: I tidigare liv har detta pågått. Detta är inte första livet hon har varit involverad i detta.

D: *Vad hände i de andra livstiderna?*

J: Det var liknande. Vad som behövdes togs från henne som överenskommet. Hon bidrar på detta sätt. Det är precis som när hon ger blod i detta liv för att hjälpa. Hon ger delar som behövs för att hjälpa andra i universum, hennes egen kultur, hennes egen civilisation.

D: *Varför skulle dessa andra kulturer, civilisationer och andra universer behöva hennes gener?*

J: Vissa dör. Vissa är sjuka. Vissa experimenterar. Vissa förstärker de många användningarna. Det finns en vidsträckthet till detta projekt som är svårt att förklara... större.

D: *Men hon gick verkligen med på detta i andra livstider. Hon har bara fortsatt med det avtalet?*

J: Ja, och i andra livstider har hon varit en del av vetenskapen som gör dessa saker. Hon har varit på båda sidor av det. Hon har bidragit, och tagit och varit involverad i det på olika nivåer.

D: *Så i detta liv har hon gått med på att vara på denna sida av det.*

J: Ja, det stämmer.

D: *Varför började dessa minnen plötsligt dyka upp nu?*

J: Hon har bett. Hon vill veta varför hon är här, alla frågor. Det var okej att väcka henne till en grad.

D: *För när du är i den fysiska kroppen kan du inte veta allt, eller hur? Det skulle vara för komplicerat.*

J: Ja. Och hon vet inte allt.

D: *Hon är bättre med det sättet, annars skulle hon inte kunna fungera i denna värld, eller hur?*

J: Ibland vill hon inte fungera i denna värld. Hon känner sig inte lycklig här alls.

D: *Hon har ett bra liv; en man och barn. Hon har sitt arbete.*

J: Det verkar inte vara tillräckligt för henne. Det är inte tillfredsställande för henne. Hon går igenom rörelserna, men hon letar efter mer mening.

D: *Så detta är anledningen till att detta tillåts nu, så att hon kan få lite information, någon förklaring?*

J: Det ger henne en känsla av att vara mer än hon var; en känsla av att vara en del av något större. Hon är involverad i att göra något som en del av henne inte förstår, men det har gett henne en viss grad av mer betydelse.

D: *Många människor är involverade i dessa projekt, eller hur? (Ja) Många av dem tror att något negativt händer.*

J: Som hon gjorde i början.

D: *De vet inte riktigt vad som pågår.*

J: De flesta vet inte. Vissa vet.

D: *Hon sa att hon kände att något hade placerats i hennes näsa. Kan du berätta för henne om det?*

J: Något för kommunikation... något för balans. Det här verktyget var för att hjälpa henne såväl som oss. Det var för kommunikation och balans, och för att dra in något... energi, också... som en processor. Som en mikroprocessor i en dator. Det är vad jag hör... mikroprocessor. Jag tror att de studerar känslor och emotioner som det tillämpas på henne.

D: *Varför vill de studera känslor och emotioner?*

J: Det har att göra med mänsklig progression. Det finns en accelerering som pågår. Vissa människor har inte lika mycket tolerans som andra för detta. Vissa är mer känsliga för det och det finns detta behov att förstå bättre vad som händer.

Det lät som de hänvisade till den kommande förändringen och accelereringen av vibrationer och frekvenser.

D: *Hur den mänskliga kroppen justerar sig?*

J: Det är mer än kroppen. Det är mentalt och emotionellt. Ta emot förändringarna och bli mer känslig.

D: *Jag har blivit informerad om att vi blir mer känsliga för de förändrade energierna. Är det vad du menar?*

J: Ja, likaså förändrar de flesta, accelererar, går framåt. Vissa har mer svårigheter med detta, så denna kommunikation och balans är ett sätt att förstå från ett annat perspektiv hur det påverkar människor. Det är en monitor, men det är också en uppfinnare och en slags förstärkare, stabilisator. Balans för människor som är involverade, så det bidrar och hjälper samtidigt. Bidrar till kunskap och hjälper också personen att justera sig när de ser progressionen och balanserar ut den. — Det finns mycket lärande på gång med denna progression som involverar många, många civilisationer före

DE TRE VÅGORNA AV VOLONTÄRER OCH DEN NYA JORDEN

människorna, men progression är inte en konstant. Det är inte alltid detsamma för alla. Det finns variabler och frågor som kan uppstå så de övervakar, assisterar och balanserar justeringar. Mycket hjälp behövs i vissa fall.

D: *Eftersom det skulle finnas variabler även inom civilisationer. Alla människor skulle vara olika. Är det vad du menar? (Ja) Kontrollerar ni också att sinnet inte skadas av denna förändring av vibrationerna? Är det en del av övervakningsprocessen?*

J: Sinnet växer... expansionsprocessen, det kan finnas blockeringar, trassel. Så mycket av detta handlar om känslor. Människors livserfarenheter, om de har varit missbrukande, negativa, känslomässigt berövade, snedvridna... jag vet inte orden.

Det händer ofta att SC eller ET:erna inte kan hitta de rätta orden. Detta beror huvudsakligen på att de arbetar mer på en mental kommunikationsnivå. Jag säger alltid till dem att göra sitt bästa.

J: Det är svårare för vissa av dessa människor med expansion när det finns så mycket känslor inblandade i allt. All deras inlärning, rädslor, och det finns bara så mycket.

D: *Finns det några människor som kommer att vara oförmögna att anpassa sig till detta på grund av sina sinnen och känslor?*

J: Ja, du har sett detta nu under en tid. Det finns så mycket ilska och våld som bryter ut och det är självförstörande, självmord; det är bara självdestruktivt. Ja, vissa kommer inte att gå vidare på samma sätt. De kan inte anpassa sig eller pressa sig igenom. Det finns bara så mycket som håller dem tillbaka, blockerar dem så att det är som en trasslig massa av kablar. Det ser ut som om det inte är en klar mental sak när du har känslor som trasslar sig genom allt, som stör. Känslor orsakar problem för många. — Alla får energi till sina system. Det handlar om den grad de kan acceptera den och bearbeta den och expandera med den. En klar slang eller tunnel, passagevägen är klar, mer kan flöda genom den och det kan bli bättre om det inte finns några blockeringar i energisystemet. Det kan inte göra vad som är avsett. Vår hjälp tillhandahålls och assistans är tillgänglig, men det är fortfarande upp till personen.

D: *Så det är en individuell sak. Alla kommer att reagera olika.*

J: I viss grad, ja.

Sedan, efter en paus, verkade det som om kopplingen bröts. Ingen mer information kom fram. Jag bad om ett avskedsmeddelande: "Vad jag hör är att resa och uppleva. Ge dig ut på egen hand och var inte rädd. Utforska, var kreativ, lyssna på intuitionen. — Hon vet resten."

KAPITEL NITTON
ET-VOLONTÄR

MIRIAM TRODDE ATT hon hade haft en UFO-upplevelse, men var osäker på om det var ett minne eller en dröm. Detta var det enda hon ville utforska under vår session. Jag tog henne tillbaka till det misstänkta datumet och bad henne komma ner i sitt sovrum den natten. När jag frågade henne vad hon såg, dröjde hon och verkade förvirrad. "Jag vet inte var jag är. Jag ser inget. Det känns inte som mitt hus."

D: *Hur känns det?*
M: Jag känner att det är mycket tryck på min kropp. Trycket är från diafragman till hakan. Det känns riktigt tungt.

Jag gav förslag om att det inte skulle störa henne och att hon kunde prata om det.

M: Det känns som att trycket är i mitten av kroppen, men nu sprider det sig över hela min kropp. Hela kroppen är tung. Det är i mina händer och det är i bröstområdet. Det nästan bränner. Det är tungt. Det är annorlunda och ovanligt, men jag ser inget.

Jag gav instruktioner om att hon skulle bli mer medveten och att när hon pratade om det skulle det bli tydligare.

M: Det känns som att jag kanske är inne i en behållare och att det sätter tryck på min kropp. Det sätter tryck från midjan och uppåt, men inte från midjan och neråt. Men jag ser inget eller hör inget.

Vad det än var, så var det solitt eftersom hon inte kunde se ut ur det. "Jag är mycket tung. Jag kan inte riktigt lista ut vad detta är." Jag försökte flytta henne bakåt till innan hon var i denna behållare, men hon hade fortfarande samma känslor. Sedan tänkte jag att jag skulle flytta henne framåt till där hon inte längre var inne i vad det än var.

Hon skulle inte längre ha de obekväma känslorna och kunna se vad det var.

D: *Vad var du inne i?*
M: Det ser ut som en låda av rostfritt stål. Det är inte rostfritt stål, men det är som ett slags rostfritt stål-kompression. Som en behållare, en metallåda i storlek med en audiometrisk plats där man bara ligger ner. Det är som en cylinder, och jag ligger bara där och min kropp jämnas ut på något sätt. Det är allt metall.—Jag vet inte hur jag kom in där. (Förvirrad) Jag känner att det jämnar ut min bröstkorg. Jag känner att det har att göra med energi som är av en hälsosam natur. Det är en bra energi... en helande energi. Det var inte så bekvämt. Jag var medveten om det eftersom det inte fanns något annat att se. Det gjorde inte ont. Och det jämnade ut energin i min kropp, balanserade den. Enkelt uttryckt, det var ur balans. Och jag vet inte varför, men jag fick denna behandling.

D: *Nåväl, du kommer att veta varför. Det kommer till dig.*
M: Jag ville ha det. Jag minns det. Jag fick den behandlingen av de där små människorna utan intresse. De är verkligen inte särskilt känslomässiga. De gör bara sitt. Och jag vet inte varför jag gjorde det, men min kropp var ur balans.

D: *Kan du se dessa små varelser?*
M: Jag ser dem, men de kommunicerar inte riktigt. De gör bara en uppgift.

Jag trodde att hon hänvisade till de typiska "små grå," som är inget annat än biologiska robotar som gör sina jobb utan känslor eller intresse. Men när hon försökte beskriva dem var det svårt eftersom det inte liknade något hon någonsin hade sett förut. Det lät definitivt inte som någon typisk ET från filmer eller litteratur. De var som en korsning mellan en lång, smal figur med djurliknande egenskaper. "Jag ser dem inte klart. Kanske vill jag inte se dem. De ser konstiga ut. Jag har aldrig sett något liknande i mitt liv, i en bok, i mina drömmar. De är inte mänskliga pratiga människor. Låt oss säga så här. De gör bara sitt, deras jobb. De verkar mer vara där för att observera. Men de ser verkligen nyfikna ut. De ser mer ut som djur för mig. Mer som djurhud utan päls, nästan en musfärg. De ser inte ut som om de har någon rädsla. Mycket konstigt."

DE TRE VÅGORNA AV VOLONTÄRER OCH DEN NYA JORDEN

Eftersom det störde henne bad jag henne att fokusera på rummet. "Lådan är mycket klinisk, och mitt emot mig finns dörrar, som skåp. Och bortom lådan... jag vet inte... ser ut som en stor maskin. Jag har ingen aning. Det verkar väldigt komplext.—Rummet... jag är inte bra på yards och fötter, men kanske... fyrtio gånger fyrtio fot."

D: *Hur kom du in i den behållaren? Om du inte minns kan du fråga dem och de kan berätta för dig. Säg bara att vi är nyfikna.*

M: Tydligen är min kropp fortfarande i min säng, och det jag vet som den eteriska kroppen som håller den fysiska kroppen bra, sattes i behållaren. De behövde inte ta den fysiska. Om jag tar detta tillbaka och sätter denna del i det fysiska, kommer det att hela det fysiska. Det är vad de gjorde med mig.

D: *Vad är denna plats där du är? Kan de berätta för dig?*

M: Det verkar som om det var precis nära mitt hus. (Förvirrad) Vad de sa är att de håller koll på människor för att upprätthålla en bra fysisk kropp, och de bara tar människor hit. Det här är som en liten scoutklinik eller något, en mobil klinik. Några av de människor de övervakar, om de ser problem, kommer de att rätta till det med denna lilla scoutmobil. Och de sätter in den energibalansen i det fysiska och gör det för vissa människor. Det är bara en rutinakt. Människor de känner eller håller koll på, men vi ser inte ut som de gör. Jag ser inte ut som de gör.

D: *Är denna plats i luften eller på marken eller vad?*

M: Den är i luften.

D: *Så de kan ta din eteriska kropp dit. Är detta första gången de har gjort detta?*

M: De har gjort det förut. De gjorde det när jag var sjuk. Jag hade reumatisk feber och de tog mig. Jag var liten. Jag var sex år. Jag var sjuk... riktigt sjuk.

D: *Vad gjorde de vid det tillfället?*

M: De gjorde samma sak. De satte mig i en låda. De satte mig i den cylindern och balanserade—inte balanserade—utrotade problemet. Och sedan satte de den energin tillbaka i min kropp. De tog inte den fysiska kroppen.

D: *De kan fixa det utan att ta den. De höll dig från att bli sjukare. Det är mycket bra. De tar hand om dig.*

M: Jag antar det.

D: *Varför håller de koll på dig?*
M: (Förvånad) Åh, pojke! De sa att jag var—åh, min! De sa att jag var en av dem! (Tvivlande) Jag vet inte om att vara en av dem. Åh, min! De är verkligen konstiga. De kan inte ses här på jorden nu. De är mycket konstiga. De kunde inte ses.
D: *De är rädda att de skulle skrämma människor?*
M: Ja, det skulle de! (Sakligt) Och jag brukade känna dem, men eftersom de inte kan komma, hur kom jag någonsin in i detta? Jag är inte "de", men jag var. Jag var där under många livstider. De håller fortfarande koll på mig. Hjälp mig för att de vill hjälpa här på denna planet, och de kan inte och därför hjälper de mig.
D: *Om de försökte hjälpa direkt skulle det skrämma människor?*
M: Åh, det skulle!
D: *Så de måste ha människor för att göra arbetet? (Ja) Men du sa att du var en av dem. Menade du i ett annat liv?*
M: Ja. Jag var där under många livstider. Jag var där de bor... deras planet... deras bas. De visar mig. Vad jag ser är... det är inte så färgglatt. Det är slags grått som dem. Men de är mycket, mycket välvilliga. De är mycket snälla. De är mycket intelligenta. De är mycket effektiva, mycket organiserade. Men de är inte känslomässiga och de har inte mycket färg. De har inte mycket färg på sin planet heller, i sina hus, i sina arkitektur. De har byggnader som ser nästan metalliska ut. Det är en civilisation, och byggnaderna är i vinklar istället för cirklar eller rektanglar eller kvadrater. Det är slags på lut... höga och saker på lut. Vi bygger inte så.
D: *Var du lycklig där?*
M: Lycklig? Jag vet inte. Var jag lycklig? Jag var mycket trygg och skyddad.

Detta gav mening eftersom hon sa att de inte verkade ha mycket känslor. Jag ville veta mer om varelserna själva. Jag kommer att parafrasera hennes svar: De kan ha varit sexuella varelser eftersom hon såg manliga och kvinnliga. Hon såg inte barn, men de kan ha varit någon annanstans. De hade ett matsmältningssystem och åt något som en pasta som var beredd av ljus och solen, men "det var inte en härlig upplevelse att äta. De äter bara för att äta, för att upprätthålla sig själva, eftersom maten inte var viktig."

D: Det låter som en bra plats. Varför beslutade du att lämna därifrån?
M: Jag ville ha äventyr. Det var för mycket av samma sak. Jag behövde gå.
D: Behövde kroppen dö för att du skulle kunna gå?
M: Ordet jag vill använda är "discorporera." Discorporera. Det bara är inte mer.
D: Då hur visste du vart du skulle gå?
M: Därifrån hade jag sett bilder av denna planet Jorden. Det fanns många alternativ, men Jorden är så färgglad och så intressant och så livfull. Jag valde Jorden för den har allt: äventyr, färg, variation, känslor.
D: Behövde du få tillstånd för att göra det?
M: Det fick jag, men det var helt och hållet överenskommet. Det var bara helt och hållet acceptabelt.
D: Hur kommer du till Jorden? Berätta för mig vad som händer, processen.
M: Kroppen är borta. Kroppen upplöstes på den andra platsen, och detta... det påminner mig lite om en "hållningsstation." Det är som om du är en skådespelare i en film eller på en scen. Du måste förbereda dina repliker. Du måste förbereda vad den karaktären ska vara. Jag vill försäkra mig om att detta är karaktären, vad du vill göra. Det finns en lämplig period, och om du fortfarande vill göra det, avancerar du till nästa nivå. Om det verkligen är vad du vill göra, så finslipar du det. Var vill du bo? Vad vill du uppleva? Vad vill du vinna? Och sedan fortsätter du att finslipa det tills de som är i "hållningsområdet" bestämmer, med ditt samtycke, att detta är dit du ska. Och sedan går du igenom att födas.
D: Hur var det?
M: Jag vet inte. Jag bestämde mig för att inte gå in i den kroppen förrän kroppen var redo... tills födelsen hade skett.
D: Det är en bra idé.
M: Det tyckte jag också.
D: Vad hände sedan?
M: Jag ser några glimtar av liv... senaste liv... intressanta.
D: Förutom livstiden för Miriam?
M: Ja. Senaste som i Wien där jag var mycket rik... mycket berömd... mycket hög samhällsklass. Jag är på något som en terrass, där man

äter utanför en restaurang. Jag är kvinna. Jag har allt jag kan tänka mig, och jag hatar mitt liv.

D: *Åh? Varför hatar du det?*

M: Jag vill ha äventyr. Jag har färg. Jag har stil. Jag vill ha äventyr, och jag måste vara proper och korrekt. Och bära hattar och tio lager kläder och strutta runt som den mest gloriosa... och jag hatar det.

D: *(Skratt) Du kom inte hit för det, eller hur?*

M: Nåväl, det var känslor och det var glamour och det var stil. Jag hade inte äventyr. Jag var tvungen att vara så protokollorienterad. Jag såg också glimtar av ett annat liv. Därifrån gick jag från Boston för att ta äventyr över hela landet till ett nytt liv i väster. Jag är kvinna igen, och det finns ingen glamour och det finns ingen färg och det finns ingen musik och ingen berömmelse och rikedom och pengar. Det är allt äventyr!

D: *Det är motsatsen till det andra livet?*

M: Helt motsatt. Fullt av äventyr, och jag hatar det! Jag har två barn... två bebisar födda på vägen. Vi började på resan och mina två bebisar dog (Gråter). Det var en vagnkaravan. Det var väldigt hårt. Det kändes som en evighet. Det tog år! Vi kom aldrig till destinationen. Vi var på väg hela vägen till Oregon... löjligt! Vi stannade med några andra människor och stannade där för att bo. Det är Wyoming. Och jag sa, "Det finns ingen Gud!" Jag kommer en gång till. Jag beslutade att komma en gång till för att veta om det finns en Gud... för att veta en Gud. Jag vet inte om detta är tiden, men tiden jag är här nu är för att veta att Gud finns.

D: *Så varje gång har varit av en annan anledning, eller hur?*

M: Ja, men jag gillar denna planet mer än den grå. Jag gillar Jorden.

D: *Är du här av någon specifik anledning?*

M: Jag har kommit tillräckligt många gånger till Jorden att jag inte vet vad som lockar mig att utforska. Så nu vill jag veta Gud så mycket som vi kan veta Gud i den mänskliga kroppen. Detta är viktigare. Detta är inte där jag ursprungligen kommer ifrån eller den grå planet. Den plats som jag verkligen, verkligen kommer ifrån är där jag känner att jag kände Gud. Och jag vill att människorna från Jorden ska veta om den platsen.

D: *Hur ser den platsen ut?*

M: Jag ser färger. Jag ser känslan av Glädje i färger. Jag ser att det finns en soluppgång. Det är inte riktigt en soluppgång varje morgon. Det finns sånger som sjungs. All skapelse hedrar morgonen. Det finns en sådan glädje... åh, min, min, min! Det är mitt hem! Det är mitt hem!

D: *Är det en fysisk plats?*

M: Det är en fysisk plats, inte en tät fysisk, men det är mycket fysiskt. Det finns byggnader, amfiteatrar... kristall används. Den fysiska platsen är en planet, men det finns ingen negativitet. Vi vet inte. Negativitet existerar inte.

D: *Det låter som en perfekt plats.*

M: Det är så perfekt som jag har känt.

D: *Men du sa att du kom in i kroppen av Miriam. Vet du vad ditt syfte var? Vad du kom för att göra?*

M: Jag kom för att hitta Gud. När jag kom till Jorden och när jag blev fri, så ville jag bara hjälpa alla att bli fria. (Gråter.) Att veta hur det känns att vara fri. Wow! Och jag vet inte hur man hjälper människor att bli fria.

D: *Vad är din definition av fri?*

M: Fri från skuld... fri från skam... fri från självkraft... bara fri. Det är allt.

D: *Men du menar att människorna inte är fria?*

M: Människorna är inte fria. Nej, de är inte fria. De lär sig från dag ett, du är skyldig. "Skäms på dig för att du bröt det där! Skäms på dig för att du inte fick ett 'A'! Skäms på dig, du är inte tillräckligt god och from! Skäms på dig, du är skyldig, du kommer att åka till helvetet!" Ingen är fri.

D: *Det är därför du kom? För att försöka göra en skillnad?*

M: Jag kom för att bli fri och om jag kan hjälpa någon annan att bli fri. Åh, ja, det fanns en tid i Egypten, i den skolan, när jag var fri. Jag vet inte vad som hände, men jag var fri... svart man... så fri. Jag visste hur det var. (Djup suck) Så här är vi igen... fria.

Jag visste inte vart allt detta ledde, men jag tänkte att jag skulle föra tillbaka det till det ursprungliga syftet med sessionen. Att ta reda på mer om den upplevelsen på rymdfarkosten.

D: *Så då och då togs din kropp till denna farkost för att arbetas på?*

M: Det var så. Jag vet inte om nu eller i framtiden, men det var.
D: *För att hålla den energiserad och i balans.*
M: Tydligen så.
D: *De håller koll på dem från sin egen plats som gör denna resa. Ger det mening?*
M: De gör det eftersom min ande på den grå platsen—jag vet inte vad den kallas, den grå metalliska platsen—alltid ville ha mer. Och det finns fortfarande en koppling där. Konstiga, konstiga utseende människor.
D: *Men de känner sig skyldiga att hålla koll på dig.*
M: Det finns en bindning.
D: *De tar hand om dig.*
M: Det är bra.
D: *Okej. Kan du fråga dem fler frågor?*
M: De konstiga utseende? (Ja) Okej.
D: *Miriam und rade om hon har några implantat i sin kropp. Kan du berätta något om det? (Paus) Vet de vad vi menar?*
M: Det gör de... de diskuterar det. De säger att—jag vet inte vem som pratar—de bara säger till mig att jag har implantat.
D: *Vilka delar av kroppen har Miriam implantat?*
M: Åh, min! Det låter som att det finns många. Jag vet inte om det är möjligt! Det finns några i öronen. Jag vet inte vad de är. Åh! De är så att de hör genom mitt öra. Hör vad jag hör. De har ett implantat i knäområdet som jag alltid har varit nyfiken på. (Paus) Mycket av mitt liv har jag haft en mycket känslig mag-tarmkanal. Jag måste undersöka detta. De sa att implantatet är för att hjälpa till med min svaga benägenhet för matsmältningsproblem. Och jag måste titta och se om det är på mjälten (?) meridianen av akupunktur.
D: *Har ett implantat i knäet något att göra med matsmältningskanalen?*
M: Mycket möjligt.
D: *Miriam tror att hon har något i sin panna. Finns det något där?*
M: Ja. Den idén är att hon ännu inte kan se, så det är blockerat. Om hon kunde se vad hon inte kan se nu, skulle hon inte vilja stanna. Detta skulle visa henne en koppling till den otroliga oändligheten av universum. Åh, jag vill se det!

D: *Är det ögonbrynsområdet? (Ja) Kommer hon att få se detta i tid? (Ja) Så så småningom kommer det att avblockeras?*

M: Gradvis kommer det att upplösas.

D: *Hon trodde att hon hade något i sin högra arm. Finns det något där?*

M: Inte allt har tagits bort, och det som togs bort är okej. Det finns en transistor. För att hålla aktiviteten... hon har en tendens att vara mycket introvert och tänka inåt. Detta var en transistor för att hålla rörelsen i kroppen, energin aktiverad i kroppen, men nu behöver hon inte den. Den orsakade henne obehag många gånger, svår smärta många gånger. Vi vill inte det, men nu har hon avslutat sina förpliktelser att vara fri från skuld; fri från skam och hon har sin egen energi. Denna orsakade inte att hennes kropp fungerade. Hon är färdig med den.

D: *Finns det några andra i kroppen som hon behöver veta om?*

M: Nej. Hon bör inte vara orolig för några implantat. De är alla fördelaktiga.

D: *Jag har hört att några är som spårningsanordningar. Är det korrekt?*

M: Ja, vi kan hålla koll på henne. Hon behöver inte komma till rymdfarkosten längre. Vi kan göra balansen nu utan att behöva komma till rymdfarkosten.

D: *Hon hade en fysisk fråga. Hon ville veta om sitt blodtryck.*

M: Hon bör observera när hennes blodtryck är högt, om hon tar på sig någon annans ansvar. Hon vill fixa världen, fixa alla och allas problem. Och hon tar tillfälligt på sig karma. Hon bör inte bära denna börda. Det är inte hennes ansvar. Låt henne observera när hennes blodtryck stiger, vems börda hon bär.

D: *Tror du att det är hennes klienters?*

M: Det handlar inte så mycket om klienterna eftersom det finns en balans. Hon utför sitt arbete. Hon får betalt för arbetet. (Miriam var sjuksköterska på en läkarmottagning, men hon sysslade också med akupunktur.) Det är en balans. Men vänner kommer till henne på grund av hennes frihet, visdom och omsorg. Hon känner det ansvaret och den förpliktelsen, men det är inte hennes uppgift att göra det. Det hjälper inte personen som kommer och lastar av sig på henne. Hon behöver inse att det inte är hennes ansvar. Det är egentligen mycket enkelt. Det är inte hennes ansvar, och när hon börjar ta på sig och lösa andras problem behöver hon vara objektiv och inse att hon kan lyssna, men att hon inte behöver lösa allas problem. Om hon börjar ta på sig detta, behöver hon bara observera. Det skulle hjälpa henne enormt. Det hon behöver göra är att låta människor tala om sina problem för henne, men hennes utmaning är att lära sig den tunna linjen mellan att lyssna och att delta. Och om hon kan göra det, kommer det att förbättra resan. Eftersom hon har en inneboende önskan att lära känna Gud, kommer detta med bara den önskan i sig också att föra henne framåt i den riktning hon vill gå. Det är inte något man lär sig från en bok eller en kurs. Bara hennes önskan att lära känna Gud kommer att utveckla och fördjupa hennes arbete.

D: Men läkarna har satt henne på medicin.

M: Bara observera, och när hon inser att hennes blodtryck blir mer stabiliserat och mer och mer inom en hälsosam blodtrycksnivå, kommer hon gradvis att kunna eliminera de toxiska medicinerna.

D: Jag vet att ni inte godkänner mediciner.

M: Nej. Vi föredrar inte det. Naturliga substanser är bra, och de börjar redan hjälpa henne.

Miriam hade listat flera ovanliga händelser som hade inträffat i hennes liv, och hon ville ha svar på dessa. En var en incident när Miriam och hennes bror körde på natten och de såg tre UFO:n. Det skrämde henne, och hon ville veta om det var verkligt eller en dröm.

M: Det var en verklig händelse som inträffade som du skulle säga "utanför kroppen."

D: Men hennes bror var också närvarande.

M: Det var den överenskomna träffen. De kom överens om att mötas.

D: De trodde att de körde, eller hur?

M: De körde. Så var det minnet. (Skratt) De minns det som ett fordon. De hade faktiskt ingen bil. De möttes astralt för att observera UFO:n. Och de ville inte stanna i det området, och de återvände båda omedelbart till sina kroppar.

D: Hon sa att det skrämde dem.

M: Ja. Det fanns andra händelser i området.

D: Hon trodde att UFO:n var negativa.

M: Det var inte ett negativt UFO. Hon var tvungen att lämna och återvända till sin kropp, och hon lämnade snabbt. Det var inte en UFO-korrelation. I hennes sinne kopplade hon de två. Men det var inte en negativ upplevelse.

Detta är ett av de så kallade "skärmminnena" eller överlagren. När du tror att du såg något på ett sätt och det egentligen var något helt annat. Nu ser jag att det till och med sträcker sig till att tro att du gör en sak och det verkligen är något annat. Att tro att hon körde en bil, när hon egentligen var utanför kroppen. Skärmminnena är tillverkade av ET:erna med hjälp av personens undermedvetna sinne för att presentera ett minne som är säkert och icke-skrämmande. Så i dessa fall, "Att se betyder inte nödvändigtvis att tro."

En annan händelse som hon ville klargöra inträffade när hon bodde på sin gård i bergen. Det fanns någon slags energi som lade sig över hela huset och fick huset att skaka. Det hände flera gånger.

M: Vid båda tillfällena var detta verkliga händelser som bevittnades av en annan person. Detta var för att tänja hennes sinne från att tro att hon måste se ett tredimensionellt fordon för att acceptera att det finns en myriad av sätt.... (Hon pausade och log.) UFO:n flyger inte bara i skivform. Vissa fordon är biologiska. De ser ut att vara fem fot långa och du kliver in och de sträcker sig i fem mil. Det finns frekvenser som kan husera planeten.

D: Är det mer av en frekvens? Det är inte solidt?

M: Det är inte en solid tredimensionell. Det är ett frekvensfordon.

D: Det var det som fick huset att vibrera och skaka?

M: Ja. Hon kommer att minnas att hon såg tredimensionella fordon bakom huset i bergen. Hon gick in i huset eftersom hon var mycket obekväm. Och sedan kom hon tillbaka ut och insåg att om någon ville kontakta henne, vad skulle då huset vara bra för? De skulle komma ändå. Och sedan var det borta. Men det finns andra fordon och två gånger stötte hon på kraften och kraften hos fordon som inte är synliga eller tredimensionella. Du kan inte se dem, men du kan känna dem.

Det blev mer uppenbart i mitt arbete att många möten och fysisk interaktion med ET:er bara var varelser som höll koll på sina egna människor. De modiga själar som valde att komma till Jorden. De blev inte övergivna här, utan omhändertogs noggrant och kärleksfullt.

KAPITEL TJUGO
TA HAND OM SINA EGNA

JUDY VAR EN terapeut med många hälsoproblem, vilket skulle bli vårt huvudfokus. Hon hade också en historia av problem från barndomen som härstammade från hennes föräldrar, vilket gjorde att hon var mycket rädd och fokuserad på negativitet. Jag misstänkte att allt detta var den troliga orsaken till hennes fysiska problem. Ändå tog den här sessionen en oväntad vändning. När Judy kom in i scenen var det mörkt. Jag trodde att hon kanske hade kommit in i ett tidigare liv på natten (vilket ibland händer). Men hon sa: "Jag är på en mörk plats. Det är inte natt, det är mörkt. Jag vill inte ha ljuset på. Jag vill inte se det. Jag vill inte se vad som finns där." Jag försäkrade henne att hon inte behövde se något hon inte ville. Men jag fortsatte att ställa frågor för att få igång informationsflödet. "Det är ett rum. Det finns ett ljus där borta. De gör något, men jag vill inte gå dit. Jag vill inte se det. Jag ser rörelse. Det är som en stråle. Det finns en plats i rummet där det finns ett ljus. Ljust. Den här strålen... jag vill inte öppna mina ögon."

D: Du behöver inte se det om du inte vill. Du kan uppfatta det på ett annat sätt. Var är du i rummet?
J: I mitten av ljuset. Rummet är mörkt, och det finns ett ljus i mitten, och jag ligger ner i mitten av ljuset. Det känns kallt. Som stål kallt.
D: Men du sa att du hade känslan av att det fanns andra i rummet?
J: De är i mörkret runt ljuset. Jag vill inte se dem. De skrämmer mig.
D: Det är okej. Du vet att du inte är ensam. Jag är här med dig. Vi kommer bara att se vad du tror att du är redo att se. Hur gammal är du?
J: Fyra.
D: Så du är liten då. Jag skyller inte på dig för att du inte vill titta. Hur kom du dit?
J: Vet inte. Jag sov och vaknade. De skrämmer mig. De har konstiga händer. De har konstiga ansikten och jag vill inte titta på dem.

D: *Så de ser annorlunda ut. Du behöver inte titta. Men vad är det som är konstigt med deras händer?*
J: Långa, krökta fingrar. Krökta. De rör vid mig. Jag vill inte att de rör vid mig. En håller hela tiden handen på min hand. Rör vid min hand. Jag vet inte vad hon vill eller om hon vill ha något.
D: *Hur känns det när hon rör vid din hand?*
J: Klibbig. Rör vid mig på ett konstigt sätt. Stort huvud. Långa fingrar.
D: *Har du försökt att kommunicera med dem och ställa några frågor?*
J: Nej. Hon vill att jag ska. Det vill hon. Den som rör vid mig vill att jag ska, men jag är rädd för henne. Hon vill att jag ska prata med henne, men jag vill inte prata med henne.
D: *Varför kallar du henne "hon"?*
J: Vet inte. Hon är en hon. Det känns som om hon är en hon.

När detta har hänt tidigare får jag ofta resultat genom att låta subjektet ställa frågor och låta varelsen svara.

D: *Tja, du vet att det kanske är intressant att prata med henne. Kanske kan vi ta reda på vad som händer. Det är en bra idé, eller hur? Då kan vi förstå. För vi är alltid rädda för saker vi inte förstår, som vi inte vet. Men tror du att hon vill prata med dig?*
J: Jag tror det. Hon vet att jag är rädd. Jag tror att hon försöker säga mig att jag inte ska vara rädd. Försöker få mig att känna mig trygg eller något, men jag litar inte på henne. Kanske vill de bara lura mig. (Viskar) Jag är förvirrad.
D: *Låt oss ställa några frågor till henne. Det kanske hjälper. Fråga henne varför du är där. Se vad hon säger till dig.*
J: Hon säger att jag är sjuk. De försöker hjälpa mig. Något inom mig, trasigt.
D: *Visste du att du var sjuk? (Nej) Fråga henne vad som är trasigt inom dig.*
J: Hon lägger sina händer på min mage, men jag vet inte. Hon pratar inte riktigt. Jag vet inte hur jag ska förklara det. Hon pekar, och jag vet bara vad hon menar. Hon pekar på magen.
D: *Vill du att hon ska fixa vad som än är trasigt?*
J: Om det inte gör ont.
D: *Berätta för henne att hon kan göra det om det inte gör ont. Vad säger hon?*

J: Det kommer inte att göra ont. Andra kommer. Hon kommer inte att lämna, men andra kommer för att fixa det.

D: *Vad gör de?*

J: Något kommer ner. Jag vet inte vad det är. Något kommer ner. Metall. Det är på min mage. Jag känner ingenting.

D: *Då berättade hon sanningen, eller hur?*

J: Ja. Det gör inte ont.

D: *Hur känns det?*

J: Het vätska.

D: *Kan du fråga en av de andra några frågor? Kanske vet en av de andra mer?*

J: Jag känner att jag inte kan få dem att prata med mig. Hon är den enda som pratar med mig.

D: *Kanske är de för upptagna?*

J: Kanske. Jag vet inte. Men hon är okej. Hon är inte elak.

D: *Kommer de att göra något mer?*

J: Det känns som om de öppnar mig, men jag vet inte. En linje på min mage hela vägen ner, men jag förstår inte. Jag känner ingenting, men det finns en öppning, en linje. Det är som om de öppnar något.

D: *Fråga henne vad de gör så att du kan förstå.*

J: Jag hör bara "reparera fel". Jag vet inte vad det betyder. "Reparera fel."

D: *Varför gör de det?*

J: För mycket misshandel, för mycket smärta. Jag vet inte, det är vad jag hör. "För mycket misshandel, för mycket smärta." Jag vet inte.

D: *Varför gör de det mot dig? Känner de dig?*

J: Tilldelad. Tilldelad? Jag hör "tilldelad". Övervakning. Tilldelad, övervakning.

D: *Det låter som om de är snälla människor om de tar hand om dig. Kommer de att ta dig hem efter att de har fixat allt? (Ja) Så de håller koll på dig. De övervakar dig och vet när något är fel?*

J: Inte första gången.

D: *Har du behövt reparationer förut?*

J: Jag vet inte om det är första gången för reparation, men det är inte första gången jag har varit där. De övervakar, ser.

D: *Men det är bra om du har någon som ser efter dig och tar hand om dig. Vad heter du?*

J: Eleanore.

Jag tänkte att vi såg en scen från Judys barndom, även om hon inte hade nämnt barnmisshandel under intervjun. (Jag genomför alltid en intervju med varje klient som kan vara så lång som två timmar eller mer, så jag kan lära känna dem innan sessionen.) Men nu fick det en annan innebörd. Denna unga fyraåring var inte Judy, utan en flicka vid namn Eleanore. Det fanns definitivt en anledning till att Judy visades detta, så jag var tvungen att följa upp det. Eleanore sa att hon bodde i ett stort hus med sin mamma och pappa. När jag frågade om de var snälla mot henne, svarade hon: "Ibland." Jag kände att jag inte kunde ställa en så fruktansvärd fråga som om barnmisshandel, särskilt om det hade orsakat skada till den grad att reparation var nödvändig. Så jag lät henne gå framåt i tiden tills de var klara och frågade vad som hände. "Hur tar de dig tillbaka?"

J: Vitt. Jag ser ljus. Stråle. Hon kom med mig i ljuset och hjälpte mig tillbaka till sängen. Det gör lite ont, men det är okej.

Jag bad henne att lämna den scenen och gå framåt till en viktig dag, och bad henne att berätta vad hon såg.

J: Jag säger adjö till mina människor. Det här är mina människor.
D: *Menar du din familj?*
J: Nej, de är mina människor. Jag är deras drottning eller prinsessa. Jag vinkar till dem. Det finns hundratals, tusentals av dem. Jag står någonstans högt, och jag ser ut över dem. Jag måste åka iväg ett while.
D: *Varför måste du åka iväg?*
J: En uppgift? Något för att hjälpa mina människor. Det kommer att hjälpa fler än dem. Jag vinkar till dem. De är alla så kärleksfulla. Jag vill inte lämna, men jag vet att jag måste. Jag väljer att åka. (Hon blev känslosam.) Jag har så mycket kärlek för dem.
D: *Vet du vad uppgiften är?*
J: Att återvända till ursprunget och avsluta cykeln.
D: *Ursprunget? Vad menar du med det?*
J: Det som vi kommer ifrån.
D: *Vet du hur den platsen ser ut?*

J: Svårt, jämfört med livet jag har här. Detta liv är glädjefyllt, livet är vackert. Svårt att återvända till ursprunget.

D: Varför är det svårt?

J: Brist. Begränsning. Dålig förståelse. Svårt uppdrag, men nödvändigt att slutföra.

D: Du sa att du måste slutföra cykeln? Vad menar du?

J: Ja, cykler. Allt cyklar. Slutförande krävs för att avsluta cykeln. Behöver återvända till ursprunget. Ursprunget är gammalt. Gammal. Gammal energi. Gamla lärdomar. Omvänd medvetenhet nödvändig för att slutföra. Bitar saknas i cykeln. Behöver gå tillbaka och fylla i bitarna så att cykeln kan slutföras. Ursprung saknar cykler. Kan inte fullborda, någon måste gå tillbaka. För att förstå, för att begripa källinformation, krävs det att återvända till ursprunget och slutföra cykeln.

D: Men du sa att det fanns några saknade delar?

J: Från cykeln som började saknas komponenter. Komponenter som krävs för att avsluta resan. Saknade element till helheten.

D: Måste du få ett annat uppdrag för att hitta dessa saknade element?

J: Uppdraget har tilldelats. Jag lämnar på uppdrag nu.

D: Vad är uppdraget?

J: Återvänder till Källan. Felfunktion. Återvänder till ursprunget.

D: Hur är ursprunget? Hur ser den platsen ut?

J: Tät. Svår energi. Mycket gammal. Kräver återanpassning till gammal energi. Mönster gamla. Tankar gamla. Medvetenhet lägre vibration. Det finns ett rum med val tillgängliga för assimilering till lägre energier. Göra ett val. Val tillgängliga för att slutföra cykeln. Gruppbeslut, grupp inblandad. Mitt primära syfte är valet, primärt jag men primär grupp inblandad i valet.

D: Så de hjälper dig? Konsulterar med dig?

J: Konsulterar, ja. Konsulterar med många, många val; många, många alternativ. Sätter ihop en plan. Tidslinjer är viktiga. Att titta på tidslinjerna är viktigt. Sätter ihop dem. Specifika frågor som söks, specifika frågor som tittas på. Olika tidslinjer erbjuder möjlighet för dem att slutföra cykeln, när de blir tillgängliga. Slutliga valet är mitt.

D: Och du tittar på alla möjligheterna?

J: Samtidigt, ja. Kräver tid i dessa dimensioner för att slutföra cykeln.

D: Vet du vilka bitar som saknas?

J: Bekräftande. Bitar är medvetna. Vi är medvetna. Vi vet var jag kommer att gå.
D: Vad tycker du om möjligheterna? Ser de lätta eller svåra ut?
J: Irrelevant för uppgiften. Svårigheterna är irrelevanta. Det är nödvändigt.
D: Så det är inte alltid lätt?
J: Bekräftande. Valet att lämna sitt hem, sina människor, är bara svårt att lämna deras sällskap. Valet att ge möjlighet för slutförande av cykeln är nödvändigt och krävs av mig. Det finns många val för att slutföra cykeln. Mångfald, vi smalnar ner till det som kommer att verka som en erfarenhet på många nivåer.
D: Låt oss gå och se vilket som var det slutliga valet. Du har smalnat ner alla möjligheterna. Vilken väljer du till slut?
J: Människa.
D: Har du varit i mänsklig form tidigare?
J: Mycket tid har gått för människor sedan jag var människa tidigare.
D: Så det har gått lång tid mellan? (Korrekt) Tycker du att det är lämpligt att vara människa igen?
J: Den enklaste vägen för att uppnå syftet. Människa upplever alla alternativ för denna specifika resa. Viktigt att välja rätt, eftersom alternativen är många. Människor upplever det för detta syfte. Den mest direkta vägen.

Nu när hon hade fattat beslutet, flyttade jag henne framåt till när hon var i en mänsklig kropp och frågade hur det kändes. Hon rynkade på pannan.

J: Tight. Kontraherande. Justeringar svåra.
D: Vad menar du med justeringen?
J: Svår form. Kompartmentaliserad. Svårare än man inser att justera omständigheterna.
D: Är du i kroppen av en bebis?
J: Spädbarn. Mycket sjukt spädbarn.
D: Vad är fel med det?
J: Känslomässiga problem, känslomässig obehag. Sammanflödet är obekvämt. Spädbarnet gråter.
D: Så du har problem med att anpassa dig till det fysiska. Men detta är en nödvändig sak att göra, eller hur?

J: Korrekt.
D: *Du har beslutat att göra detta, men nu måste du stanna kvar, eller hur? (Korrekt) Du kan inte återvända förrän du har funnit de saknade delarna?*
J: Avsluta cykeln. Måste avsluta cykeln.
D: *Tycker du att det kommer att bli ett lätt liv, eller ett svårt?*
J: För människa, svårt.

Här blev hennes svar mer tröga tills hon inte svarade längre. Jag visste att hon identifierade sig mer med den fysiska kroppen hon hade gått in i, och den andra mer kunniga delen föll tillbaka i bakgrunden. Jag visste att det var dags att kalla fram det undermedvetna för att få några svar.

D: *Vi trodde att hon skulle gå till ett tidigare liv. Vad handlade det om när hon såg den lilla flickan, och de arbetade med henne?*
J: Korrelaterande material för henne att förstå. Hennes matsmältningsstörningar i hennes nuvarande liv härstammar från den tidsramen.
D: *Livet av Eleanore? (Ja) Men de reparerade skadan, gjorde de inte?*
J: Till viss del. Det fanns ytterligare skador som skapades genom det livet. Reparationerna försöktes, de höll inte helt. Eleanore fick mycket trauma, och det påverkade det nuvarande livet. Hon levde bara in i tonåren. Mycket skada. Hon led också av misshandel i detta liv, och kunde inte hantera det på rätt sätt. Interventionerna var inte alla framgångsrika.
D: *Men om Judy upplevde det en gång tidigare, varför måste hon uppleva det igen i detta liv?*
J: Oförmögen att slutföra sin cykel utan full integration av förståelse för grundkällan till problemet.
D: *Första gången slutförde hon inte allt som hon behövde lära sig? (Korrekt) Så det var tvunget att börja om från början?*
J: Inte helt från början. Bara av den cykeln. Delvis färdig. Inte alla lektioner behövde återställas. Området som arbetades med var det mest sårbara i det specifika livet.
D: *Och sedan den andra delen du visade där hon sa adjö till sitt folk, och hon var tvungen att åka för att fatta ett beslut. Är det själen som kom in i nuvarande Judy?*

J: Korrekt. Det var hennes sanna ursprung.
D: Och hon såg att det fanns en del som inte hade slutförts?
J: Eleanore var inte färdig. Så själen bestämde sig för att komma tillbaka och avsluta processen.
D: Men det har varit ett mycket svårt liv för Judy. Många utmaningar.
J: Korrekt. Hon krävde många interventioner för att slutföra denna uppgift.
D: Men nu är hon orolig för att hon har dessa fysiska problem som du sa är en följd av det andra livet?
J: En del av det är en följd av Eleanores liv. Interventioner inte alla framgångsrika. Assimileringen av denna själsgrupp till denna människa har varit svår. Uppdraget är svårt. Det finns mycket skada i kroppen.
D: Var detta gjort av misshandeln som barn?
J: Korrekt. Detta är en del av uppdraget. Det ger slutförande av cykeln. Ger medvetenhet, medvetande till många för att övervinna sådana tillstånd. Val görs för att interagera på många nivåer samtidigt.
D: Så hade hon karma att betala tillbaka med de andra involverade, hennes föräldrar?
J: En del karma, men inte så mycket som man skulle kunna tro. Hon (Judy) antar att mycket mer har inträffat än vad som faktiskt har transpirerats i karmiska termer. Hon har blivit medveten om de många nivåerna, men detta orsakar störningar i hennes energi i denna form.

Jag visste att det var dags att ta itu med de fysiska problem som Judy upplevde. Detta var den huvudsakliga anledningen till att hon kom för att ha sessionen. Jag ville att hon skulle släppa det till det förflutna där det hörde hemma. Det undermedvetna gick med på att det var dags att släppa det. Judy hade problem med sina njurar och urinblåsa.

J: En frigöring inuti hennes njurar för att assimilera gammal energi presenterar problem. Hon måste bli av med den gamla energin. Den gamla energin håller tillbaka, så att tala, förmågan att gå framåt. Hon har fötter i nuet, så att tala, och kropp i det förflut na. Bristen på integration av de två.
D: Vad sägs om problemen med hennes lungor?

J: Sorg över att lämna familjen. Sorg. Tar för lång tid att integrera och avsluta, längre än hon hade förväntat sig. Ledsen. Saknar sitt folk, sin familj. Missförstådd mycket. Kompenserar överväldigar kroppen. Hon har avslutat mycket, men hon är medveten om bristen. Det finns en ofullständig del som hon vill avsluta.

Sedan satte SC igång att göra reparationer på de skadade delarna av Judys kropp. Jag tycker alltid att den här delen är fascinerande, och jag ber alltid den att berätta för mig vad den gör. "Energi avlägsnas. Assimilering." Jag vet kraften hos SC och vad den kan åstadkomma, men den stötte plötsligt på problem. "Möjligheter begränsade för avlägsnande. Blockeringar. Skada. Arbetar." Jag frågade om det var okej att jag fortsatte att ställa frågor medan den arbetade, och den sa att jag kunde.

D: Har hon fått reparationer gjorda hela sitt liv? (Ja) För hon undrade om hon hade kopplingar till det vi kallar ETs.
J: Hennes uppdrag, de är en del av uppdraget. Interaktion med dessa arter är ett krav för detta uppdrag för henne.
D: Som de var med Eleanore.
J: Korrekt. Interaktionerna är en del av detta uppdrag. I sin sanna mening har hon haft nytta av interaktionen. Rädsla för Eleanore skapade några problem, men arterna skadade henne inte.

Jag visste att detta var sant eftersom jag hade arbetat med detta i tjugofem år. Jag har aldrig funnit ett fall där personen skadades. Det var bara deras missuppfattning och deras reaktion på något de inte förstod.

J: Skada korrigerad vid det ögonblicket, skadades igen och igen. Oförmögen att reparera varje gång.
D: Vad sägs om nu? Hon är villig att släppa det, att frigöra blockeringarna, bli av med den gamla energin. Kan du fixa det nu?
J: Frigörande. Bukområdet håller fortfarande rädslor för okända arter.
D: Då kommer det att hjälpa när hon inser att de faktiskt hjälpte henne.

J: Ja. Förvirring kommer från dålig medvetenhet. Alla uppdrag till denna plats krävde interaktioner. Arterna är välvilliga. Det är att använda människor för deras syften. Det är ett gemensamt kontrakt. Oförmögen att bearbeta denna information. De lär sig av den mänskliga arten. De är överens. Utseenden missförstås ofta. Stora missförstånd. Avslutningen mellan arterna är en del av hennes uppdrag.

Det undermedvetna fortsatte att arbeta på Judys kropp och stötte på svårigheter. "Det finns en lesion i mageområdet som vi tar itu med. Försöker arbeta på detta. Detta är en gammal energi, gammalt vävnad. Det finns en koppling. Det finns mer än ett område i denna kropp. Denna kropp har svårigheter att stödja sig själv."

D: Det är därför vi vill få det reparerat, så hon kan göra det arbete hon måste göra.
J: Det är inte hennes tid. Hon har inte avslutat sin uppgift. Hon kommer inte att lämna. Hennes vilja är stark.
D: Hon var rädd för att hon kanske höll på att dö.
J: Hon har mycket arbete att göra. Hon kommer att välja sin död. Det finns flera lesioner i hela kroppen. Några är från detta liv, några är inte. De är sammanflätade.
D: De har blivit en blandning.
J: Korrekt. Förvirring, gammal känsla. Försöker rensa. Det finns förvirring. Hon är förvirrad över vem hon är. Hon ser sig själv som människa, och hon ser sig själv som en annan art. Hon var en gång en av de arter hon arbetar med. Hon avvisar sin art. Hon har byggt bron mellan dessa arter. En del av hennes uppdrag att slutföra cykeln. Bron. Hon behöver en bro mellan de två arterna. En energisk bro håller på att bildas. Vi går igenom. Det finns en lesion i hennes femte chakra, hennes energifält. Tar bort.
D: Vi har gett dig mycket att arbeta med.
J: Korrekt. Vi assimilerar, justerar. Tar bort blockeringar på flera nivåer. Bygger broar mellan identiteter. Förvirring, dimensionell förvirring. Oförmögen att assimilera stora mängder förståelse på egen hand. Hon höjer medvetandet så bra hon kan. Mer krävs. Kroppen är inte så högtstående som medvetandet, vilket skapar smärta, obehag, desintegration. Medvetandet och det fysiska

måste integreras. Integrationen försöktes på natten. Inte assimilera korrekt. För mycket information. Kroppen kan inte hålla jämna steg. Kroppen assimilera inte korrekt. Kroppen fungerar inte. Vi justerar nu. Inga droger, ingen kirurgi. Detta är den ultimata önskan från hennes sida. Det är i överenskommelse. Vi är överens om att hon kan assimilera, och en begäran görs till högre nivåer för att skapa en väg för avslutande av assimilation. Fortfarande korrigerar. Detta är den saknade matrisen. Omarrangerar. Vid avslutning av omarrangeringen kommer alla matrismönster att vara färdiga. Alla kommer att integreras. Detta kommer att kräva ingen ansträngning. Lesioner avlägsnas. Hon måste välja att leva.

D: *Jag tror att hon kommer att välja att leva när hon inte längre har något obehag.*

J: Korrekt. Avtalen är slutförda. Uppdragen är slutförda. Interspeciesrelationen har avslutats. Reparationer av matrisen pågår. Söker högre nivå av myndighet för att slutföra.

D: *Blir du beviljad den myndigheten?*

J: Väntar. (Paus) Uppdraget slutfört. Vi har avslutat allt arbete på kroppen. Hon kommer att få sova nu. Lägre nivåer av medvetande kommer att tillåtas att låta den fysiska formen fullt läka.

D: *För att hon behöver sova så att kroppen kan återhämta sig på natten.*

J: Förstått. Det krävdes för att höja medvetandet, för att integrera. Integrationen färdig. Hon kommer att tillåtas lägre nivå av medvetande för att kunna sova och regenerera denna kropp för att slutföra uppgiften. Allt kommer att vara färdigt, i mänskliga termer, på tre månader. Hon kommer inte att behöva några droger. Hon kommer inte att känna någon smärta. Hon kommer att känna lite obehag. Tre månader för att slutföra. Det kommer att minska. Det kommer att försvinna. Hon kommer att ha medvetande. Hon kommer inte att känna smärta, det kommer att försvinna. Balans kommer att komma. Obehag i hennes ryggrad är från genetiskt. Vi justerar, korrigerar. Detta kommer att korrigera andra områden av den fysiska kroppen och låta kroppen realigna, och alla organsystem fungera optimalt. Blockeringar inom ryggraden har skapat funktionsstörningar i varje organ som har påverkat henne. Detta justeras. Hon kommer att upptäcka att hennes höfter balanserar. Hon kommer att kunna bära sin kropp.

Sedan meddelade SC att det var färdigt. Normalt när jag arbetar med ett subjekt finns det bara ett eller två områden av kroppen att fokusera på. I Judys fall fanns det flera saker som SC behövde fokusera på. Det tog längre tid och krävde mer engagemang och koncentration. Sedan meddelade den: "Det är dags för henne att leva." Jag frågade sedan, som jag alltid gör, om den hade ett avskedsmeddelande till Judy. "Vi välkomnar dig, var i fred. Du är en, du väntas. Var inte i brådska. Hon hedras bland många för sina prestationer i att slutföra vad hennes uppgift har varit. Hon har gjort detta med stort mod. Hon hedras. Kolla in oftare. Det finns en annan nivå av medvetande. Hon är medveten om detta. Vi är glada över att få vara till hjälp för henne."

D: *Jag hjälper många människor med er hjälp. Jag kan inte göra det utan er.*

Den utomjordiska varelsen som var så omtänksam och medkännande mot lilla Eleanore har blivit mött av många av mina klienter som har upplevt UFO-möten. Den beskrivs alltid på samma sätt: medkännande, omtänksamma, och med en feminin energi. Jag kallar dem "sjuksköterskotypen" eftersom de alltid verkar vara där för att trösta personen som utomjordingarna arbetar med. De "små grå" eller vem som helst som faktiskt gör det fysiska arbetet beskrivs vanligtvis som mycket upptagna och koncentrerade på vad de gör. "Sjuksköterskan" verkar ha ett uppdrag att ta hand om personen och få dem att känna sig trygga och bekväma. Även om de beskrivs som fula och ofta extremt rynkiga, utstrålar de en vacker och lugnande energi.

Detta fall visar också svårigheterna en ny och ren själ har när den kommer in i en fysisk kropp. Som ett mänskligt barn hade hon en stor rädsla för de varelser som arbetade med henne, helt omedveten om att hon var en av dem. Minnena behövde raderas för att kunna leva i denna värld och behålla sin mentala hälsa. Så hon såg dem som utomjordiska och skrämmande (som gör de flesta människor) och

DE TRE VÅGORNA AV VOLONTÄRER OCH DEN NYA JORDEN

förstod inte att de bara tog hand om och övervakade sina egna. De skulle aldrig överge en av sina volontärer på denna främmande och fientliga planet utan stöd. Men denna djupa rädsla hade förts över till hennes nuvarande liv som Judy och hade orsakat svåra fysiska problem. Problemen orsakades också av misshandeln i det tidigare livet som lämnade cellulär rest, så det var komplicerat och svårare att lindra. Hon hade upplevt barnmisshandel i detta liv, även om hon inte hade nämnt det för mig under intervjun. Jag vet alltid att det undermedvetna kommer att ta upp det om det är lämpligt. Det vet allt om personen. Det finns inga hemligheter.

KAPITEL TJUGOETT
EN BARNDOMSHÄNDELSE

JAG GENOMFÖRDE DENNA SESSION i Charlotte, North Carolina i september 2002, medan jag var på en föreläsningsturné genom North Carolina, via Raleigh, Charlotte och Greensboro. Jag kom till Charlotte för att tala vid ett lokalt UFO-möte. Patricia var en vacker blondin som såg ut som en modell eftersom hon visste hur man arrangerar hår och applicerar smink. Detta var vad hon gjorde för att försörja sig, och hon var ett mycket bra exempel på sitt hantverk.

Hon hade varit intresserad av UFO:n under en mycket lång tid, även om hon inte trodde att hon någonsin hade haft någon erfarenhet. Det fanns bara ett minne av en mycket nära observation på 1970-talet. Hon mindes att hon kom ut från sin lägenhet tidigt på morgonen för att köra till jobbet. När hon stängde dörren råkade hon titta upp. Rakt ovanför henne fanns ett stort föremål med snurrande röda och blå ljus. Det var mycket vackert. Hon såg på det i flera minuter innan det flög bort. Hon blev förvånad över att ingen annan var där för att se det. Det var så klart, stort och distinkt. Minnena hade fascinerat henne sedan dess, även om hon var säker på att inget annat hade hänt. Detta var vad hon ville utforska under denna session. Hon ville gå tillbaka till den dagen och få fler detaljer om föremålet. Jag varnade henne, som jag alltid gör, att ibland om man vill ha denna typ av session uteslutande av nyfikenhet, kan man öppna en burk maskar som skulle vara omöjlig att stänga igen. Skyddet för mina klienter är alltid min första prioritet. Jag säger alltid till dem: "Om det inte är trasigt, laga det inte." Jag undersöker normalt bara UFO- och paranormala upplevelser om de orsakar problem i personens dagliga liv. Om de inte gör det, och de bara vill göra det av nyfikenhet, säger jag till dem att de kanske får mer än de har förhandlat om. Denna typ av sak är bättre att lämna ifred. Hon förstod, men tyckte att det skulle vara okej eftersom hon visste att inget annat hade hänt den morgonen. Det var bara en nära observation av ett stort rymdskepp (eller vad som helst). Hon hade inte kunnat glömma det, och det hade väckt hennes intresse för UFO:n.

När hon hade kommit in i det djupa transstillståndet återgick jag henne till morgonen för observationen. Normalt måste jag smyga mig in på händelsen, så att säga. Genom att gå till precis innan händelsen och leda subjektet dit gradvis. Denna gång var annorlunda. Hon hoppade omedelbart in i det utan tvekan. Jag hade just instruerat henne att komma ner från molnet in i sin lägenhet den morgonen på 1970-talet, när hon gjorde sig redo för att gå till jobbet. Jag hade just sagt, "Du lämnar lägenheten nu."

Hon utbrast plötsligt, "De tittar på mig!" Hon blev känslosam med en touch av rädsla i sin röst, "De tittar på mig!" Jag ville veta vem hon pratade om.

P: De varelserna, de tittar på mig.

D: *Vilka varelser?*

P: De har tittat på mig. De säger att det är två av dem och de är i ett rymdskepp och de är över min lägenhet.

D: *Är du utanför och tittar på det nu?*

P: Ja, ja. När jag först mindes trodde jag att jag hade sett röda och blå ljus, men det är inte det. Det är ett rymdskepp. Det ser ut som en glasboll. Det ser ut som en julgranskula på en julgran, men du kan se igenom den.

D: *Hur stor är denna glasboll, jämfört med huset?*

P: Kanske fem fot. Det är knappt stort nog; jag vet inte om en människa skulle kunna komma in där eller inte. Men den är genomskinlig, den ser ut som den har en liten topp på sig som en av de glasprydnader som du sätter på en julgran. Den är lite skimrande, men du kan se igenom den. Jag trodde att den hade färg, men jag ser ingen färg. Bara en genomskinlig boll.

Så hennes undermedvetna hade tydligen satt upp en skyddande minnesbild eller en överläggning så att hon skulle minnas att det såg annorlunda ut än det egentligen gjorde. Jag har undersökt många andra fall där vi har upptäckt att den verkliga händelsen inte var som det medvetna minnet. Detta görs ofta för att skydda personen och inte traumatisera dem. Således minns de händelsen annorlunda än vad som faktiskt inträffade. Naturligtvis orsakar detta ibland problem som inte har förutsätts av det undermedvetna eftersom händelsen ofta minns med rädsla som en negativ upplevelse. Tydligen tyckte det undermedvetna att det var dags för Patricia att minnas eftersom det tillät minnet att komma igenom nu utan blockeringar. Jag har också funnit andra fall där föremålet såg mindre ut än förväntat, som om det inte skulle vara tillräckligt stort för att rymma särskilt många människor. Men när de gick in i föremålet, fann de att detta var bedrägligt. Insidan var mycket större jämfört med storleken från utsidan. Som om utomjordingarna kan manipulera storlek och rum såväl som tid. Dessa andra fall utforskas i The Custodians. En annan intressant aspekt var att nu upplevde Patricia en känsla av rädsla när hon såg föremålet, även om hennes medvetna minne endast var av nyfikenhet. Detta inträffar också medan man är under hypnos att en annan känsla kan komma fram.

D: *Du sa att det finns någon inne i det?*
P: Ja. Det enda jag kan se är ögon. Det är som varelser med ögon. De är uppe i himlen och de har tittat på mig. Och de ska inte skada mig, de tittar bara.
D: *Hur vet du att de tittar på dig?*
P: Jag kan känna det. De sa att de tittade på mig också.
D: *Är detta första gången du har sett dem? (Nej.)*

Detta var definitivt inte ett medvetet minne. Patricia hade sagt att hon aldrig hade haft någon kontaktupplevelse.

P: Jag var tre år gammal (mycket känslosam) och de kom genom fönstret. (Gråter av skräck.) De kom genom fönstret. De kom genom fönstret (sniffar). Jag måste vakna!

Hon försökte tvinga sina ögon att öppnas. Hon skulle försöka bryta transen. Jag visste att upplevelsen skulle visa sig vara positiv, istället för negativ, så jag förhindrade henne från att öppna ögonen. Om hon hade brutit transen vid denna punkt, skulle hon ha oroat sig för upplevelsen och uppfattat den som något negativt. Om hon hade upplevt en stor mängd trauma skulle jag ha hanterat det annorlunda, men jag visste att hon skulle lämnas med känslan av ofullständighet. Så jag beordrade henne kraftfullt att stänga ögonen. Hon fortsatte att motsätta sig och insisterade på att hon måste vakna. Jag hade beslutat att flytta henne från scenen och utforska den på ett annat sätt, när hon såg något som fick henne att stoppa mig. Hennes nyfikenhet övervann hennes rädsla, och hon försökte hindra mig från att flytta henne.

P: Vänta ett ögonblick. Åh, min gud, vänta ett ögonblick!

Jag gav henne instruktioner om att hon var säker och skyddad, och att hon kunde titta på scenen som en observatör om hon ville.

D: *Du får aldrig komma ihåg något om du inte är redo för det. Du är helt säker. Och om det är dags kan du minnas. Ditt undermedvetna tillåter endast att du minns det du behöver veta vid denna tidpunkt. Stäng ögonen.*
P: (viskar) Jag trodde inte att de var öppna.
D: *Nu kan du titta på det som en objektiv observatör om du vill. Vad hände när du var tre?*
P: De kom in i mitt rum genom fönstret. De kravlade in genom fönstret. Jag ligger där på min säng. Och de kom in genom fönstret.
D: *Är det mörkt i rummet?*
P: Det är tillräckligt ljust för att se dem. De ser inte ut som jag trodde att de skulle se ut. De kan inte se ut så där! De ser inte rätt ut. De kan't… det kan inte vara vad jag ser.
D: *Berätta vad du ser.*
P: Det ser ut som slags röda ögon. Ett rynkigt ansikte. Och som ingen hals. Lite böjd över. Och… de ser inte rätt ut.
D: *Är de väldigt stora?*
P: Nej, kanske fem och en halv fot.
D: *Vilken färg har de?*
P: Jag kan inte uppfatta en färg. Det är bara att de har ett konstigt utseende. Mellan munnen och näsan är det allt ihoptryckt. Och de har stora öppna ögon, inte snedställda, de är stora och öppna. Och de går genom rummet. Det är som om de bara kollar på mig. En kommer över till sängen. Han gör något med mina små nattkläder, knäpper upp mina nattkläder. Det är som en läkare. Bara kollar på mig. Han vill se till att funktionerna i min kropp fungerar ordentligt. Jag hade röda hundar och han vill se till att jag mår bra.
D: *Du har varit sjuk. (Ja.) Röda hundar kan få dig att må dåligt, eller hur? (Ja.)*

När Patricia vaknade sa hon att hennes mamma hade berättat för henne att hon hade röda hundar när hon var väldigt liten, men hon mindes ingenting om det.

D: *Så han kollar bara på din kropp. Hur gör han det?*
P: Det är som om han lägger tryck på mitt bröst. Och kanske vibrationerna eller något går upp och han vet om jag mår bra eller inte. Det är allt jag kan se. Han lägger sin hand på mitt bröst.
D: *Hur många fingrar har han? Kan du se?*
P: De ser tjocka ut, och det ser ut som kanske tre stora fingrar och kanske en tumme eller något. Ser stora och fula ut, inte som våra händer. Han ser stor och ful ut ändå.
D: *Ja, vad vi anser vara fult.*
P: Han är ful. Jag har aldrig sett någon som ser ut så där.
D: *Men han lägger sin hand på ditt bröst och skickar vibrationer genom ditt bröst. (Ja.) Känns det bra?*
P: Det gör det. Det är som värme. Han vet att jag mår bra.
D: *Så han är väldigt snäll, eller hur?*
P: Uh-huh. Han skrämde mig först. Det verkar som om han säger att han kommer tillbaka och kollar på mig mer. Sedan vänder han sig om och går ut genom fönstret.
D: *Hur känner du för att han kommer tillbaka och kollar på dig?*
P: Han skadade mig inte. Han ser ful ut. (Jag skrattade.) Han ser ut som en gammal goblin. Min mamma läser sagoböcker för mig, och han ser ut som en av goblinerna.
D: *Det är ett intressant sätt att beskriva honom.*

Det var uppenbart att Patricia inte var bekant med de olika typerna av utomjordingar, även om hon är intresserad av UFO-fenomen. Jag har stött på denna typ många gånger genom mitt arbete, och jag har kommit att kalla dem "sjuksköterske"-typen. Även om hon beskrev den som manlig, säger många andra att den har en feminin känsla, även om det aldrig finns några beskrivningar av könsorgan. Jag kallar dem "sjuksköterskan" för att de tycks ha mer medkänsla än de typiska grå. De verkar vara mer av en fysisk varelse än de robotiska små grå, och de tycks tänka själva snarare än att automatiskt utföra uppgifterna. De beskrivs alltid som rynkiga och fula, men de är mycket snälla.

Även om detta kan vara en annan typ eftersom sjuksköterskan sällan utför den faktiska läkningsproceduren.

Ofta, när subjektet är ombord på rymdskeppet och ligger på bordet för en undersökning eller procedur, har de mycket rädsla eftersom de inte förstår vad som pågår. Vid den tiden framträder sjuksköterskan bredvid bordet och lugnar dem. De har alltid känslan av att hon försäkrar dem att allt kommer att bli bra. De små grå verkar alltid gå om sina uppgifter på ett mekaniskt och metodiskt sätt utan att visa känslor. Sjuksköterskan verkar vara en annan typ. Även om hennes utseende är chockerande, är hennes sätt milt.

D: Men nu har han gått?
P: Ja, men de tittar fortfarande på mig. Jag tror att de har lagt något i min kropp.
D: När gjorde de det?
P: När jag var yngre. När jag var ett riktigt barn.
D: Tre år gammal är ett barn.
P: Ja, men när jag var yngre. Jag är stor nu.
D: Tre år gammal är stor? (Ja.) När tror du att de gjorde det?
P: Jag tror att de gjorde det när jag föddes. De la något i min kropp när jag föddes.
D: Vilken del av kroppen är det i?
P: Låt mig se. (Paus) Det verkar som att det är något runt min hypofys. Något runt min panna. De la in det, som ett chip eller något. Det är som glas, men jag tror inte att det är glas. Jag vet inte vad det är. Jag vet inte om mannen gjorde det; kanske en av hans vänner gjorde. Jag såg dem lägga in det. De gjorde det innan jag hoppade in i min kropp.
D: De la in det medan din kropp fortfarande var i din mamma?
P: Det var innan jag hoppade in i den, innan jag kom in i min kropp. De la in något där.
D: De kan göra det även om det är inne i din mamma?
P: Ja, de gjorde det på mig. (Skrattar) Ja, de gjorde! Något jag föddes med. Det är något de sa att jag kommer att ha för resten av mitt liv, så att de vet var jag är hela tiden. En spårningsanordning.
D: Hur känner du för det?
P: De skadade mig inte. Jag känner att de är bra. De har varit snälla mot mig. De leker med mig när mamma är borta. Vi går ut i

trädgården och ingen skulle vara där. Min syster är äldre och hon var borta och pappa var borta och de brukade leka med mig. De sa alltid till mig att inte berätta för någon.

D: *Varför inte?*

P: För att det kan skrämma dem. Det skrämde mig först eftersom de såg fula ut. Vissa människor kan bli rädda... tja, de ser fortfarande fula ut för mig, men de lekte med mig. De var snälla ändå.

Detta liknar ett fall jag skrev om i The Custodians av en kvinna som hade erfarenheter när hon var barn med en utomjording som sa att han var hennes riktiga far. Han skulle komma in i hennes rum och prata med henne, och visa henne hur man leviterade hennes leksaker. Han tog till och med henne ombord på sitt skepp för att visa henne några av de djur han hade samlat från andra planeter under sina resor. Han slutade komma och raderade minnena när det började orsaka problem i hennes unga liv. Hon hade ingen kunskap om interaktionen förrän den kom fram under hypnos. Jag har haft andra fall där den vuxna minns under hypnos att de har haft trevliga barndomsinteraktioner med små grå. Vanligtvis var dessa ensamma barn och de uppskattade verkligen uppmärksamheten. Det har aldrig rapporterats några negativa incidenter till mig från barndomsminnen som raderats. Utomjordingarna tycks förstå att de hanterar barn, och är mycket snälla och skyddande. Även om de medvetna minnena var raderade eller överlagda, misstänker jag att personen känner att det har hänt något ovanligt som barn, men de kan inte minnas. Ofta ersätts det av en konstig längtan som de inte kan förklara.

D: *Vilka typer av saker lekte ni med?*

P: De skulle visa mig saker. De skulle ta med mig ut i trädgården och visa mig växter och förklara för mig om växter. Och de skulle plocka upp jorden och de skulle berätta för mig saker om jorden. Och träden, och de skulle förklara varför saker växte här på det sättet de växer. Och de förklarade planeten för mig så att jag skulle förstå den.

D: *Tyckte du att det var intressant?*

P: Ja, de tog mig till en grotta en gång.

D: *Utanför din trädgård.*

P: Ja, de tog mig till en grotta. Vi hade kul. De tog mig till olika ställen i grottan. Och varje ställe skulle vara en milstolpe eller ett visst evenemang i mitt liv.

D: *Vad menar du med olika milstolpar?*

P: Olika händelser som kan hända i mitt liv. De skulle ta mig nerför en stig i grottan. Och de visade mig små stenar, stora stenar. Och varje gång vi kom till en sten i grottan betydde det att när jag nådde den punkten i mitt liv skulle de visa mig mer. Jag antar om mig själv och vad jag gör här och deras uppgift här. Och också att de ger mig i denna grotta händelser som kommer att hända vid den tidpunkten i mitt liv.

D: *Så det är bara olika delar i en grotta.*

P: Olika delar och varje sten, eller kristall, som vi kommer till—jag vet inte vad det är, det är en glänsande sten, men den är slät. Och saker rör sig inne i stenen och den berättar olika saker om planeten, och om mig själv vid den tidpunkten. Och de tog mig igenom där och förklarade processen för mig så att när jag kommer dit, så blir det inte så mycket av en chock. Eftersom Jorden är en annan plats, det är en chock för mig. Och de vill att jag ska förstå saker. Grottan var bara för att förklara mitt liv för mig innan jag kom dit så att jag förstår mer av vad som pågår.

D: *Kan de visa dig något som du skulle göra i framtiden? (Ja.) Kan de ta dig för att se vad du kommer att göra under året 2002? Det är en lång tid framåt, eller hur?*

P: Ja, det är det. Jag är bara tre.

D: *Fråga dem om de kan visa dig den tiden i ditt liv. Du kommer att vara helt vuxen, eller hur?*

P: Ja. Jag ser mig själv gå nerför... det är en stor sten. Den ser ut som om den har facetter på sig. Och varje facet handlar om mitt arbete och saker som jag gör. Det är som om jag arbetar med många människor, men människorna vet inte att jag verkligen påverkar dem på ett sätt som de inte förstår. Och det var bara mina energier eller min närvaro. Och de saker som de har gjort med min kropp påverkar dessa människor. Jag kan göra människors hår, jag kan göra mina demonstrationer. Jag kan bara gå bland människor i ett köpcentrum och jag kan påverka dem på ett väldigt positivt sätt. Eftersom de har gjort saker med min kropp, och dessa energier kommer ut och går in i människor.

DE TRE VÅGORNA AV VOLONTÄRER OCH DEN NYA JORDEN

D: *Vad har de gjort med din kropp för att få det att hända?*
P: Låt mig fråga. (Paus) De säger att det har något att göra med själen och på molekylär nivå också. De har gått in där på molekylär nivå och förändrat min kropp. Du vet att alla har en energi i sin kropp, som en aura. Och när människor går in i min aura, förändras de. Och detta görs på molekylär nivå. Och det görs också på själslig nivå. Så människor påverkas, inte bara mentalt, utan fysiskt, andligt och känslomässigt. Och jag har inte varit medveten om det.
D: *Var dessa förändringar i den molekylära strukturen gjorda över en tidsperiod?*
P: Jag kom in för att göra detta. Jag kom in med facetter i min kropp för att göra detta. Facetterna på kristallen som jag tittar på är som facetterna i min kropp. Och det är som att de är olika energipunkter i min kropp. Och de springer upp och ner längs min ryggrad. Och dessa energier, de kan använda en dator på skeppet, och de kan få saker att hända i min kropp för att påverka saker på planeten och människorna omkring mig. Det kontrolleras allt av en liten sak som de har på skeppet.
D: *Så du kom in så här.*
P: Ja! De gör justeringar för att se till att det är korrekt inställt, och de tar den här enheten och kör den. Jag känner att de kör den upp genom min ryggrad eller i mitt huvud på något sätt. Och så ställer de in det. Och det har kommit ur balans, och jag har varit väldigt trött. Ja, jag har jobbat mycket, men det har kommit ur balans under året 2002. 2003 kommer det att bli bättre. Jag har blivit för trött, och det har kastat det ur balans. Och de vet att jag inte kan göra något åt det. Jag kan se dessa små olika facetter på kristallen. De är som facetterna på min kropp, energipunkterna på min kropp. Och de stämmer in med vad som finns på skeppet. Och de manifesterar energi genom dem som de psykologiska punkterna i en kropp. Men det görs på en molekylär struktur som påverkar mig molekylärt, därför påverkar det andra molekylärt. De kommer i kontakt med min energiaura och det förändrar dem. Jag kan sitta i ett köpcentrum, människor kan komma inom hundra fot och de påverkas också av energin. Och det är därför det sattes in på det sättet.
D: *När de gör dessa justeringar, måste de fysiskt ta dig någonstans?*

P: Ja, men jag är inte medveten om det. De tar mig ombord på skeppet. Det finns alla slags varelser där. Jag ser några långa, smala nu. De ser inte fula ut som de första. De är tunna och ser annorlunda ut. De har saker som dräkter på sig eller något.

D: *Hur kommer du ombord på skeppet?*

P: De bara tar mig. De ändrar den molekylära strukturen av min kropp och det dematerialiseras och de tar mig ombord på skeppet. Jag kan inte gå fysiskt eftersom jag inte skulle passa genom väggarna (Skrattar).

Detta har också rapporterats till mig flera gånger och står i min bok The Custodians. Utomjordingarna kan bryta ner den molekylära strukturen av kroppen så att den kan passera genom fasta objekt. Det är vanligt för personen att passera genom väggarna eller taket i sitt rum.

P: Ja, de måste ändra mig så att jag kan gå genom väggarna.

D: *Händer det när du sover?*

P: Ja, ibland har de tagit mig ut ur min bil. För när jag är i min bil är jag i ett annat medvetandetillstånd. Och ibland tänker jag på andra saker och de kan komma in och hämta mig. Jag kan fortfarande köra bilen, och ändå kan de arbeta på min kropp.

D: *Utan någon fara att få en olycka eller något sådant.*

P: Nej, nej, nej. Det är min medvetna själ som gör något annat, och de kan komma in och påverka min kropp eftersom jag är kopplad till datorn.

D: *När de tar dig ut ur din säng, tas den fysiska kroppen ombord på rymdskeppet?*

P: Jag behöver fråga dem. (Lång paus) Det enda jag får är att de tar mig fysiskt. Jag tittar tillbaka på min säng och det ser ut som jag ser något där, men jag är inte där. Det är som om jag ser ett skal, men jag är inte där. Det är som en bit energi där, men jag är inte i sängen.

D: *Men de gör detta och du minns ingenting om det.*

P: Nej, nej, de har aldrig berättat för mig.

D: *Är det okej om du vet nu?*

DE TRE VÅGORNA AV VOLONTÄRER OCH DEN NYA JORDEN

P: De vill att jag ska veta. Jag har aldrig vetat om något av detta. De har aldrig berättat för mig. Jag har aldrig haft några märken på min kropp.

D: *Men nu är det dags för dig att veta? (Ja.) Patricia ville veta om sitt syfte. Vad kommer Patricia att göra vid denna tidpunkt i sitt liv? 2002. Vad ska hon göra framöver? Kan de berätta för dig?*

P: Ja. De vill att jag ska vara mer förstående mot andra människor. Och att veta att jordbor har begränsningar. Jag förväntar mig att jordens människor ska vara mer omtänksamma och kärleksfulla mot varandra och inte ha krig. Och de gör inte det. Och jag är frustrerad eftersom jag inte kan förändra det själv just nu. De har andliga lagar för universum eller något. Jag vet inte vad det är, låt mig fråga dem. (Paus) De sa att de har en bok med symboler och de vill att symbolerna ska komma till planeten eftersom när människor tittar på symbolerna förändrar det deras medvetande. Och symbolerna handlar bara om fred, ljus och kärlek. Det finns inga dåliga saker i symbolerna. Och det förändrar människors sinnen. Istället för att tänka på mord, hat och girighet och att förstöra planeten. De tänker bara på ljus, fred och harmoni. De vill att denna planet ska vara en plats av ljus och kärlek och omtanke. Och de vill att jag ska skriva ner några symboler. De vill att jag ska skriva några ord i några böcker. För att berätta för människor om de goda saker som de kan göra för varandra. Men min vokabulär är inte sådan just nu att jag skulle kunna berätta exakt. Jag är ung nu.

Patricia såg fortfarande saker från barnets synvinkel. Jag hade glömt bort det. Jag skulle behöva få henne att se denna information från den vuxna Patricia's perspektiv.

D: *Fråga dem, är detta vad som händer under året 2002? Många människor säger att de ritar symboler? Är detta vad som händer?*

Jag arbetar med andra utredare runt om i världen om detta projekt. Vi får alla ritningar av symboler och konstiga skrifttecken som vi hoppas kunna avkoda med en dator. Likheten mellan dessa är fantastisk, och det blir allt vanligare. Jag har också fått veta att detta är syftet med crop circles. En hel block information kan förmedlas till det medvetna sinnet genom att observera en enda symbol i cirkeln. Personen behöver inte vara fysiskt i cirkeln. De behöver bara se symbolen för att informationen ska överföras till deras undermedvetna sinne. Cirklarna är ett språk som förstås på det undermedvetna planet. Det är inte avsett att förstås av det medvetna sinnet. Mer om detta ämne behandlas i The Custodians. De har gett mig exempel på hur våra sinnen tar emot hela block av information från en enda symbol, även i vårt vardagsliv. De har berättat för mig att informationen sätts in i hjärnan på cellulär nivå, och den kommer att finnas där för att nås när vi behöver den. Det kommer att vara spontant och vi kommer aldrig ens att veta var informationen kom ifrån.

P: Symbolerna är ett försök till vår kommunikation med mänskligheten. Symbolerna, som jag har sagt tidigare, är av ren gudomlig ljus och fred och harmoni. Och när jordens människor kan se dessa symboler och ta dem in i sina undermedvetna sinnen, kommer de att förstå den skönhet och fred som vi handlar om. Vi är skönheten, freden och ljuset, och vi önskar detta för alla på planeten. Vi har stort kärlek för dem på planeten.

D: *Detta är varför dessa symboler kommuniceras till människor?*

P: Ja, ja, ja! Det finns de på planeten som känner till deras betydelse och de kommer att träda fram och göra kunskapen känd för alla på planeten eftersom det är så viktigt vid denna tidpunkt. Detta är 2002.

D: *Men du menar att människor inte behöver förstå symbolerna? De behöver bara se dem.*

P: De går in i det undermedvetna sinnet. Det undermedvetna sinnet är allvetande. Det undermedvetna sinnet kom från källan av Det Enaste. Det Enaste har kunskapen. När de kommer till denna planet och ser symbolerna igen, kommer de att minnas. Det är en kommunikationsform som de känner till på själslig nivå. De vet inte det på medveten nivå. Så när de läser dessa symboler, vet de deras betydelse, och det finns de på planeten som kan tolka dem för de andra. Och det är därför vi gör detta. Det är inte för att skada, det är inte för att skrämma; bara för att kommunicera på själslig nivå.

D: *Det är vad jag har blivit berättad, så jag tror på det.*

P: Jag arbetar med dem. De skickade mig hit. Jag ville inte komma, för jag visste att det skulle bli svårt för mig. Fysiskt, och atmosfären är annorlunda här, och det är svårt för mig att andas. Jag har bihåleproblem. Det gör ibland min mage ont.

D: *Var kom du ifrån som var annorlunda?*

P: Jag kom från en planet där det var mer gasformigt. Jag ser inte en fysisk planet, det verkar vara en gasformig planet. Massor av gaser, men vi har städer där. Om du skulle titta, skulle du inte se dem eftersom där vi existerar är i en annan dimension eller en annan nivå. Om du kunde se vår planet, skulle du se gaser. Du skulle inte se våra vackra städer. Vi har palats, vi har magnifika städer och vi lever i perfekt harmoni.

D: *Vilken typ av kroppar har ni där?*

P: Dessa är ljuskroppar. Faktum är att du kan se oss för vi har en yttre skal som kan vara synlig. Det är som en form. Det är som mannen som kom in genom mitt fönster. Han är inte en av dem; han arbetar bara för mitt folk. Det är därför han ser ful ut. Mitt folk har en kropp, och du kan se kroppen, men inuti finns inget annat än energi. Vi har inga organ, vi har inget blod och vi äter inte. Vi existerar på en hög andlig nivå, en hög andlig plan. Och vi har ljuskroppar. Och det är därför vi kan röra oss genom tid och rum och människor inte ser oss.

D: *Varför fick du veta att du skulle komma till Jorden om du inte ville komma?*

P: Nej, jag ville inte komma för jag visste att jag skulle behöva gå in i en tjock plats. Det känns tjockt och tungt här. Och när jag rör mig i min kropp känns det tungt. Vår atmosfär är inte som detta. Och jag gillar det inte, och människor är elaka ibland. Människor är inte elaka där jag kommer ifrån.

D: *Då varför måste du komma hit?*

P: De ville att jag skulle komma hit för att hjälpa till att förändra planeten. Och de satte dessa saker i min kropp så att jag kunde. De ville ha någon som kunde påverka vardagsmänniskors liv. Om vi var i en speciell position, om jag vore president i Förenta staterna, skulle jag inte ha påverkat så många människor som jag gör nu. Jag når vardagsmänniskor. Presidenten i Förenta staterna påverkar bara ett visst antal människor på planeten.

D: *Han är isolerad från de vanliga människorna?*

DE TRE VÅGORNA AV VOLONTÄRER OCH DEN NYA JORDEN

P: Just det. De ville att jag skulle påverka vardagsmänniskor. Och det är därför de satte dessa saker i min kropp. Så att när jag är runt vardagsmänniskor, når jag massor. Även om jag aldrig trott att jag nått massor. Det är vad jag ville, jag kände mig frustrerad eftersom jag kände att jag bara gjorde håret på ett par personer. Eller bara gick till mataffären, bara fåniga saker vi måste göra här. Jag har aldrig känt att jag verkligen var ute och gjorde vad jag verkligen ville göra. Men de sa, nej, det är inte sant. Det beror på denna energi inom min aura, de människor som jag till och med går förbi förändras. Människor som jag pratar med förändras. Om jag pratar i telefon, kan energierna gå genom ledningarna. Det är bara så. De förändras alla. De har aldrig berättat detta för mig. De har aldrig sagt mig något. (Skrattar) De ville inte att jag skulle veta. Jag är så glad att de berättade för mig nu. För jag ville verkligen inte komma hit eftersom det känns så dåligt. En kropp känns tung. Jag hatar att vara i denna kropp, för den är tjock.

D: *Men det finns många andra som tjänar samma syfte, eller hur?*

P: Ja, det finns tusentals här. De kommer inte alla från min planet; de kan vara från andra riken, andra dimensioner. Detta är svårt att förklara... det är som en hiss. Om du åker upp i en hiss, finns det många nivåer och det finns många olika våningar i hissen. Och så är det med varelserna på denna planet. Det är som en hiss. Det finns varelser här från många olika nivåer och de arbetar alla här inom sina egna nivåer och påverkar planeten. Som någon på tionde våningen gör sitt arbete, men det är inte större eller bättre än personen på första våningen. Det är bara olika. Dessa tusentals själar har skickats från hela kosmos för att hjälpa planeten eftersom de var oroade över att planeten höll på att dö. Den genetiska strukturen hade förändrats och hela experimentet skulle ha behövt sprängas genom en kataklysm. Och vi beslutade att vi inte skulle göra det, att vi skulle förändra det. Och det är vad vi gör här.

D: *Men det är väldigt hårt för dessa människor eftersom de inte är vana vid Jorden.*

P: Nej , jag ville inte komma. För människor som jag är det särskilt svårt eftersom vi inte ens hade munnar och vi hade inga organ att tänka på. Vi behövde inte äta. Och vi kunde gå vart vi ville, och nu måste jag åka i en bil. Är inte det dumt? Jag måste åka i en bil.

D: Men Patricia känner att varelser har kommunicerat med henne i hennes sinne.

P: De varelser som har kommunicerat med henne sedan barndomen, det är vi. Vi är hennes familj från den gasformiga planeten med de vackra städerna. Vi är långa, tunna och vi har stora ögon. Det är vi. Hon är en av oss.

D: Men du sa att hon var som glödande energi på insidan.

P: Ja, det stämmer, inuti är vi alla ljus. Om en annan varelse skulle se oss, skulle vi manifestera dessa skimrande tunna, långa kroppar med stora ögon, så att detta är en fokuspunkt. Genom evolution har vi utvecklats. Vi såg inte ursprungligen ut så här. Ursprungligen hade vi en väldigt liten mun. Ursprungligen hade vi organ, men genom miljontals och åter miljontals år har våra kroppar förändrats, vår planet har förändrats. Det är inte längre fysiskt. Det har gått från det fysiska till det gasformiga. Så det har gått igenom miljontals år av andlig evolution. Och nu är vi bara ljusvarelser. Vår planet är också av ljus.

D: Så du har kommunicerat med Patricia hela hennes liv så att hon inte skulle känna sig ensam? (Ja.) Hon undrade om ni tillhörde någon organisation eller råd?

P: Vi tillhör ett råd. Jag ser... låt mig se... vill du att jag ska vara tre år gammal?

D: Vi kan gå framåt i din ålder nu som vuxen.

P: Okej, så jag kan få en lite bättre förståelse av vad de vill.

D: Låt oss gå fram till år 2002. Under år 2002 har Patricia mer vokabulär och mer förståelse. Låt oss se på det från det perspektivet.

P: Rådet som vi tillhör är ett andligt råd. Det är inte en regeringsorgan, det är ett andligt råd. Vi följer lagarna från Det Enaste. Dessa lagar kommer direkt från Källan. Och vi är väktare av Ljuset och av kunskapen om Det Enaste. Och därför är Patricia här. Hon får sin information direkt från Källan. Från kunskapen om Det Enaste. Och vi låter den komma fram. Dessa är andliga lärdomar. Dessa är mer än bara lärdomar. Detta är en existens. Det handlar inte bara om att vara god mot varandra, utan att vara en ljusvarelse själv, att vara Gud. Det är därför hon är här, för att lära människor hur man blir Gud.

Jag återgick till att referera till Patricia's frågor:

D: *Hon ville också veta, finns det några andra typer av varelser som kommunicerar med henne, eller är det bara ni?*
P: Vi har andra. De är här under vår ledning. Och de gör experiment med henne för att avgöra hur människor reagerar på oss. Inte nödvändigtvis på oss, utan på de andra varelserna som hjälper oss med experimenten. Vi har de små grå, vi har några reptiler. Vi har några varelser som i ditt sinne skulle vara väldigt konstiga, som bollar på bollar på bollar. Som tre gående bollar tillsammans, men egentligen är det en varelse. Vi har några väldigt ovanliga varelser med oss, men de arbetar med henne för att avgöra människors reaktioner på oss, eller på de olika typerna av varelser. Hon ser olika typer av varelser, men hon minns det inte för att de kanske skrämmer henne. Vi har försökt förut och vi skrämde henne. Vi tillät denna särskilda art att komma in, att manifestera sig fysiskt och hon blev rädd. Därför vet vi att om de landar i en storstad eller något liknande, kommer människorna att reagera med rädsla och de kan använda kärnvapen eller någon form av vedergällning.
D: *Vilket inte skulle vara bra för någon.*
P: Nej, nej. Så vi använder bara henne för detta. Hon är medveten om det på en annan nivå.
D: *Rädsla, det är den mänskliga sidan av människor.*
P: Ja, men de måste lära sig att växa för att inse att det fysiska utseendet inte har något att göra med själen. Vi är mycket andliga varelser. Mycket kärleksfulla, mycket omtänksamma, och de ser på oss och känner rädsla. Och vi försöker arbeta med olika människor på planeten för att övervinna denna rädsla. Vi kommer till människor som Patricia och vi manifesterar oss. Ibland minns de, ibland gör de inte. För att vänja dem vid att se på oss så att när vi kommer personligen, kommer det inte att finnas någon rädsla.
D: *Människor, människor ser bara den yttre delen.*
P: Det stämmer, och de behöver inse—och de kommer att—att det finns en andlig sida och människor bör bedömas av sin andliga essens. Hon måste lära sig att vänja sig vid att kommunicera med oss i ett fysiskt rike. Tidigare har vi mest kommunicerat genom tankar. Det är därför hon aldrig har sett oss, hon var inte redo. Vi måste vänja henne vid att höra fysiska ljud. Det är därför vi väcker

henne mitt i natten. Hon måste vänja sig vid andliga manifestationer som gör ljud eftersom vi kommer att kommunicera med henne i framtiden. Vi kommer att besöka henne fysiskt. Och hon måste kunna acceptera detta. Vi kommer att ge henne några lärdomar, och vi kommer att ha olika typer av varelser som kommer in och ger henne information, och de kommer att komma ner fysiskt. Och hon kommer att bli riktigt rädd. Hon kommer att vara mycket, mycket rädd. Hon kommer inte att kunna hantera det. Och det är därför vi gör dessa experiment med henne för att förbereda henne i framtiden så att hon kan kommunicera direkt med våra varelser. Och vi har många olika direkt med våra varelser. Och vi har många olika organisationer. Många olika typer av varelser. Jag skulle inte kalla detta en organisation. Dessa är grupper av varelser som har bildats tillsammans för ett syfte. Det är därför vi kallar det en organisation på ditt språk. Men på vårt språk är det ett gudomligt syfte. Varje grupp av varelser har ett gudomligt syfte. De människor som hon kommunicerar med nu, hennes egna människor, vi har gudomligt syfte som vi får direkt från Källan. Det finns också andra varelser som får direkt från Källan, men de har olika uppdrag. Och hon kommer att kommunicera med alla dessa varelser. Precis som du själv har din egen uppsättning varelser som arbetar med dig genom hypnosterapi. Det skapar en viss energivibration som attraherar dessa själar som arbetar på den särskilda energinivån eller vibration.

D: *Men hon var orolig för om hon attraherade andra typer som kanske var negativa.*

P: Ingen av dem är negativa.

D: *Det har jag fått veta.*

P: Nej, hon förstår inte eftersom hon inte var redo. Och vi ville inte berätta för henne för mycket innan hon var redo. Hon har haft många jordiska saker att hantera, men detta var nödvändigt för att gå igenom dessa jordiska saker för att göra henne starkare. Så att när hon slutligen gör vårt arbete, kommer hon att vara inte bara andligt stark, utan också fysiskt och mentalt, och hon kan hantera jordiska saker mycket enklare. När hon blir mer skicklig på att hantera jordiska saker, kommer det inte att påverka hennes andliga

DE TRE VÅGORNA AV VOLONTÄRER OCH DEN NYA JORDEN

arbete. Och det är därför vi inte har kommit till henne tidigare än detta.

D: *Vissa människor har en felaktig uppfattning om att det finns många negativa varelser där ute. Men jag har fått veta att dessa inte får påverka människor på jorden på grund av rådet. Stämmer det?*

P: Det finns varelser som vi anser inte är särskilt andligt utvecklade. Det betyder inte att de är negativa. Vi har ingen negativitet inom universum. Det finns inget positivt och inget negativt. Det finns bara skönheten av Det Enaste. Vad vi har är varelser som inte har utvecklats andligt som vi skulle önska, men vi skulle inte kalla dem negativa. Jag ville nämna till exempel de utomjordiska varelserna som arbetar med er regering. De varelserna är här för sina egna syften för att hämta metaller från jorden och olika kemikalier, element och saker som de kan använda. Ibland tar de mer av detta än vad de berättar för regeringen. Vi godkänner inte detta, men vi har tillåtit dem att komma ner eftersom planetens vibration är lägre och de kan komma in i denna vibration och kommunicera med regeringen. Detta betyder inte att de är negativa. De växer andligt. Och vi tillåter dem att komma in. De skadar inte planeten eftersom de har lärt sig att de måste ge. Och de ger teknologi till regeringen. Så det är en ge och ta-situation. Vi är oense, men de är inte negativa. Jag känner inte till några negativa varelser som verkar på denna planet.

Detta togs upp i min bok The Custodians, där det finns några varelser som bara har kommit under de senaste 1000 åren, som får samla metaller och mineraler som de behöver. Dessa är vanliga material på jorden, så de skadar inte denna planet genom att ta dem. De är under strikt övervakning av rådet för att säkerställa att de inte gör något de inte borde.

P: Vissa varelser här tänker i termer av gott eller ont, och det är verkligen inte sättet att se på det. Det bör ses i termer av andlig utveckling. Vissa av dessa varelser är bara inte så andligt utvecklade som andra. Det betyder inte att de är negativa.

D: *Några av de andra forskarna tycker att en del av de saker som människor rapporterar har gjorts mot dem är negativa. Och jag*

ser det på ett annat sätt eftersom jag får information om vad som verkligen pågår. Men, jag finner det inte negativt.
P: Nej, du ser det på det sätt som vi vill att du ska se det. Du ser det på det sätt som det verkligen är. Men att försöka förklara för människor på denna planet att några av oss inte är negativa eller att vissa av dessa handlingar inte är negativa, kan deras medvetande inte acceptera just nu. Kanske i framtiden. Du måste fortsätta och hålla fast vid dina positiva tankar om oss, för detta är vad de behöver veta om oss, för detta är sanningen.
D: *Detta är vad jag har försökt göra i mina föreläsningar och böcker, är att presentera det på det sätt som det ska vara. En fråga jag har ställt många gånger, och jag har fått veta att en del av det har att göra med boskapsmutileringarna. Många människor uppfattar det som negativt. Kan du berätta något om det?*
P: Ja. Det finns olika arter som arbetar med boskapsmutileringar. Här i USA har de använt många… hormoner—jag tror att det är vad ni kallar dem—kemikalier i boskapen. Och vissa arter undersöker effekterna av dessa hormoner på boskapen. Därför tar de organen och bitarna av kon som kan påverkas av detta och de avgör resultaten. De negativa resultaten av dessa hormoner för korna. Det finns en annan typ av art, de använder blodet från dessa djur. Inte bara kor, utan också får, hundar och katter. Och de bestämmer den molekylära strukturen av blodet. Och där igen tänker människor att dessa saker är dåliga som dessa varelser gör. Men det är inte dåligt; de undersöker blodet för att avgöra de negativa effekterna av föroreningarna på denna planet på dessa växter och djur. Du lägger inte märke till det på växterna för—vad är en växt? Men när deras bästa ko blir mutilerad, då kollar de upp det.
D: *Det verkar rimligt för mig. Eftersom jag vet att ni undersöker många saker. Jag hade lite information, men jag hade inte hela svaret. Tack för att du gav mig det.*

Slutligen ett svar som gav mening. Jag hade fått veta att de var mycket oroade över föroreningarna i vår luft, och konserveringsmedlen osv. som vi har lagt till vår mat. De är oroade över effekterna på hälsan i våra kroppar, och att dessa tillsatser orsakar en ökning av cancer. Detta är orsaken till många av de experiment som så kallade "abducenter" pratar om. De utomjordiska kollar effekterna av dessa tillsatser och föroreningar på den mänskliga kroppen. Och även se om det påverkar den genetiska strukturen. Vad kan vara mer naturligt än att också kolla maten vi äter för föroreningar som påverkar våra kroppar? Någon måste göra det. Vår regering gör det säkert inte.

D: *Jag har också fått veta av dina folk att dieterna för de flesta människor förändras. Jag vet att min har förändrats.*
P: Det beror på att energierna på planeten förändras. Om du inte ändrade din kost skulle du bli mycket sjuk och du kan dö. Maten på planeten förändras. Allt på planeten förändras gradvis. Detta är innan vi initierar denna stora explosion av ljus som vi planerar att göra i framtiden. (Se avsnittet om den nya jorden.) Det förändras. Vi måste förändra det, för om vi inte gjorde det, skulle du dö på grund av alla föroreningar. Du måste ändra din kost eftersom din kropp har blivit mer känslig för föroreningarna under åren och den är i färd med att försämras. De gudomliga krafterna har instiftat denna förändring genom genetiken för att få människors kroppar att hålla. Vi vill att de ska hålla ut. Och de håller inte, de försämras. Och detta kommer att hjälpa till att återvända det.
D: *Det här är vad jag fick veta; vi går bort från tunga livsmedel till lättare typer av mat.*
P: Precis, eftersom kropparna på planeten förändras, blir de mindre täta. Och naturligtvis kräver mindre täta kroppar lättare mat. Du vet att kor är väldigt täta. Kycklingar är bättre. De är lättare. Fisk och skaldjur är bättre. Växter är det ultimata eftersom era kroppar blir mindre täta. Ni kommer att äta mindre tät mat. Det är självklart. Era dieter kommer att förändras, och det är för att skydda era kroppar. Så att den genetiska sammansättningen inte blir helt förstörd.
D: *Det är därför det händer mig också.*
P: Absolut! Du bor ju här, eller hur?
D: *Ja, det är sant. (Skratt) Jag fick veta att det händer över hela världen.*

De berättade för mig att när vi förändrar våra dieter kommer vi att gå över till mer vätskor, som soppa och smoothies, och bort från tung mat.

DE TRE VÅGORNA AV VOLONTÄRER OCH DEN NYA JORDEN

När vi närmade oss slutet av sessionen hade varelserna ett meddelande till Patricia:

Jag vill säga till henne att vi älskar henne väldigt mycket, och vi är vid hennes sida konstant. Hon behöver inte vara rädd. Vi kommer alltid att vara här för att skydda henne. Vi kan inte framträda fysiskt eftersom våra kroppar är sådana att det skulle vara nästan omöjligt för oss att framträda fysiskt eftersom vi är ljusvarelser. Och om vi kommer ner och framträder fysiskt, skulle det störa de andliga energierna som finns i vår varelse. Och det tar oss ett tag att återhämta oss från något sådant. Så vi gör bara inte fysiska resor hit. Vi har dock varelser som vill träffa henne fysiskt, och hon kommer att bli glad att veta det eftersom det är vad hon har frågat oss om tidigare. Hon är inte redo just nu. Du måste se till att hon vet att hon inte är redo nu. Men hon kommer att vara redo inom jordår om cirka tio år.

KAPITEL TJUGO TVÅ
EN ANNAN OBSERVATÖR

DENNA SESSION GENOMFÖRDES som en demonstration för min hypnosklass på Hawaii. Teresa praktiserade redan hypnos och arbetade som healer, men hon ville veta om hon var på rätt väg. Hon plågades av många tvivel och osäkerheter. Hon gick till ett liv där hon var en slags kringvandrande man som gick från plats till plats och arbetade ett tag innan han flyttade vidare. Han hade inget riktigt hem, men det verkade inte störa honom, även om han medgav att han ibland kände sig ensam.

T: Jag gillar att vara ensam, men du lär känna de människorna inte så bra eftersom du arbetar för dem. Jag stannar kanske i två månader, sedan flyttar jag när mitt jobb är klart. Jag vet bara när mitt jobb är klart, eller så säger någon till mig att vi är klara, då är det dags att gå. Jag ser den här stjärnan just nu. Jag fortsätter att se den här stjärnan när du ställer dessa frågor till mig. Ibland säger stjärnan till mig saker. Ibland vet jag. När det är dags att gå, så går jag bara. Eller så kommer någon och hämtar mig, och jag går till nästa jobb.

D: Vad menar du med att stjärnan berättar för dig?

T: Det är det roliga. Jag fortsätter att se denna stjärna och jag vet att den berättar för mig saker, och jag lyssnar.

D: Hur berättar den saker för dig?

T: Det är denna gyllene ljusstråle som kommer ner, och jag vet saker.

D: Var kommer ljusstrålen ifrån?

T: Långt ut i himlen en mörk natt. Jag vet inte om det är en planet eller en stjärna, men det är något där ute. När den kommer ner, så vet jag bara saker i mitt huvud. Det är därför jag måste vara utomhus. Jag känner bara att jag är närmare det... närmare allt när jag är ute.

Detta kunde ha pågått ett tag, så jag flyttade honom framåt till en viktig dag. När vi kom dit sa han att han var yr. "Allt börjar snurra just nu. Så känns det i min kropp just nu. Helt som om jag snurrar runt och runt." Jag gav förslag för välbefinnande så att hon inte skulle uppleva några fysiska känslor. "Hela min kropp snurrar som om jag är i denna centrifug. Så känns det verkligen. Jag ser ingenting. Det är som allt är orange och hela min kropp snurrar och jag kan inte stoppa snurrandet. Det är allt mörkt... ett oranget mörkt, en orange färg. Det är som om jag är inne i något och det snurrar. Jag är definitivt inne i något."

D: *Vill du ta reda på vad det är? (Ja) Du kan göra det.*
T: Jag vet att jag kan. Jag drar mig tillbaka, och jag är i någon slags skepp. Jag ser skeppet från utsidan. Det är platt på botten och har ett kupolformat tak och kanter som kommer ut som en skål som är upp och ner på sitt tak, och det finns något under. Ljus. Jag ser att det inte är särskilt stort. Och... jag snurrar.
D: *Snurrar hela skeppet, eller är det något du är i?*
T: Jag tror att det är rummet jag är i. Det börjar sakta ner nu. Rummet är inne i skeppet. Det finns en varelse. Jag är inte ensam, men de är inte i det rum jag är i.
D: *Hur ser de ut?*
T: Jag kan inte riktigt se. Jag får bara en känsla av detta. Det är en stor varelse... lång. Jag vill säga "skapa," men det är inte en skapelse. Det är en varelse. Jag ser det utifrån. Jag är i två platser samtidigt. Jag är i rummet, och jag ser utsidan av rummet. Jag ser toppen av vad det är. Det är som ett glasmaterial. Du kan se in, men det är inte glas.
D: *Är det den kupolformade delen du pratar om?*
T: Ja. Jag kan se kontroller eller något. Jag skulle tro att det är kontroller. (Hon skrattar.) Jag vet att det finns andra varelser... mindre. Det är roligt för de ser bara så annorlunda ut. (Stort skratt.) De ser inte ut som jag skulle föreställa mig. De är små och lite blåaktiga, och inte som jag har sett på bilder. De är blå, och den andra är en annan färg, som orange.
D: *Kan du se hur deras ansikten ser ut?*
T: Nej, jag ser dem bakifrån. (Skratt) Och faktiskt är jag en av dem. Jag ser mig själv ännu inte, men jag vet att jag är en av dem. Jag vet inte vilken ännu. Jag skulle bara vilja ta av mig masken. Ta av masken för att vara den jag är... inte den personen som kom in där. Det är inte vem jag är.

D: *Så när du kom in där såg du annorlunda ut? (Ja) Varför tror du att du var i den snurrande kammaren?*
T: För att återgå till vem jag är. Snurrandet gör något med din molekylära struktur. Det förändrar dina molekyler. Jag vet inte om det är min sanna form, men till en annan form. Och jag är en av de stora varelserna.
D: *Har du avslutat ditt jobb? Är det därför du är där nu?*
T: Nej, jag tror inte att jag är klar. Jag tror bara att jag behövde återvända och vara i skeppet ett tag. De måste berätta för mig saker, och saker har förändrats och de kunde inte koppla med mig av någon anledning. De kunde inte berätta för mig saker, och så jag behövde komma dit och lära mig mer. Något har förändrats.
D: *Så de ville återställa kopplingen?*
T: Ja. Jag tror att jag behövde vara med dem igen. Jag behövde det. Det är ensamt där nere. Det är inte ensamt här.
D: *Vad är ditt jobb när du är där?*
T: Jag är någon slags kapten eller något liknande.
D: *Vad ser du att du gör?*
T: Jag gör inget just nu för jag är inte i samma form längre. Men jag kan styra skeppet och resa och göra saker som jag har blivit tillsagd att göra. Och jag gillar det.
D: *Vem säger åt dig vad du ska göra?*
T: Den person jag arbetar med och för. Det är en annan planet. Jag var på jorden, men jag är inte från jorden.
D: *Är det den enda platsen du går till?*
T: Nej, jag har varit på andra platser, men just nu är det jorden. Jag har ett jobb på jorden. Jag har bara glömt vad det var.
D: *Vad var syftet med att komma till jorden och göra dessa saker?*
T: Utforska först och se vad människorna var som, se hur utvecklade de var, och vilka deras rädslor var.
D: *Det är därför du inte riktigt blandade dig med dem så mycket? (Ja) Bara observera? (Ja) Vad gör du med informationen när du har samlat den?*
T: Ger den till någon annan, och de listar ut det. Och sedan åker vi på en annan resa. Jag har varit på många andra platser förutom jorden. Jag tycker att det är väldigt intressant.
D: *Vad tycker du om människorna på jorden när du observerade dem?*

T: Tja, där jag var, var det inte så många människor, och de överlever. De lever, men inte på ett stort sätt, än.
D: *Vad kommer du att göra nästa? Vet du?*
T: Nej, de har inte sagt till mig än. Kanske tillbaka till jorden. Vad de vill är okej med mig. Jag hoppas att de flyttar till en annan tid.
D: *En annan tidsperiod eller en annan plats.*
T: Båda. De väljer.

Jag flyttade fram tiden tills beslutet fattades att återvända till jorden. "Har de sagt till dig vart de vill att du ska gå och vad de vill att du ska göra?"

T: Nej, de sätter bara mig där.
D: *Jag tror att du skulle vilja ha något att säga om det, skulle du inte? (Vi båda skrattade.)*
T: Nej, det är okej. De sätter mig där. Sedan berättar de för mig allt jag behöver veta.
D: *Var har de satt dig?*

Hon såg sig själv stå vid kanten av en skog. "Berättade de för dig vad du ska göra?"

T: Nej. Jag vet bara. Jag kommer att veta när jag ser honom, men jag är fortfarande en observatör. Jag är bara en observatör.
D: *Du ska inte bli för involverad?*
T: Nej, det är jag inte. Jag är bara en observatör. Jag tittar. Jag ser inte ut som en människa. Jag vet inte vad jag är. Jag är lång och smal... jag vet inte om jag är människa. Det känns som om jag är på någon annan planet. Skogen... det finns strukturer som är kupoler och som är bekanta för mig. De är av metall med stora kupoltak. Och jag ser annorlunda ut. Jag är väldigt, väldigt blek och smal och annorlunda. Kanske är jag en varelse från denna plats, men det är inte mänskligt nu. Jag är en observatör. Det är ett intressant jobb. Jag bara tittar och observerar. Det är lite som det andra jobbet, men det är trevligare. Det är varmare.

Det här hade kunnat fortsätta ett tag, och jag hade kunnat utforska detta utomjordiska liv också. Men vid denna punkt i sessionen var det dags att kalla fram SC för att få svar och terapi. Dessutom var det en demonstration för klassen, och jag hade inte lika mycket tid som jag har under en privat session. Jag frågade om orsaken till att visa Teresa det livet.

T: För att hon ska förstå mer om vad hon har sett och gå djupare. Hon behöver förstå sitt förflutna.
D: *Har hon alltid varit en observatör?*
T: Inte alltid.
D: *Men i de livstiderna var hon det?*
T: Ja. Hon behövde också veta hur man hjälper människor. Att se alla sidor av människor... att gå djupare.
D: *Människor har många sidor, eller hur? (Ja) Komplicerade.*
T: Väldigt. Hon ser under ytan, men hon förstår inte alltid. Hon tvivlar på sig själv.
D: *Varför bestämde hon sig för att bli människa om hon hade dessa liv som andra varelser?*
T: För att utvecklas snabbare. Då var hon bara en betraktare, en observatör. Hon kan gå mycket snabbare i en mänsklig kropp. Hon bestämde sig för att göra detta, men de flesta glömmer.
D: *Är det därför du ville påminna henne om varför hon är här?*
T: Ja, hon har mycket arbete att göra. Hon är en resenär. Hon går från plats till plats, men hon har stannat på ett ställe länge... för länge. Den här gången valde de en avlägsen plats (Hawaii). Bara för att flytta runt... hon glömde att hon gillade det. Hon behöver göra sitt arbete nu, så snart hon kan. Men hon hittar på ansvar eftersom hon har glömt.
D: *Vad ska hon göra när hon reser?*
T: Prata med människor, lyssna på människor, hjälpa dem och göra sitt arbete. Hjälpa människor att må bra igen... bli glada igen, hela deras smärta. Folk kommer att känna igen henne och de kommer. Hon kommer att kunna hjälpa dem. Frågor och sedan lyssna. Frågor är en del av att lyssna. Andra saker är bara dörröppningar. De har bara lett henne hit. Nya saker kommer att komma. Hon kommer att dela med sig.

D: *Hon fick uppfattningen att hon skulle vara kvar i trehundra år. (Vi skrattade båda.) Vad tror du?*
T: Det skulle hon kunna, om hon verkligen vill det.
D: *Vi har kontroll över den mänskliga kroppen, eller hur?*
T: Ja, men hon visste inte att det är sant.
D: *Jag har hört att man kan leva så länge man vill eftersom man kan kontrollera kroppen, eller hur?*
T: Ja, det kan vi.

"Vi förändrar saker inom henne... hennes DNA... det förändras."

D: *"Det händer många människor, eller hur?"*
T: "Ja, det gör det."
D: *"Varför förändras DNA:t?"*
T: "För att allting förändras. Planeten förändras. Ert DNA förändras. Det måste förändras... för att kunna hålla energin, för att kunna hålla frekvensen."
D: *"En del människor klarar inte av det, eller hur?"*
T: "Nej, och de måste lämna. Och de är glada att lämna. De vet att det är vad de måste göra. Det är en bra sak."
D: *"De som stannar anpassar sina frekvenser, och DNA:t förändras för att anpassa sig."*
T: "Ja. Du kan känna det ibland. Du känner saker i din ryggrad."
D: *"På vilket sätt?"*
T: "Bara virvlingar. Den här kroppen känner det nu."
D: *"En del skulle säga att det bara är Kundalini."*
T: "Nej. Detta är inte Kundalini. Detta är DNA."
D: *"Det innebär att när saker förändras kommer vi att känna vibrationer i kroppen?"*
T: "Ja, och ibland huvudvärk när vi anpassar oss. Ryggont... huvudvärk. Men de försvinner. De är inte kroniska."
D: *"Och när vi blir mer och mer anpassade till frekvenserna, slutar de?"*

T: "Ja, det gör de. Vi ger henne mycket mer energi. Hon har varit nedstängd för att förändras. Det är därför hon kände låg energi. Många saker inom henne förändrades, och nu kommer det att skifta med detta skifte, med DNA:t."

T: "Hon argumenterade med oss för att komma hit till klassen. Hon ville komma, men samtidigt inte."
D: *"Vad menar du? Förklara det."*
T: "Jag ska, men hon behövde koppla upp sig med dig, inte bara med en av dina elever. Hon behövde vara här med dig, höra dig och känna dig, eftersom det förändrade hennes energi. Din energi förändrar andra människor bara genom att du är i deras närhet. Det handlar inte bara om vad du lär ut. Det är vad du gör."
D: *"Du sa att hon inte ville komma?"*
T: "Nej. Hon ville komma, men hon visste inte hur viktigt det var att komma. Detta var väldigt viktigt idag, att vara i denna tid och detta rum med dig och dessa människor."
D: *"Tror du att den här gruppen kommer att kunna göra det jag har lärt dem?"*
T: "Åh, ja... inte alla, men de flesta av dem. Vissa vill inte göra det. Vissa kom bara för att uppleva, men några kommer att göra det."
D: *"Vi behöver nå så många människor som möjligt."*
T: "Ja, det behöver vi."

Meddelande: "Hon tas alltid om hand. Hon är älskad och vi är alltid här. Vi är alltid här för alla. Aldrig ensam."

KAPITEL TJUGO-TRE
DEN BÄSTA AGENDAN FÖR JORDEN

RANDY ARBETADE HEMIFRÅN med sin dator. Han var djupt involverad i metafysik och använde det för att söka mening i sitt liv. Han var gift och hade barn, men kände sig frustrerad eftersom han kände att det fanns något han borde göra för att hjälpa Jorden. Detta var huvudorsaken till sessionen, att hjälpa till att upptäcka varför han var här.

När Randy kom tillbaka från molnet observerade han en konstig scen. Han befann sig någonstans i snötäckta terränger på en avlägsen plats och observerade två rymdskepp som hade landat på snön. "De är på en riktigt avlägsen plats på Jorden. Det ser ut som en av polerna... Norra polen." Ett av farkosterna hade en diamantslipa emblem på sig. De verkade alla vara stora nog att rymma ungefär tio personer. Han kände att de representerade två olika fraktioner, även om han inte visste vad det innebar. Det fanns människor runt farkosterna. "De har på sig lätta kläder. Jag vet inte om det är en uniform, men det är mer ett skyddande lager. Mer som en rymddräkt än kläder. Hela deras kroppar är täckta, även en hjälm. De är väl skyddade mot kylan." Han verkade bara observera detta och deltog inte. Därför var människorna inte medvetna om honom.

R: De är som två olika fraktioner. De pratar om någon form av förhandling.
D: *Menar du som två olika länder?*
R: Nej, de har två motsatta åsikter eller idéer. Det har något att göra med Jorden. De vill båda att evolutionen av Jorden ska hända. De har idéer om det bästa sättet för det att ske. En grupp vill ha ett direkt inflytande, och den andra gruppen vill ha ett mindre direkt inflytande. Det handlar om två olika perspektiv. De två olika idéerna; huruvida det ska vara ett direkt inflytande eller ett indirekt inflytande.
D: *Var och en skulle kunna ha olika resultat, eller hur? (Ja) Du sa att de båda är överens om evolutionen av Jorden?*

R: Rätt. Det är deras gemensamma mål.
D: *Vad ser de som evolution av Jorden?*
R: Evolutionen av mänskligt medvetande. Att få dem ur den cykel de är i. Så en grupp skulle vilja ha en radikal—jag menar inte radikal i en negativ bemärkelse. En mer direkt metod, och den andra gruppen skulle vara en mer subtil metod.
D: *Men de är båda överens om att det är dags för Jorden att medvetandet ska utvecklas?*
R: Ja. Och de är också överens om att de vill arbeta tillsammans. De vill inte ha separata fraktioner. De vill inte ha två motsatta modeller. Det är en del av vad de pratar om. De försöker bara se varandras perspektiv så att de kan komma fram till ett enat mål.
D: *Vet du om någon har sagt åt dem att göra detta?*
R: Nej, det verkar som om de är på en högre medvetandenivå där de kan se varandras tankar.

Jag frågade honom hur han uppfattade sin kropp. Jag undrade om han var en av dem. "Nåväl, vid denna tidpunkt är jag bara ren medvetenhet. Bara observerande."

D: *Som ren medvetenhet kan du plocka upp deras tankar?*
R: Exakt.
D: *Har de varit involverade i att hjälpa jordens folk tidigare?*
R: Ja, de har alltid varit här.
D: *Så detta är ingen ny fraktion som har kommit in? (Nej) Om de alltid har varit här, vilken del har de varit involverade i?*
R: Subtila influenser. De är hållna på flera olika plan, så på ett sätt, bara deras närvaro, deras frekvens.
D: *Vad har den närvaron och frekvensen åstadkommit?*
R: Jag antar att man kan säga att det har bringat ljus. Jag ser redan korrelationen.

När han började förklara blev han plötsligt mycket känslosam. Han försökte gråta men försökte hålla tillbaka.

D: *Varför gör det dig känslosam? (Randy försökte fortfarande få kontroll över sig själv.)*

DE TRE VÅGORNA AV VOLONTÄRER OCH DEN NYA JORDEN

R: Lite som att vara förälder... försöka skapa en hälsosam, lycklig miljö. Det blir en känsla av ansvar.

D: *Så vad har det att göra med varför du är här?*

R: Så jag kan gå tillbaka och jag ser på dessa varelser som är här. De fungerar på multidimensionella sätt. På ett plan har de skepp. De har fysiska former manifesterade. De har förmågan att påverka andra varelser och deras avsikter. Och de fungerar på det planet eftersom de kan påverka med bara sin blotta närvaro. Detta kommer att begränsa mängden andra varelser som kan komma hit och påverka. Så även om de inte deltar i något, är deras närvaro känd, och på en högre dimension eller en annan dimension, deras medvetenhetsfrekvens, deras avsikt, hjälper också till att skapa skyddet runt Jorden. Det är inte en inneslutning. Det finns fortfarande absolut fri vilja, fri flöde, men det finns en energi som är tillägg.

D: *Det skulle gå emot deras fria vilja om de påverkade medvetandet. Stämmer det?*

R: Ja, men de gör det inte. De tillhandahåller helt enkelt en frekvens och en energi, så det är därför jag säger att det är som ett ljus... ett heligt ljus.

D: *Så de har de bästa avsikterna?*

R: Absolut.

D: *Men du sa att det finns andra varelser som inte skulle ha de högsta avsikterna?*

R: Ja, på flera olika nivåer. Det är där friktionen finns... de två olika perspektiven. Det finns en fraktion som vill påverka mer direkt, så i en bredare mening kan det betyda att de är här genom att blanda sig i den andra gruppen. Det är en nivå, och de kan påverka genom att göra materiella förändringar i denna dimensionella verklighet... observerbara förändringar. En fraktion tycker att det skulle vara mer fördelaktigt och den andra gruppen är mer passiv. De är fortfarande osäkra.

D: *Så det är fortfarande öppet för vilken väg Jorden ska gå?*

R: Det handlar inte om hur Jorden ska gå. Det handlar bara om intervention eller kanske ingen intervention. Det handlar om att återgå till föräldrasaken. När ska du vägleda, eller hur vägleder du, utan att ingripa? Så det är den fina linjen mellan att ingripa och intervention eller något sådant. De är bara inte säkra på om interventionen, deras inblandning eller vilken annan direkt åtgärd som den andra gruppen överväger, är utan konsekvenser.

D: *Finns det någon som rådgiver dem?*

R: Det verkar finnas en kollektiv.

D: *Det låter som att de verkligen vill att Jorden ska utvecklas; som om det är något som ska hända.*

R: Åh, ja. Ja, det är tydligt.

D: *Betyder det att de vill att de ska utvecklas positivt, och bort från negativitet?*

R: Jag är inte säker på att de ser det på det sättet. Jag tror att de ser det som att utvecklas för att vara medvetna om sin fria vilja och fria val. Så jag antar att den ena gruppen som vill ha direkt handling är lite otålig. (Skratt) Det är min tolkning. De tycker att det tar för lång tid, och att några av deras åtgärder kan påskyndas. Men återigen, gruppen som är mer observatör eller mindre direkt påverkan, respekterar medvetenhetsnivån här. Och det finns en slags fångad situation, och det är som om båda medvetandena inte är medvetna om fri vilja, och det vet inte att de har ett val, och det är svårt för dem att gå framåt. Så hur kan vi introducera att det finns en möjlighet för fri vilja utan att påverka deras fria vilja? Med andra ord, om de inte naturligt utvecklar sig till den medvetenhetsnivå där de känner igen fri vilja, kan det potentiellt bli som om det aldrig hände. Så det måste hända inom deras kollektiva medvetande genom evolution, eller som en grupp föreslår, kan det gå snabbare genom påverkan. Och påverkan kan helt enkelt vara genom att introducera nya idéer och nya koncept och trossystem. Det behöver inte vara genom fysisk kontakt eller interaktion nödvändigtvis.

D: *Då kan de introducera nya idéer i den kollektiva medvetenheten hos mänskligheten?*

R: Ja, men de finns redan där. Det handlar om att få folk att titta på det. Just nu ser folk bara på sina fötter. De kan inte se något annat än sina tår, men alla universums kunskaper och gåvor är precis där. De verkar inte veta. De har inte några av de verktyg på en medveten nivå för att få den informationen.

D: *De kanske inte ens vet att det existerar.*

R: Rätt. Det finns en annan aspekt av intervention eller vad som helst, och det handlar om hur man använder den förmågan. Det är en färdighet. Nåväl, det är i sig själv bara en idé. Hur får man dem att sträcka sin medvetenhet?

D: *Har de någon idé om hur detta kan uppnås?*

R: Det finns också olika idéer inom den gruppen. Den djärvaste skulle vara att de gör sin närvaro känd, men det verkar som om det skulle skapa en stor positiv och negativ händelse. De människor som är redo skulle lätt känna igen det, och de människor som inte är redo skulle lätt bli mottagliga för sin rädsla och osäkerhet och tveka, och springa åt motsatt håll. Så det skulle vara extremt fördelaktigt för vissa, men det skulle kunna vara potentiellt katastrofalt. Inte katastrofalt i en global mening, men inte hjälpsamt. Det är en av de frågor som står på bordet.

D: *Vilka är några av de andra?*

R: Att kontakta ett urval av människor som är redo och arbeta med dem för att komma fram till en idé.

D: *Bör detta vara fysisk kontakt? (Ja) På ett sätt som inte skulle skrämma personen.*

R: Rätt. Det är kärnan i saken. Det är en av de saker som står på bordet. Det är en riktigt klurig situation. Du introducerar dig själv för dem, föreslår potentialer, och sedan får du ett par människor att solidifiera potentialen. Låt det bli mycket intensivt. Då vet du att du inte skulle inkräkta på den fria viljan, och sedan skulle planen vara att göra detta till en större avsikt för att introducera fler människor till idén. Så kanske det är den helande personen som skapar idéerna som sprider det, så att det införlivar en mänsklig medvetenhetsbaserad evolution.

D: *På det sättet går det inte emot den fria viljan. (Korrekt) Knepet är att få andra att lyssna.*

R: Det skulle vara de mänskliga varelsernas ansvar eller uppgift. Så saken skulle vara att få momentuminertia. Att få kritisk massa och den kritiska massan kan justera fröna av kollektivt medvetande.

D: *Står det på deras agenda att kontakta regeringar?*

R: Nej. Det finns många andra idéer där. Det verkar inte vara en dominerande. Det skulle vara individer som är redo.

D: *Finns det några andra idéer på bordet?*

R: Den sista vi pratade om verkar vara den mest möjliga, troliga idén eller lösningen, om det går i den riktningen. Så den andra riktningen är den mest passiva riktningen, där de ser att det skulle utvecklas naturligt vid någon tidpunkt, vilket skulle ta längre tid.

D: *Tja, om de kontaktar dessa människor, vilken typ av information kommer de att ge dem eller dela med sig av?*

R: Jag tror att det baseras på individen. Det finns ingen möjlighet att dela sinnet, så de vet vad de människor de ska kontakta är intresserade av eller—intresserade verkar vara det bästa ordet—vet vad deras böjelse är. Och de skulle arbeta med den personens intressen. För att börja med skulle det finnas ett individuellt budskap till varje person.

D: *Skulle personen kunna acceptera att ha kontakt med något som definitivt inte är mänskligt?*

R: De människor som de kontaktar skulle inte ha några problem. För de kan se tankarna hos människorna.

D: *Under de senaste många åren har människor sett skeppen, rymdskeppen i luften; och fler och fler människor pratar om att ha kontakt.*

R: Jag tror att detta är en annan grupp. Det är en grupp som aldrig har setts. Detta är en helt annan grupp. Detta är en grupp som inte har ingripit... har inte inblandat sig. De har alltid varit observatörer. De har alltid bara varit närvarande här. De kommer att vara mer direkta i framtiden. Just nu gör de ingenting.

D: *Jag tänkte på hur svårt deras uppdrag har varit att vara observatör hela denna tid och plötsligt förändras. (Rätt) Men de tycker att detta skulle kunna vara den bästa idén?*

R: En fraktion tycker det, ja.

D: *Hur skulle de framträda för människorna?*

R: På det sätt som den personen bäst skulle acceptera dem. De varelser som jag tittar på har flera simultana potentialer. De kan vara i vilken dimension de behöver, så de kan vara i en fysisk form eller så kan de vara eteriska, så de kan påverka flera nivåer av verkligheten samtidigt. Så de skulle framträda i den mest accepterade formen.

D: *Vad är deras normala utseende?*

R: Det är den intressanta saken. Det är parallellt. De kan vara eteriska eller så kan de helt enkelt vara fysiska, och de kan vara båda samtidigt.

D: *"Så de har ingen normal fysisk form?"*

R: "Ja... nej. Jag antar att man kan säga att den lägre frekvensformen är en projektion av deras högre medvetande, men på något sätt är det helt symbiotiskt."

D: *"Du ser dessa varelser bära dräkter för att anpassa sig till miljön, så jag trodde att de hade någon form av fysisk kropp inuti dem."*

R: "Det var det intressanta. Kanske var det bara för kontakterna, för ja, de har en fysisk form. Jag är inte helt säker på vilken frekvens formen har, men det verkar också vara flexibelt. De var på jorden för att hålla detta möte, vilket kanske bara var för min skull."

D: *Förklarar detta varför du är här på Jorden?*

R: Så varför är jag här? Jag såg parallellen mellan deras avsikt och min avsikt. (Skratt) Jag verkar vara lite mer "i det". Det är att vara här, att vara levande, att hålla frekvensen, att hålla det goda och låta det vara tillgängligt. Oavsett om människorna vet att det finns där eller inte. (Bli känslosam igen.) Och det går tillbaka till mina frustrationer kring huruvida jag ska ingripa eller påverka eller... huruvida jag ska ha ett mer direkt inflytande.

D: *Och vad tycker du är ditt jobb?*

R: Mitt jobb i detta medvetandetillstånd eller mitt jobb i mänsklig form?

D: *Vilket som helst. Du kan prata om båda.*

R: Det verkar som att det är att individuellt observera. Jag känner att det är så ovan som nedan... det skulle vara att observera. Det är svårt att vara en känslomässigt distanserad observatör. Jag tror att en del av utmaningen är att vara observatör och bara observatör med ett visst perspektiv. På någon nivå är vad som än händer lämpligt. Och jag känner att det finns en rätt och en fel, eller en bra och en dålig, eller ett ljus och ett mörker, eller ett bättre inflytande eller ett negativt inflytande. Och jag väljer att agera där eller göra en skillnad eller ingripa eller påverka. När jag fungerar på den nivån, då är jag läkemedlet eller en del av problemet? Och återigen skulle det ta en annan nivå av att se på det, så jag antar att jag inte är säker på hur jag ska spela.

D: *Vilken del är du tänkt att spela i spelet?*

R: Jag ser om jag påverkar, då påverkar jag bara utifrån det medvetande som jag håller i just det tillfället. Men om jag inte gör någonting och bara observerar, så verkar det som ett mer naturligt tillstånd för mig. Det är därför jag känner mig ensam där.

Detta var verkligen en gåta, och även om vi hade fått viss information, visste jag att det fanns mer som vi inte skulle kunna ta reda på på detta sätt. Så jag lät honom glida bort från scenen, och jag kallade fram SC:n. Jag frågade varför Randy visades den scenen när han kunde ha visats vad som helst (speciellt när vi hade för avsikt att hitta tidigare liv).

R: Det var den mest logiska analogin.
D: *Varför ville du att Randy skulle se det?*
R: För att sätta det i perspektiv. Anledningen till att vara i fysisk form.
D: *Förklara det för honom. Det är en av de saker han ville veta.*
R: Det finns flera nivåer av vikta och vikta verkligheter som upplever denna bredare skapelse. Och jag ser inte en uppgift per se i en fysisk form för honom just nu. Han har fri vilja och vet inte vad han ska göra med den. Det är en del av den framåtblickande aspekten eftersom vad är eftersom vad är nästa nivå när du erkänner att du har fri vilja? Vad gör du med den? Och han är på den ledande kanten av det. När han räknar ut det (Skratt) så kommer det att vara tillägg till medvetenhetens evolution.
D: *Kan du ge honom några ledtrådar för att räkna ut det?*
R: Det är därför vi skrattade, för det är slitaget av oss att någonsin försöka ingripa versus inblandning versus evolution.

Randy hade tagit många metafysiska kurser och utforskat många olika vägar och metoder. SC:n tyckte inte att det var viktigt. "Det enklaste är bara att uttrycka sin fria vilja. Allt han behöver göra är att uttrycka det. Det är det enda som återstår. Det finns ingen mer kunskap, ingen mer insikt som krävs. Det finns helt enkelt att nå en punkt av självmedvetenhet. Så jag antar att det är självutforskning, att försöka räkna ut vad man ska göra med den fria viljan. Nu när han förstår fri vilja och tror på fri vilja och ser fri vilja, så behöver han sätta sin avsikt för hur han ska uttrycka den fria viljan. Detta kommer att hända på planeten, och alla, när de väl förstår fri vilja, kommer att hamna i samma situation. Så vi har fri vilja, vi erkänner det nu. Vi kan välja det här, vi kan välja det där, men återigen måste de sätta avsikt för att kunna manifestera verkligheten. Så att bara veta att de har möjligheten att välja fri vilja eller att välja rätt eller fel, vänster till höger, upp och ner, måste manifesteras för att få erfarenheten... för att få kunskapen... för att få visdomen att skapa evolutionen. Om vi ska se konceptet av en idé, skulle det inte vara evolution i dess friaste form."

D: *Så han måste räkna ut det för sig själv?*
R: Det är en del av upptäcktsprocessen, ja.
D: *Avslutar han sina cykler?*
R: Ja, korrekt.
D: *Så om han har avslutat alla sina studier, borde detta vara den sista på Jorden?*
R: Det finns egentligen inga studier. Det fanns inga krav. Det fanns ingen traditionell process där.
D: *Jag tänkte på något som liknar en skola.*
R: Tja, visserligen finns det något att lära sig var som helst och överallt där du har möjlighet att ha en upplevelse. Anledningen till denna upplevelse är att veta, att uppleva fri vilja från flera nivåer. De varelser som traditionellt inkarnaterar här rör sig uppåt i medvetenhet också, och deras reinkarnationsprocess kommer att förändras ganska dramatiskt. Och en del av vår inkarnation manifestationen på flera nivåer parallellt är att assistera dessa nivåer i det parallella.
D: *Hur kommer reinkarnationsmönstret att förändras?*
R: Det finns trossystem som existerar på dimensionen av verklighet som också är skapade av medvetandenivåer inom den verkligheten, som är självbegränsande. Och precis som på Jorden, pågår medvetenhetens evolution för att bli medveten om något bredare även på nästa medvetenhetsnivå.
D: *Men det finns fortfarande vissa människor som måste fortsätta att komma tillbaka, reinkarnera, eller hur?*
R: Ja och nej och möjligtvis. De människor som tror att de måste reinkarnera, som inte är villiga att öppna sig för möjligheter, kan fortsätta att upprätthålla denna verklighet på obestämd tid. De varelser som tillåter sig att vara mer mottagliga för andra idéer och trossystem kommer att få möjlighet att utforska andra alternativ och röra sig in i olika verkligheter. Sedan finns det varelser som har väntat på att detta ska hända under en mycket lång tid. Så de människor, de varelser, som har väntat på att detta

ska hända, kan man säga att de är några av mästarna som fortfarande finns omkring denna planet och har stannat här för att hjälpa till, för att erbjuda sitt stöd, sina färdigheter, sin kunskap, sin visdom, sina inflytanden. De vet att det finns något mer, och de kan gå vidare.

D: *Så allt förändras?*

R: Absolut, allt förändras.

D: *Han säger att han söker sanningen. Och vad är sanning överhuvudtaget?*

R: Sanningen, från den bredaste perspektivet, är allt och det är ofattbart. Antingen ser du den bredaste bilden eller så tittar du på de allra minsta detaljerna. Så sanningen—för att svara på frågan— finns ingenting som är inkongruens, utan hans tankar och hans övertygelser och hans idéer. Det finns inga osanningar, med andra ord. Han har gjort allt arbetet. Han har kunskapen. Han har erfarenheten. Han har visdomen. Han måste bara välja vad han ska göra med det. Om han strukturerar sina avsikter, finns det inga begränsningar. Där han måste fatta ett beslut för att gå framåt. Han har oändlig potential. Detta är vad som kommer att hända på jordplanet. Dess medvetande kommer att vakna till sin potential, och det kommer fortfarande inte att manifestera sitt akademiska värde... sin intellekt. Det måste finnas avsikt och inerti och motivation och riktning och en solidifiering av den kunskapen innan den blir verklig i den verkligheten. Och mycket få har kunnat göra det, och det är en del av hans jobb.

D: *Låter komplicerat.*

R: (Skratt) Det är så enkelt som att trycka på en knapp.

D: *Trycker han på knappen eller gör du det?*

R: Han gör det. Vi har aldrig ingripit. Låt oss omformulera uttalandet. Låt oss hålla det i sitt sammanhang som en referenspunkt. Här är han med förmågan att skapa vad som helst. Han har trossystemet som gör att han kan manifestera sina avsikter och önskningar... att stödja sina avsikter och önskningar. Det finns ingen konflikt mellan hans trossystem och förmågan att manifestera. Kärnan i saken är, även om han tror att han har förmågan, vilket han gör, har han inte satt den förmågan i rörelse. Så vi säger att det är en knapp, men det är en knapp för avsikt. Det är inte en knapp på något annat sätt eller sätt. Men det handlar helt enkelt om att acceptera sig själv som den man uppfattar sig själv att vara. Och det är ingen avsikt av huruvida i en bredare mänsklig kollektiv medvetenhetsbetydelse, kan man säga, "Vem vill du vara idag?" Och definiera det, och sedan kommer manifestationen att följa. Jag har svårt att beskriva det, men när han når en punkt av att smälta samman... en punkt av att integrera sig själv... den punkt där han inte längre ser sig själv som en separat aspekt. När han når den punkten, kommer han helt enkelt att "vara." Och när han blir den punkten, kommer han att göra intryck här, så han har fri vilja. Och det är inte förutbestämt eller predestinerat, men när han når den punkten, kommer han att demonstrera sig själv. Vi är vid en punkt där han måste fatta ett beslut för att gå framåt. Han måste fatta ett beslut om att ställa sin avsikt och att definiera sin avsikt, och att skapa sin egen verklighet.

KAPITEL TJUGO-FYRA
EN UTOMJORDING BLIR BORTFÖRD
AN EN ANNAN UTOMJORDING

MICHAEL VAR EN ung affärsman som hade migrerat från Ryssland till USA. Även om han var gift med barn och ganska nöjd med sitt arbete, hade han stora osäkerheter och rädslor. Han kände sig blockerad och hade en konstant känsla av ensamhet, av att inte höra till. Dessa var de saker han ville utforska under sessionen. Jag visste att SC:n skulle hitta svaren, men det tog helt klart en konstig väg den här gången. Förvänta dig alltid det oväntade!

Det första Michael såg när han kom in i scenen var röd jord och en himmel som inte verkade vara den rätta färgen. När han tittade runt blev han medveten om några byggnader i fjärran, men när han tittade närmare verkade de vara rester av byggnader, liknande skräp eller ruiner. Inga träd eller vegetation, bara den kala rödbruna jorden och ruiner. Ingen tecken på varelser. "Det finns en känsla av att det har skett en förstörelse. Jag känner ingen rädsla. Jag känner ingen terror eller något sånt. Jag står ensam på detta ställe och förstår inte varför jag är där. Det ser ut som något slags skräp på horisonten." När han närmade sig ruinerna kände han en bränd lukt i luften, även om han inte såg någon eld. Det fanns rester av flera stenbyggnader som hade jämnats med marken vid någon typ av förstörelse. Jag frågade om han kände någon koppling till denna plats. "Jag känner att det kanske inte är en plats där jag bodde, men jag hörde till denna plats och jag kom och såg att den var borta. Jag känner sorg inombords. Jag ser inte mig själv vara där när det hände." Han uppfattade sig själv i en kvinnlig typ av kropp som var i grunden humanoid och bar en typ av löst flödande klädsel.

Jag antog att om hon hade en koppling till denna plats, så var hon förmodligen någon annanstans när det inträffade. Medveten om att vi kan röra oss i vilken riktning vi vill under dessa sessioner, bad jag henne att backa för att se var hon var innan hon kom hit. "Just nu är jag i öppen rymd, och jag ser planetens kurva framför mig. Jag ser stjärnorna. Det ser ut som en galax någonstans, men färgen på planeten är en mörk färg. Som den mörka sidan av morgonen, men kanten är ljus. Jag är på den mörka sidan av denna planet."

D: *Är detta den du just var på, eller vet du?*
M: Jag vet inte, men jag är i rymden.
D: *Reser du i något?*
M: Jag vet inte hur jag ska förklara det. Det finns ett fönster, men fönstret är... hängande. Det är inte som en flygande skål, men fönstret är semi-sfäriskt framför mig, rundat med en kurva på toppen och rakt på botten. Jag ser igenom detta. Och det ser ut som om jag flyger inuti detta fordon eller något.
D: *Är någon annan på fordonet med dig?*
M: Jag vänder mig om. Det ser ut som någon. Jag kan inte se formen, men det ser ut som om det finns några varelser. Jag är inte ensam. Det ser ut som en silverfärgad typ av uniform och jag har långa armar. Det är varmt. Jag känner mig varm.
D: *Vad är ditt jobb på det skeppet? Vad ser du dig själv göra?*
M: Framför mig finns något slags flygsystem... några ljus. Och det ser ut som om jag navigerar, för systemljuset är framför detta fönster. Och jag ser ut som om jag manövrerar detta fordon.
D: *Har du en hemplats som du startade ifrån?*
M: Det kom till mig: Mars. (Skratt) Det var det första som kom till mig.

Jag bad henne att återvända till den plats som hon kallade sitt hem och beskriva hur den såg ut. Hon sa att hon fortfarande kände sig varm, och jag gav förslag om att hon skulle känna sig svalare och bekväm. "Det ser ut som om jag är inne i en byggnad som har en rödaktig färg. Jag ser inget fönster, men golvet är sten. Jag försöker komma ut ur denna bostad, och himlen är inte blå, den är mer grå. Jag ser ingen sol. Jag vet inte om detta är där jag bor när jag inte reser, men jag såg denna plats på denna planet." När jag frågade om hon åt, sa hon att hon inte såg någon mat vara involverad. Jag flyttade henne framåt till en viktig dag och frågade vad hon såg nu. "Jag ser mig själv titta på en mycket ljusare miljö framför vad som ser ut som ett rymdskepp som står vertikalt. Detta fordon är silverfärgat och står på marken. När jag ser mig omkring finns det grön vegetation i fjärran."

D: *Så du står framför vad som ser ut som ett skepp. Är det ditt skepp du bor på?*
M: Nej. Jag tittar på detta skepp med förvåning.
D: *Vad är du förvånad över?*
M: Att se skeppet och titta på det med nyfikenhet.
D: *Så det är inte ett som är bekant för dig? (Nej.) Berätta vad som händer.*
M: Jag ser en öppning på skeppet under dörren där den kommer ner, och det ser ut som om någon kommer ner från skeppet. Hans färg är lite grönaktig men med ett stort huvud och stora ögon... tunna armar... och det kommer mot mig.
D: *Det är annorlunda än dina människor?*
M: Ja, annorlunda... kortare höjd, och det känns utomjordiskt för mig. Jag känner något annorlunda... lite rädsla inombords eftersom jag inte förstår vad det är.

Han såg då en ljusstråle komma ut från spetsen av det höga skeppet och gå i en vinkel vinkelrät mot vänster.

D: *Vad är syftet med ljuset? Vet du?*
M: Jag vet inte syftet, men jag har en rädsla att detta är något jag inte förstår. Och jag har en rädsla att det kan ha någon—hur ska jag säga—negativa motiv eller något som jag inte förstår. Jag har en känsla av att jag vill springa, och plötsligt lyfts jag från marken och jag känner mig som om jag svävar horisontellt med mina ben vända mot skeppet. Det ser ut som om något drar mig in. Jag känner energierna suga mig in från skeppet, för jag rör mig in i det. Nu är jag inne och det ser inte så stort ut inuti, men vad jag ser är sorters avdelningar, som ett rum... det är som en holodeck eller något. Jag ser en annan varelse, som är annorlunda än den första. Mycket tunna ben, mycket tunna armar, mindre huvud, en silverkrage.
D: *Men de är annorlunda än dina människor?*
M: De är annorlunda, ja, och jag känner nu att jag inte har något att frukta. Det är som om de försöker lugna mig. Det är en annan känsla.
D: *Kan du fråga dem varför de tog in dig där?*

M: Jag känner experimentering. Jag frågar frågan, varför? "DNA:t. Det har att göra med dina mönster. Mönster. Vi måste justera dem." Jag försöker få mer information. Jag hör att... det är en justering av omstrukturering. De försöker göra omstrukturering av DNA-mönstren. Varför? För att förbättra funktionaliteten. Vilken typ av funktionalitet? Bättre förmågor. För att öppna fler källor. (Han pratade med dem.) Källor till vad? För att manipulera energi. För att göra framsteg i en ny riktning... ny dimension är vad som kommer till tankarna.

D: *Vad vill de att du ska göra med den energin, när de justerar allt, eller ändrar DNA?*

M: Bring peace to Earth, är vad som kom till tankarna. Fred till Jorden.

D: *Vill de att du ska gå till Jorden? (Ja) Med dessa förmågor de justerar? (Ja) Varför valde de just dig?*

M: Förstörelse. Var jag där? Jag försöker lista ut det. Jag ska använda energin på ett mer produktivt sätt. Det är inte bra att jag var där under förstörelsen, men vad var anledningen?

D: *Men de vill att du ska gå till Jorden med dessa förmågor? (Ja) Hur ska du göra detta?*

M: Hur? Reinkarnate.

D: *Betyder det att du måste dö i den kroppen? Jag försöker bara förstå.*

M: Hittills blir jag varm. Jag får olika ord, men inte kompletta meningar. Jag försöker lista ut snuttar av information.

D: *Så dessa nya förmågor har att göra med att manipulera energi?*

M: Att strukturera energi på ett mer produktivt sätt. För att koppla till andra människor... för att transcendera bara ord och jag hör "grafisk avbildning." Det är lite svårt att koppla ihop bitarna. (Skratt) Jag hör bara i mitt sinne hur de kommer att göra detta. Jag undrar om jag är ensam, eller om det finns andra varelser de skickar till Jorden? Jag hör... som en grupp.

D: *Varför skulle de välja dig?*

M: På grund av förmågorna att bro över energi. Mer fokus och koncentration.

D: *Så det här är naturliga förmågor du redan har?*

M: Ja, och de ville göra dem mer fokuserade. Jag måste använda dem när jag kommer till Jorden.

DE TRE VÅGORNA AV VOLONTÄRER OCH DEN NYA JORDEN

D: *Så är det deras jobb att gå och hitta varelser att förändra, så de kan komma till Jorden?*
M: Ja. De vet var du är och vem du är. Jag hänvisar till en grupp människor, och de kommer att veta vem de är och var de kan hitta dem.
D: *Och de hittar dem och förändrar DNA:t så att de kan göra detta arbete?*
M: Ja. Jag försöker fråga dem om databaserna. Det är en enorm lagring i galaxen av människor med olika förmågor.
D: *Går det emot människornas fria vilja?*
M: Det är bara där deras grupp är. Det är mycket förvirrande.
D: *Det är okej eftersom det är något du inte är bekant med. Men de vill att du ska ta dessa förmågor till Jorden och använda dem?*
M: Det ser ut så.

Jag tänkte att vi skulle kunna få mer information genom att kontakta Michaels SC. Så jag flyttade honom ur livet och kallade SC:n fram. Jag frågade varför den valde denna konstiga omständighet för Michael att se.

M: Det var viktigt.
D: *Vad vill du att han ska veta om det?*
M: Om hans förmågor. Hur man använder dem.
D: *I det livet var han en annan typ av varelse, eller hur?*
M: Ja. Han hade förmågan att manipulera energi.
D: *Den andra varelsen ändrade DNA:t för att höja dessa förmågor. Är det inte sant?*
M: Ja, men han missbrukade sin energi. Den här gången är det för att lära sig att använda den korrekt till människors nytta. Missbruket av energi var generiskt och hade allvarliga konsekvenser.
D: *Så nu måste detta betalas tillbaka, menar du?*
M: Det var tvunget att förändra sättet att använda energin på ett mer kreativt sätt.
D: *Är det vad du vill att Michael ska göra? Är det därför du visade honom det livet?*
M: Det var ett exempel.
D: *Ska han använda dessa förmågor nu?*

M: På ett visst sätt för att avkoda... avkoda vad? Energi mönster... kommer tillbaka till energimönster. Något slags energimönster. Öva fokus. Fokusera på energi. System för energimanipulation. Återställande av fred. Universum och balans.

Det pågick ett kraftigt åskoväder under sessionen, och det gjorde det svårt att transkribera bandet.

M: Att organisera andra människor och främja hälsosamma liv. Han kan använda sina organisatoriska förmågor för att organisera människor och skapa mer påverkan på Jorden i många människors liv. Det är mer kraftfullt. Det är mer fantastiskt. En organisation där människor kollektivt kan transformera energi på ett positivt sätt så att det inte finns någon negativitet, ingen rädsla, ingen sorg. Det är ett enormt jobb. Han ska förbereda sig, och det kommer gradvis att komma till honom. En dimensionell kropp och organisera människor och de ska gå till en ny Jorden. För att sprida medvetenhet om detta, förändra skiftet. För att hjälpa människor att förstå detta. En större användning av energi... om en större användning av något magnetfält. Ljud är mycket kraftfullt, en strukturell komponent. Han kommer att hjälpa till när han fokuserar och ber om stöd. Jag kommer att tillhandahålla alla resurser han behöver för att fortsätta med detta syfte. När som helst han väljer, är vi där. Han vet detta.

Detta var en ganska förvirrande session, och jag hoppades få mer information från SC:n, men det verkar som att en alien också kan bli kidnappad och utsättas för experimentering. Allt för samma syfte. Det verkar inte vara ett strikt mänskligt fenomen. De utomjordiska är också inkluderade i grupperna av människor som tagits in för att hjälpa Jorden vid denna tid.

KAPITEL TJUGOFEM
EN OVANLIG UTOMJORDISK
VARELSE

DOROTHY KOM HELA vägen från Australien för att ha denna session. Hon var en sjuksköterska som arbetade på en kosmetisk kirurgiklinik och hade aldrig gift sig. Hon hade många personliga frågor om riktningen på sitt liv, särskilt angående att hitta någon att dela sitt liv med. Även råd om sin karriär. Under normala omständigheter skulle detta ha varit en rutinmässig, normal livsregression. Men SC hade andra planer, och det var definitivt inte rutin.

Dorothy kom ner genom blått ljus till ett vitt ljus. Hon kände sig omgiven av det. "Allt jag ser nu är vitt. Jag kan känna att jag vill röra vid det. Du kan känna det. Det dras inte isär men jag kan gå igenom det. Det flödar. Det är inte fast. Nu går jag igenom det och jag kan se olika ljus på väggarna, som en tunnel. Väggarna är gjorda av detta ljus. Väggarna är ljusen." När hon undersökte det såg hon att ljusen faktiskt var kristaller som hade sitt eget ljus. "Jag går genom denna tunnel och jag känner mina händer röra vid dem, och de blir solida och kalla vid beröring. Jag rör vid kristaller och de skimrar i ljus, och nu är det bara ett vitt ljus. Jag går faktiskt på kristaller för det finns kristaller under mig och de har ljus. Färgen kommer från kristallerna... naturligt ljus. Jag kan känna det på mina fötter och jag kan röra vid det med mina händer." Kristallerna var överallt så att hon var omgiven av dem och deras föränderliga färgade ljus. Även om hon gick på dem var de inte obekväma.

Sedan, när hon fortsatte att gå, blev tunnelväggarna klara glas och hon kunde se igenom dem. Hon såg att hon var i rymden i någon typ av farkost, och tittade ner på en planet delvis täckt av moln. Hon blev förvånad över den extrema skönheten när hon svävade runt planeten i denna farkost. Sedan blev hon medveten om sin kropp, och den lät definitivt inte mänsklig. "Mina händer... du kan inte kalla det händer, men det känns som händer för jag rör vid saker. Jag ser några långa små saker, men de är inte riktigt fingrar. Det finns liksom gelé runt dem. Inte som tentaklerna hos en bläckfisk, men de har de små sugkopparna som en bläckfisk har under sig. De är mörkblå och en del av dem är orange på toppen. Jag trodde att jag hade fötter, men det är något annat. Är det tentakler? Konstigt... det är verkligen konstigt. Det fortsätter att förändras."

Jag frågade om resten av hennes kropp. Den verkade vara sammansatt av samma material. "Det ser ut som en slags plasma... en geléliknande grej? Det är annorlunda. Det är inte en mänsklig kropp. Jag försöker röra vid mitt ansikte. Det känns som en blomma, texturen på ett blad. Mjuk och silkeslen på det sättet, men jag kan inte särskilja ögon eller mun. Ändå kan jag andas. Jag kan se. Det är mycket svårt att beskriva. Det är som en bit av... hur en stekt äggtextur ser ut. Och när den rör sig kan den förändras och skapa dessa tentakelgrejer, och jag kan förändras till något väldigt silkeslent. Kanske mer som en plasma-grej. Mycket annorlunda... som en manet."

Det här lät liknande den varelse som finns i Terminator-filmserien som kan ändra sin kroppsform. Normalt skulle en sådan beskrivning vara chockerande, för att säga det milda, men efter alla dessa år av att utforska dessa fall låter ingenting utanför det normala eftersom vår kostym som vi bär under dessa livsäventyr är just det: en kostym. Det är själen inuti som är viktig.

DO: Jag är fortfarande inne i denna glasgrej som jag kan röra vid och den tillåter mig att se utanför i rymden, men denna glas- och kristallgrej tillåter mig också att se överallt.
D: *Är du ensam på denna plats, eller är det andra med dig?*
DO: Jag trodde att jag var ensam, men det finns två eller tre andra där med mig. Vi tittar på planeten. De tar anteckningar.
D: *Ser de ut som du?*
DO: Nej, de ser olika ut än mig... olika arter... olika.
D: *Tar du anteckningar också?*
DO: Ja. Inte som jag skulle göra om jag var människa. Det är allt gjort från sinnet, och jag går in i denna kammare och den kopplar till min hjärna. När du rör vid glaset och tittar ut, går informationen genom dig och till detta objekt, och detta objekt kommer att hålla reda på vad du ser.

D: *Som om det absorberar det? (Ja) Hur ser objektet ut som du överför informationen till?*
DO: Det är solidt svart och ändå är det litet. Det har små ljus som lyser igenom det. Det känns varken kallt eller varmt, och jag sträcker mig mot det. En hand mot glaset och den andra—vad du skulle kalla en hand—går till andra sidan och rör vid objektet. Och allt jag har sett går igenom mig direkt in i dessa maskiner.
D: *Så det är som en liten maskin som är inne i denna kammare.*
DO: Ja. Det är konstigt, det är en kammare för att den är runt omkring. Och jag kan se andra varelser... roliga varelser. De är längre och annorlunda, och de rör vid saker framför sig. Mycket konstiga varelser, men de är alla väldigt upptagna. De uppmärksammar inte mig. De gör sitt eget arbete, och jag ska göra mitt eget arbete med denna kristallgrej som jag har med de olika ljusen. Jag tittar bara på dem, men de fortsätter att ta anteckningar.
D: *Men du observerar bara denna planet?*
DO: Observerar, ja, observerar formen av denna planet. Molnen bildas av något slags gas, som skapar molnen. Vi stannar väldigt nära planeten, och farkosten absorberar en del av gasen och det går igenom den. Och du kan se var det går igenom eftersom det är så klart. Vi vill se vad planeten handlar om. Vad den är gjord av och vi tar anteckningar och vi tar prover av gasen. Och du kan se att det kommer igenom väggen för att det är så klart. Det går genom små kammare mot dessa kristaller, och det behåller det där, och sedan blir det solidt och vi ser det inte längre. Vår farkost svävar i gasen på planeten, och på något sätt absorberar något det. Och sedan går det in i denna kammare och du kan se det gå igenom, gå igenom, gå igenom, och det går in i något, och du kan inte se det längre. Det kommer dit, men jag gör inte detta. Någon annan gör det. Mitt arbete är att röra vid dessa slags händer, dessa slags tentakler. Informationen går in i många, många små ljus i min kropp och det går in i detta instrument som vi rör vid.
D: *Är det ditt jobb att åka till olika planeter och observera och absorbera information?*
DO: Ja, men informationen handlar om att se vad vi kan göra med planeten.
D: *Tror du att det finns något du ska göra med denna planet du tittar på?*

DO: Ja, det har att göra med en annan planet vi såg. Det handlar om ljusen. Denna andra planet som jag kunde se, vi hade information som var full av olika, olika ljus. Människor, varelser, är redan där. Och gasen är mycket viktig för resurserna på deras planet. Så vi skickas ut för att se om vi kan använda det. Och detta är en mycket liten planet, och denna andra planet är en enorm, enorm, enorm sak... väldigt stor. Vi har varit där, och vi har varit på denna lilla planet där vi ska använda resurserna. Men vi ska inte utarma planeten. Vi ska använda de naturliga resurserna som kommer att hjälpa denna stora planet, men vi ska inte skada denna lilla planet. Den som är hemma är så stor, och denna är som en ärta.

D: Blir du också skickad ut för att kontrollera andra platser?

DO: Ja. För dessa planeter och deras resurser... vi vill se hur vi kan använda dem på dessa stora planeter. Den här lilla planeten är bra. Den är frisk, men den har inget liv. Den har många resurser som används på vår planet. Den här lilla planeten är som en liten ärta och vår planet är som en apelsin.

D: Behövde du resa långt för att hitta den här planeten?

DO: Nej, nej. Det är det vackra med det. Du får denna frid och fäster dig vid dessa ljusfilmer, och de tar dig dit du vill gå.

D: Så du behöver inte åka i ett skepp eller en farkost?

DO: Där vi är är en slags bubbla—om du kan kalla det så—gjord av detta glas som du kan känna, men sedan kan du rör vid detta ljus.

D: Så det är som ett fordon. (Ja, ja, ja.) Och du har inget bränsle?

DO: Inte som jag kan se, men vi behöver röra vid denna platta av ljus. Och denna platta av ljus rör sig, och när den rör sig stannar vi där vi måste vara. Det är ljuset, plattan av ljus som vi kopplar oss till och sedan åker vi.

D: Berättar någon för dig vart du ska?

DO: Det är redan i den lilla kapseln vi har. Det har redan lagts dit och vi måste koppla oss till de olika färgade ljusen. Vi visste alla att det skulle bli mycket bra. Vi tar bara prover och kommer tillbaka senare.

D: Du sa att ni inte skulle utarma det?

DO: Nej, nej, nej, det händer aldrig på det sättet. Vi ser till att det inte skadar planeten eller några invånare där alls. Gaserna kommer att vara mycket bra för oss. Det finns vissa sammansättningar som vi kräver som vi kan använda för att skapa alla saker på vår planet.

D: *Vet du vad de sammansättningarna är?*
DO: Jag kan bara se dem i färger, och vi är ute efter dessa gaser med en slags gul färg. Och vi ser att denna planet har detta, men vi måste rengöra det för att få det till den färgen.

D: *Vad ska du göra nu? Ska du ta informationen tillbaka till din hemplanet?*
DO: Ja. Vi visste var vi skulle få det. Vi vill bara se till att det är säkert, att det är rätt och att det är vad vi behöver. Vi tar ett prov och informationen, och sedan går vi och alla har vad de behöver göra.

D: *Kan ni åka fram och tillbaka snabbt?*
DO: Ja. Vi åker inte tillbaka på samma sätt som vi kom in. Vi går bara igenom en väg, och sedan går vi tillbaka på ett annat sätt, som maskhål, tror jag. När vi är redo att åka, går vi bara genom dessa maskhål som har strömmar av saker eller trådar av blått ljus. Och vi går igenom det och då tar det oss hem. Någon vet hur man gör det.

D: *Hur ser det ut när ni går tillbaka?*
DO: Jag svävar ovanför detta. Vi är just på väg att komma in. Vi svävar. Jag är förvånad, och jag ser alltid denna planet gjord av ljus... långa strömmar av blått ljus och vitt ljus. Du kan se himlen mot den. Det är nästan marinblått och du har små stjärnor så långt borta. Och om du tittar ner på planeten är den bara gjord av strömmar av ljus som går in. När du går genom denna ström av ljus tar den oss automatiskt dit vi vill gå, och vi har landat någonstans. Jag ser upp och där är rymden och himlen har nästan inga stjärnor, eller knappt några. Jag ser många små rör som tar dig på många olika sätt, men det är inte många människor runt omkring. Det är för att detta är där vi arbetar. Det är inte där alla bor, så bara de som är menade att vara där är där. Det finns många rör, och du ser andra rör med fönster som korsar varandra, och de går överallt.

D: *Så det är där du arbetar och inte där du bor.*
DO: Nu tar det mig förbi någonstans som om jag är på en berg- och dalbana. Jag är i denna typ av plasmagelé-liknande kropp, och det är roligt att ta denna åktur. Jag har stannat och jag kommer ner, och min plasma kan sträcka sig för att bilda armar eller ben om jag vill, eller den svävar bara.

D: *Vad den behöver skapar den?*

DO: Ja. Detta är en vit plattform där jag stannade. Och det är hemma. Och det finns en humanoid, men den är annorlunda än mig. Den är inte som jag. Jag känner att det är en fru. Detta är hem.
D: *Hur ser det stället ut?*
DO: Det är gjort av denna kristall och vit metall. Och du har fönster som du kan titta ut genom. Och när du tittar ut kan du se denna rymd och det finns knappt några stjärnor. Vi använder glas som fönster. Du kan se utanför och väggarna är en blandning av metaller och kristaller och du har detta vitaktiga material, och du har olika storlekar. Det går in. Det går ut. Det går runt och det är vitt. Och när du rör vid det kommer ljus att framträda, och du vet vilken du vill trycka på för vilken väg du vill gå. Du går inte. Du svävar, och jag pratar med denna varelse. Och den är exalterad över vad vi har upptäckt. Och den tittar bara på mig och vi svävar.
D: *Måste ni konsumera mat på denna plats?*
DO: Inte riktigt. Om jag ville äta något vet jag att jag skulle kunna sträcka mig med en handberöring eller ljus. Och jag trycker mina händer mot det och får vad jag behöver.
D: *Så du måste konsumera något?*
DO: Det är inte fast. Det är främst små energibollar som svävar. Du har små tentakler. Jag vet att dessa små vita ljus finns där, och när jag trycker min hand mot det kommer det in i mig och jag känner massor av energi.

Han förklarade att hans fru var en annan typ av varelse. Jag frågade om de hade fortplantning, duplikation, på den planet, och han gjorde sitt bästa för att förklara det. "Du kan, men det görs från andra platser. Hur gör vi detta? Åh, ja. Det är som om du trycker dina händer mot denna sak, och den tar en bit av dig och den kan ta en bit av henne. Och de kan blanda det tillsammans och något annat kommer upp. Jag ber henne att förklara för mig hur vi kan fortplanta oss, och jag hör henne säga: 'Åh, vi gör bara detta.' Och då kan vi se framför oss hur den nya varelsen skapas, och den går in i något annat tills den mognar. Men vi behåller dem inte. De är inte med oss. De går någon annanstans och de behöver växa. Och efter att de har vuxit kan vi se dem när de är äldre. De behöver gå till en speciell plats för att växa." Det lät som någon slags laborativ genetisk manipulation som gjordes utanför kroppen. Troligtvis gjordes det med celler och gener.

De var tvungna att leva i dessa inhägnader på grund av det arbete de var involverade i. "Vi går in i dessa tilldelade stationer. När du föds vet du liksom detta. Det är därför du kan göra detta. Du föds med detta." De normala människorna bodde utanför dessa inhägnader på ytan. "Det finns många olika, olika livsformer. Planeten har det. Och de lever i fred."

D: Och detta är ett av huvudjobben, att gå ut och hitta saker som planeten kan använda?
DO: Ja. Detta är mitt jobb. Det är händelserikt. Hennes är annorlunda, men hon går inte ut som jag gör. Hon stannar där inne och jag skulle säga att hon gör forskning.

Om hon verkade annorlunda bad jag honom att beskriva henne. "Hon har mer humanoid form. En lång nacke med ett litet huvud och lite små armar. Men jag ser inga fötter, kanske för att hon inte går."

Jag tyckte det var dags att gå framåt till en viktig dag, och något kaotiskt hände. "Något gick väldigt fel. Det finns mycket, mycket dålig energi och alla är i panik. Det är i stationen som jag arbetar i, som är inne i planeten. En explosion! Något hände. Något läckte ut. Jag kan se explosionen. Jag kan se den. Det bländar mina ögon. Det är så ljus. Det kommer bara från ingenstans." Han verkade vara i ett dvala när han upprepade: "En explosion. Det exploderade. Platsen jag är på. Den exploderade och allt gick ut i rymden. Ingen... ingen överlevde! Det var dåligt."

D: Du sa att det var så ljus att det bländade dig?
DO: Ja. Jag tittade på det. Det var mitt på dagen, och det exploderade och exploderade och blev stort och förstörde allt och bröt igenom glaset och gick hela vägen ut. Jag kunde se explosionen. Jag kunde se mig själv försöka att inte titta på det, men... inget finns kvar. Vi förlorade allt. Det finns inget kvar av explosionen på stationen. Alla dog där inne. Någon märkte inte vad de gjorde. Något läckte och skapade denna förbränningsgrej strimlor av blått ljus. Och vi går igenom det och sedan tar det oss hem. Någon vet hur man gör det.

DE TRE VÅGORNA AV VOLONTÄRER OCH DEN NYA JORDEN

Så även med deras stora kunskap och expertis kunde olyckor fortfarande inträffa. Han var nu utanför sin kropp men påverkades fortfarande av explosionens efterverkningar. Det drev honom längre bort. Jag känner mig trött. Jag tittar fortfarande på explosionen. Men jag känner att jag behöver vila. Jag behöver sväva iväg. Det gick snabbt. Jag ser vad som hände, men det påverkar mig inte längre.

D: Dog människor normalt på den planeten av sjukdom?
DO: Ja. Som här, men med explosionen hör jag olika skrik. Det finns inget de kan göra. De måste försegla områdena och undersöka om det finns fler skador. Jag dog, men jag kan känna min fru titta på vad som händer. Och det finns inget hon kan göra eftersom de har stängt av det området. Hon vet att jag dog i explosionen.
D: Men brukade folk på den planeten bli sjuka?
DO: Inte direkt. De lever länge.
D: Men det är möjligt att dö?
DO: Ja, ja. Man kunde välja när man skulle dö. Men det var inte mitt val den här gången. Det var en olycka. Men på den här planeten kunde man återställa sig till att bli ung och frisk igen eller bara låta sig själv gå vidare i frid... inga sjukdomar. Man bestämmer sig bara för att släppa taget.
D: Så allt handlar om sinnet?
DO: Det är inte i sinnet. Det känns som essensen. (Stort gäsp.) Jag såg explosionen och nu tittar jag på den, och jag kände mig sömnig. Jag svävar någonstans. Jag bara flyter. Jag är en del av de gula krämiga molnen. Allt jag ser är denna gula massa av ljus som jag behöver gå in i. (Hon gäspade igen.) En plats för vila.

Hon gick sedan in i viloplatsen, vilket skulle vara naturligt efter att ha upplevt en så våldsam och oväntad död, så det var svårt att få mer information. Vanligtvis när anden går in i viloplatsen kan de stanna där länge om det behövs innan de bestämmer sig (eller får veta) att återvända till det karmiska hjulet. Så jag lät Dorothy glida bort från den scenen och kallade fram det högre medvetandet (SC). Den första frågan jag alltid ställer är varför SC valde just det livet. Det finns alltid en anledning.

DO: För att visa henne att allt hon trodde var möjligt är möjligt.

D: Ur ett mänskligt perspektiv var det ett mycket konstigt liv, eller hur?
DO: Inte för henne, nej. Hon verkar van vid det. Att veta om andra världar. Hon kan hantera det.
D: Varför ville ni att hon skulle veta det?
DO: Så att hon är säker på att det finns liv och att hon har levt som hon alltid undrat. Och det är möjligt och sant, och hon kommer som hon säger, från stjärnorna. Vi ville bara säga till henne: Ja, du hade rätt. Du har varit där uppe hela tiden.
D: Hon sa att hon alltid har varit intresserad av andra världar. (Ja) Är det därför? (Ja) Har hon haft många liv på andra världar?
DO: Många... många.
D: Det livet hade en mycket märklig kropp.
DO: Nej, det är normalt.
D: Som Dorothy, är det hennes första gång att leva i en mänsklig kropp?
DO: Nej, nej, inte första gången.
D: Men ni gick inte till något av de liven.
DO: Ingen anledning. Ingen anledning. Detta är viktigare. Hon har haft liv i en mänsklig kropp, men inte lika många som på andra planeter. Hon behövde inte veta om de mänskliga kropparna. Hon behövde veta om sitt liv på den planeten.
D: En av hennes frågor var om hon har någon karma att betala tillbaka?
DO: Gjort... gjort. Varje dag är en ny dag för henne. Hon behöver lära sig lite mer om kärlek. Mycket.

Jag tog sedan upp den eviga frågan som alla vill veta: hennes syfte. Hon var osäker på om hon skulle stanna kvar i sitt nuvarande yrke som sjuksköterska och ville ha råd. Hon behöver lära sig att lita på och manifestera. Det är därför vi visade henne detta, för att väcka henne. Hon har kunskapen om att vara något annat. Vibrationerna kommer att hjälpa henne i denna tid. Säg till henne att fokusera på vibrationer. Hon är på rätt väg. Vibrationer, ljud... hon behöver ljuden... viktiga. När hon lyssnar på ljud blir vibrationerna bättre. Hon gör inte tillräckligt med sin musik. Hon glömde bort att vara lycklig. Att lyssna på sin musik. Hon brukade ha musik i sitt liv, behöver mer av det nu. Massor av det. Typen av musik som får hennes kropp att röra sig är bra. Det gör gott för hennes vibrationer. Hon gör inte det.

D: *Hon säger också att dofter, parfymer, är mycket viktiga för henne.*
DO: Hennes sinnen kommer att ställas in på parfymens doft. Det är vad hon behöver, parfymerna. Därför lade vi parfymerna för att hon skulle använda dem. Det är bra för henne. Det rensar hennes sinnen. Det är vad hon behöver. Hon behöver omge sig med fler parfymväxter. Det rensar bihålorna. Hon behöver fokusera på att träna sitt sinne. Vi visade henne hur man manifesterar och hon blev skrämd. Inget behov av att bli skrämd. Det ligger i hennes natur att göra detta. Det kommer att bli en explosion av kunskap och medvetenhet och hon kommer att vara så intonad. Det kommer att bli bra för henne. Hon tycker att hon inte förtjänar, men hon förtjänar det och mer. Vi kan ge henne mer. Hon behöver bara tillåta det. Hon behöver koncentrera sig varje dag... varje dag tills det blir en andra natur för henne. Sedan kan hon gå till nästa nivåer av sin studie, men hennes sinne är så kraftfullt för henne att expandera. Vi behöver att hon låter det resonera mer. Vi behöver hennes vibrationer. Det är viktigt för oss. Hon behöver lyssna högre på oss och låta sina vibrationer stiga. Ju högre vibration, desto lättare kommer hon att lyssna på kärlek. Vi behöver att hon bär parfym för det, glädje för det och musik för det.

KAPITEL TJUGOSEX
FYREN

ALICE KOM IN i scenen och stod på en strand och såg ut över havet. Hon fokuserade på en vacker regnbåge vid horisonten som rörde vid vattnet. Hon dök sedan ner i vattnet och simmade mot regnbågen. "Simma med färgerna, gå mot färgerna. Jag är i dem nu. Gult, orange, rosa, vitt. Vackert. Jag simmade in i det. Jag är i regnbågen." Hon suckade djupt, "Det är vackert! Omgiven av färger. Och så svänger jag i dem, eller de svänger runt mig. Jag smälter ihop med färgen. Det är underbart! Det är varmt och så fredligt. Jag är i en ny vibration. Jag är i kristallenergi."

D: Berätta om det. Vad menar du?
A: Kristallenergi. Det är en allvetande energi. Varför gråter jag?
D: För att det är vackert. Varför kallar du det kristallenergi?
A: (Djup suck) Det är en frekvens. Den omfattar. Det är mycket tröstande. Det är väldigt vitt med... jag kan inte förklara det. Det har egentligen ingen form. Det har bara lite färg. Det är ingen form.
D: Du sa också att det är allvetande.
A: Det är bara... en plats. Jag känner mig omgiven av ljus. Men jag plockar också upp vibrationerna. Så det är en skillnad. Det är svårt att förklara.
D: Det är okej. Jag har hört talas om denna plats förut.

Det lät som att hon återvände till Källan, vilket ofta beskrivs som ett vackert, bekvämt vitt ljus. Det beskrivs också som flera pastellfärger.

D: Det är en bra plats. Hur uppfattar du dig själv?
A: Jag smälter. Inte smälter, men jag har ingen kropp. När jag gick in i färgen upplöstes jag i färgen.
D: Så du behöver ingen kropp på denna plats?

A: Nej. Jag skulle inte vilja ha en. Att vara jordbunden måste man ha kroppen, och det är mycket frustrerande. Jag är fysisk i denna andra vibration. Jag tar på mig formen av vibrationerna.

D: *Så det har en fysisk känsla, menar du?*

A: Ja. För jag är fortfarande där.

D: *Är du ensam, eller finns det en känsla av att andra är med dig?*

A: Det finns ingen här.

D: *Bara du och vibrationerna?*

A: Du är här. Eller jag kan höra dig.

D: *Är detta en plats som känns bekant för dig?*

A: Det är inte nytt. Jag lämnar det nu.

D: *Var är du på väg?*

A: Jag vet inte. Jag lämnade där och går till en annan plats. Jag svävar. Jag passerar genom, och det är ingenting. Ingenting. Bara energin i det här rummet nu. Lila. Det går in. Det är en stark energi i ditt rum—i detta rum. Det är mycket starkt.

D: *Var är du på väg?*

A: Fråga mig inte. (Skrattar) Jag är inte säker. Går genom energin nu. Det finns ingenting där. Ingenting.

Jag beslutade att flytta henne till hennes hem i Las Vegas så att hon kunde visualisera något, och sedan skulle jag kunna flytta henne till ett lämpligt tidigare liv. Hon fann sig själv i sin säng. Men nästa sak hon såg var ett starkt ljus som kom genom hennes sovrumsfönster. Detta var oväntat eftersom hon inte hade nämnt möjligheten till ett utomjordiskt möte.

"Det finns ett mycket starkt ljus. Åh herregud! Det blinkar. Det är enormt. Det är utanför huset. Det är för ljus! Det drar mig ut! Det gör ont i mina ögon nu. Vi åker upp—åker upp! Det drar mig upp i detta ljus nu. Nu är det allt som finns där. Det blinkar som om det är i mitt tredje öga. De lägger något i mitt tredje öga. Får information genom min panna. Jag är i ljuset och det hälls in i mitt huvud. Jag kan känna det nu. (Viskar) Människa! Låt mig koncentrera mig på detta. (Paus) Får visdom. Låter löjligt. (Paus) Oj! Får denna kristallvisdom. Det strömmar in. Det är vad som händer. Jag vet inte var jag är. Det är mycket ljus. Jag kan knappt stå ut med hur ljust det är! Jag kan inte öppna ögonen."

DE TRE VÅGORNA AV VOLONTÄRER OCH DEN NYA JORDEN

D: *Men du känner att visdom kommer in i ditt huvud. (Ja, ja, ja.) Vet du vilken slags visdom?*
A: Ja. Spårning. Jag måste hålla kontakt. Det är hur jag kommunicerar. Åh, herregud! Jag ska börja gråta igen! (Känslosam) Jag saknar var jag kommer ifrån. De kom till huset för att de försökte kommunicera, för—jag svär, det här är löjligt.—jag kommer från det där skeppet! Jag vill tillbaka. (Gråter) Jag saknar det skeppet! Jag är kopplad till det. Jag kommunicerar genom mitt tredje öga. (Sedan en djup suck och en plötslig uppenbarelse.) Åh, herregud! Jag är en vibration! Jag är en vibration av något som är så stort— så stort. Jag ser det. Jag ser det. Det är fantastiskt—som en stor strobe-lampa. Jag är kopplad till det. Åh, herregud! Det är så långt! Jag saknar det.
D: *Hur kom du hit om du kom därifrån? Kan du se hur det hände?*
A: Ja, jag kan. Jag skjuter genom på en... det är en miljon små bitar... jag ser det. Åh, herregud, det är en miljon... skjuter ut—skjuter ut. Väldigt små, men väldigt ljusa.

Det lät som separationen från Källan i början när det exploderade och alla små gnistor flög ut. Gnistorna som så småningom blev våra individuella själar.

D: *Blev någon tillsagd att skjuta ut från det?*
A: Ja, det var en plan.
D: *Vet du planen?*
A: Ja, det gör jag. Jag är inte bekväm med den planen. Jag var tvungen att komma hit. Sådd... Det är löjligt. Sådd av Jorden. (Paus) Visdom från bortom. Dela visdom från bortom, över århundraden. Och jag menar över århundraden. (Paus) Jag ser den gamla mannen, den gamla vismannen. Jag var blind. Jag var en gammal man och jag var fattig. Jag kom från bortom, jag kom från rymden, och de satte mig i en hemsk kropp. Jag hade så mycket visdom, men jag var fattig. Men min hjärna, jag kunde se allt även om jag var blind. Så jag hade en skröplig kropp, men jag visste allt. Jag var mycket avlägsen. Jag var fattig. Folk trodde jag var blind och patetisk. Och jag såg allt som jag ser nu, och kände allt. De gav mig ingen bra kropp när de skickade mig hit, men de gav mig visdomen.

D: Kunde du dela den med någon vid den tiden?
A: Nej. De lyssnade inte. De var rädda på grund av hur mina ben var, och på grund av min blindhet. Det var en del av planen, och jag gillade det inte. Och jag gillar det inte nu heller. (Skrattar)
D: Du är fortfarande en del av planen?
A: Jag är en del av planen. Jag tror inte det är en särskilt bra plan, för att vara ärlig.
D: Men du är inte den som gjorde planen.
A: Nej. Inte den.
D: Vad hände efter det, gick du till andra kroppar? (Ja) Fick du någonsin dela visdomen?
A: Ja. Jag delade det genom konstant kommunikation med rymden. Jag är alltid kopplad. Och de besöker och de tar mig tillbaka.
D: När de besöker, var går du?
A: Jag går med dem. Jag går på skeppet. Jag gör det. Jag älskar det.
D: Är det då de laddar ner mer visdom?
A: Ja. Det är så. Jag kliver ombord på skeppet. Jag går upp och jag går in, och jag ser varelserna nu. Jag älskar dem och de är mina människor.
D: I början sa du att det bara var från detta ljus.
A: Jag ser det nu. Jag är på skeppet. Eller jag kan vara på en planet. De kommer och hämtar mig. De kan skjuta tillbaka dig i ett ljus. Jag förstår det nu. De skjuter in dig genom ljus och vibration.
D: Och de kommer och hämtar dig då och då? (Ja) Vad gör de under dessa tider?
A: De regenererar mig. Det är underbart. Jag får läkande nu. Jag får mer energi. Jag får mer telepati. De lägger... det är som en laddning av energi.
D: Och har de gjort detta...
A: Ja, för alltid. För alltid.
D: Hela ditt liv som Alice också?
A: För alltid. Jag behövde mer. Det började påverka mig mer. De har behövt komma tillbaka och göra fler justeringar.
D: Vad har börjat påverka dig?
A: Nya dimensioner. Jag är mer multidimensionell, och jag måste kunna lämna kroppen snabbare. Jag måste kunna förvandla mig till ljus snabbare, och de har behövt göra något för att—det låter

verkligen galet... det här är galet.—Men jag måste kunna överföra till en ny sorts ljusenergi.

D: För att göra de saker du måste göra nu, menar du?

A: Ja. Jag måste kunna agera tillbaka för att de har ny teknologi också.

D: De växer också?

A: De växer, de växer stort. Jag tror att jag har ett budskap till dig. Jag vet budskapet.

Detta är alltid en överraskning, men inte utan motstycke.

D: Du har något till mig?

A: De vill att du ska veta att de skiftar, och att de skiftar dig. Och att dina energier är som våra energier. Att du kommer att kunna—du flippar också—jag kallar det flipping. Du kommer att kunna flippa in och ut snabbare nu, och de arbetar på dig. Och deras skepp växer i antal, och de är över hela denna planet. Och de vill att du ska veta att du kommer att bli snabbare. Och att de tar dig också. Och att... (En djup suck) Det är fantastiskt. Du vet antagligen redan detta, men det blir snabbare. Det blir så mycket ljusare, och vad de än gör här på Jorden, kommer de aldrig att kunna ikapp. Och de cirkulerar planeten med så mycket ljus, och så mycket elektricitet—det är inte riktigt elektricitet som vår fysik på Jorden känner. Men de cirkulerar den för den sak som Jorden gör kommer att kunna tränga igenom för att de är så mycket mer avancerade och så mycket snabbare. Ha ingen rädsla.

Det lät som att de ljusexplosioner som utomjordingarna sände mot Jorden för att kompensera för den skada människor orsakar planeten. Detta förklarades i Convoluted Universe, bok två.

D: Finns det en anledning till varför detta händer?

A: Ja. Rymdteknologi och rymden på Jorden. Det är en stor skiftning. Olika stjärnor. Det är ett skydd, det är ett lager. (Bestämt) Regeringen kommer aldrig att kunna röra dem.

D: Det är bra, men vad menar du med ett lager runt Jorden?

A: De lägger ett lager runt sina skepp. Det är en ny teknologi. De kommer inte att kunna komma åt dem längre. Allt för att de var tvungna att göra det i ett ljus. Det är en snurrande frekvens. De måste göra det för att överleva. De kommer fortfarande att kunna övervaka här. De måste komma och gå för att de har lämnat så många av oss här, och de är fortfarande inte klara med oss här. Så de måste skydda oss, och de måste skydda sig själva.

D: *Och detta är anledningen till att de fortfarande är i kontakt med dem som de har lämnat här?*

A: Ja. Jag är bara en kanal. Allt jag gör är att lämna information om vad som pågår runt mig. Jag plockar upp mycket. Jag skickar tillbaka det. (Paus) Det finns en stor plan. De stärker människor. Det är inte bara jag, det är många människor. De gör det genom vibrationer. Du måste vara i ett klart område dock. Det finns mycket störningar. Det är därför det är bra där du är. (Jag bor på en isolerad plats på landet på toppen av ett berg.) Till exempel, jag måste lämna Las Vegas—det är för mycket störningar.

D: *Ja, det är en mycket kaotisk energi där.*

A: Ja, det är störningar. Så de försöker flytta oss till platser där det är klarare, renare—inte förorenat. Ingen förorening, ingen störning. De måste ha oss för av någon anledning ger vi dem feedback. Jag kan inte se hur de gör det.

D: *Låt dem visa dig.*

A: (Paus) Vad vill de att jag ska göra? (Paus) Ingenting. Jag tror att jag är som en fyr. Jag förstår det inte heller.

Jag har tidigare förklarat om vissa människor som helt enkelt är kanaler, antenner, eller i det här fallet, fyrar. De behöver inte göra något för att hjälpa till med de kommande förändringarna. De måste helt enkelt vara. På det sättet hjälper de genom att omedvetet överföra information.

D: *Vad menar de med att ge dem feedback?*

A: (Viska) Vad säger du till mig? (Paus) Det är så löjligt. Ska jag berätta för dig? Det verkar inte ha någon mening.

D: *Ja, berätta för mig. Det kan ge mening för mig.*

A: (Djupt andetag) Okej. Jag är en fyr. Om ledningarna är för sammanflätade i ett visst område kan jag skicka tillbaka energifält till dem. (Hon gjorde handrörelser.) Jag skickar dem tillbaka när det är säkert att komma in. Jag kan känna dem nu. Det är så märkligt eftersom de inte kan komma in om det är för mycket

DE TRE VÅGORNA AV VOLONTÄRER OCH DEN NYA JORDEN

kaos. De övervakar jorden, och en del av den kommer att förstöras. Mycket av den kommer att förstöras. Och de följer oss eftersom vi är anslutna, för att få oss till de säkraste platserna (mjuk röst till sig själv: "Det här är så bisarrt.") eftersom vissa platser är helt trassliga. Ledningarna är helt trassliga. Så de flyttar oss för att kunna samla grupper tillsammans. De vill att vi ska vara tillsammans. Det är en kristallenergi. De kommer att flytta människor tillsammans. De behöver kristallenergi. Det är sättet de håller kontakt med jorden utan att landa på jorden. De behöver inte landa här om de har oss. Vi är inte jordbundna. Vi är anslutna till dem. Det är säkrare för alla. Det är säkrare. Det är tydligare.

D: *Så de vill inte att alla ska vara på samma plats, men de vill att alla ska vara anslutna?*

A: Ja, de vill att vi alla ska vara anslutna. Jag känner dessa intensiva kristallvibrationer strömma ner, och vi är anslutna rakt upp, så långt, så långt. Det är vackert! Och vi har något inom oss. Varför vill de att vi ska vara utspridda? De vill att vi ska vara spridda eftersom vissa platser kommer att bli drabbade. Och de vill ha ett fint mönster av spridda energier som de kan sända genom. De behöver sändare som de kan hålla anslutna när mycket förstörelse sker. För vissa platser kommer att spränga sig själva rätt upp. Rätt upp!

D: *Menar du bokstavligen eller naturligt?*

A: Det finns naturliga, det finns onaturliga. Det finns överväldigande förstörelse i vissa områden. Det finns såklart en krig som kommer. Såklart, vi vet att det finns ett krig. Men det ger dem en liten extra förstahandskunskap om vad som händer på Jorden om de sprider oss runt. Det finns många av oss också. Det finns många.

D: *Så vi kan vara i kommunikation utan att ens veta att vi är? När Alice kom in i detta liv kom hon in med denna plan? Att hon skulle vara en del av detta?*

A: Jag ville inte vara en del av planen. (Skrattar) Jag såg bilden innan jag kom in. Jag visste att jag kände att detta inte var en bra plan för mig att göra för jag såg det och jag hade sett det förut. Jag skulle verkligen vilja gå i pension. Jag är mycket vardaglig. Jag skulle bara vilja stanna i en vibration. Och jag gillar inte kaos. Jag gillar inte drama och kaos.

DE TRE VÅGORNA AV VOLONTÄRER OCH DEN NYA JORDEN

D: *Du sa att dessa andra varelser ackumulerar informationen vi skickar ut?*
A: Det gör de.
D: *Vad ska de göra med den?*
A: Jag vill ge dig rätt information. De sammanställer den. Det är som en radioshow. De studerar den för framtida generationer. Det håller en historia. Planeter. De loggar det. Jag ser dem nu. (Skratt) Roliga varelser. Ja. De är roliga varelser. De är tillsagda att göra det.
D: *Var får de sina instruktioner ifrån?*
A: Låt mig titta. (Paus) De är programmerade. Vi är alla programmerade, verkar det som. De får sina instruktioner från moderskeppet, moderkällan. Det finns en stor källa, som är som moderen till uppfinningen. Så roligt, moderen till uppfinningen. (Skratt) Det är som att de alltid testar. Okej. Jag kommer inte att hitta på det. Vill du verkligen att jag ska berätta vad jag ser? (Ja) Det finns små blå cikador på detta skepp. Det finns ett litet kontor. Det är så sött. De lägger undan små saker och de arbetar verkligen hårt. De arbetar konstant. De är mycket mekaniska när de sätter detta saker på plats, när du väl kommer upp dit... Är det jag? Kanske. Jag vet inte. Jag sätter saker på plats. Allting går på sin plats. Jag gillar att sätta saker på plats. Åh, det samlas! Och det är som en bibel av något slag, så de kan referera till det. De vill kunna referera. Det är en referensguide för framtiden, ifall de får människor från Jorden. Då vill de veta, "Okej, är det acceptabelt att prata med den här personen? Vi vill kunna ha en referens." De kommer att veta exakt vart de ska gå. Vi integrerar våra samhällen nu, och de vill kunna ha ett register, precis som ett sjukhusregister. De vill veta hur de ska associera. Och det är därför de sätter upp fyrar på olika platser. Så de kan ha registret, läsa tillbaka i historien så de kan spåra det. Sju hundra år framåt kommer de att kunna se tillbaka. Det är hur länge de lever, sju hundra år. Det är vad de gör för sina liv. De måste kunna komma och göra ett jobb, och för oss är det sju århundraden, men för dem är det bara en livstid. De måste titta på dessa saker, registrera dem.
D: *Du sa att det också fanns en integration?*
A: Det är en integration av samhällen. Vi måste integrera. Vi håller på att bli avancerade själar. De vill avancera oss. Jag är en avancerad

själ, du är en avancerad själ. De vill se hur långt de kan gå med en mänsklig kropp för att avancera oss till deras nivå. Jag är multidimensionell medan jag är här. Ja, jag ska samla på mig denna dumma ruttna energi. (Skratt) Ja, jag är som försöksråttan.

D: *Ska Alice använda detta på något sätt? Eller bara samla det och föra det vidare?*

A: Det är en stor fråga. Jag har förmågan att dela detta med andra genom att använda mina händer. Jag har förmågan att lägga min energi på någons panna. Jag kan föra det vidare. Jag vet inte om jag ska göra det.

D: *Vad säger de?*

A: Jag ska förmedla visdom, och ja, jag ska göra det. Jag kan föra vidare denna visdom. Det finns inom mig. Jag kan känna det just nu.

D: *Och du skulle inte ens veta varifrån det kommer.*

A: Nej, det skulle jag inte. Men nu vet jag. Arbeta med tredje ögat. Det handlar helt om tredje ögat.

D: *Men du sa att de vill att jag ska fortsätta med det jag gör?*

A: Du är en fyr. Det är därför du måste åka överallt. (Skratt) De skickar dig överallt eftersom det är nödvändigt.

D: *De sa att de regenererade Alices kropp.*

A: De regenererar dig också. De regenererar dig eftersom du måste fortsätta åka till dessa olika platser. Och varje gång du lämnar en plats lämnar du en del av dig själv där, och de kan hitta det. De älskar dig. Du måste åka.

D: *Jag försöker föra vidare informationen.*

A: Ja, du lämnar det där, och de kommer att hitta det. Människor som du lär ut kommer att hitta det eftersom du lämnar något där.

D: *Regenererar de min kropp?*

A: Ja. De regenererar dig, och du vet det. De vill inte att du ska förbli bunden till jorden. De vill ha dig mer med dem. De vill att du ska bli lättare. De vill att du ska vara i klart ljus.

D: *Så de kommer att ta hand om min kropp så att jag kan fortsätta göra dessa saker?*

A: Det är vad de vill, att du ska bli lättare. Du kommer att bli som en kristall själv. De gör om hela din kropp. De gör om allt om dig. De arbetar med din hjärna.

DE TRE VÅGORNA AV VOLONTÄRER OCH DEN NYA JORDEN

Jag fick höra samma sak i början av mitt arbete. Innan jag ens hade börjat resa, berättade de för mig att jag skulle åka till många länder, och att överallt jag gick skulle jag lämna en del av min energi. Det skulle inte tömma mig, och jag skulle inte ens märka det, men det skulle lämnas kvar på den platsen och kännas av andra. De sa också att mina böcker skulle bära en energi som skulle kännas av andra. Så det verkar som att många saker händer utan att vi är medvetna om det.

KAPITEL TJUGO-SJU
INGÅNGEN

UNDER SESSIONEN VILLE Pamela utforska något som hon trodde var en UFO-upplevelse. Hon mindes att hon hade sett något som hon trodde var ett UFO, men visste inte om något annat hade hänt. Jag tog henne tillbaka till den kvällen. Hon kom in i scenen medan hon körde sin bil hem. Hon såg något på himlen, men hade svårt att beskriva det. Först trodde hon att det var ett ljus uppe i bergen. Men sedan sa hon: "Nej, det var inte ett ljus. Det var ett skepp som såg ut som en enorm måne. Och jag visste att det egentligen inte var månen. Det hade bara formen av en måne, och det var så det verkade för mig. Det verkade som om jag stannade i min bil, och jag minns att jag parkerade i uppfarten. Men jag visste att jag också hade åkt upp dit. Jag såg mig själv köra. Jag såg mig själv fortsätta hem, men jag visste också att jag var uppe där. Att jag hade tagits upp till det skeppet. Jag kan inte ens förklara vad jag ser."

D: Som att vara på två ställen samtidigt?

P: Ja, för jag var medveten om att jag var i bilen och på väg hem, men jag var också medveten om att jag inte var i min kropp. Ändå visste jag att kroppen hade åkt hem. Nu ser jag långa... jag måste kalla dem "stänger" för jag vet inte vad de är. Det är bara energi med punkter på. (Handrörelser av något som går horisontellt över.) De är platta, men det är energi. Jag tror inte att det är metall. Jag tror att det är ren energi. Det finns en kärna, och det finns ett centrum för detta, och centret ser mörkt ut. Och runt centret finns ett strålande gult ljus, men du kan också se ljusstrålar som kommer ut. Det måste komma härifrån någonstans, på min vänstra sida. Allt är bara energi. Det finns ingen struktur. Allt verkar fungera tillsammans, men går också i olika riktningar. Och jag ser ett hjul här uppe. (Över henne.) Uppe över toppen, ett stort stort hjul. Och det finns något här borta (till vänster) som har strålande ljus som kommer ut. Det är strålande ljus. Det är nästan som att du inte kan titta på det eftersom det är så strålande. Det verkar vara—jag vill säga "Solen," men jag är inte säker på att det är det.

D: Har det något att göra med det där hjulet?

P: Nej, hjulet är borta nu. Det är bara det strålande ljuset. Jag tänkte på skeppet, och dit tog det mig, tillbaka till denna plats. Denna plats är där jag hör hemma.

D: Varför känner du så?

P: För att det är bekvämt. Det är jag, det ljuset. Varhelst denna plats är, varhelst den existerar, är det mitt hem. Det är jag, detta ljus. Och det projicerar—det är nästan som spjut eller stora projektioner som kommer ut. Jag vet verkligen inte vad det gör, men det är väldigt ljust och väldigt bekvämt, och det finns mycket energi där. Det finns många varelser där och de är alla energi. De är alla ett.

D: Och du känner att du har varit på denna plats tidigare?

P: Åh ja. Det är mycket bekant. Och det glittrar. Jag kan inte ens tänka på en liknelse för att förklara det. Men det finns bara där.

D: Är detta inne i detta skepp eller fartyg?

P: Nej. Jag vet inte ens hur skeppet är relaterat till det. Men när jag kom på skeppet såg jag de stängerna—det verkade som om stänger kom ner i en vinkel—och sedan fanns det stänger som ledde bort från detta strålande ljus, detta hem. Det är bara hem, och allt är fredligt och otroligt där. Det lyser upp allt. Det finns mycket energi där, och det är alla ett. Du blir bara separat när du lämnar det utrymmet. Men, i denna kropp som är här, kan jag känna att allt är molekylärt. Som att du kan känna varje molekyl som detta är gjort av. Och jag kan känna att det finns en koppling mellan de två. Jag vet inte hur de är kopplade.

D: Mellan kroppen och platsen?

P: Och ljuset. Det är en aspekt av det. Jag antar att du skulle kalla kroppen en del av det.

D: Men du sa att detta inte längre är ett fartyg eller skepp?

P: Det är en annan plats. Skeppet var en portal för att ta sig dit, som en startpunkt. När du väl kom dit, då togs du hit. Så det var nästan som en triangel, att vara här, och sedan där, och sedan hit. Så det är så det är kopplat.

D: Först måste du gå till den som såg ut som en måne.

P: Ja, och det var som en ingång. Det var vad det var. Det (skeppet, farkosten) var bara en ingång, en passage till denna plats. Denna plats är alla ett. Det är en hel kropp av energi. Det är ett utrymme där all energi blandas. Och vi lämnar den platsen för att gå och uppleva kropparna. Det strålande, vackra ljuset som sfärer kommer ut från. Och det är strålande och gnistrande.

D: Men du lever i en kropp på jorden. Varför åkte du tillbaka dit den kvällen när du körde?

P: Bara för att besöka. (Hennes röst brast när hon blev känslosam.) Jag behöver åka tillbaka dit bara för att komma ihåg ett hem. Bara för att påminna mig. Bara för att veta att jag hör hemma där. Och det är inget annat än energi. Det finns ingen struktur. Det är bara hem. Du skulle tro att jag skulle kunna berätta namnet, men det finns inget fysiskt namn för det. Förutom att jag kan bara säga vad de skulle kalla på jorden "hem." Men det är hem. Det är bara en kärleksfull påminnelse.

D: Är det därför du fick lov att åka tillbaka den kvällen?

P: Jag åker tillbaka dit ofta. Jag kommer bara inte ihåg det.

D: Varför kom du ihåg det den kvällen?

P: Jag antar för att jag blir frustrerad över vad som pågår, på denna planet. På grund av all sorg och alla de saker som pågår här. Och jag känner mig hjälplös eftersom jag inte kan göra det rätt.

D: Det är en utmanande plats, eller hur?

P: Ibland är det en ful plats.

D: Du sa att det fanns andra där. Kan du prata med dem?

P: Du behöver inte prata med dem eftersom när du är där och är inbäddad i Helheten, vet alla och förstår, och det är som en förnyelse. Du pratar inte. Du är bara. Och du vet att det är okej. Och att du behöver vara här för att hjälpa. Men då och då måste du gå tillbaka bara för att känna. För när du kommer ner här på jorden blir du involverad med jordiska saker, och du dras i olika riktningar. Och du behöver känna att helheten igen. Du behöver känna den kärleken och komforten i ljuset. Du behöver bara känna det.

Så det verkar som om dessa rena, oskyldiga varelser som aldrig har varit på jorden, och har blivit kallade för att komma hit under jordens tid av behov, känner sig isolerade. Jag har haft många fall när

DE TRE VÅGORNA AV VOLONTÄRER OCH DEN NYA JORDEN

varelserna på UFO:erna interagerar med någon, och personen gråter eftersom de vill följa med dem. De vill inte bli lämnade här. De känner sig så nära dessa varelser, närmare än till sin jordiska familj. Men varelserna påminner vanligtvis dem: "Du kan inte gå ännu. Kom ihåg att du är på ett uppdrag. Du kan inte gå förrän det är över. Men mest av allt, kom ihåg att du aldrig är ensam." Så det skulle ge mening att de tillåts återvända och besöka "hem" vid tider (och ändå inte medvetet minnas eftersom minnet kan störa "planen") för att göra livet på jorden uthärdligt. Också om de mindes för mycket, skulle de inte vilja stanna här.

Detta hem lät också mycket som det sätt på vilket Källan eller Gud beskrivs av människor som återvänder dit. Så kan ET:erna också hjälpa personen att återvända dit? Om, under sin övervakning av personen, de plockar upp att de verkligen behöver få en glimt av var de kom ifrån, kan de hjälpa dem att åka dit för ett kort besök. Det verkar finnas många olika anledningar till att människor upplever det som de anser vara en abduktion. När de förstår de verkliga anledningarna, är det inte negativt och kan vara extremt givande. Att veta att de omhändertas så vackert och kärleksfullt.

D: Om den platsen var så vacker, och du var så lycklig där, varför kom du in i en fysisk kropp?
P: För att jag verkligen trodde att jag kunde göra en skillnad.
D: Sa någon till dig att komma?
P: Nej. Du väljer att komma. Det är inte så att du tröttnar på att vara i Helheten eftersom du är Helheten. Men du går och gör andra saker. Jag ser en hel massa olika saker nu. Jag vet inte vad dessa andra saker är. Men du går till olika platser, och jag kom till jorden för att jag ville hjälpa.
D: Från den platsen kunde du se jorden och vad som pågick?
P: Nej, jag såg inte vad som pågick.
D: Hur skulle du då veta att den behövde hjälp?
P: Du vet bara. Det är en del av vem du är. Det är en del av att veta eftersom du är en del av Helheten. Du är en del av allt som är. Du är det ljuset. Du vet bara. Men jorden är ingen dålig plats att vara på. Det är bara det att du behöver åka hem då och då för att veta att saker kan vara lugna och vackra och fridfulla.
D: Hur trodde du att du kunde göra en skillnad?

P: Jag vet inte. Jag ser den där portalen igen. Det är den där månen, och nu är den i uppochnedvänt läge. Bara genom att vara här. Bara genom att bryta upp frekvensen som pågår här. Jag trodde att min frekvens skulle göra skillnad. Det är många av oss som tror det. Och att se det nu, just nu, det gör skillnad. Det är bara det att frekvensen, energin, den massiva energin, helheten, nivån på denna planet Jorden var... fast? Är det rätt ord? Den var fast. Den förändrades inte. Och så genom att olika skärvor kommer in på olika platser och genomborrar denna energi som pågår på denna planet, skulle det göra skillnad.

D: *Nästan som att planetens energi blir stillastående? Skulle det vara ett bra ord?*

P: Ja, det är fast. Det är vad jag såg. De där stängerna av ljus var de där fragmenten som kom in. Och stängerna som gick i den andra riktningen var energier som lämnade. De där långa stängerna som hade spetsiga ändar som kom ut innan jag såg "hem." Och när de lämnade ljuset såg de inte längre ut som ljus. De började se brunaktiga ut, eller som om de hade mer substans. De var energier som lämnade för att åka till andra platser, och jag vet inte var de alla gick. Vissa kom till jorden och penetrerade ner i Helheten, massan. Och de skulle göra hål och separera energin. Ja, det är vad det är. Det är vad som gör skillnaden. Det fanns en massa av dem som lämnade samtidigt, men jag vet inte var resten av dem gick. Vissa av oss kom hit, men de går alla till olika platser.

D: *Vad händer med energin hos de varelser som redan finns här på jorden? Skulle de kunna göra något för att åstadkomma förändringar?*

P: De är fast. De har gjort samma sak så länge att de är fast.

Särskilt om de har levt otaliga liv på jorden och är insnärjda i karma. Som jag säger, "De bär på så mycket bagage och skräp." De behöver släppa allt det där innan de kan börja göra en skillnad. Och många, många av mina klienter kan inte frigöra karmorna, det som binder dem här. De säger: "Hur kan jag förlåta honom (eller henne)? Du vet inte vad de gjorde mot mig." Så tydligen så länge dessa attityder finns kvar, är de fast och oförmögna att skapa eller delta i de mycket nödvändiga förändringarna.

P: Så vi behövde genomborra vad som pågick så att energin kunde spridas. Och det är det enda sättet de kunde åstadkomma förändringar. Det skulle vara som om du hade en stor klump av något—och det är vad det är, en klump. Och om du skickade fragment ner i den, skulle det bryta upp den. Och då skulle energin börja bli annorlunda.

D: *Och det var vad du beslutade att göra.*

P: När jag lämnade ljuset, är det just dit jag kom. Andra gjorde också det.

D: *Är detta första gången du varit i en fysisk kropp?*

P: Nej, men jag ser mig aldrig ha sett ut så här förut. Jag ser mig själv som en substans. Som tjockare än energi, men jag ser mig inte som den kropp jag lever i nu. Jag ser inte mig som det, någonsin. Jag tittar. (Paus) Jag ser inte fysisk. Jag ser substans. Jag ser filmig, eterisk energi, men jag ser inte solid substans. Det är annorlunda från jordens kropp.

D: *Men det är annorlunda från den du kom ifrån.*

P: Åh ja. Den jag kom ifrån är... jag kan inte ens förklara känslan och euforin för det eftersom det bara är underbart. Det är ljus och det är klart och det är högt. Alla är ett, eller allt är ett. All energi är ett, och allt är symbiotiskt. Jag antar att det skulle vara sättet att förklara det. Och sedan när du börjar lämna, känner du att det inte är lika bekvämt, men vi alla går. Vi kan gå in i andra riken och ta på oss former. Och jag kan se former, men de är inte tjocka som detta är tjockt. De är inte så täta.

D: *Kan du se vilken typ av former de var?*

P: Jag kan se en parad av former, faktiskt, där vissa är smala och långa, och några är bara filmiga, och några är spöklika. Det ser ut som att saker börjar gå in i en kärna igen, i en boll. Den ser alltid mörk ut när den börjar göra det. Den blir riktigt tjock och du kan inte se igenom den längre.

D: *Tror du att du mer eller mindre experimenterade med olika former och substanser?*

P: Vi gör alla det. Vi går och experimenterar för att se var vi kan bo. Var vi kan göra mest nytta. Var det är mest bekvämt.

D: *Och några av dem gillade du inte?*

P: Egentligen när jag ser på dem ser de alla bra ut. Jag tycker att den bästa är där du inte har en solid form, men ändå har tillräckligt med form så att du kan röra dig och flyga och sväva. Det verkar som att alla platser jag har varit, så är planeten jorden den mest täta. Det är just den plats som har många erfarenheter.

D: *Många lärdomar. Många saker att lära?*

P: Ja. Jag ser bara inte hur allt detta lärande är nödvändigt. Kanske när jag kommer tillbaka kommer det att ge mer mening.

D: *Då är Pamellas kropp den första du haft som en fysisk kropp?*

P: Jag känner att detta är den första fysiska kroppen jag haft som denna. Det känns annorlunda. Det känns inte riktigt bra. Det fanns inga begränsningar med de andra. Du kunde röra dig fritt, och denna kropp, du är fast. Fast är inte bra. Du vet att du kan göra mer.

D: *Pamela sa att när hon var barn kunde hon levitera saker och flytta dem.*

P: Ja, det var roliga tider, när du är liten. Hon kunde också passera rakt igenom saker som du tror är fasta. Men det kan hon inte längre. (Känslosam) Jag vet inte vad som hände. Det är därför det inte är roligt att vara här för du kan inte vara den du är. Du måste göra vad alla andra gör. Du kan inte göra de saker du vet att du kan göra. Som barn visste hon att hon kunde göra de sakerna. Du kan inte göra de saker du vet att du kan göra. Som barn visste hon att hon kunde göra de sakerna. Och hon vet fortfarande att hon kan, men det fungerar inte längre. Allt handlar om tro. När hon går upp dit är det inte fast eftersom energin är annorlunda. Och du kan röra dig, och du kan se, och du kan känna. Och du kan göra alla de saker du inte kan göra när du är fast i en kropp. Du kommer ner här och börjar tänka att du kan göra det här, och du kan göra det där. Och så börjar du försöka göra en skillnad, och det är där problemet har legat. Det är därför jag måste åka tillbaka till ljuset, så att jag kan minnas detta och bli påmind om detta.

D: *Så hon måste inse att hon inte kan försöka förändra allá.*

P: Nej, det är inte vad hon handlar om. Det är inte hennes energi. Hennes energi handlar bara om att vara den hon är. Allt är bara perfekt där. Långt inne vet hon dessa saker. Det är bara det att hon inte praktiserar vad hon vet. Det är verkligen det som river henne itu, när hon vet något, och så försöker hon göra något annat. Det är där alla fysiska problem kommer ifrån. Vi fortsätter att försöka förneka vad vi är här för. Det finns många av oss här nere. Och det finns människor från många andra platser som också är här, som hjälper. Det är många människor.

D: *Kommer de alla för samma syfte?*

P: Nej. Många människor—de är inte människor—många energier kom hit för att känna hur det känns. Vissa kom ner för att lära sig. Jag antar att alla har sina egna skäl. Jag känner inte till deras energier. Det känns som nu att de kom för att hjälpa på sitt eget sätt. Jag skulle säga, ja, det skulle vara sant.

D: *Kommer de alla från samma plats?*

P: Åh, nej. Det finns många platser.

D: *Så de kom inte alla från energiplatsen.*

P: Åh, nej. Nej, jag ser en plats som ser ut som ett reflekterande ämne. Och jag vet att det inte handlar om det. Det är bara så att när du ser, finns det ett blågrönt ljus som kommer därifrån. Ibland ser det ut som att det har ett spetsigt tak. Och vid andra tillfällen ser det ut som om det sträcker sig mot oändligheten. Många av energierna kom från denna reflekterande substansplats. Jag vet inte var den platsen är. Den är långt borta. Jag känner dessa energier. Jag ser en annan plats också. Åh, den här platsen ser inte riktigt bra ut eftersom den har mörker runt omkring sig. Det är en mörk plats, och de energierna är inte riktigt bra. Men energierna som kommer från den reflekterande substansen är här för att hjälpa.

D: *Är många av dessa på väg in i en fysisk kropp för första gången?*

P: Låt mig kolla. (Paus) Vissa. Vad jag får är att när vi är i vårt energistatus, känner vi alla att vi kan hjälpa, oavsett var vi går. Och vi väljer alla att separera, vid olika tidpunkter, för att gå till olika platser eftersom vi känner att vår energi skulle vara en tillgång där vi går. Och oftast, skulle jag säga att det är. Så vad jag får är att vi—jag säger "vi" eftersom det är all energi—att vi går till många olika platser där vi tror att vi kan vara upplyftande, eller uppleva något som vi inte har upplevt tidigare.

D: *Men förstås, när du kommer ner här, är det annorlunda, eller hur?*

P: Åh, det är väldigt annorlunda. Det är väldigt annorlunda.

D: *Mest för att människor inte minns när de väl kommer in i den fysiska kroppen.*

P: Det är nästan som om du är avskuren från vem du är. Jag går tillbaka ofta. Jag insåg precis att jag får gå tillbaka ofta. Och jag minns att jag ville gå tillbaka och stanna där. Och jag vet inte vilka de är

DE TRE VÅGORNA AV VOLONTÄRER OCH DEN NYA JORDEN

som säger åt mig, eller kanske är det jag själv som säger åt mig att jag behöver stanna här. Det är jag. Det finns inga "de". Jag behöver stanna och göra det jag kom hit för att göra. Om jag kunde avsluta det snabbt hade jag lämnat för länge sedan. Jag hade varit borta, men det är inte vad energin handlar om. Och jag vet att det inte är vad det handlar om. Det är bara det att när du går till Jorden och blir involverad där nere känner du, "Jag vill inte vara där. Den platsen är ful. Jag vill lämna." Men det är inte så enkelt. Och det är vad jag ser nu, att energin vi har lämnat kvar inte låter oss komma tillbaka än eftersom den behöver uppleva det, känna det.

D: Den behöver uppleva?

P: Det jag får nu är att jag ville uppleva detta. Föreställ dig det. Men det är vad jag får.

D: Och du kan inte gå tillbaka förrän du har gjort ditt jobb. (Nej) Men många av de saker som Pamela kom ihåg, eller kände, trodde hon hade att göra med utomjordingar och rymdskepp. Detta låter inte som det.

P: Låt mig få bilden här. (Paus) Nu ser jag många farkoster. Åh. du vet vad det är? Det är så vi reser ibland. Det är farkosten som vi reser i. Jag sa inte. Jag säger "vi" för att jag tänker på de som kom—vi hade inga farkoster när vi kom till jorden. Vi kom bara ner i vår energiform. Jag ser en liten, liten bebis nu. Är det inte roligt? Det finns denna enorma energi som vi är, och vi kommer ner i denna lilla, lilla bebis. Det verkar otroligt eftersom var skulle resten av energin gå?

D: Var du tvungen att ha tillstånd för att gå in i en bebis?

P: På något sätt var det allt ordnat, och jag ser inte det nu.

D: Jag tänkte att det måste finnas regler och bestämmelser.

P: Det finns vägledning. Allt är vägledning. Jag ser inte det nu.

D: Vad är syftet med att resa i farkosten?

P: Det handlar om att åka till andra platser där du behöver resa med din egen typ av energi. För där vi är, även när jag säger att jag kan se den vackra, strålande, stora ljuskulan—det är en specifik energi. Det är en hemenergi. Så när du reser utanför ditt rike, behöver du resa i en farkost som är av den energin som du lever i, som du är.

Jag fick också veta att denna unika energi måste hållas inom en viss ram, annars skulle den smälta samman med andra energier som den passerade igenom. Detta var en form av skydd. Så många av de varelser som reser i dessa UFO:er är ljusvarelser. Många av dem har också förmågan att förändra sin form för att anpassa sig till omgivningarna de befinner sig i.

D: *Gör hon detta i sin fysiska kropp?*
P: Nej, nej. Det är bara en annan del av henne som reser. (En insikt.) Det är vad det är eftersom hon är nära kopplad till dessa andra delar. Så hon känner dessa andra delar medan de gör dessa saker, men hon får inte hela bilden. Jag ser en del av henne nu som reser i en farkost till en plats som har mycket, mycket höga pelare. Det finns kristaller, och energivarelser. Och det är inte där hon kommer ifrån, så hon måste resa med sin egen energi för att komma dit. Jag vet inte vad hon gör där. Egentligen, det är inte en "hon."
D: *Men det är en annan del av henne? (Ja) Som om när hon separerade från hemmet ljuset, hemmet, delade det sig i olika bitar?*
P: Ja, det finns många olika bitar.
D: *Och en av de bitarna är Pamela?*
P: De är alla samma bit, som när stängerna separerar från helheten. Den stangen kan sedan gå in i många olika platser i olika riken för att ha olika erfarenheter. På något sätt kan jag inte koppla till alla de där. Jag vet bara att det är så det händer. Det har placerats ett band runt hennes huvud. Det känns som en åtdragning runt huvudet. (Handrörelser visar att det går över pannan.) Det tätar den kopplingen. Det är en koppling så att hon inte får de andra delarna. Jag antar att hon inte ska. Bara veta att det finns andra arbetsdelar, andra fungerande energier. Det är meningen att det ska vara en tröst att veta att det är okej. Att allt är i perfekt ordning. Att alla delar arbetar tillsammans och gör vad de ska göra, och att de snart kommer att återförenas. Det är vad budskapet är, det är meningen att det ska vara en tröst.
D: *Du vet hur människor är. Om de inte förstår något antingen fruktar de det eller överdriver det.*

P: Du vet vad det är? Det är på grund av de begränsningar som finns här. Jag tror att när du är ute ur kroppen, är du den du är, och du är alla kopplade. Det är som en stor gryta med soppa. Du kan vara en morot eller en potatis, men du är fortfarande soppa och ni är alla kopplade. Sedan när du tas ur soppan och placeras på olika delar eller platser, då separeras du från helheten. Du får inte tillgång till det och det blir förvirrande. Det ger inte mening då. Men när du är tillbaka hemma, eller återförenad igen, då vet du att det är okej och allt är precis som det ska vara.

D: *Då när hon har dessa idéer om rymdskepp och ET:er, får hon bara minnen eller upplevelser av dessa andra delar av sig själv?*

P: Ja, det är vad som händer.

D: *Hon undrade om implantat. Vet du om det finns några i hennes kropp?*

P: Ja, det finns implantat. Det finns ett i tinningen; på höger axel.

D: *Vem satte dem där? Eller hur kom de dit, låt oss säga det på det sättet.*

P: Egentligen när hon kom in hade hon dem, och de är energetiska från där hon kommer ifrån. De har alltid varit där. På senare år har hon undrat över dem, men hon vet att de är okej.

D: *I mitt arbete vet jag att andra varelser sätter implantat i människor av olika anledningar.*

P: Nej, jag får inte att det är andra varelser, de är från där hon kommer ifrån.

D: *Vad är syftet med dem?*

P: Det är information som hon kan kalla på. Det hjälper henne att lokalisera portaler så att hon vet hur man kommer hem.

D: *Det var nästan som att de sattes in när hon kom hit, så att hon inte skulle gå vilse. Skulle det vara ett bra sätt att säga det?*

P: Ja, det skulle vara rätt sätt att uttrycka det.

D: *Så att hon inte skulle gå vilse i det fysiska, och för att göra det möjligt för henne att hitta portalerna för att komma hem.*

P: Rätt. Det är verkligen bra. Och det är också en påminnelse om vem hon är. Jag får veta att när de kliar och får henne att lägga märke till dem, det är när hon har mer kontakt med hemmet. Jag tror inte hon inser det.

D: *Jag ser olika typer av människor. Är hon en annan typ än de jag har arbetat med?*

P: Nej, jag tror att du har arbetat med många av oss tidigare.

D: Självklart, jag fick veta att jag inte skulle sätta ihop dessa människor.

P: Det är sant. De är mer effektiva på egen hand. De träffas och det förstärker bara behovet av att återvända. Och de behöver stanna här.

D: Jag fick veta att energin skulle spädas ut om de sattes i kontakt med varandra.

P: Det skulle spädas ut.

D: Jag fick veta att jag skulle träffa flera, men jag vet aldrig säkert. Är detta den typen av energi då.

P: Det är en annan typ av energi. Det finns alla olika typer av energier. Vi kommer från olika platser; vi bär på olika saker som utgör delarna av helheten. Och den del som jag kommer från, har jag inte träffat förut. Jag känner att du har det. Men jag tror inte att dessa energier på planeten jorden behöver komma i kontakt med varandra eftersom de är starkare ensamma.

D: Jag fick en liknelse att de är som två vågor i ett hav.

P: Det stämmer. De går olika vägar.

D: Men när vågorna sätts ihop, då späds deras kraft ut.

P: Då börjar de gå en väg.

D: Så det är därför det är okej för mig att veta om dem, men jag får inte sätta dem i kontakt med varandra. (Nej) Även om de blir ensamma.

P: Jag har inte funnit att jag är ensam i Pamellas kropp. Jag känner mig väldigt stark att vara ensam. Jag har mer styrka ensam än jag har när jag blandar mig med människorna eftersom de verkar vara så utspridda. De är så involverade i vad som pågår på sin planet att de glömmer vem de är. Och i Pamellas kropp, när hon är ensam, minns hon och känner sig väldigt stark. Men när hon är med andra människor och börjar göra de saker som människor gör, dras hon i riktningar som hon inte är bekväm med. Och det är därför hon gillar att vara ensam.

D: Men när hon först såg ljuset, ville hon återvända. Så jag trodde att hon var ensam.

P: Det var en känsla av desperation som att hon knappt kan vänta på att komma hem. Det finns många från olika delar av kosmos som kommer för att hjälpa till och sprida den energi som finns här. Och det är mycket nödvändigt.

KAPITEL TJUGOÅTTA
EN ANNAN ASPEKT (EN HÖGRE?)
TALAR

DEN HÄR SESSIONEN genomfördes som en demonstration i min klass på Northwest New Mexico College i Santa Fe, New Mexico. Detta college är unikt eftersom det erbjuder en fyraårig kurs inom alla faser av alternativ medicin och naturlig läkekonst.

Jane var en vacker ung kvinna som började bli välkänd för sitt arbete som psykisk healer. Hon föddes med många förmågor som hon hade kunnat behålla och använda. De hade inte tryckts tillbaka och glömts, vilket ofta händer med barn av den här typen. Hon ville mest ha information om sina ursprung. Detta är en annan vanlig fråga: "Var kommer jag ifrån?" Självklart är svaret alltid detsamma. Människor tror att de kom från en viss hemplanet, men det är bara ett steg på deras långa resa. Vi alla kom från samma plats när vi skapades av Gud (eller Källan) och skickades ut för att uppleva våra resor. Hon ville också ha information om sin livsväg.

När Jane kom ner från molnet åkte hon upp istället för ner till jorden. Hon rörde sig ut i stjärnorna och blev mycket känslosam när hon gjorde det. Hon sa att det kändes som en hemkomst, "För att jag vet var jag kommer ifrån." Hon sa att hon hade saknat den platsen och att det skulle vara bra att hitta den igen. Hon ville åka norrut och när hon gjorde det såg hon att hon var omgiven av kristaller i himlen. Sedan, när hon rörde sig mycket snabbt genom rymden, kom hon till den plats hon letade efter. I fjärran såg hon skepp som kom. "De är små och runda, svarta och silverfärgade. Och de kommer för att välkomna mig. De kommer inte riktigt från där jag är ifrån... de är bara välkomnare." Sedan kände hon att hon plötsligt drogs in i ett av skeppen. Nästa fenomen inträffade som jag har haft tidigare. Jag är alltid beredd på det ovanliga, eftersom det för mig inte är ovanligt. Men för en klass kan det vara överraskande. En annan röst kom igenom, och det verkade som om jag var i kommunikation med någon typ av entitet som var ombord på skeppet, snarare än Jane. När detta händer går jag bara med på det.

D: *Vad ser du efter att du är inne?*
J: (Förvirrad) Jag förstår inte ditt språk.

Jag gav instruktioner att den skulle kunna förstå mig och kommunicera med mig. "Kan du komma åt den delen av Janes hjärna som kan förstå vad jag säger? Jag skulle verkligen vilja prata med dig. Kommer det att vara acceptabelt?" Det gick med på det. Jag förklarade att jag visste att den inte använde språk, men vanligtvis kommunicerade mentalt. Men vi måste använda ord för att kommunicera. "Jag vill att du ska känna dig bekväm och vi kan kommunicera. Kommer du att kunna göra det?" Det gick med på det, så jag började ställa frågor.

D: *Vi letar efter information. Är det okej om du berättar om den här platsen? (Ja) Är det ett litet skepp?*
J: Ja. Det är väldigt litet eftersom jag inte tillbringar mycket tid här. Det används bara för att åka fram och tillbaka. Det ser ut som ett litet flygplan inuti, utom att det inte har några säten. Det har en liten metallkök av något slag. Jag vet inte riktigt hur jag ska förklara det. Jag gör lite mat där, men jag förstår inte riktigt köket.

D: *Om det är ett kök, behöver du äta något?*
J: Jag behöver inte äta... Jag vet inte hur jag ska förklara det. Människor kallar det mat, men vi skapar mineraler... nej, det är inte rätt ord. Vi skapar bara saker som vår struktur använder för energi. Jag kan inte förklara det. Jag känner bara det, men jag blir ombedd att låta... det finns människor som behöver veta den här informationen eftersom de behöver arbeta med den här energin.

Jag bad om en beskrivning av hans kropp. "Jag ser inte ut som något. Jag kan inte se mig själv. Jag känner mig som en energi... människor kallar det en sfär. Men vi kan också omforma oss till olika former beroende på vart vi reser."

D: *Gör ni det bara när ni vill, eller när omständigheterna är...*
J: Endast när det är nödvändigt. Vi missbrukar inte våra förmågor.

DE TRE VÅGORNA AV VOLONTÄRER OCH DEN NYA JORDEN

D: *Hade du en gång en fysisk kropp?*
J: Ja, jag är mycket bekant med en fysisk kropp. Jag förstår inte, men jag vet den här känslan från när jag var barn och min kropp skulle bli energi och jag bara skulle försvinna.
D: *Så du hade en fysisk kropp en gång?*
J: Ja. Jag har haft många former.
D: *Är det förmågan hos ditt folk? (Ja) De kan börja som den fysiska, sedan förändras? (Ja) Åh, det är väldigt underbart. Så ni behöver inte kroppen längre. Ni blir bara energi? (Ja) Vad gör ni som energi?*
J: Vi lär människor. Vi gör många saker. Det finns mycket arbete att göra i universum eftersom människor ställer till med många problem.
D: *(Skratt) Åh, jag tror det.*
J: Så när de projicerar sin energi måste vi återjustera stjärnorna och vi måste ta bort deras gaser. Jag förstår inte vad denna energi är som de projicerar. Det finns främmande energier som går ut i universum och förorenar hela universum. Det är mycket störande.
D: *Kommer det från människor? (Ja) Är du nära jorden? (Nej) Så det sträcker sig långt bort? (Ja) Vad är det de projicerar som är så negativt? (Jane började gråta.) Det är svårt att hantera, eller hur? Du måste städa upp röran. Du har ett viktigt jobb. Varför gör det dig känslosam?*
J: Åh, jag förstår bara inte varför alla människor inte förstår vad de gör mot oss. De missbrukar sin alkemi på planeten. De skapar kemikalier som sprider sig till olika universum, och de förstår inte det.
D: *De inser inte att det inte bara är begränsat till deras egen värld?*
J: Det stämmer.
D: *Att det går ut och påverkar din värld?*
J: Jag har ingen värld. Jag tillhör bara universum.
D: *Du hade en gång, eller hur?*
J: Ja... (Gråtande) innan den förstördes.
D: *Berätta vad som hände.*
J: Jag bodde på kristallplanet. Och gaserna var så starka att de löste upp planet, så vi var tvungna att skapa ett skepp så vi skulle ha något ställe att gå till.
D: *Varför löste det upp?*

J: Det var gaserna från den mänskliga världen. De var för starka och smälte den.

D: Byggdes gaserna upp efter en tidsperiod?

J: Ja. Gaserna förstör många planeter, så vi måste rädda många människor också. Många olika varelser på andra planeter. Vi samlar in olika varelser.

D: Så det förstörde många planeter?

J: Ja, det fortsätter att förstöra planeter och vi försöker...

D: Menar du att energin fortfarande går ut?

J: Ja, och vi fortsätter att filtrera den och försöka laga den, men de fortsätter att göra saker för att öppna upp sitt ozonskikt och det kommer ut och... (Djupt andetag) det är mycket störande. Så mycket behöver hända.

D: Så vid den tidpunkt när din planet förstördes, sa du att ni lämnade?

J: Vi hade byggt ett skepp så vi kunde lämna och fortfarande göra vårt arbete. Och då insåg vi att vi inte hade någon planet längre.

D: Hade du en fysisk kropp då när du var på skeppet?

J: Det hade en struktur.

D: Vad hände sedan att du bestämde dig för att inte vara fysisk längre?

J: Vi behövde inte. Det var en välsignelse på ett sätt att förlora planet eftersom vi redan var i en utvecklingsfas där vi inte behövde ett hem längre. Och vi behövde ingen fysisk struktur för att hålla vår energiform.

D: Du hade utvecklats bortom det. (Ja) Så när blev du denna energivarelse, sfären, som du är nu?

J: Det var efteråt.

D: Berättade någon för dig att du var tvungen att göra det här jobbet?

J: Det beslutades av rådet. Nåväl, inte bara mitt jobb. Det finns flera av oss som gör detta.

D: Träffade du rådet?

J: Jag känner att de gav instruktioner. Vi ser dem inte. Vi kommunicerar bara med dem energiskt, och de är alltid runt omkring oss.

D: Och du gick med på att resa ut i hela universum och försöka korrigera de saker som händer? (Ja) Hur är det när du hittar energin som kommer från jorden? Hur identifierar du den?

J: Den har en mycket tät, lägre frekvens, och jag förstår inte ens hur den kommer ut i dessa dimensioner. Det är nästan som en svart, rökig orm som slingrar sig igenom, men den har inte överväldigat oss. Det är tillräckligt lätt att städa upp det. Det är bara onödigt att vi måste spendera vår tid på det när det finns andra uppgifter som behöver utföras.

D: *Jag undrade hur det kunde komma så långt bort från jorden till de andra dimensionerna.*

J: Ja, det sträcker sig bortom vår galax. Det går bortom och in i andra universum. Det är mycket genomträngande, och vi vet att människor inte menar att det ska hända. Det är mycket störande att se det.

D: *De tror att det bara stannar kvar på jorden och att de bara skadar varandra.*

J: Ja. Vi har stängt många av dessa dörrar, tyvärr känner de mänskliga varelserna att de fortfarande behöver vissa lärare. Människor tycker att de behöver lära sig saker på det svåra sättet, så de bjuder in energier som lär dem läxor på det svåra sättet.

D: *Ja, det är en planet med läxor.*

J: Ja, det stämmer.

D: *Du sa att dessa negativa energier var lätta att städa upp? Hur gör ni det?*

J: Jag förstår inte ordet för det... vi omger dem med en mycket kraftfull, flytande kristallliknande energi. Vi innehåller det och sedan skapar vi olika beräkningar. Vi måste testa frekvensen av det och räkna ut en frekvens som är tillräckligt stark för att lösa upp det. Och sedan löses det tillbaka till energi, men som jag nämnde är det mycket tidskrävande. Det finns andra uppgifter i universum som är mycket mer fördelaktiga för kollektivet.

D: *Vad är kollektivet?*

J: Helheten av universum och invånarna i universum. Det finns många andra arter, och människor förstår inte det. Men vi gillar människorna. De är en del av oss, och de upptäcker det när de lämnar sina kroppar. Om de visste detta skulle de bete sig annorlunda. De är mycket härliga. De menar väl, och de har all denna kärlek i sina hjärtan, och vi vill bara att de ska älska från sina hjärtan. Och om de älskar från sina hjärtan, kommer de inte att skapa dessa saker som inträffar.

D: *Kärlek är vad allt handlar om, eller hur?*

J: Korrekt. Skaparen är mycket kärleksfull. De har bara en glimt av hur mycket kärlek Skaparen har för dem.

D: *Men jag tror att det är en del av varför de är på jorden, för att upptäcka dessa saker.*

J: Det stämmer. De ser inte träden som vinkar till dem och blinkar och säger hej. De hugger bara ner dem.

D: *De ser inte att allt är levande. De tror att allt är här för deras nytta.*

J: Det stämmer.

D: *Om du inte spenderade så mycket tid på att städa upp röran, vad skulle du vilja göra?*

J: Åh, det finns många projekt. Det finns många planeter som väntar på att födas, men de vet att det inte är tillräckligt säkert för att födas. Och det finns många andra arter som önskar bli en del av processen för att utvecklas till kollektivet.

D: *Så det här är en del av vad du skulle kunna göra?*

J: Ja. Det är mycket lätt att skapa planeter, precis som det är mycket lätt att förstöra planeter. Eller flytta dem till andra galaxer och formationer som tjänar kollektivet.

D: *Jag har pratat med andra som du, som skapar planeter. Det är en del av gruppen av medskapare, eller hur? (Ja) Gör ni det med energi?*

J: Ja. Det är mer än energi. Om människor skulle förstå det… vi tänker på det, sedan händer det.

D: *Det är därför tankar är så kraftfulla, eller hur? (Ja) Kanske är det därför människor inte är på den punkten.*

J: Människorna är mycket resursfulla i sina hjärnor. Och om de använde sina tankar och sina intentioner på ett annat sätt skulle de skapa en mycket mer fredlig existens. När vi skapade planeten skapades den som en oas. De är inte menade att lida. Någon lärde dem att lida… inte vi. Men de vet alla i sin djupa visdom att deras hjärnor är mycket kraftfulla. De använder bara en liten jordnötsstor del av sin hjärna, men deras hjärna är mycket stor. Och om de fick åtkomst till all den energi som finns i deras hjärnor, skulle det vara en mycket annorlunda plats på planeten. Och faktiskt vet de vad som händer. De känner det. De övergår det. Och denna planet jorden håller inte på att förstöras. Jag skulle verkligen vilja att de inte fokuserar på det för eftersom de fokuserar på destruktiv energi skapar de det.

D: Allt de fokuserar på skapar de.
J: Det stämmer.
D: Är du lycklig med vad du gör?
J: Ja, jag älskar verkligen mitt jobb. När jag säger "jobb", så är det vad människor skulle säga.
D: Ja, det är vad vi skulle säga. Och du reser bara från plats till plats och gör vad du ska göra. (Ja) Det är underbart och du är mycket nöjd med det? (Ja)

Det var nu dags att koppla ihop med Jane. "Är du medveten om att du pratar genom en människa?"

J: Vad jag känner är roligt, konstigt. Det finns någon slags hindring här.
D: Det är därför du var tvungen att använda ett språk. (Ja) Stör det dig?
J: Att använda en mänsklig kropp?
D: Att kommunicera med mig.
J: Nej. Det är nödvändigt.
D: Jag skulle vilja klargöra något. Jag vill veta om du är henne, eller är du en del av henne eller vad? Hur uppfattar du det?
J: Hon är en del av oss.
D: Är hon en del av din grupp? (Ja) Berätta för henne om det. Hon letar efter svar.
J: Hon vet redan svaren.
D: Ja, men hon känner inte till dem medvetet. Kan du berätta för henne så att hon förstår?
J: Ja. Hon är här för att lära människor hur man skapar. Hur man använder sina energier från där hon kommer ifrån.
D: Energi från där du kommer ifrån? (Ja) Hon är verkligen du, eller hur? (Ja) Det är det som blir komplicerat när vi försöker sätta det i vårt språk.
J: Ja. Det sätter ofta henne i situationer som är mycket kraftfulla. Och ofta, i sin mänskliga existens har hon haft många sådana situationer som ni skulle kalla "högprofilerade". Och människor förstår inte att hon bara vill lära dem hur man skapar.
D: Om du var lycklig med ditt jobb där, varför bestämde du dig för att bli människa?

DE TRE VÅGORNA AV VOLONTÄRER OCH DEN NYA JORDEN

J: Det är nödvändigt.

D: *Det är begränsande, eller hur?*

J: Ja, och hon gillar inte det.

D: *Vad hände första gången du var tvungen att bli människa? Fick du instruktioner att göra det?*

J: Ja. Det är svårt att förklara eftersom hon aldrig har skrivit på för att vara människa. Men hon har alltid accepterat sina uppdrag.

D: *Menade du att hon inte volontärade?*

J: Det stämmer.

D: *Det finns volontärer, eller hur?*

J: Ja. Det finns många som människor skulle kalla en "väntelista" för att komma till planeten just nu.

D: *Men hon volontärade inte.*

J: Nej, hon gillar inte en kropp.

D: *(Skratt) Så blev hon bara tilldelad ett uppdrag eller vad?*

J: Det finns många av oss—många delar av helheten av vem du pratar med—som existerar i andra dimensioner just nu, och hon valde att vara på planeten jorden. Men det finns många andra divisioner av oss någon annanstans just nu.

D: *Jag tror att jag förstår detta mer än de flesta eftersom jag förstår att vi har många delar. (Ja) Vi är inte bara en del. (Ja) Så hon kan existera som människa och också existera som du.*

J: Det stämmer. Men hon har mycket plikt, och hon förstår att det finns en större bild. Och hon behöver föra fram de frekvenser och lärdomar som är nödvändiga för människor att fokusera sin energi. Och för att återfokusera sin hjärnaktivitet till att vara mer till tjänst för sin Skapare och sitt universum. Och när de lämnar sina kroppar förstår de det.

D: *Åh, ja, det är mycket tydligt då. (Ja) Men ändå, hon beslutade sig för att acceptera dessa uppdrag och bli mänsklig?*

J: Ja. Hon argumenterar aldrig om det. Det är därför vi ger henne svåra uppdrag. Hon gillar det. Hon gillar att bli utmanad.

D: *Det är inte lätt när du är människa och har dessa olika förmågor (hennes psykiska förmågor). Är det inte sant?*

J: Ja. Hon har gjort sitt bästa för att få människor att känna sig bekväma runt henne innan hon visar dem vad som verkligen pågår.

D: *Tja, den här som du talar genom, hennes namn är Jane. (Ja) Har hon haft andra liv på jorden? (Ja) Finns det några som är möjliga att återfå dessa förmågor nu?*

J: Nej, det är inte nödvändigt att veta vid denna tidpunkt.

D: *Så den hon fokuserar på just nu är den viktigaste.*

J: Det stämmer.

D: *Vad är hennes uppdrag den här gången?*

J: Hon måste lära många människor, och det finns många healers som behöver komma ihåg vem de är, och vilka frekvenser de för med sig hit, och deras energier, så att de kan utföra sitt arbete till sin fulla potential.

D: *Det låter som ett stort uppdrag. (Ja) Hon sa att hon minns att hon även som baby kunde göra väldigt konstiga saker.*

J: Ja. Hon brukade kommunicera med oss från sin spjälsäng. På grund av sitt uppdrag behövde hon inte ha samma nivå av glömska som andra människor.

D: *Eftersom de flesta människor inte minns när de var bebisar.*

J: Det stämmer. De flesta människor skulle inte vilja minnas det. Men de själarna är mycket vackra, och människor erkänner dem inte som det, men de behöver komma in utan minne så att de kan tjäna de människor som kan vara till tjänst för planeten.

D: *Ändå kunde hon minnas till och med som bebis att hon kunde göra dessa saker. (Ja) Men hennes familj var mycket förstående.*

J: Ja, de var komplicerade.

D: *Ändå var hon tvungen att lägga dessa förmågor på hyllan, om du förstår vad jag säger. (Ja) För att kunna leva som människa måste du anpassa dig. (Ja) Hon vill veta om det är möjligt att återfå dessa förmågor nu?*

J: Ja, det är dags för det. Hon vet hur man använder dem, men hon behövde innehålla dem eftersom det fanns många—vad människor kallar "grå" energier—i det skolsystem hon arbetade i. Och hon visste att de kunde se vad hon kunde göra. Så för att skydda informationen behövde hon lägga förmågorna på hyllan. Hon skyddade sig själv, men hon skyddade också informationen.

D: *Så hon var tvungen att smälta in vid den tidpunkten och bli människa. (Ja)*

Jag visste att den delen som jag talade med skulle kunna svara på de frågor som Jane ville veta, så jag visste att jag inte skulle behöva kalla fram SC. Det gick med på mig, att jag redan talade med den. Detta är ibland svårt att veta, att kunna särskilja skillnaden mellan en guide eller en annan entitet och SC. Guiden eller en annan entitet kanske inte har tillgång till den typ av information som behövs, och ofta är det den första att erkänna det. Ibland kommer den att säga till mig att jag bör kalla fram SC eftersom den inte kan svara på frågorna. Det återgår till det faktum att vi alla ändå är ett. Alla de andra delarna av oss plus SC är alla en del av Källan. I början lät denna en som en typisk ET eller utomjording som var tilldelad det lilla rymdskeppet. Sedan lät det som en Skapande Varelse, och sedan identifierade den sig som en annan del av Jane. Så den var många saker, precis som vi alla är. Därför visste jag att jag skulle kunna få information för Jane utan att kalla fram SC.

D: *Vi kan bara prata och få information, eller hur?*
J: Ja, och du är en mycket underbar ledning för att denna information ska komma fram, och vi tackar dig för allt du gör.
D: *Jag arbetar med er hela tiden.*
J: Ja, det gör du.
D: *Jag känner till din kraft och jag respekterar den. Men om hon får återfå dessa förmågor, kommer det att vara bra? Kommer det att vara säkert?*
J: Ja, vi kommer att skapa skyddsmekanismer runt henne för att ta in detta. Det finns många människor på planeten just nu som väntar på att denna information ska komma genom henne. Det är verkligen dags.
D: *Jag är mycket skyddande, och vi vill inte göra något som skulle skada henne, eller störa hennes liv. Hon måste leva här efter allt.*
J: Det stämmer. Det är därför vi omstrukturerade hennes atomer.
D: *Berätta om det.*
J: De håller mer kol och kan hålla mer väte, så expanderbarheten av energin och styrkan av energin är tillåten i hennes energifält.
D: *Varför behövde cellerna omstruktureras?*
J: Du kan föreställa dig den mängd frekvens som kommer att komma genom henne. (Ja) Så vi vill inte att hennes fysiska kropp ska förstöras.

D: *Jag har blivit informerad om detta tidigare. Vissa energier är så starka att de kan förstöra sina fysiska kroppar.*
J: Det stämmer, och det har hänt många människor.
D: *Många gånger när er typ av varelser försöker komma in, kan bebisens kropp inte hålla energin. (Ja) Den aborteras eller föds död. Det är vad jag har hört. (Ja) Så ni måste försöka igen genom att göra justeringar.*
J: Fostret är okej. Det är mamman som inte sköter om den energi som omger fostret.
D: *Det är för mycket för mamman. (Ja) Var det något ni var tvungna att göra med Jane innan hon föddes?*
J: Åh, ja. Jane gick inte in i livmodern förrän efter cirka sex månader eftersom de arbetade med hennes värd. Mammans kropp. Så hon kunde inte gå in förrän sex månader i livmodern.
D: *Så bebisen utvecklades sex månader innan hon fick lov att "testa vattnet", så att säga?*
J: Ja. Men hon var upptagen med att göra andra saker. Jag vet inte hur jag ska förklara det, men grundläggande aktiverar den högre delen av människan sin egen visdom för hur man skapar sin kropp. Och hur man strukturerar fostret på cellulär nivå så att energin kan komma in.
D: *Många gånger är ni så upptagna att ni inte vill komma in förrän i sista minuten ändå.*
J: Ja. Det var vad Jane gjorde.
D: *Menade du själen, anden, som kommer att komma in?*
J: Det stämmer. De kommer inte in.
D: *De strukturerar fostret till vad de vill att det ska vara?*
J: Ja. Fostret struktureras alltid på samma sätt, och när fostret är redo är det förberett för själen att komma in, och den ankommer.
D: *Så de manipulerar eller ändrar inte fostret då?*
J: Nåväl, de kommer att göra det, ja, men mamman behöver skapa... själarna behöver formas. Ibland säger energier eller själar till mamman att de kommer, sedan är de upptagna med att göra andra saker och de glömmer ibland att komma in i kroppen.
D: *Det händer?*
J: Ja, så då föds bebisen utan en själ i kroppen, och det är för att andra saker tar prioritet... det är allt.
D: *Hur kan en bebis existera utan en själ i kroppen?*

J: Tja, mammans mänskliga kropp är designad för att skicka all blod och allt syre till cellerna för att skapa den. Så visdomen i den mänskliga kroppen tar över i att forma själva fostret eller den fysiska strukturen för att själen ska kunna ankomma.

D: *Kroppen är en separat entitet, eller hur?*

J: Ja. Så det är nästan som en fabrikstillverkning. Om och om igen vet kroppen hur man skapar fostret. Det är därför själen kan lita på att den kan komma senare eftersom arbetet redan görs.

D: *Det är därför jag har sagt till folk att fostret lever av mamman, och hennes livskraft håller den vid liv. Så själen behöver inte vara i bebisen förrän den separeras från mamman.*

J: Nej. Ibland kommer själen och kollar in, och det är då de känner sparkar och sådana saker. Och så lämnar den igen, och det är därför mamman inte kan förutsäga sparkarna eftersom själen kommer in och meddelar sig själv och gör lite av sin egen imprinting, och sedan lämnar den igen. Självklart kan själen vara på många ställen samtidigt.

D: *Det är vad jag säger till folk. Den behöver inte förbli i kroppen förrän den separeras från mamman. (Ja) Då måste den vara där, annars lever inte bebisen. (Ja) Men du sa att allt måste omstruktureras så att Jane kan hantera denna energi. (Ja) Och hon har minnen av sina förmågor som barn. (Ja) Och nu kommer hon att kunna använda dessa? (Ja) Hur kommer ni att reaktivera dem?*

J: Vi kommer att komma till henne i hennes sömn ikväll och påminna henne. Påminna henne om hur man arbetar med det på ett säkert sätt och hur man kan vara runt andra människor medan man använder det. Hur man lär ut det säkert; hur man använder det säkert. Det är mycket kraftfullt, vet du. Hon är redo.

D: *Vilka förmågor kommer ni att återföra först?*

J: Tja, hon behöver verkligen kunna vara på många ställen samtidigt. Så hon kommer att bemästra det och sedan lära ut det.

D: *Bi-lokaliseringen hon pratade om?*

Detta var en annan av de förmågor hon mindes att hon hade som barn. Hon kunde omedelbart flytta sin fysiska kropp från en plats till en annan genom att bara tänka på det.

J: Ja. Det är mer än så. Hon reser mycket in i framtiden och förbereder sin framtid redan. Det kommer att bli mer av det, och det kommer att bli resor till fler länder samtidigt för att förbereda förhållandena när hon anländer för att lära dem den information de behöver.

D: *Kommer människor att se henne som en solid människa?*

J: Ja, ja, hon kommer att ta på sig olika former.

D: *Menar du att hon inte kommer att resa bi-lokalisering som en ande?*

J: Nej, hon kommer att välja en form och gå in i den.

D: *Kommer det att se ut som den form hon har nu?*

J: Nej... tja, ibland. Det beror på vart hon ska och hur hon behöver smälta in.

D: *Så andra människor kommer att se henne som en fysisk människa? (Ja) I sin kropp som Jane, kommer hon att vara medveten om att hon gör dessa saker?*

J: Ja. Hon gör redan det. Hon är bara inte medveten om det.

D: *Så det är okej om hon vet nu?*

J: Ja. Hon hjälper alltid människor.

En av Janes frågor handlade om en känsla av att något kom till henne på natten. Det verkade vara olika typer av varelser.

J: Åh, det är hennes många uppdrag. Baserat på vad hon gör i universum kollar människor in med henne och låter henne veta hur de gör med sina uppdrag och ber henne att delta och assistera i andra områden.

D: *Hon sa att det ibland störde henne.*

J: Ja, väl, hon gillar att vara upptagen.

D: *Hon sa att hon ibland kände att justeringar gjordes.*

J: Ja. Det är mycket utmanande för henne att kontinuerligt lämna kroppen, så vi måste hela tiden justera henne så att varje gång hon återvänder till kroppen kommer hon ihåg att hon är i en kropp. Så vi gör detta på natten.

D: *Om hon förstår detta kommer det att göra det lättare. (Ja) Vilken annan förmåga vill ni återföra? Vill ni att hon ska bemästra dem en och en?*

J: Hon kommer att göra det samtidigt. Hon har mycket rörelse omkring sig och hon behöver lära sig hur man rör saker lättare, och hon lägger mindre energi på att försöka flytta saker. Hon kan bara flytta dem innan hon anländer.

D: *Kraften av levitation som hon hade som barn? (Ja) Förklara vad du menar.*

J: Jag får en bild av henne i sitt fordon, och ibland finns det hinder på vägen, eller det finns andra fordon i vägen. Eller andra situationer som uppstår på vägen som hon kör som saktar ner henne från att vara där hon behöver vara. Och så kommer de att flyttas.

D: *Hon kommer bara att veta detta och kunna flytta dem? (Ja) Det är en mycket intressant talang att ha.*

J: Ja, det är det. Ibland glömmer hon att hennes bil inte är ett rymdskepp. (Jag skrattade.) Hon kör snabbt. Det finns några större projekt där för henne. Det finns några vulkaner i vad människorna kallar "Hawaii-området", som är på väg att få utbrott, och det är inte tid för det. Så hon kommer att behöva arbeta med dem för att sakta ner dem. Sådana rörelser.

D: *Åh? Dessa är uppdrag ni ger henne på natten? (Ja) Kommer hon att göra dessa i sitt sömntillstånd? (Ja) Så hon kommer inte att ha något medvetet minne?*

J: Hon kommer att minnas. Vi måste låta henne vila upp sig vid något tillfälle.

D: *Definitivt. Vi vill inte slita ut henne.*

J: Det stämmer.

D: *Så när hon gör dessa uppdrag kommer hon att ha minnet? (Ja) Hon behöver inte berätta för alla, eller hur?*

J: Hon skulle inte hitta de rätta orden för att beskriva det.

Jag ställde några fler av hennes frågor. En handlade om huruvida hon skulle flytta från Kanada.

J: Hon behöver verkligen flytta. Det är inte riktigt tid. Det finns mycket mycket stark energi där hon bor som behöver lösas upp. Det finns mycket giftig energi och den stads miljön. Det finns mycket förorening. Jag kommer att påminna henne om hur man löser det och hur man filtrerar luften, men hon vet... hon ser gryningen av den kemikalie som formar sig över staden. Och hon ser de stora änglarna runt den när hon kör in.

D: *Detta är ett av hennes uppdrag?*

J: Ja. Det finns mycket förorening där... mycket förorening i vattnet.

D: *Så hon måste göra detta innan hon lämnar Kanada. (Ja) Hon ville veta den bästa platsen för henne att åka till... den ideala platsen för henne att vara.*

J: Hon bör åka till Seattle. Människor skulle förstå henne där. Och det finns reparationsarbete som måste göras på marken. Det finns delar som förbereder sig för att sjunka. De blir överväldigade av energi. Hon kommer att flytta dit om cirka ett år, i mänsklig tid. Vi kommer att skicka henne till kustområdena. Det finns mycket arbete som måste göras där. Hon vill koppla samman med oss medvetet. Vi förbereder oss för att ha möten med henne i hennes vardagsrum. Vad hon vill är att se oss eftersom hon saknar oss. Och hennes mänskliga hjärna förstår inte att vår form är formlös. Men hon skulle vilja se oss, och så kommer vi att dyka upp från tid till annan. Vi kommer att välja en form som hon kommer att känna sig bekväm med.

Fysisk: Vi gjorde en kroppsscanning. "Kemikalierna är inte balanserade. Hormonerna. Det endokrina systemet återställer det nu. Det var överarbetat. Vi behöver att hon saktar ner. Hennes ryggrad har manipulerats av så många oförstående praktiker att vi också måste justera hennes ryggrad. De arbetade med en annan kroppstyp än de är vana vid. Vi justerar, men det kommer att ta några dagar. Hon bör inte låta någon annan arbeta med henne. Andra healers förstår inte denna kropp. Dessutom inser hon inte att hon tar på sig andra människors energier. Hon behöver skydda sin mage. Hon känner dessa saker där." (De tog hand om det.) "Vi skapade en energisk sköld i hennes magområde för att skydda henne från energierna hos de människor hon arbetar med."

Avskedsmeddelande: Vi är mycket stolta över henne och vi vet att hon arbetar mycket hårt. Hon har ett viktigt jobb att göra, och hon älskar alla. Vi är nöjda med det arbete som hon utför.

D: *Vi ville gå in i tidigare liv, men du sa att de inte var viktiga?*

J: Nej. Hon har integrerat hela sin multidimensionella verklighet. Detta liv är det viktigaste.

D: *Så vi visades sfären eftersom det var en av hennes huvudenergier? (Ja) Och jag behövde inte be dig att komma fram. (Nej) Du visste vad vi skulle göra, eller hur?*

J: Det stämmer.

KAPITEL TJUGONIO
EN LÄRARE BLIR DÖDAD

LORETTA VAR EN massageterapeut vars största bekymmer var många minnen av utomjordiska upplevelser. Hon ville veta om de bara var drömmar eller verkliga. Förvänta dig alltid det oväntade eftersom sessionen tog intressanta vändningar. Loretta slösade ingen tid. Så snart hon var i trans gick hon genast till en stor pyramid i Egypten. Hon såg en stor dörr öppnas in i pyramiden och utan tvekan gick hon in och ner i en mörk tunnel. Hon gick förbi rum som hon visste att hon inte fick gå in i och fortsatte framåt. Som svar på mina frågor sa hon att hon var en ung kvinna med långt svart hår. Hennes röst brast som om hon var upprörd och rädd. "Det finns en hel del känslor. Jag är inte rädd. Det är energi. Jag kan känna den i mitt solarplexus. Jag tror att jag känner pyramiden... Det finns en stege. Jag ska gå uppför stegen och in i det här rummet. Så jag är i det här rummet och här framför mig finns två stora statyer av svarta katter. De vaktar en dörröppning. Det ser ut som om det finns ett ljus därbak, men det är svart i dörröppningen. Jag vill veta vad som finns där. Det finns en fackla här. Jag ska ta den facklan och titta.— Nåväl, det finns en annan dörr. Jag tar en nyckel och öppnar dörren. Jag ser inget rum. Jag ser bara lila ljus överallt.—Jag vill fråga om det har ett budskap. Det säger: 'Visdom från forna tider.' Det sa att det var allt... visdom från forna tider. Det här är ett lila ljus som jag har sett förut. Jag ser det ofta och när det här lila ljuset kommer, förmedlar det visdom från forna tider."

D: *Hur förmedlar det det?*
L: Bara genom att veta... ibland vet jag svar. Jag vet saker och jag vet inte hur jag vet det.
D: *Frågar du det om mer information?*
L: Jag frågar inte. Det kommer bara. Jag vet aldrig vad det kommer att berätta för mig.
D: *Vad vill det att du ska veta idag?*

L: Det kommer från templet. (Förvånad) Kommer från ett tempel... det är orden som kommer igenom, men jag är i en pyramid. Åh! Det är ett tempel byggt inuti pyramiden.
D: Är du kopplad till templet på något sätt?

Hon fick information om att dörröppningen som skyddades av de svarta katterna var ingången till templet. Det lila ljuset var inuti. Hon såg att hennes uppgift var att arbeta med de döda.

L: Det finns en platta där med en kropp på, och jag ska förbereda kroppen.
D: Vad gör du när du förbereder kroppen?
L: Det är skalbaggar... skalbaggar och sveper dem som en mumie.
D: Vad menar du med skalbaggar?
L: Skalbaggar... något med skalbaggar. Jag lägger skalbaggar på kroppen. Det finns krukor, och krukorna innehåller olika torkade växter. Jag lägger det på kroppen när jag sveper kroppen.
D: Varför gör du allt detta?
L: Det är för att hedra och förbereda kroppen för gravarna.
D: Är gravarna på samma ställe?
L: Nej. (Hon blev känslomässig.) Det är som att jag förbereder kropparna, sedan kommer de och tar dem.
D: Varför gör det dig känslosam?
L: Det verkar otroligt sorgligt. Jag vill inte göra detta.
D: Varför är det sorgligt?
L: Något att göra med skalbaggarna.
D: Jag trodde att du var ledsen för att personen hade dött.
L: Nej. Det är inte dåligt.—Jag tror att skalbaggarna kryper över kroppen så att de kan äta kroppen.
D: Är de under svepen?
L: Ja. Det måste vara en del av processen. Jag kan se just nu... de kryper på kroppen. Jag vet inte om de är i kroppen.
D: Men varför gör det dig ledsen om det är en del av processen?
L: Det ger tårar. Jag undrar om kroppen inte är död. Skulle de ge mig någon som inte är död? Kanske de ger mig människor att svepa in, att begrava, som inte verkligen är döda. Hmm.
D: Kan du se om de är döda eller inte?

L: Nej. Jag tror att det är som en koma. De kan vara i ett sådant tillstånd och jag vet inte.
D: *De skulle inte andas? (Nej)*

Loretta fick en plötslig insikt som var mycket obehaglig. "Så vad om det är... kanske det är inte jag som fixar dem. Kanske det är någon som fixar mig, och jag ligger på bordet?—Jag tror att det är så." Hon blev mycket upprörd och rädd. Jag gav omedelbart förslag för välbefinnande. Att hon skulle kunna observera objektivt om hon ville och kunna prata om det. "De svepte in mig när jag fortfarande var vid liv... (Plågsamt.)... och satte skalbaggar på mig. De satte mig i en grav. Jag var inte död! (Gråtande.)... Troddde de att jag var död?" Hon började andas tungt.

Denna dragkamp fram och tillbaka om huruvida hon var observatör eller deltagare var typisk för det skydd som SC gör för att säkerställa att personen inte ges mer än de kan hantera. Jag bestämde mig för att flytta henne bakåt till innan detta hände. Det skulle vara ett sätt att få henne ur denna obehagliga situation och ta reda på vad som ledde fram till detta. Hon började beskriva sig själv: "Jag kan se baksidan av mitt huvud och jag har långt svart hår, och jag är den unga tjej som jag såg tidigare. Jag har guldprydnader i mitt hår. Och jag blir tillsagd: 'För folkets bästa.' Hmm... det verkar inte göra mening. 'För folkets bästa kommer du att begravas.'"

D: *Varför? Hur skulle det hjälpa folket?*
L: Det verkar som att jag är en mycket orädd ung kvinna, och detta kommer att lära kvinnor att de inte kan vara så. Genom exempel. Jag var mycket orädd. Jag visade dem genom exempel hur jag levde mitt liv, så de gjorde ett exempel av mig. Jag ser det lila ljuset. Jag kan se mig stå framför en man som säger till mig att de gör ett exempel av mig. Och nu kan jag inte se mig själv. Jag ser det lila ljuset.
D: *Men du sa att du lärde dem genom exempel?*
L: Ja, jag var ett gott exempel. Denna man ville inte att jag skulle lära det. (Utmanande) Men om jag lärde något dåligt, varför skulle jag se det lila ljuset? Jag ser dem dra mig bort. Två män... en på varsin arm med mina fötter dragandes. De slog mig på sidan av huvudet. Så gjorde de mot mig. De måste ha slagit ut mig. Sedan tog de

mig till... satte skalbaggar på mig och torkade saker, svepte in mig och satte mig i en låda! De trodde att jag var död. De begravde mig levande!

Detta var allt väldigt känslomässigt för henne, och jag var tvungen att hela tiden påminna mig själv om att SC aldrig skulle visa personen mer än de kan hantera. I många fall har SC vägrat att berätta för klienten om våldsamma eller fruktansvärda tidigare liv eftersom det inte ville oroa dem. I det här fallet måste det ha tänkt att det var viktigt för henne att ha denna störande information. Jag flyttade henne bort från den scenen, så hon inte skulle behöva uppleva känslorna. Jag ville fortfarande ta reda på vad hon blev bestraffad för. Vad hade hon gjort för att förtjäna en så drastisk död? "Var du en lärare?"

L: Jag lärde ut magi. Magi är bra. Det hade att göra med de stora, svarta katterna.—Jag ser vad som hände på det stället. Det fanns en cirkel av kvinnor i templet med de två katterna. Jag lärde dem i en cirkel och jag tror att jag möjligen lärde dem vad det lila ljuset lärde mig.

D: Du sa, visdom från forna tider?

L: Ja. Männen gillade det inte.

D: De ville inte att kvinnorna skulle veta dessa saker? (Ja) Är det därför de bestämde sig för att döda dig?

L: Ja. När du gör dessa saker... se vad som händer med dig.

D: De ville skrämma resten av dem. (Ja) Nåväl, nu är du ute ur den kroppen och du kan se hela livet från ett annat perspektiv. Varje liv har ett syfte. Finns det något du har lärt dig av det livet?

L: Jag lärde ut vad jag trodde var rätt och jag blev inlåst i en låda.

D: Så vad tycker du att du har lärt dig?

L: Att kanske kämpa hårdare för det jag tror på.

D: Även om du blev dödad för det?

L: Det är antingen att kämpa hårdare för det jag tror på, eller säga att jag dog förgäves. Jag gillar inte att dö förgäves. Jag vet inte varför det måste vara en kamp.

D: Tror du att det var vad det försökte lära dig? Att du kan kämpa för det du tror på?

L: Ja, de hade redan gjort det värsta. En av mina favoritcitat är: "Vad har jag att förlora?"

När jag flyttade henne bort från den scenen för att försöka hitta ett annat liv, såg hon bara sig själv sväva i rymden utan kropp. Det var bara den mycket goda känslan av att vara energi. Det var en fredlig plats där hon kände sig avskild från allt. Jag försökte flytta henne till något annat, men, "Jag ser inget annat än energi som passerar förbi. Det går förbi i klumpar. Klumpar av lila... mörklila och grått och orange. Jag verkar vara i en ljusvärld. Mycket energi. Jag är fortfarande i denna energivärld av dessa färger som kommer mot mig."

D: *Är du menad att använda den energin på något sätt?*
L: Jag blir tillsagd, ja. Att använda denna energi... färgade ljus. Hur ska jag använda denna energi... med mina ögon? Hur gör jag det... genom att bara titta och vara? Är det så enkelt? Det är så enkelt. Jag projicerar energin med mina ögon. De lär mig att fokusera.
D: *Var tar det vägen när du fokuserar det?*
L: Till personen jag arbetar med. Jag arbetar med gamla människor. Jag arbetar med unga människor. Jag arbetar med människor på gatan.
D: *Bara genom att titta på dem?*

Loretta var uppenbarligen en av den Andra Våg.

L: Ja. Människor kommer till mig för att prata och de vet inte varför. Det är för att jag ska titta på dem.
D: *Det kräver ingen ansträngning, gör det? (Nej) Visste du att du gjorde detta?*
L: Jag tänkte nyligen, kanske. Jag vet att jag gör mer med mina ögon; speciellt de gamla människorna för mina ögon fångar deras uppmärksamhet och sedan lyssnar de på mig.
D: *Är detta Loretta vi pratar om? (Ja) Så du kom in i Lorettas kropp? (Ja)*

Då ändrades rösten och identifierade sig som någon eller något från ett skepp, som den sa var hennes skepp. De började rikta energi in i hennes kropp för att hela och göra det lättare för henne att fokusera den energi hon skulle arbeta med.

L: Hon ser på människor och de blir bättre. Oavsett om det handlar om fysiska problem eller mentala problem. Hon arbetar med människor och de vet inte ens om det, men de blir bättre. Hon har gjort detta, men hon visste inte om det. Det är okej för henne att veta nu, för detta är hennes arbete. Hon kommer att resa, träffa människor. Precis som vinden. Vinden rör vid många människor. Och det är så enkelt. Det behöver inte vara svårt. Gå dit anden skickar henne. Åh, det finns något bredare. Hon kommer att arbeta med ett annat ljus. Detta andra ljus är guldigt och ljust. Öppna upp för bredare erfarenheter... bredare.

Jag bad om mer information om skeppet. "Varför är det intresserat av Loretta?"

L: Det säger: "Du är min dotter. Du kommer att arbeta med dina ögon. Du är ett barn av ljuset."

Informationen stannade upp när jag bad om mer information om skeppet. Hon verkade vara rädd, och det överskuggade kommunikationen. Så jag kallade in SC och frågade varför den valde det liv vi hade gått igenom.

L: De behöver inte alltid vara så. Det var fel att göra så, och hon behöver inte göra det igen. Hon tycker att hon alltid blir bestraffad för att hon säger sanningen. (Hon bytte till första person, vilket betydde att Loretta försökte införa sig.) Jag tror att jag i många, många, många liv har blivit bestraffad och kanske nu vet jag inte hur jag ska acceptera detta liv.

Jag använde positiva förslag för att frigöra de saker som hände i det livet så att de inte längre skulle ha något grepp om henne. Detta tog ett tag av att upprepa förslag, tills hon utbrast: "Jag såg det. Jag såg energin släppas!" Jag återvände sedan till frågorna och betonade att hon skulle tillåta SC att svara.

D: *Hon hade en incident som hände för många år sedan när hon bodde i Edmond, Oklahoma, där hon såg några varelser i sitt rum. Hon ville veta vad som hände henne den natten. Kan du berätta för henne om det? Var det en verklig händelse?*
L: Ja. Det var en vän som kom tillbaka för henne. "Jag kom tillbaka för att ta dig hem ett tag."
D: *Var tog den henne?*
L: Till en blå planet. Det fanns träd och gräs, men när man tittade på planeten från rymden ser den blå ut. Det finns en stad där också. Hon kallar det den gyllene staden. Glada människor. De hade en fest för att fira hennes återkomst. Hon hade varit borta ett tag.
D: *Om hon var glad, varför lämnade hon den platsen?*
L: Skulle gå och hjälpa... anmälde sig frivilligt för att hjälpa universum. Hon anmälde sig frivilligt för att vara människa.
D: *Hur skulle hon volontärarbeta för att hjälpa?*
L: Genom att vara människa. Genom sin energi för att hjälpa.
D: *När upplevelsen började den natten såg hon något som liknade trianglar.*
L: Ja. Ljusa vita trianglar! Det går tillbaka till rymdskeppet. Rakt tillbaka till rymdskeppet i en ljusstråle. Trianglarna var på taket. De är energi. Det är den energi som behövdes för att få henne att gå genom tunneln... genom maskhålet.
D: *För att ta henne tillbaka för ett besök?*
L: Ja, och de var gjorda av vitt ljus. Trianglarna var energikällan. Och trianglarna var ljusvarelser också. De var energivarelser. Det tog mig tillbaka till skeppet som hade ljusstrålen över mig. (Loretta började återigen införa sig.) Jag tror inte att alla de där skeppen är bra. De vill arbeta med mig. Jag minns att jag låg på ett riktigt kallt bord utan kläder. De är alla runt bordet.
D: *Fråga dem varför du är där.*
L: Vi försöker hjälpa dig. Hjälpa mig med vad? (Frågar dem.) Ni måste prata med mig. De vet inte mitt språk. Vad menar ni med att ni inte vet mitt språk? Jag kan höra er.—De sa att de försöker hjälpa mig. Jag tror inte att de försöker hjälpa mig. De håller mig nere. Det är inte att hjälpa mig. (Utmanande.) Varför sätter de en sond i min näsa till min hjärna? (Upprörd) Vill ni att jag ska göra det mot er?

D: *Berätta för Loretta varför det händer. Förklara det för henne. Hon kommer inte att känna rädsla om du förklarar det för henne. Människor gillar att få saker förklarade.*
L: Justerar hypofysen... justerar?
D: *Varför behöver den justeras?*
L: Inte tillräckligt stor... mer kunskap.
D: *Vill ni att hon ska kunna hämta en del av den kunskapen som hon hade förut?*
L: Ja. Hjälpa människor.

De förklarade att de inte var de som skulle skicka henne kunskapen. Den skulle komma från någon annanstans, men hypofysen måste vara tillräckligt stor för att ta emot den. Hon blev sedan upprörd igen. "De petade något upp i min vagina. Ägg? Vill ni ha ägg?"

D: *Varför vill ni ha äggen?*
L: Embryo... spara... för henne?—De sparar det för mig?
D: *Varför måste de sparas för Loretta?*
L: Olika liv. Framtid... framtidsliv.
D: *Varför måste de sparas för det livet?*
L: Biologin är nu viktig.
D: *Vad menar du? Kommer hon inte kunna producera egna ägg i det framtida livet?*
L: Inte som detta.
D: *Vad är skillnaden?*
L: Saker förändras... muterar... transmuterar... muterar.
D: *Menar du att de förändras nu, eller att de kommer att förändras, eller vad?*
L: Nu... saker förändras nu. Äggen är olika nu.
D: *De förändras? (Ja) Och du vill bevara dem?*
L: Ja. Jag kanske inte kan återvända till det här tillståndet.
D: *Förändras de till det bättre, eller blir de sämre, eller vad händer?*
L: Inte sämre... bara annorlunda. De kommer att användas senare.
D: *Så i framtiden kommer de inte att skapa ägg på det här sättet?*
L: Nej, inte på det här sättet.
D: *Vad orsakar att äggen förändras?*
L: Vibrationer.

D: Jag vet att vibrationerna förändrar kroppen. (Ja) Men förändrar de också äggen?

L: Ja... DNA förändras.

D: *Men hon kan inte längre få barn. Gör det någon skillnad?*

L: I detta liv kommer hon inte att få barn.

D: *Men äggen är fortfarande livskraftiga?*

L: Måste vara.

D: *Så äggen måste tas och sparas? Är det vad du menar? (Ja) Så att de kan implanteras i henne i ett framtida liv? (Ja) Vad kommer att vara fel med äggen i det framtida livet?*

L: Inte fel... bara olika. Det verkar vara en speciell tid av att bära riktigt höga vibrationer. Det gör att saker förändras... gör att saker håller sin kraft mer.

D: *Men i framtiden kommer äggen inte att ha så hög vibration?*

L: Inte för henne. Hon kommer inte att tillverka ägg i framtiden.

D: *Kommer folk att sluta tillverka ägg, eller är det bara hon?*

L: Jag kan inte riktigt säga. Hon kommer inte att göra det. Hon har något annat att göra i framtiden, och barn kommer att vara olika... en annan process, inte som här på jorden. Så hon sparar äggen för att arbeta med dem senare i den nya processen.

D: *I den tiden kommer hon att förstå?*

L: Ja, hon kommer att förstå. Hon kommer att veta i den tiden.

D: *Kommer hon att ha en fysisk kropp?*

L: Förmodligen inte.

D: *Kommer äggen att användas för att producera andra människor?*

L: Andra hybrider... inte människor. Det skulle bli en mycket hög vibrationshybrid. Kanske på den nya jorden!

D: *Det låter som att det kommer att vara mycket viktigt.*

L: Ja. Det finns ett team som gör saker som detta. Hon är en del av det... ett team.

Avskedsmeddelande: Älska dig själv. Älska dig själv. Vi gör det.

DE TRE VÅGORNA AV VOLONTÄRER OCH DEN NYA JORDEN

KAPITEL TRETTIO
INFORMATIONSEXPLOSION

EVELYN VAR EN SJUKSKÖTERSKA som arbetade med döende patienter. Hon visade stor medkänsla och njöt av att göra denna typ av arbete. Hon ville dock veta mer om en misstänkt UFO-händelse. Hon hade ett minne av att ha blivit besökt i sitt rum och det var vad hon ville utforska under sessionen. Hon hade också irrationella minnen av att ha sett utomjordingar i en inkubator och i en inställd animationsinställning. När hon var i trans tog jag henne tillbaka till hennes hus på det påstådda datumet för incidenten, precis innan hon skulle gå till sängs. (Vad jag kallar "bakdörrsansatsen".)

Hon beskrev sin lilla lägenhet och sa att hennes katt och hennes lilla hund gillade att sova med henne i hennes stora säng. "Vi fick hunden (en cockapoo) från härbärget, och katten var hemlös. Jag har haft honom i flera år nu. De har ett bra hem. De är bortskämda." Denna natt var hon rastlös och hade svårt att somna, även om klockan var efter midnatt. Då började något hända som gjorde denna natt annorlunda. "Denna gestalt kom ner genom taket. Jag är överraskad. Djuren ser det, men det finns inget de kan göra." Jag bad om en beskrivning, och nu beskrev hon två varelser, "De har långa armar... mänskliga slags armar... de har kläder... svarta kostymer på... och svarta skjortor... svarta skor."

D: *De smälter in i det mörka rummet, eller hur? Hur ser deras ansikten ut?*

E: Nästan mänskliga, men de är inte mänskliga... stora svarta ögon och runda, som en människa, men de är större. Inga känslor. De pratar inte. De ler inte. De ser inte arga ut. De ser inte ut på något sätt... bara ett ansikte... kort mörkt hår.

D: *Vad händer?*

E: De drar min arm... min högra arm, men han grep den på fel ställe eller något. Det gör ont. (Jag gav förslag om att det inte skulle störa henne.) Stark... han är mycket stark. Han drar mig i armarna.

Den på andra sidan är mer försiktig, antar jag, men den högra drar min arm... plus jag är tung. — Vi gick upp genom taket.

D: *De måste vara starka om de kan göra det.*

E: De behöver inte vara starka. Det fungerar på andra sätt. Det har något att göra med tyngdkraft. De vet hur man gör det.

D: *Så du åker upp mot taket?*

E: Nej, vi är redan över taket.

D: *Vad kände det som att gå genom taket?*

E: Roligt. Gå igenom det, du blir ett med taket. Du kan känna allt takmaterialet, och de ser ut som luftbubblor eller något. Taket blir annorlunda. Nästan som en målning och inte existerande på riktigt.

Det fanns flera liknande fall som rapporterades i "Custodians". Först var det förvirrande för människor att upptäcka att de kunde göra detta. ET:erna förklarade att personens molekylära struktur bröts ner för att matcha strukturen hos det objekt de passerade igenom. I varje av dessa fall följdes personen av två varelser, en på varje sida. Som om det var nödvändigt för att hjälpa dem att passera genom solida objekt och gå till farkosten.

E: Det överraskade mig. Vi gick bara rakt igenom det. Nu är jag utanför och tittar ner på byggnaden. Det händer för snabbt. Jag vet inte ens vad jag ska tänka.

D: *Vart är du på väg? Kan du se?*

E: Nej... uppåt någonstans, men jag kan inte se. Det händer väldigt snabbt.

D: *Vad ser du som nästa?*

E: Det är ett rum. Det är mörkt. Det har ljus i sig, men det är fortfarande mörkt. Inga fönster... inga dörrar.

D: *Är dessa två varelser fortfarande med dig?*

E: Ja. De står precis bakom mig. — Jag tänker att detta inte händer.

D: *Vad menar du?*

E: Detta är ett skepp. Detta är ett rymdskepp, och de två killarna bakom mig är inte mänskliga. Så min logiska slutsats säger mig att någon precis har plockat upp mig för en åktur.

D: *Hur vet du att det är ett rymdskepp?*

E: Hur vet jag? Jag vet bara.

D: *Vad händer härnäst?*
E: Ingenting. Vi står bara där och väntar på något.

Jag hade ingen aning om hur länge detta skulle ta, så jag bad henne att kondensera tiden så att hon skulle se vad det var de väntade på. Hon såg sedan ljus tändas i en lång korridor och en varelse närma sig henne. "Denna varelse är mycket, mycket lång. Han är mycket trevlig, men jag minns inte att jag har sett något liknande tidigare. Hans ansikte är format som en päron... inget hår och ingen haka, och han är mycket intelligent, smart. Jag tror att han är någon slags ledare. Hans hud är mycket annorlunda än vår. Det är nästan som om han har solid hud, ingen klädsel, inga skor eller något."

D: *Vad menar du med solid hud?*
E: Inga porer som andas på huden som människor har. Men den är mjuk. Väldigt, väldigt mjuk... tunn, väldigt, väldigt långa fingrar.
D: *Hur många fingrar?*
E: Fyra fingrar, men de är nästan lika långa. Det verkar som att det finns en tumme, men jag tror att de inte riktigt är placerade på samma sätt, och de sitter bara närmare varandra.
D: *Har han ögon, näsa och mun som vi har?*
E: Ja, men han använder dem inte. De har ingen funktion på riktigt. Han andas inte med sin näsa. Och han använder inte sin mun för att äta eller dricka. Och han har inte tänder eller tunga heller. Det är bara där för, jag vet inte, dekoration eller något.
D: *Vad sägs om hans ögon?*
E: De är långa, ovala... mycket vackra. Jag har aldrig sett dessa färger förut. Precis som mina... grönaktigt blå... samma färg som mina. Han behöver inte använda ögonen som vi gör. Han ser, men han gör allt i sitt sinne. Han använder dem inte för att läsa eller några av de funktioner vi gör, men de är också mycket känsliga ögon... mycket mjuka.

Vid detta tillfälle började Evelyn hosta och hade svårt att sluta. Jag gav henne förslag för att lindra det så att vi kunde fortsätta och det inte skulle distrahera henne.

E: Han säger något om mina lungor. Förorenade... för mycket förorenade.
D: Kan han se dina lungor?
E: Ja. I sitt sinne.
D: Kan han se in i din kropp?
E: Han behöver inte se. Han kan känna det. Han vet bara allt.
D: Finns det något han kan göra åt lungorna, eller är det vad han gör?
E: Han gör många saker. Han gör allt. Han säger att vår miljö är förorenad.

Evelyn hade fortfarande problem med att hosta, så jag var tvungen att ge fler förslag.

E: Han sa att föroreningen nästan har nått en brytpunkt, så den behöver rengöras. Klimatet självt... han visade mig att stora vindar behöver komma och blåsa bort all förorening.
D: Är det möjligt att göra det?
E: Allt är möjligt, vet du. Han försöker berätta för mig med ord jag kan förstå, och säger att om de stora vindarna kommer till ytan och går runt jorden medurs, med någon typ av element eller energier i det, tar det bara bort all den mörka, gråa gifter. Föroreningen är inte bara luftförorening, det är alla mänskliga och negativa känslor som förorenar. Det är allt kopplat. Han visar att det är allt kombinerat... det är allt ett.
D: Men om de har en stark vind som kommer och försöker blåsa bort detta, kommer det att påverka människorna?

Vid detta tillfälle kunde jag berätta att Evelyn inte längre agerade som observatör som fick svar från enheten. Som det brukar hända, tog enheten över och började svara på frågorna direkt. Eller det kan ha varit SC, eftersom det började använda samma terminologi och fraser som jag är bekant med. Hur som helst var Evelyn bortkopplad från konversationen. När detta händer kan jag få svar direkt utan att gå genom personens censoriska tankefilter.

E: Det skulle inte behöva döda människorna, eftersom kombinationen av vinden skulle ha energipartiklar i sig, som energikraft inbyggda i denna vind. Hundratals och hundratals och olika partiklar i det. Det skulle inte bara rena luften, utan också rensa vibrationerna. Det skulle blåsa genom människokroppen som en energivåg, rena den och alla berg, floder och djur, så det är inte bara en vind. Det har många olika hundratals komponenter. Han sa att jag inte skulle förstå.

D: *Så det är inte som en orkan eller den typen av vind?*

E: Mycket stark vind, men den innehåller också energi. Den blåser bara över hela planeten.

D: *Vi tänker alltid på starka vindar som destruktiva.*

E: Detta är simuleringen där den skulle rotera medurs runt planeten som en vind, en dimma i vinden. Det är en stark vind, men den kommer inte att ha orkanliknande skador. Det är som en dimmig, ren, klar energi. Den kommer att ha mycket neutraliserande energi. De kommer att neutralisera energier, dåliga energier, gifter, olycka... inga av dessa saker skulle ens spela någon roll. När denna vind går genom planeten skulle människor glömma saker som har hänt i det förflutna. Amnesi, de skulle få amnesi. Dessa partiklar skulle rensa bort mycket.

D: *Vad menar du med att de skulle glömma saker som har hänt i det förflutna?*

E: De kommer att få en ny början.

D: *Menar du att de kommer att glömma de saker de höll fast vid?*

E: Nej. Vad de än hade, kommer de att ha, men de kommer att se saker mycket annorlunda nu... ett annat perspektiv, en annan syn, en annan förståelse, ett annat medvetande. Det är det enda sättet vi kan rengöra denna planet. Det har gjorts så mycket skada.

D: *Tror du att det kommer att påverka alla människor här?*

E: Åh, ja... hela planeten. Det måste. Vi kan inte bara göra hälften och inte den andra hälften.

D: *Men vissa människor är så djupt nere i negativitet.*

E: Det spelar ingen roll. De växer starkare. Det kommer att ge dem amnesi av de dåliga sakerna, och de behöver gå vidare med de goda sakerna... mycket ljus och kärlek. Det kommer mest att sätta stopp för tid och vi får bara ett nytt blad. Ingen fråga om ditt förflutna. Många ser fram emot detta. De vet att något kommer.

D: *De vet att det är dags att släppa det förflutna?*

E: Ja, och arbeta med en vägledande ljus... arbeta med universum.

DE TRE VÅGORNA AV VOLONTÄRER OCH DEN NYA JORDEN

D: Men genom att göra detta, går ni emot deras fria vilja?

E: Nej, för tid existerar inte, så vi sätter bara stopp för denna tid. Och de kan plocka upp det nästa gång när de går till en annan plats. Om man vill se det i tid, bara skjuta upp det.

D: Men jag tänkte att fri vilja är så viktig. Jag trodde att de inte fick blanda sig i fri vilja.

E: Vi förstår vad du säger, men vi kommer att ha mer tid att förklara det. Låt oss säga det på det här sättet. Prioritet... du har prioritet. Vår prioritet är... nej, det är inte en bra förklaring. — Vi är ett. Vi är Gud... med Gud... energi. Ni har spelat era spel i många, många miljoner år. Ni är i en liten lekplats och vi ser på er hela tiden när ni övar era spel. Men ni skadar lekplatsen, och vi vill inte att denna sjukdom ska sprida sig till andra som fortfarande är i lärandeprocessen.

D: Med andra menar du andra planeter?

E: Andra planeter... andra varelser som fortfarande står tillbaka i en sandlåda och leker.

D: Är vi inte alla i olika lärstadier?

E: Ni lär er vad ni väljer att lära er, men ni vet redan. Ni har egentligen ingenting att lära er. Ni är Gud. Ni är den allvetande av allt ljus. Vi är allt ljus.

D: Men ni vet när vi kommer till jorden glömmer vi allt detta.

E: För ni väljer att leka i er lekbox med er fria vilja. Och ni kan göra som ni vill, så det är verkligen inte att blanda sig i eftersom ni inte kan blanda er med Gud som ett. Det är bara ett val. Ni leker i lekboxen och vi ser på er, och vi vill se till att ert spel inte blir för mycket som små barn. Det har blivit för mycket, så vi har låtit er leka med tiden, och nu rengör vi bara lekboxen. Det är allt. Bara skjuta upp saker.

D: Så när vi rör oss in i denna nya tid, som ni sa, kommer något att hända med den gamla jorden? Vi pratade om vindarna, men kommer något annat att hända?

E: Vatten... stigande vatten... trasiga skyddsvallar, hav och mycket stora vågor. Det är inte bara så att vinden kommer att rensa vår yta, utan det kommer också att hjälpa planeten när det går genom planeten också, inte bara ytan, hela planeten inuti och utanför. Inuti... utanför.

D: Jag vet att det finns städer under planeten, eller hur?

DE TRE VÅGORNA AV VOLONTÄRER OCH DEN NYA JORDEN

E: Ja... för dem att städa upp sin lekbox också... några av dem. Så låt oss göra jobbet ändå. De är inte alla perfekta, och vissa spelar till och med smutsigare spel än de på ytan. Så låt oss städa upp alla. Ni tänker att de alla måste dö. Det betyder inte det. Det är bara så att dessa vindvibrationer kommer att borsta igenom inuti och utanför.

D: Jag tänkte att vatten också skulle vara en rengöring.

E: Åh, det tar mycket mer än vatten för att städa sandlådan. Varenda liten sak kommer att förändras på er planet. Jag är ledsen att jag inte kan förklara detaljerna, men varenda liten sak kommer att förändras från vad ni upplever idag. Vi har den kunskap vi har idag för att vi aldrig faktiskt gick för att spela. Vi valde inte det. Många gjorde det, vilket är okej, det är vad de gör. Vi stannade i ljuset. Vid all mänsklig tid valde vi inte att göra det, men det betyder inte att vi inte vet vad som pågår på er planet eller andra planeter. Planetens vibration kommer att bli högre. Även om de inte kommer att kunna få den vibration som vi bär, kommer det fortfarande att bli betydande förändringar. Frekvenserna förändras. Som radiovågsfrekvenser... energikroppar, energier.

D: Kommer vi att behålla våra fysiska kroppar?

E: Många kan, absolut, ja, med några förändringar. Förändringar kommer att komma från ljuset, från livsmedelsförsörjningen. Människor kommer att leva mer i fred med miljön och med sina kroppar. De kommer att förstå att syftet med denna kropp är att tjäna syftet med spelet. Och så kommer de att ordna sin kropp för att tillgodose vilket spel de spelar. De kommer att vara mer medvetna—om det är rätt ord—mer medvetna om sina kroppar, mer medvetna om sinnet, och mer alerta och vakna för spelet.

D: Hur kommer kropparna att förändras?

E: De kommer att bli mer bubbliga... mer vibrational.

D: Kommer vi fortfarande att konsumera mat?

E: Tja, ni kommer att sluta döda djur för att äta dem, eftersom att äta vibrationerna av en varelse nu kommer att göra er mycket, mycket sjuka. Ni kommer att äta mer vattniga saker, och när ni planterar er mat, kommer ni att plantera inte med kvantitet, utan med kvalitet av kärlek. Och det kommer att ge de högre vibrationerna när ni planterar era träd, och frukterna kommer att ha högre vibrationer, så ni behöver inte äta så mycket längre.

D: Vi kommer egentligen inte att behöva mat?
E: Inte riktigt... bara minimalt för att upprätthålla den vätskedelen av det. Det innehåller mer vätska än fast föda. Allt ni planterar kommer att ha andra vibrationer. Rötterna av växten ni sätter i jorden, ni planterar i en högre vibration eftersom era händer och era tankar, ert sinne, mentalt högre vibration, går in i plantering så allt alignerar med en högre vibration.

Under intervjun hade Evelyn nämnt (och det var en av hennes frågor) att hon nu var illamående av att äta mat. Jag undrade om detta orsakade det. "Höjer hennes vibrationer för snabbt. Hon är väldigt envis och nu gör maten henne sjuk."

D: Varför händer det?
E: Hon vill höja vibrationen snabbare, och så är kroppen inte kompatibel med den information hon vet omedvetet. Vi förstår inte varför. Vi kan inte synkronisera kroppen ordentligt. Av någon anledning kristalliserar den inte kroppen. Vi har vissa problem i den fysiska kroppen för att kristallisera den så att den kan ta emot den högsta vibration... hennes ursprungliga vibration. Vi ser hennes tankar om att hon gillar mat, vilket gör att hon ger upp vad hon kommer att sakna, men vi behöver göra det snabbare.

D: Men du vet att hon måste äta för att överleva.
E: Hon överlever med sina goda vätskor och kristallbehov av renhet. För att höja vibrationerna i kroppen måste du kristallisera och rena kroppen från förgiftningar i kroppen. Det behöver en snabbare process. Ju mer vi arbetar på kroppen, desto mer förgiftad blir den av jorden, så det är ett steg framåt, två steg tillbaka... ett framåt... två tillbaka... kan inte hålla jämna steg med det av någon anledning. Vi gör mycket justeringar och gör många andra saker med den fysiska kroppen.

D: Men menar du att hon motstår det av någon anledning, eller är det rätt ord?
E: Mycket sorg över att hon inte vet vad hon ska göra, och nivån av motstånd... sorg över det.
D: Var kommer sorgen ifrån?

E: Ensamhet på jorden, mycket, mycket ensam. Vi förstår att hon vill komma hem. Vi vet det, och det gör henne mycket, mycket ledsen... väldigt ensam... isolerar sig själv.
D: *Hon vill inte bli sårad. Hon har blivit sårad en hel del.*
E: Se, problemet här är sinnet. Det är tänkandet. Hennes andra sinne som vi tänker med, ditt högre sinne... hon vet vad hon är. Hon vet vem hon är... hon vet.
D: *Vi vet inte dessa saker medvetet. Det är grejen.*
E: Vi förstår verkligen inte varför vi måste säga allt detta i ord till er människor.
D: *Jag förstår. (Skratt) Jag arbetar mycket med er. Vi gör det på det långsamma sättet.*
E: Ja, men för vi vet allt för att vi stämmer in på rådet, Gudskunskapen, ljuset som bländar dig om du säger så. Det bländar dig inte. Det är bara ett uttryck för det. Jag har aldrig gillat att vara i denna kropp förut. Jag har aldrig haft fysiska fingrar, okej? Så, jag antar att på vissa sätt förstår vi verkligen inte den delen. Vi förstår inte, om du kommer hem, var du kommer ifrån, var hon kom ifrån, hur du inte vet detta? Det var en del av hennes nyfikenhet, vad mer hände den natten? Hon vet, men hon vet inte. Vad betyder det? Hur kan du veta och inte veta samtidigt? Se, om du har ett lock eller något över dina ögon, då tar du bort det, eller vilket uttryck du nu använder. Era sinnen är inte kopplade? Vi förstår det, men varför behöver ni ställa alla dessa frågor när ni redan vet vem ni är och vad ni är?

Evelyn började prata otydligt under denna del, och det gav ingen mening, så jag har uteslutit en del av det. Jag försökte hålla mig till vad som verkade vara det viktigaste.

E: Det går tillbaka till hennes sorg. Hon behöver ta bort allt medvetet, ta bort det eftersom du kan fungera utan det, tro det eller ej. Nej, det är inte sant, för vi ser att du behöver prata språket, göra matematik och köra bil. (Skratt)
D: *För vi behöver medvetandet för att leva i denna värld.*
E: Ja, vi förstår det nu. Vi lär varandra. Okej? Så vi behöver ta henne ut ur den dimensionen lite mer och tillåta henne att förstå lite mer, tillåta henne att se lite mer, så hennes andra sinne, hennes

medvetna sinne kommer att vara lugnt och låta oss göra frekvensutbytet för att höja vibrationerna mycket högre.

D: *Men den natten vi började undersöka, tror hon att detta är första gången hon gick till farkosten och mötte dig. (Evelyn skrattade.) Jag arbetar med dig tillräckligt, jag vet att det förmodligen inte var hennes första gång. (Vi skrattade båda.) Varför togs hon dit den natten?*

E: För att påminna henne medvetet. Det är därför vi tillät henne att minnas varje detalj så att hon kan ta över nyfikenheten och ställa fler frågor istället för att bara säga, "Åh, ja, vad som helst."

D: *Det var en del av hennes nyfikenhet, vad hände mer den natten?*

E: Vad hände är att toppen av hennes huvud symboliskt togs bort. Detta är symboliskt, inte fysiskt. Vi hugger inte av hennes huvud. (Skratt)

D: *(Skratt) Ja, jag vet det.*

E: Och tillåter henne att fullt ut uppleva ljusets fullhet. Så hon vill att allt ska sättas i ord. Nåväl, vi har inte femtio miljoner år att sätta allt i ord. (Skratt) Så det är mycket svårt. Du kan inte sätta det i ord. Det finns inte tillräckligt med tid i universum. Det är bara irriterande.

D: *Jag vet. Jag har fått höra detta många gånger, att orden var ineffektiva.*

E: Vi har inte ens ord. Det är irriterande. En natt kommer hon att minnas ljuset.

D: *Varför ville ni att hon skulle minnas det?*

E: Ljuset? Det är hennes ursprung. Det har alltid varit där. Det var bara täckt. Vi vill att hon fullt ut ska minnas och veta... den fulla kunskapen... inga ord. Det är därför detta är den saknade tiden som hon inte kan förklara eftersom det inte fanns någon tid i den allvetande. Att ha ett fullt minne och inte oroa sig för andra saker och ifrågasätta saker. "Är det sant eller inte sant?" Det bara är. Det finns ingen förklaring. Gud är ljus, energin. Den du kallar Gud... den bara är... inga ord.

D: *Tror du att detta minne kommer att hjälpa hennes liv?*

E: Ja. När hon för in energin i det medvetna sinnet kommer hon också att sprida det omkring sig. Se, detta är en del av vinden. Den vetskapen och partiklarna som hon sprider är en del av vinden. Det är inte så att en kropp kommer att sprängas och gå i tusen bitar. Energin av det, även om det inte projiceras från hela kroppen, utan från sinnet, kommer att vara en del av vinden. Men spridandet av detta är en full vetskap och det går främst från din tredje ögon-del också. Du för in det, vad jag ser nu. Vet du vad jag ser nu? (Vad?) Ingenting. Det finns ingenting. Inga ord, inga tankar, inget och samtidigt är det allt. När du projicerar det, den vetskapen, blir allt och inget en del av vinden.

D: Ändå existerar du på detta fartyg också som denna varelse, eller hur?

E: Den blåögda? Nej.

D: Jag är inte säker på vem jag kommunicerar med här.

E: Den ursprungliga blåögda. Men jag är ingen kropp. Jag är ett ljus. Den bild jag projicerar är en projektion. Det är som en film. Det är bara för ögat att se... att relatera, men det är inte riktigt jag... nej. Det är för ögat att se och komma ihåg... ett konkret. Du behöver ge människor bilder. Så hon kan berätta för dig historien om "Jag såg en lång man." För om hon sa att hon såg ljuset... skulle ingen veta vad hon menade.

D: Jag skulle för jag arbetar med detta.

E: Men de gör inte det. Otåliga. Hon har denna otålighet. Nu när hon har blivit visad vetskapen förväntar hon sig att alla andra ska veta det, och det bidrar till ytterligare bagage i kroppen. För varje negativ känsla, otålighet, frustration, alla dessa kommer att vara bara ett hinder som vi förmodligen kan åsidosätta vid denna tidpunkt eftersom hon medvetet behöver bli av med det. Det behöver justeras. — Du vet, det är sorgligt — vad är orden? — ju mer du vet, ju mindre förstår du andra. Ju mer du förstår något som du inte ens kan sätta i ord, desto mindre tålamod har du mot andra. Hur kan de inte förstå ljuset när de alla kom från ursprunget? Hur kan du glömma detta? Hur kan du vara så — jag vill inte säga det ord hon använder. Det börjar med "S" — (Viskar: dum.) Hur kan du inte förstå? Hur kan du inte veta och bara ha något i dig för att utlösa något av godhet och ovillkorlig ren kärlek? Hon vill inte ha en hel person... denna ljusvarelse. Hon vill bara ha en mikroskopisk ljuspunkt i var och en för att utlösa. Hon har förmågan att utlösa dessa, och ändå skadar hon sig själv för att hon inte har tålamod, inte förstår. De förstår inte och på vissa sätt, på en medveten nivå, förstår hon inte heller. Så vad är bättre? Att veta mindre eller veta mer? Hur balanserar vi detta lika? — Hur visste du att jag inte hade någon kropp?

D: Jag har pratat med den här typen av varelser tidigare, som är ljus. Och många av dem projicerar en bild som är lättare för människor att förstå.

E: Åh, absolut. Och vi är bekanta med människor som kom hit för att arbeta med ljuset som en person. Det är bara mycket svårt att förklara saker. Men vi trickar folk att ge dem en bild av kroppen, så nu har du hundratals kroppar. (Skratt) Förvirrande, eller hur? Detta är ett trevligt skämt för dig.

D: Människor tänker alltid på er som negativa, och jag vet att det inte handlar om det.

E: Vi förstår inte ens vad negativt är. (Skratt) Vi kan inte ens förstå det.

D: Men de som inte förstår säger att ni är negativa.

E: Det är för att de inte ser ljuset och de är rädda. Rädslan. Och vi ska tvätta bort det också. Åtminstone betydligt filtrera det.

D: Hon ville veta om hon kommer att kunna kommunicera med er oftare?

E: Ja, det är en del av hennes sorg. Ni vet, vi har alltid länken. Jag vet inte hur jag ska förklara det, men ni vet att vi alla har som en stämningsrör. länken. Det har alltid funnits där från första dagen hon kom till denna planet i detta liv. Den allra sekunden före födseln hade vi länken. Så vi kommer antagligen bara att visa henne ljuset oftare. Som nu, det är så ljust och så strålande och detta är den enda plats där hon hittar fred. Inte i hennes världsliga aktiviteter. Ingenting har någonsin fått henne att känna något, bara när vi kan koppla ihop oss fullt ut i ljuset.

D: Men hon har så många negativa saker som hände henne som barn att hon naturligtvis glömde. Hon blev mänsklig.

E: Mycket upptagen, ja, mycket upptagen med livet. Mycket upptagen eftersom vi behövde städa upp en del av miljön runt henne. Vi behövde sprida lite av det ljuset och trigga det, och sedan, som nu, sa du fri vilja. Några följde med och några gjorde det inte. Och varje gång hon hade mycket dåliga tider, visste hon inte att hon alltid var här med oss. Vi tog henne hem. På det sättet kunde hon fortsätta, en dag i taget. Det är därför så kallad "självförstörelse" inte händer; det existerar bara i den fysiska kroppen. Det är inte tillåtet, men hon var här med oss. Hon var hemma.

D: *Vad hände med denna ton hon hör i sitt öra då och då?*

E: Vi försökte göra en vibration högre genom att stämma de fysiska kropparna. Vi försöker justera den. Det är inte en fysisk chip, implantat — det bara är. Jag vet inte hur jag ska förklara det. Så hon behöver uppmärksamma det och veta att hon måste göra några förändringar.

D: *När Evelyn mediterar projicerar hon sig själv tillbaka till detta fartyg, och hon ser ibland sig själv i en inkubator. Kan du berätta för henne om det?*

E: Det är hennes fysiska kropp. Vi hjälper inte bara med fysiska partiklar, atomer och den tredje dimensions manifestation, utan varje gång vi gör lite mer vibrational stämning till frekvenserna. Det är

D: *Du menar att vid den tiden arbetas Evelyns fysiska kropp på?*

E: Ja, den fysiska kroppen behöver också stämmas. Röret är som en stämningsanordning, men det hjälper inte bara den fysiska kroppen att läka. Samtidigt som du kommer hem och tillbringar din tid med oss i ljuset, är det av den fysiska kroppen. När du tar bort själen, är kroppen multidimensionell. Vi kan inte se igenom den, så jag skulle inte säga multidimensionell, men den är holografisk. Bilder... så dessa partiklar, när vi projicerar ett visst ljus till frekvenserna, plockar dessa holografiska bilder upp det och bär det igenom, som att du stämmer dessa maskiner eller något.

D: *Hon vaknar i tid för att se att hon är i någon slags behållare.*

E: Det är en del av den vetskap vi tillåter henne att veta och se. Så hon kan faktiskt säga: "Jag är inte galen." Jag rörde vid det. Jag såg det och kroppen ligger där, och sedan på grund av maskiner, ljus och saker, den holografiska. Men samtidigt kan hon komma in i ljuset och återuppliva sig helt, och så när hon återvänder till planeten är allt annorlunda. Allt är perfekt. Ingenting har hänt. Allt är uthärdligt. Allt är bara annorlunda.

D: *Hon såg också tusentals andra människor i andra behållare, så detta betyder att det händer andra?*

E: Tusentals... miljoner. Vi behöver många av dem nu för att hjälpa. Vi behöver regenerera eller generera. Inte alla av dem är enheter som henne. Vi tar också andra enheter som kanske eller kanske inte bär fysiska kroppar, och vi diskriminerar inte. Vi är alla ett och vi försöker stämma så många fysiska kroppar som möjligt så att de kan bära de högre vibrationerna, kunna överleva det, kunna sprida det och kunna delta i det.

D: *Men alla kan inte göra detta?*

E: Inte alla, nej. Men vi gör ganska bra nu... ganska bra. Det kommer att göra en stor skillnad. Detta är en företagsgrej, vet du. Du måste förändra de holografiska bilderna för att anpassa sig till den mänskliga kroppen på denna jord eftersom ingenting annat kommer att tolereras. Så den ursprungliga kroppen—som de kan ha fysiska kroppar—upprätthåller lägre vibrational frekvenser från oss, men det är tillräckligt högt... detta är komplicerat, eller hur? (Ja) Men i alla fall har de förmågan att projicera den mänskliga kroppen eller att skugga över den också, som om du skulle lägga en film ovanpå en film. – Denna kropp tas ut till skeppet till inkubatorn, och föreställ dig den fysiska kroppen som ingenting annat än holografiska bilder besatta av ljusvarelsen inuti.

D: *Jag skulle säga att så snart livets gnista är borta, då förfaller kroppen?*

E: Nej, för de holografiska bilderna är de vi arbetar med för att det är det hon använder i detta liv.

D: *Jag menar att vad vi kallar "död" inträffar när livets gnista lämnar kroppen, och då förfaller kroppen.*

E: Holografiska bilder förfaller, ja, eftersom sinnet inte längre håller tankemönstren.

Jag har haft andra fall (vilka rapporteras i mina andra böcker) där personen såg sin utomjordiska kropp bevaras och omhändertas i en typ av cylinder eller behållare. I några av dessa fall hålls den andra kroppen vid liv i någon form av suspenderad animation medan själen reser till jorden för att uppleva den mänskliga kroppen. Den hålls där så att när det tillfälliga livet på jorden är avslutat kan själen återvända till farkosten och fortsätta sitt liv där. Jag har haft många klienter som observerat detta och känt en identifiering med kroppen i cylindern.

Själen (eller ET) har kommit överens om att komma och hjälpa jorden i en tid av behov, men den vill inte stanna här. Den vill

DE TRE VÅGORNA AV VOLONTÄRER OCH DEN NYA JORDEN

verkligen fortsätta sitt liv på farkosten eftersom det är så långt den har avancerat. Dessutom är jorden en hektisk plats att leva på, och de önskar inte stanna. En annan anledning till att de skyddas så att de inte ska samla karma, eftersom karma skulle kräva att de stannar i jordcykeln. Det är mycket modigt och djärvt för en ren eller avancerad själ att frivilligt komma för att exponera sig för en verklig fara att bli fast här. Detta skulle förklara varför energin av själen måste justeras (och energin hos modern) innan själen kan inträda. Ibland kan bara en liten del av själen tillåtas att inträda i början eftersom det skulle vara för mycket för kroppen. Detta orsakar ofta spontan abort av fostret eftersom energin är för stark. Allteftersom barnet växer kan fler delar av hela själen tillåtas integreras. Så den frivilliga kroppens själen sätts i sömn och övervakas medan den väntar på att fullfölja sitt uppdrag. En silvertråd har setts koppla själen till kroppen i cylindern. Jag vet att vi har en tråd som kopplar oss till denna fysiska kropp, och denna tråd avbryts vid döden. Så detta skulle betyda att eftersom vi har många kroppar som lever samtidigt (alla våra samtidiga liv: förflutna, nutid och framtid) måste vi ha flera silvertrådar som kopplar splittringarna (många kroppar) tillbaka till den huvudsjäl som är hela. I några av mina andra böcker har detta setts som en huvudkälla med något som liknar tentakler som går i alla riktningar. Den ET-kropp som finns på farkosten är avsedd att hållas vid liv så att själen kan återvända. Ibland har livsuppehållande system setts gå genom rör som ser ut som pulserande ljus (energi).

Det är också ett sätt att överföra förmågorna hos ET i suspenderad animation till vår tidsram.

Andra ET:er har observerats när de går ombord på sina arbeten på rymdskepp (och inte sätts i suspenderad animation) medan en splittring eller del av dem reser till jorden som en frivillig och lever liv i en mänsklig kropp. Denna typ kan fortsätta sitt liv och är i huvudsak på två platser samtidigt. Denna går hand i hand med tanken på att vi lever många liv samtidigt. Ändå är inte varje del medvetet medveten om den andra. Eftersom de förstår mer om vad som pågår i denna process är de medvetna om den del av sin själ som lever på jorden, även om den jordiska motsvarigheten är omedveten. Det troddes att den mänskliga, särskilt, inte skulle kunna vara medveten eftersom konceptet är för svåra för den mänskliga hjärnan att assimilera. Ändå, när slöjan tunnas ut, sippra mer kunskap in och de tillåts få en glimt av vad SC anser att de kan hantera. Blir komplicerat, eller hur?

Jag ville koncentrera mig på Evelyns fysiska problem. Huvudvärk sedan barndomen hade varit ett verkligt problem. Det var svårt för denna enhet att förstå och reducera till våra förståelsevillkor eftersom den såg allt som holografiska bilder som inte var verkliga ändå. Jag var tvungen att förklara för den att dessa var verkliga för Evelyn eftersom de skapade problem, så jag ville göra mitt bästa för att lindra dem. Det var verkligen nödvändigt att komma ner till grunderna som jag kunde förstå för att förklara detta.

E: Det är nästan som att försöka fylla upp denna flaska och du överfyller den med energi och med mer ursprungligt stuff. Det är faktiskt mycket knepigt att minska ner det. Förstår du vad jag menar, att minska ner energierna? (Ja) Ljuset vi har, varför minskar vi ner det så lågt? Det är mycket svårare teknik om du tar det på det sättet, svårare att minska ner det. Jag tror att öka det skulle vara mycket lättare att lära sig, på det sätt vi ser det, än att minska ner det.

D: Orsakar detta också blodtrycksproblemet?

E: Absolut, det är en stor orsak till frekvenserna just nu. För att hjälpa henne med dessa problem behöver vi mer justering. Vi behöver svepa kroppen mer och justera den mer med högre vibrationer.

D: Kan ni göra detta medan hon är ombord på farkosten?

E: Det är precis vad vi gör. Jag tittar på det just nu. Det finns tryck på vänster sida av hjärnan. Jag tittar på de holografiska bilderna just nu. Vi behöver öka vibrationsmönstren i alla artärer och vener i hennes hjärta och alla organ. Så det är så vi kommer att göra det.

D: Det kommer inte att skada?

E: Nej, inget skada. Ibland när du balanserar de holografiska bilderna med bilderna inuti de holografiska bilderna, kommer vi att balansera alla dem fint.

D: Så detta kommer att frigöra trycket?

E: När du sätter för många olika kvantpartiklar tillsammans, måste det vara perfekt justerat så du måste höja vibrationerna här... sänka dem där. Du vet att jag gör grafer och sådant, så vi kommer att arbeta med venerna och artärerna i hjärtat, och det är en frisk kropp. Hon har mycket energi. Det är därför hon säger att hon inte kan sova.

D: *Jag har också undrat över det.*

E: Det är därför hon inte kan sova, för när vi gör detta, en timmes sömn motsvarar många för er, ser du?

D: *Ja, och vi vill få kroppen i balans.*

E: Ja, och inte bara få den i balans, utan vi höjer den till en högre vibration.

De pratade mer om mat och föreslog att hon skulle hålla sig borta från fast föda och istället övergå till mer vätskor. Jag frågade om soppa, och de sa att det var okej så länge den var en solid soppa. "Inga stora bitar av saker i din soppa. Gör allt mosigt. Gör fasta saker i din soppa vätskeliknande. Det kräver mycket mindre energi att smälta." Jag påpekade att vi ofta äter på restauranger och ibland kan vi inte undvika att äta fasta födoämnen.

E: I framtiden kommer ni att kunna det. När allt detta händer, kommer många saker att förändras. Just nu, ja, det är svårare, men när ni börjar dricka solida juicer, kommer det att gå igenom ert matsmältningssystem mycket enkelt. Det har inte det extra arbetet från levern eller gallblåsan att frigöra vissa typer av ämnen eftersom vätskan är lättare att röra sig utan att belasta organen så mycket. Vi låter dem bara gå igenom det fint och smidigt, och sedan, vad än energi vi inte använder i matsmältningen, använder vi på andra saker.

D: *Men vi kan ibland ha fast föda just nu.*

E: Åh, ja, men detta kommer inte bara att ske i framtiden i ert liv, det kan vara hundratals år från nu... kanske femtio år... så kommer det att vara.

Jag tror att han hänvisade till att detta kommer att vara det normala sättet att äta så långt in i framtiden. "Just nu är detta för att få henne att vänja sig vid mer vätskeliknande föda för att hon ska använda mindre energi. Vi slösar inte energi på matsmältning."

Jag har haft klienter som sa att när de föddes ville de inte amma. De var tvungna att stanna på sjukhuset och matas intravenöst tills de började suga. SC sa att de kom från platser där kroppen inte krävde mat. Självklart var de tvungna att anpassa sig för att överleva här.

Jag uppmuntrade SC att fortsätta arbeta på de fysiska problemen medan Evelyn mediterade eller sov, eller var i inkubatorn. Jag sa: "Det är mitt jobb att försöka hjälpa henne på bästa sätt vi kan. Ni ser det på ett annat sätt, men jag måste försöka hjälpa människorna i det fysiska medan vi lever här just nu."

E: Ja, och det är en av de knepiga sakerna att göra. Ditt jobb är svårare än mitt jobb.
D: (Det var en överraskning.) Tycker du det?
E: Ja, för du behöver få dem att förstå vad de inte ens kan förstå.
D: Ja, men ni har så mycket makt, så jag skulle tänka att det skulle vara lättare att göra.
E: Nej, för jag förstår processen. Jag förstår programmet, det holografiska, tankarna. Jag känner till programmet och ni lever inom programmet, så faktiskt, för att vara realistisk, som ni säger, är det svårare för er att först inse att ni är i ett verkligt program. Och sedan bryta er ut ur programmet och sedan försöka få andra att tro att de är i ett program, ser du?
D: Ja. Ni har sagt till mig många gånger att det är en illusion.
E: Det har ingen existens whatsoever. Det är därför det är så roligt för oss.
D: Det är ett spel. Det är en lek.
E: Ja, det är en film. Det är inte ens en film eftersom det är så enkelt.
D: Men ni vet att när vi är involverade i det är det så verkligt. Det är den svåra delen.
E: Det är designen. Det är avsiktligt designat på det sättet.
D: För att göra det verkligt och levande.
E: Ja. Och så snart ni lämnar, kommer ni att inse att ni var i ett program. Men medan ni är i det kan ni inte ens föreställa er — inte att det finns andra program — men att det bara finns ett program och det är Gud-programmet. Varje spel måste kännas verkligt så att ni kan interagera med varandra. Ni vet, interagera? (Ja) Och så vad som händer är, ni kommer hit. Och som en ljusvarelse ser vi på er som: "Åh, titta på de där bebisarna. Titta hur de leker. De är så söta." (Vi skrattade.) Vi förstår verkligen

DE TRE VÅGORNA AV VOLONTÄRER OCH DEN NYA JORDEN

inte er smärta och ångest eftersom vi vet hur programmet fungerar. Men vi vet också att det bara är ett program så vi behöver leva i detta program för att inse det, precis som ni gör. Men likväl finns det ingenting att lära om ni återvänder till ursprunget av allt. Med det eller utan programmet finns det bara ett. Jag skulle säga det så här: ni blev för uttråkade, så ni skapade ett program. Ni vet, det finns vissa sätt att förklara det... bara något att göra.

D: *Förhoppningsvis lär vi oss något.*

E: För programmet är ett program inom programmet, ser du vad jag menar? En lärande erfarenhetprogram, men ni startade ett original innan programmet någonsin kom, eller efteråt stängs programmet av. Oavsett hur ni ser på det. Programmet kan pågå för alltid, men början och slutet är bara det En.

D: *Då designade Källan... Gudskällan detta eller gjorde vi det själva?*

E: Det finns ingen Gudskälla. Det finns bara en. Han är det.

D: *Designade Han detta program, eller gjorde vi det själva?*

E: Okej, vi behöver gå tillbaka till den ursprungliga Källan, eller hur? Ni kan inte förstå att denna Källa är ett. Ni bryter ner det till individualiteter. Jag vet inte om detta kommer att vara en bra förklaring. I denna enhet som kommer att kallas er Gud, har den gazillioner och miljarder tankemönster, spel, matriser och alla slags saker. Det har aldrig separerats från någonting. Det har alltid varit ett och kommer alltid att vara ett. Detta är det bästa sättet jag kanske kan assimilera. Jag kan ha fem miljarder saker, men det är fortfarande mitt huvud. Förstår du nu? Blir det lättare att förstå? Jag har ett huvud, men jag har miljontals och miljontals tankemönster i det enda huvudet. Jag kan ha goda saker. Jag kan ha många saker. Jag skulle kunna ha vad jag vill, men det förblir alltid ett. Det är alltid ett huvud som aldrig exploderade till många andra huvuden. Det har alltid varit, så... vi leker i mitt huvud. Skulle det vara bra? (Ja)

Mitt huvud snurrade i försöken att förstå det bombardemang av ord och analogier som kom från denna enhet. Ändå visste jag att jag hade hållit Evelyn i trans mycket längre än vanligt, så jag skulle behöva avbryta och återföra henne till medvetandet. Och släppa denna enhet för att återvända till var den kom ifrån.

E: Information är gemensam för er?

D: Jag får den från många människor. De flesta förstår inte, men jag skriver om det och sprider informationen till människor. Du vill att jag ska ha informationen så att jag kan berätta för andra människor.

E: Ja, det är mycket viktigt att sprida ljuset och nyheterna. Du har gnistan. Jag menar, du vet vad du vet när du vet det. Det är så bra.

D: Nåväl, jag lär mig fortfarande.

E: Du ser, du vet redan allt. Du behöver bara ta bort de små solglasögonen och se det absoluta ljuset, och då vet du. Det är en svår förståelse att få dem att förstå, men då vet de. Vi kan inte få dem att förstå vad det innebär, men de kommer att veta när de vet.

Avskedsmeddelande: Titta inte efter min kropp. Jag kan projicera mig som vad som helst. Titta inte efter bilder i likheter, utan titta bara mot ljuset där det finns. Och där kommer alla svar av all tid att komma. Istället för att vara upptagna med att titta efter skiftningar och leta efter specifika entiteter, titta bara in i ljuset, så kommer svaret att komma. Istället för att besätta middagsbordet. Människors sätt att förstå, och det är det enda sättet att kommunicera, och så är det inte. Jag kan ta vilken bild som helst, vilka ögonfärger som helst på vilka skepp som helst, eller vilken bild som helst jag kan skapa. Det är inte konsekvent. Vi har ingen kropp, så jag måste projicera något. Det är därför jag plockade upp på hennes ögon. Jag tittade in i hennes ögon och blått är det. Det är bara lättare för henne att relatera till.

Jag sa till SC att det var dags att gå. Den sa, "Jag skulle säga, 'Gud vara med dig,' men vi är alla Gud och vi är alla ett, så vi är alltid tillsammans hela tiden."

Så vad som började som ett typiskt UFO-fall expanderade och tog många svängar och blev något helt annat. Det verkar som att när personen minns händelsen minns de bara det de kan hantera och assimilera inom sitt medvetna sinne. Och även den begränsade versionen är förvrängd, så det är omöjligt att veta vad som är verkligt och vad som är illusion. Ju djupare vi gräver förbi det medvetna och vågar oss in i SC, desto fler svar hittar vi som förvirrar sinnet. Därför, är det bättre att låta det vara och bara acceptera den ytliga meningen?

Att acceptera bara vad våra sinnen och samhället i allmänhet kan hantera? Eller att gräva djupare och söka mycket mer komplicerade förklaringar som kanske avslöjar sanningen när våra sinnen är redo att acceptera den? Och som "de" säger, vad är egentligen sanning?

KAPITEL TRETTIO ETT
NÄTETS VÄKTARE

DENNA SESSION MED Joan har ingenting att göra med ET:er eller ljusvarelser, men det är så viktigt att jag ville inkludera det i denna bok. Men var ska jag placera det? Det är en avvikelse från de andra typerna av volontärer som jag har beskrivit, eftersom det introducerar en annan grupp som har kommit vid denna tid med ett mycket speciellt syfte. Jag känner att andra också kommer att identifiera sig med denna grupp, även om de är färre i antal. Det finns antagligen många andra grupper av speciella varelser som jag ännu inte har upptäckt. En av Joans frågor handlade om hennes fascination för kristaller. Detta intresse var så stort att hon har en butik som säljer kristaller. Hon ville veta varifrån detta överväldigande intresse kom.

Joan kom in i en ökenliknande scen: sand, ingen växtlighet. Hon kunde se en mycket stor pyramid, och hon såg också många människor klädda i mycket enkla tunikor som sysslade med sina sysslor, vagnar och oxar, etc. Sedan märkte hon en skäggig man som stack ut eftersom han var klädd annorlunda: en grön kaftan med sitt svarta hår täckt av en vit scarf. När hon såg på sig själv såg hon att hon också var klädd på ett annat sätt: röda mjuka och flödande silkesrober. Hon var en ung kvinna i slutet av tjugoåren med långt svart hår och brun hy. Hon såg också att hon bar mycket guldsmycken: ringar och armband och halsband och prydnader. Hon gillade känslan av guldet.

När mannen gick mot henne blev hon oväntat känslosam och började gråta. En del av det var att se honom igen: "Jag har saknat den här platsen mycket."

D: *Tror du att du bor där någonstans?*

J: Ja. Jag vill säga, palatset. Det är längre till vänster och har breda, breda steg till en ingång med kolonner. Jag tror att jag föddes där. Allt är gjort av sten och det är mycket slätt och svalt och bekvämt för mig... rymligt. Det verkar finnas kvinnor som tar hand om mina behov och tar hand om barnen.

DE TRE VÅGORNA AV VOLONTÄRER OCH DEN NYA JORDEN

Jag frågade om det fanns något hon gjorde med största delen av sin tid, och hon blev känslosam igen. "Jag har en känsla av att vara i de helande templen."

D: *Varför får det dig att gråta?*
J: Åh... för att jag är ledsen för allt som har gått förlorat.
D: *Tror du att det har gått förlorat? Men nu ser du det och det finns där. Var är helandetemplet? Är det vid palatset?*
J: Ja. Det finns olika pyramider av olika färger. De ligger mycket nära palatset. Dessa är ljuspyramider och jag tillbringade min tid där.
D: *Och de är olika färger?*
J: Ja, olika ljusfrekvenser.
D: *Hur färgar de pyramiden? Jag är nyfiken på vad du menar med färger.*
J: Du kan generera frekvenser genom att använda kristaller för att generera olika ljusfrekvenser och... det är vad vi gör.
D: *Får det pyramiderna att se olika ut?*
J: Ja. Beroende på vad som behövs vid den tiden. Du kan justera brytningar med kristaller för att generera olika helande frekvenser. Vi gör detta genom avsikter.
D: *Måste du gå in i pyramiden, eller gör du det från utsidan?*
J: Du gör det från utsidan. Det är svårt att förklara, för på ett sätt är du inuti. Du är inne i pyramiden, men du är utanför de färgade pyramider som skapas till frekvenserna.
D: *Jag försöker förstå. Är dessa färgade pyramider separata från den stora pyramiden?*
J: De färgade pyramiderna är eteriska. De är eteriska energier som genereras genom manipulation av kristallerna. Jag är i det nedre högra hörnet av pyramiden, på en plan plattform i ett rymligt rum. Jag känner mig som om jag sitter vid kontroller... nästan som hur du skulle föreställa dig kontroller för ett flygplan eller ett skepp eller elektroniska kontroller. Något fysiskt.
D: *Mekaniskt?*
J: Lite, men det är annorlunda än det. Det är inte mekaniskt på det sättet. Det handlar mer om att placera händerna på det och generera avsikter från den nivån. Och kommunicera med kristallerna för att generera de eteriska frekvenserna som manifesterar den eteriska pyramiden.

D: Var är kristallerna?
J: Vissa av kristallerna är också eteriska. Men golvet i detta rum är en kristall. Hela rummet är en kristall på en kristall. Kontrollerna är i det nedre högra hörnet, och det är ett stort golv som är en kristall. Och på det stora släta golvet är det där du genererar de eteriska kristallpyramiderna. Hela rummet är kristall.
D: Det är som ett heligt rum. (Ja) Lärde någon dig att göra detta?
J: Jag föddes för att göra det. Jag har alltid vetat det. Jag behövde inte läras.
D: När du väl har genererat de eteriska färgade pyramiderna och satt dina avsikter, vad gör du med det?
J: Du kan hela eller skapa eller växa vad som helst. Du kan använda det för att hela vad som helst... en planet eller tankemönster eller....
D: Detta är där avsikten kommer in?
J: Ja. Du kan använda det för att skapa vad du vill. Vi kan växa mat och förbättra grödorna.
D: Hur använder du det för att styra dessa saker?
J: Det verkar som att saker inträffar inom det. Jag ser just nu den gröna Anunnakin, som har kommit från en annan plats för att vara här för att arbeta med de jordiska energierna och skapa.
D: Vilken färg har de andra eteriska pyramiderna?
J: Jag ser också att du förmodligen kan hela haven med de blå strålarna. Och när vi först närmade oss var jag väldigt medveten om den gula pyramiden och den blå pyramiden. Men sedan när vi pratade om växterna blev den gröna uppenbar.
D: Vad skulle du använda den gula pyramiden till?
J: För att göra guld. (Hon började gråta.)
D: Varför gör det dig känslosam?
J: Jag är inte säker på varför, för det är så djupt inom. Smärtan kommer från vad som har gått förlorat.
D: Du hjälper människorna mycket, gör du inte?
J: Ja, men de människor jag såg är mycket enkla människor. Och det är nästan som om vi är en annan art som lever här i detta palats. De är så enkla, och vi handlar om eteriska och manifestation, och det är nästan som att vi är skapande gudar.
D: De skulle inte kunna förstå vad du gör, skulle de?
J: Nej, de kunde inte.

D: *Var din familj som skapande gudar? (Ja) Då vad gör du där bland de enkla människorna? Har någon någonsin berättat för dig historien om var du kom ifrån, och hur du kom dit?*
J: Ja. Jag har en känsla av att det är som berättelserna som vi hör om Anunnaki, som har kommit från en annan plats för att arbeta med jordens energier och skapa.
D: *Och att hjälpa människorna?*
J: Du vet, jag vill säga ja, men det känns inte riktigt så mycket som att det handlar om de enkla människorna. Det känns mer som att vi hjälper skapande gudar.
D: *Vad är skapande gudarnas arbete?*
J: Arbeta med planetens DNA... det är vad det handlar om.
D: *Hela planeten? (Ja, ja.)*

I mina andra fall har vi hört om arbete med den mänskliga kroppens DNA eftersom det förändras för närvarande. Jag hade aldrig tänkt på en planets DNA.

J: Det känns inte som att vi är härifrån. Jag har alltid varit där. Jag måste ha fötts där, men min far kom inte därifrån. Jag undrar över min mor. Jag vet inte vad hon är. Hon är som jag är.
D: *Tycker du om det arbete du gör, att arbeta med kristaller och skapa energin?*
J: Och arbeta med ljusfrekvenser och arbeta med energifrekvenserna och arbeta med energifrekvenserna. Det är viktigt att manifestera och skapa. Det handlar om att skapa galler och skapa gallret. Det är planetära galler... sinnet och hjärtat, renheten i hjärtat... integriteten i sinnet.

Jag trodde att vi hade lärt oss tillräckligt om denna mystiska kvinna och hennes arbete. Så jag flyttade henne framåt till en viktig dag. Hon började gråta när hon utropade: "Gallerna är borta! Gallerna kollapsar! Eteriska galler kollapsar och det skapar förstörelse, så dessa vackra ljusfrekvenser går förlorade. Ljusfrekvenserna skapar galler, men när gallret kollapsar, förstörs de kristallpyramider som bär ljusfrekvenser. Och jag har en känsla av en spricka, en stor spricka. Det är nästan som betong, men det är inte betong. Det är som gråheten av förstörelse som sväljer teknologin och den eteriska skapelsen."

D: *Hände det något som orsakade att gallerna kollapsade?*
J: Det verkar handla om sprickan i jordskorpan, för det är vad jag känner. Jag känner en djup avgrund och det finns en klyfta. Vad orsakade det? Jag vet inte. Något måste vara ur balans. Något kom ur balans. Och det gjorde att gallerna kollapsade.
D: *Så de är alla kopplade? (Ja) Kan du se vad som kom ur balans? Var det något som gjordes av människorna eller något annat?*
J: Tja, vi hör historier, och vad är sanningen? Men jag känner att det handlar om behovet av renhet i avsikten. Att det var frekvenserna av girighet och liknande som orsakade obalansen. Jag vet inte vad de höll på med. Det var inte min grupp.
D: *Eftersom ni hade den rena avsikten? (Ja) Så det orsakades inte på den plats där du är?*
J: Nej, men det förstörde allt.
D: *Ingen undran att du är upprörd. Finns det något din grupp kan göra åt det eftersom ni har kraft med era sinnen?*
J: Vi kan inte stoppa det. Vi håller bara på att rädda vad teknologin vi kan. Och vi kommer att få tillbaka kristallerna senare.
D: *Hur gör ni det?*
J: Det är i tidlinjerna. Du bara registrerar minnena i tidlinjerna i kristallerna. Detta är teknologin.
D: *Du placerar minnena i kristallerna?*
J: Minnena och frekvenserna.
D: *Och kristallerna kan komma ihåg dessa saker?*
J: Ja, kristallerna vet allt, men vi kan då få tillgång till informationen som vi placerar i kristallerna.
D: *Så gör du detta med dina sinnen... för att hämta tillbaka informationen som du lagt in i kristallerna?*
J: Ja, med ljusfrekvenser, med sinnet, med avsikten. Vi kan rädda informationen.
D: *Är detta stora kristaller som du placerar i?*
J: Nej, de verkar inte vara det. De verkar vara dina typiska kvartskristaller. Du registrerar informationen. (Till sig själv.) Vad registrerade vi?... Det är nedladdat... all information. Användningen av datortekniken som trodde att all denna kunskap, allt detta överfördes till gallerna av... det måste ha varit våra sinnen. Innan kollapsen placerades alla frekvenser, all geometri,

alla skapelsemönster in i dem. Som att placera dem i DNA:t av kristallen.

D: Det låter komplicerat, men då kan detta nås längre fram i tiden?

J: Ja, ja, tidlinjerna finns i kristallerna.

D: Är detta en viss kristall?

J: Nej, inte en kristall. Det finns många, många, många kristaller som bär informationen.

D: I framtiden, när du får tillgång till detta, skulle du behöva hitta just den här typen av kristall?

J: Jag kan få tillgång till informationen från de flesta kristaller. Du vet, det är liksom låst i jorden. Vad som orsakade att vissa av dessa galler är som nu, det finns kristaller som är som vanliga människor och så finns det kristaller som jag. Som har mer kunskap.

D: Så alla har inte denna kunskap. (Nej.) Om du skulle hålla en kristall, hur kan du känna om den har någon information?

J: Jag kan bara känna om det finns information där. Det är i känslan. Det är allt i frekvenserna som de håller. Det är i tidslinjerna. I detta liv och i framtida liv behöver jag få tillgång till informationen för att återställa gallerna. (Hon blev känslosam igen.)

D: Skulle det inte vara komplicerat att kunna återställa gallerna?

J: Inte komplicerat. Det handlar mer om att smälta samman ditt DNA med kristallens DNA... bara att få tillgång och avsikt och väcka nycklarna. När du får tillgång till det i kristallen, då är du länkad till det. Och du kan aktivera jordgaller genom kristallerna eftersom kristallådrorna löper genom hela jorden. Och så om du rör vid en, nyckeln, nycklarna, portarna... portaler är ett ord, men det är inte så sant. Som nycklar och de håller energifrekvenser och om du aktiverar nycklarna, då kommer gallerna att omjusteras och återställas.

D: Förut var det galler i den eteriska världen, och den här gången ska det vara galler i jorden?

J: Ja, de ska vara, jorden är mer eterisk nu.

D: Och du sa att det var som portaler?

J: Ja, men nycklar är ett bättre ord än portaler. Det är som att låsa upp ett lås. Det finns olika ställen i jorden där gallerna är låsta. Kristaller har informationen som en nyckel för att öppna gallerlås. Jag har aldrig tänkt på ordet "gridlock."

DE TRE VÅGORNA AV VOLONTÄRER OCH DEN NYA JORDEN

D: *Det passar, eller hur? (Ja, ja.) Men du sa att några av dessa är låsta i jorden. Vad orsakade att vissa av dessa galler blev låsta?*

J: Vi var tvungna att stänga ner informationen innan människor blev för destruktiva. Vi var tvungna att dra tillbaka vår teknologi på grund av bristande respekt för livet. Det enda sättet att stoppa det var att förstöra det.

D: *Det måste ha varit ett väldigt svårt beslut. (Hon blev känslosam: Ja.) För att ni var rädda att människorna skulle använda det på fel sätt?*

J: De använde det på fel sätt. De hade kunnat förstöra universum! (Upprörd.)

D: *Vad hände vid den tiden när ni bestämde er för att låsa gallerna?*

J: Det är därför jag inser att om vi inte hade stoppat det på jorden, så skulle universum ha kollapsat.

D: *Hela saken? (Ja) Förklara vad du menar.*

J: Det skulle bara ha varit en komplett replikation i mikro, i makrokosmen i den ordningen. Som att dra ut nyckelpinnen. Det skulle ha blivit en kollaps; det skulle bara ha svält allt i glömska.

D: *Eftersom en byggde på den andra? (Ja) Så detta orsakades av dessa människor som använde det av fel skäl och tog det ur harmoni? (Ja, ja.) Så ni var tvungna att förstöra gallerna på jorden eller låsa dem eller vad?*

J: Vi var tvungna att förstöra – jag vill säga "Atlantis." Vi var tvungna att förstöra kontinenten för att stoppa missbruket.

D: *Jag trodde att det var en önskan om makt och att folket förde förstörelsen över sig själva.*

J: Nej. Det måste stoppas för annars skulle det ha blivit en replikation genom hela tid och rum... alla galler. Och vi var tvungna att kollapsa detta för att stoppa det här.

D: *Skulle det ha orsakat en dominoeffekt? Som ledde från jorden? (Ja) Jorden skulle bara ha kollapsat?*

J: Ja. Det var bara en liten sak jämfört med vad som skulle ha hänt i kosmos.

D: *Så det skulle ha reverbererat ut?*

J: Ja. Det skulle ha varit en replikation från mikro till makro och makro till mikro... i båda riktningarna. Det skulle ha förstört allt.

D: *Det var då ni bestämde er för att förstöra kontinenten istället? (Ja) Och stoppa det där?*

DE TRE VÅGORNA AV VOLONTÄRER OCH DEN NYA JORDEN

J: Ja, för att kollapsa gallerna. Det är vad vi gjorde. (Hon började gråta högt och känslosamt.)

D: *Men ni var tvungna att göra det. (Ja) Det skulle ha varit mycket värre. (Ja) Ändå var det inte allt förlorat eftersom ni sa att ni bevarade kunskapen i kristallerna. (Ja, ja.) I det livet blev ni förstörda när kontinenten förstördes? Vad hände med dig?*

J: Nej, vi gick bara bortom planeten. Med vår avsikt lämnade vi bara.

D: *Ni behövde ingen farkost eller något?*

J: Nej, jag känner ingen farkost. Vi var bara ett medvetande.

D: *Vart gick ni när ni lämnade planeten?*

J: Till Allt. Det fanns ingen annan möjlighet.

D: *Tja, från den positionen kan ni se allt om det livet. Var kom ni ifrån när ni gick till Atlantis? Ni hade fått denna stora kunskap.*

J: Från en annan dimension av tid och rum. Vi valde jorden som en perfekt plats att gå till.

D: *Vad var er avsikt när ni kom till jorden från början?*

J: Att skapa helande, att utveckla medvetandet, att utvidga ljus och kärlek, utvidgning av medvetandet.

D: *Du sa att folket som var där var ganska vanliga människor.*

J: Ja, de är... de är.

D: *Utvidgade ni medvetandet?*

J: Ja... utvidgade medvetandet av Allt.

D: *Och det fungerade tills på något sätt denna andra inblandning förändrade saker? (Ja) Fick ni någonsin reda på var den andra inblandningen kom ifrån?*

J: Det fanns bedrägerier inom gruppen. Det fanns människor som hade andra agendor. De var där för personlig makt och deras utforskningar hade tagit en mörk vändning .

D: *Vad utforskade de?*

J: Mörk materia... makt och mörk materia. Det är motsatsen till ljus. Det orsakade obalansen. De tappade in i den mörka materien.

D: *Vad hoppades de uppnå genom att tappa in i den mörka materien?*

J: Jag får en känsla av maskhål eller resa. Eller det är nästan som om de ville använda den mörka materien för att skapa sitt eget universum.

D: *Kunde de ha gjort det? (Nej) Men de trodde att de kunde? (Ja) Eftersom de inte var skapande varelser, var de? (Nej) Använde de kristaller i sin utforskning?*

J: Det känns inte som kristaller... nej. Det är motsatsen. Det är som att ljuset expanderar och mörkret kontraherar. De använde kontraherad energi.

D: Hade de någon logik bakom det, eller ville de bara se vad de kunde göra?

J: Deras egen makt och girighet, kontroll, manipulation och förvrängning. Mina tankar är att nyfikenhet dödade katten. Mer troligt var att katten bara var nyfiken på vad döden var som. Sådan var de.

D: De visste inte riktigt vad som skulle hända. (Nej... nej... nej.) Men det skulle verkligen kunna ha varit ur kontroll?

J: Det skulle ha varit det.

D: Hela detta universum skulle kunna ha förstörts. (Ja, ja.) Eftersom de inte lyckades skapa sitt eget. (Nej) De skapade bara kraft som var en negativ kraft. (Ja) Men ni kunde stabilisera det?

J: Ja, i kollapsen av gallerna.

D: Och kunskapen gick inte förlorad. (Sant) På så sätt kan kunskapen nås i framtiden?

J: Ja, vi kan få tillgång till den nu.

D: Det är vad jag tänker på... denna framtida tid från där vi talar nu.

— Genom åren har jag fått mycket information om förstörelsen av Atlantis, men jag har aldrig hört denna historia förut.

J: Det är för att vi aldrig har berättat det för någon tidigare nu. Vi tycker att det nu är dags för det att bli känt. Det får inte hända igen.

Var det bara en tillfällighet att denna information kom fram 2010 samtidigt som en kontrovers rasade om Kolliderexperimentet? Likheterna i informationen är oroande. Den stora hadronkollidern (LHC) ligger underjordiskt strax utanför Genève, Schweiz, och beskrivs som ett av de mest grundläggande vetenskapliga projekten någonsin. Byggd av den europeiska organisationen för kärnforskning (CERN) är den den dyraste vetenskapliga apparaten som någonsin byggts. Det är den största maskinen i världen där forskarna experimenterar med antimateria, "mörk materia" och "mörk energi" i rymden. Det har sagts att de försöker skapa ett maskhål, eller till och med sitt eget universum. Det är komplicerat, men kollidern kommer att skjuta proton- eller blyjonsstrålar från motsatta håll. De två strålarna som krockar dubblar den energi som frigörs till ett motsvarande av 100 000 gånger värmen i solens centrum! Skeptiker säger att de kan frigöra en enorm kraft som de inte skulle kunna kontrollera. Forskare säger att de bara experimenterar med okänd energi som finns tillgänglig i kosmos. Min forskning sa: "I ett nötskal, är experimentet med den stora hadronkollidern ett stort vetenskapligt försök att få en glimt in i Guds sinne vid skapelsens ögonblick." För mig låter det som samma typ av experiment som forskarna utförde när de upptäckte atomkraft. De hade också vid den tiden ingen aning om vad de lekte med. Det påminner också om HAARP-experimenten som utfördes i Alaska för att kontrollera vädret genom att skjuta strålar in i atmosfären. (Mer information om dessa experiment finns i mina andra böcker.) Många gånger när jag har fått information om Atlants nedgång har "de" sagt: "Du måste veta detta eftersom din civilisation går ner för samma farliga väg." Jag tycker att det är för likt för att vara en tillfällighet och jag tror att våra forskare går på en lina över en eldpit. De kan frigöra samma skadliga kraft som kollapsade gallerna och nästan förstörde hela universum. Kolliderexperimenten fungerar nu på halva kraften. Det förväntas inte att vara i full kraft förrän 2014.

D: *Behöver jag kalla in det undermedvetna eller kan du fortsätta att svara på frågorna? Du gör ett fantastiskt jobb.*
J: Vilka frågor har du? Jag ska se. (Vi skrattade.)
D: *En av de saker Joan vill veta är, hur kan hon få information från kristallerna? Kan hon få tillgång till denna information som hon själv har lagt där?*
J: Hon får tillgång till den varje dag.

Joan har en kristallbutik så hon är ständigt omgiven av kristaller av alla former och storlekar.

J: Hon vet inte att hon gör det, men det finns en större plan att genomföra. Det är att börja arbeta med gallerna medvetet och att identifiera och aktivera dessa portaler och nyckelknutar i energigallerna och återaktivera deras aktivering. Detta kan göras genom att placera kristaller eller arbeta med avsikt.
D: *Måste kristaller placeras på ett visst ställe?*

J: Ja, människor har gjort detta i detta liv på jorden, gått runt och placerat kristaller. Jag kan verkligen se att gå runt planeten och återaktivera gallerverket.

D: *Måste Joan fysiskt resa runt planeten eller kan det göras på ett annat sätt?*

J: Ja, det är vad hon har gjort när hon gick till St. Croix och Alaska. Det handlar om att laga gallerna och följa linjerna.

D: *Vad vill ni att hon ska göra nu? Kommer hon att fortsätta arbeta med kristallerna?*

J: Ja. Att tappa in i jordens kristaller, de stora kristallerna och återaktivera gallerna.

Det lät som något Joan skulle vilja göra, men som människor behöver vi ha en process eller instruktioner. Jag frågade om det fanns något specifikt som de ville att hon skulle göra så att hon kunde låsa upp informationen som finns i kristallerna.

J: Rensa den jordiska kärnan... drick mycket vatten. Plantera dina fötter på jorden och håll kristallen, och be andra att assistera. Och i aktiveringen av gallerna kommer kristallerna att fungera som en mellanhand mellan de eteriska galler som har etablerats och de jordiska galler som vi försöker återaktivera. Så genom att hålla kristallerna medan man är förankrad till jorden blir den mänskliga kärnan länken mellan det eteriska galleret och de jordiska galler som vi försöker reparera.

D: *Kan hon göra detta ensam eller skulle det vara bättre att göra det med andra människor?*

J: Det är bättre att göra det i grupper. Tre, sex, nio... några av faktorerna av tre är nyckeln för att aktivera gallerna... triangulering av energier.

D: *De fungerar på tre?*

J: Ja, för att triangulera. Inom deras DNA och planetens. De bör göra detta utomhus nära vatten. De kommer att arbeta med andra i det eteriska. De som håller det eteriska galleret på plats. De är medvetande- och ljusvarelser.

D: *Och det är deras jobb att upprätthålla jordens galler?*

J: Ja. Gallerhållarna.

D: *Det skulle vara ett bra namn att kalla dem, "Gallerhållarna," och kalla dem för att hjälpa.*
J: Ja, för att reparera gallerna.
D: *Och de kan använda energin från den mänskliga kroppen och kristallernas energi?*
J: Ja, och triangulera från alla olika punkter i jorden.
D: *På så sätt skulle hon inte behöva åka till dessa platser fysiskt, eller hur?*
J: Nej. Det skulle vara en triangulering mellan jordteamet, gallerteamet och aktiveringspunkten. Gallernyckeln.
D: *Vet de vilken aktiveringspunkt de fokuserar på?*
J: Ja. Det kommer att vara den som blir uppenbar i deras medvetande. De kommer bara att veta. Det kommer att komma in i deras sinne och medvetande. De kan dossa de olika platserna för att arbeta på en världskarta, och det är uppenbart genom de naturkatastro fer som inträffar, om du ser till dominerande jordbävningszoner. Titta på vad som pågår i golfen nu.

Denna session hölls i början av maj 2010 när oljeläckaget i Mexikanska golfen dominerade nyheterna.

J: Det finns en oordning av energi. Den maximala oordningen är ett tecken på de nycklar som behöver "justeras" eller ställas in eller öppnas. Vulkanerna, orkanerna, oljeläckan just nu, jordbävningarna, kriget... allt detta är indikatorer.
D: *På störningar i galler?*
J: Gallerna, ja. Och även några av vulkanerna, det handlar inte om obalans i galler. Det är faktiskt en balans i galler.
D: *Som återställer balansen?*
J: Ja, och det är en bra sak. En frigörelse av energi.
D: *Och dessa galler-varelser kommer att ge dem kunskapen?*
J: Ja, Hållarna vet eftersom de har översikten.
D: *Kan hon också använda denna information om kristallerna för healing?*
J: Tja, detta är jordens healing, och så det handlar om att använda det för healing. Om du återställer ett system till balans, är resultatet healing.
D: *Så det är viktigare än att arbeta med individuell healing?*

DE TRE VÅGORNA AV VOLONTÄRER OCH DEN NYA JORDEN

J: Ja, ja. Att arbeta med jordgaller och energigaller. Det är viktigare att hela havet än att hela en individ.

D: *Vi får mer ny information om att vi rör oss mot en Ny Jord. Är det kopplat till denna healing?*

J: Det är som om omtanken för barnet. Vi helar modern så att barnet ska må bra. Vi helar modern så att hon kan föda den nya jorden. För att skapa den nya jorden.

Det är därför vi måste hela den Gamla Jorden.

D: *Hon lade informationen i kristallerna, så hon borde kunna få tillbaka den.*

J: Ja, och det finns timing till det... allt i sin lämpliga tid. Det är som blomblad på en blomma som öppnar sig, och du kan inte skynda på knoppen eller så förstör du blomman. Jag känner att det är allt i gudomlig tid och utfoldern som det ska vara. Vi kan återställa gallerna. Det är det första steget... att hela planeten.

D: *Du har tidigare sagt att du inte vill förstöra en hel civilisation igen. Det tar för lång tid att bygga upp den igen.*

J: Ja, och det finns så mycket som går förlorat.

D: *Du har sagt att varje folk eller civilisation har fri vilja, och att ni inte får ingripa i fri vilja. Du sa att ni inte får ingripa i utvecklingen av civilisationer på grund av fri vilja.*

J: Det är sant, ja.

D: *Men människor har frågat oss varför Atlantis förstördes eftersom den inte fick ha fri vilja att göra dessa saker? Jag tror att du har svarat på det.*

J: Bra, ja. (Skratt)

D: *Eftersom även fri vilja kan ha sina gränser.*

J: Ja, men om någon inte vet vad de gör...

D: *Som ett barn som leker med eld. (Ja) Du har tidigare sagt att det enda tillfället du kunde ingripa skulle vara om vi var på väg att förstöra världen eftersom det skulle orsaka reverberationer. (Ja, ja.) Så kanske du har gett mig den saknade biten som jag inte hade i min historia. Det blir mycket tydligare nu. Så det är väldigt viktigt. Ni är som "Väktare" också. (Ja) Och Joan var en Väktare när hon tog hand om planeten?*

J: Ja, hon var.

När vårt mänskliga liv skapades på denna planet beslutades det att ge denna vackra plats en varelse med intelligens och fri vilja. För att se vad han skulle göra med det. Det finns mycket få planeter i universum som tillåts ha fri vilja. Jag har utforskat några av dessa i mina andra böcker. Men en annan regel var den primära direktiven om icke-inblandning. Detta talas ofta om i "Star Trek"-serien, men det är inte fiktion. Det är mycket verkligt och följs noggrant av alla rymdfolk. Detta innebär att de inte får blanda sig i utvecklingen av en civilisation. De har sagt att det fanns ett enda undantag från denna regel, och det var om civilisationen skulle nå den punkt där den skulle kunna förstöra denna planet. Då fick de ingripa och stoppa det eftersom om vi skulle göra något sådant skulle det kunna ha återverkningar genom hela galaxen. Vem skulle tro att en så liten planet som Jorden skulle ha sådan påverkan? Vi är en liten planet, och vi är medvetet isolerade och karantänsatta här i vårt lilla hörn av solsystemet. De är rädda för oss, rädda för vad vi kan göra med vårt våld. Detta är den huvudsakliga anledningen till att de har bevakat oss i så många eoner. Återverkningarna skulle kunna sprida sig genom solsystemet, galaxen och även in i andra dimensioner där vi skulle kunna blanda oss i och förstöra andra civilisationer som vi inte känner till. Konsekvenserna skulle vara fruktansvärda. Vi vet nu att detta var anledningen till att rena själar skickades som frivilliga för att hjälpa Jorden vid denna tidpunkt, för att förhindra att detta skulle hända.

Jag vet nu genom mitt arbete att många civilisationer genom historien har blivit förstörda. "De" har sagt till mig att varje gång de hade nått toppen av intellektuell kunskap och hade perfektionerat sina sinnen till den punkt där de kunde göra underbara saker. Men i varje omständighet (inklusive Atlantis) hade människorna missbrukat sina krafter och börjat göra saker för girighet och makt istället för för människornas bästa. I fallet med Atlantis vet vi att de hade använt kristallerna för extrem kraft. De gick också emot naturens lagar genom att använda genetisk manipulation för att kombinera och skapa halv-människa/halv-djurs väsen. De överträddade definitivt sina gränser. Men, som min dotter Julia observerade, de utövade fortfarande bara sin fria vilja. Det var för henne inte logiskt att "de" var tvungna att förstöra den civilisationen. Hon sa: "Efter allt, en regel är en regel är en regel." Hon är mycket strikt när det gäller att följa reglerna och vet

DE TRE VÅGORNA AV VOLONTÄRER OCH DEN NYA JORDEN

att de skapades av en anledning. Så atlanterna gjorde saker de inte borde ha gjort, men de hade inte satt planeten i fara att explodera. Sant, kristallerna var kraftfulla och användes inte korrekt, men var var det farliga hotet som fick "dem" att besluta att ta ner hela civilisationen? Det var den saknade biten som jag inte hade tänkt på, förrän hon nämnde det. Nu blev det uppenbart. Atlanterna hade nått samma punkt som vi är vid just nu i vår tid. De experimenterade med mörk materia och de visste inte att experimenten med mörk materia kunde slå tillbaka och förstöra hela denna planet. Så detta var varför "de" var tvungna att gå emot den primära direktiven. Detta hade gjorts så många gånger genom jordens historia att de inte ville behöva göra det igen. Varje gång hade förmågorna behövt tas bort och civilisationen hade behövt byggas upp från ett primitivt tillstånd, och mycket tid och teknologi hade gått förlorad när mänskligheten klättrade tillbaka upp. Denna nuvarande tid ville de inte gå den vägen igen. Så för att förhindra att det hände igen, gick ropet ut för frivilliga att komma och hjälpa planeten Jorden.

D: *Har Joan haft andra liv på jorden? (Detta var en av hennes frågor.)*
J: Bara en liten del i fysisk form. De flesta av hennes liv har varit i ljusvärldarna.
D: *Men Joan är inte den enda som gör detta, eller hur? (Nej) Det skulle vara för stort ett jobb.*
J: Jag hör numret: tiotusen av oss. Spridda över hela planeten.
D: *Alla gör samma jobb med att återställa galler?*
J: Ja... subtila variationer, men alla med samma avsikt. Vi vet alla varför vi är här. Några mer medvetet än andra. Kanske är det en del av det, att väcka andra.
D: *Så de kan hela Moder Jord?*
J: Ja. Det handlar också om DNA:t. DNA:t är som livets bro och att väcka nycklarna är som att väcka paketen i DNA:t som har varit i vila.
D: *Det mänskliga DNA:t?*
J: Det mänskliga DNA:t... det är allt DNA från allt. Det är den kosmiska stegen som ger tillgång till allt. Som länkar allt så att mänskligt DNA, planetens DNA är allt samma sak.
D: *Så alla dessa måste aktiveras eller förändras?*

J: För att väcka de DNA-paket som stängdes av när vi kollapsade gallerna.

D: *Så när ni kollapsade gallerna stängde ni också av delar av DNA:t? (Ja, ja.) Var det av en anledning?*

J: Ja, för att sakta ner det... sakta ner det. För att deaktivera de delar där kunskapen var i DNA:t. Det är nu dags att stimulera dem.

D: *Jag har också fått veta att de psykiska förmågorna återvänder. (Ja) Är det en del av väckelsen av DNA:t?*

J: Ja... åtkomst till livskoderna.

D: *Hur aktiveras detta?*

J: Med ljusfrekvenser. Ökar våra ljusfrekvenser.

D: *Inom kroppen?*

J: Ja. Det kommer utifrån genom de kosmiska strålarna som kommer in i vårt planetariska system. Det stimulerar de DNA-paket som har legat i vila, så vi aktiverar ljuskoderna.

D: *Det påverkar både människan och också planeten?*

J: Ja, planeten och allt liv eller ljus.

D: *Ljuset är mycket viktigt. Det är Allt egentligen. Det är allt som finns. (Ja) Vad händer med de negativa människorna? De som inte är i ljuset? Kommer deras DNA också att aktiveras?*

J: Det känns som att de bara kommer att fortsätta att sova. Det är snarare som om de är själar som sover. Så ser jag det. De sover. Jag får en känsla av en "veckning in," som en sovande, en krullning in... en veckning in av energi. Men det betyder inte att vid något annat tillfälle... du vet, vi pratar om detta som en tidsnod nu. Vid andra tidsnodar kommer det att vara tid för deras koder att väckas. Det är inte en dålig sak att lämnas bakom. Så småningom kommer allas koder att aktiveras, men du vet, om du inte är vaken är det okej. Det är inte din tid. Återigen handlar det om timingen... tidlinjerna. Det är som frön. Du kan inte få alla fr ön spruta upp samtidigt. (Skratt)

D: *Vad menade du med "tidsnodar"?*

J: En tidsnod är en innesluten energi av ljus och rum. Vi existerar i tidsnodar och det gör också denna nuvarande jord. Vi skulle säga att jorden 2010 är en tidsnod.

D: *Okej. Men jag vill klargöra några saker jag har hört. Kommer det så småningom att bli två separata jordar, när vi går in i den nya jorden och lämnar den gamla jorden bakom?*

J: Jag tror inte det. Jag känner inte att det är en ny jord. Jag känner att det bara finns en expansion, en dimension eller en expansion. Som att du har en punkt. Om du kopplar det till en annan punkt har du en linje. Tja, försvann den första punkten när den blev en linje? Det är samma sak. Det kommer bara att bli en dimensional förskjutning. 3D kommer fortfarande att existera, men vi kommer också att bli mer expanderade in i ljusfrekvenserna.

D: *Så det är som två separata jordar... en i den andra dimensionen?*

J: Inte separata. Är den punkten separerad från linjen? Jag gissar att det är så jag ifrågasätter. Den punkten existerar fortfarande och den punkten är fortfarande den punkten. Men linjen är något annat, precis som jorden kommer att vara något annat. Den gamla jorden kommer fortfarande att existera. Den nya jorden kommer att existera, men det kommer att vara i den analogin av punkten och linjen.

D: *I en annan dimension... i en annan frekvens?*

J: En annan expanderad frekvens... en frekvens av expansion.

D: *Så de som är i ljus, deras frekvens förändrar DNA:t, och de kommer att gå med den andra, antar jag.*

J: Ja. Som om det finns en samtidig existens. Det är bara en dimensional förskjutning.

D: *Det är det som är svårt för människor att förstå. Vi existerar ändå i andra dimensioner.*

J: Ja. Vi har inte vår medvetenhet, och vi har inte vårt DNA väckt för att vara medvetna om det.

D: *Denna gång kommer vi att vara medvetna? (Ja) Vi kommer att vara medvetna om vår gamla jord, den där människor sover?*

J: Det kommer inte att vara vår oro.

D: *Vi kommer att gå vidare. (Ja) Varje gång jag får lite mer information gör det det tydligare eftersom jag har människor som ställer så många frågor när jag föreläser om detta. — Du sa en gång att du inte ens vet vad som verkligen kommer att hända. (Skratt)*

J: Nej, vi vet inte.

D: *För det är första gången det har hänt. Det är vad jag har blivit berättad.*

J: Den första gången det har hänt på jorden. (Skratt) Många planeter har genomgått dimensionala förskjutningar.

D: *För att jorden är levande och måste utvecklas? (Ja) Men detta är första gången detta har hänt i denna del av universum? (Ja)*

Joan hade experimenterat med lasrar och trott att hon skulle kunna använda dem på något sätt för healing.

J: Jag ser att laserljusen kan användas för att koppla ihop gallpunkterna, de eteriska gallpunkterna till jordgallren. Det är vad hon ska använda lasrarna för.
D: *Men du sa att det skulle vara för i framtiden. (Ja) Hur vill ni att hon ska använda lasern?*
J: Bara att lysa ut i kosmos och triangulera av definierade punkter och triangulera dem med hjälp av ljuset för att förankra de eteriska gallerna i jordgallren.
D: *Såväl som kristallerna?*
J: Ja, det måste vara en del av det. Ljuset förankras i kristallen.

Vi besvarade resten av hennes frågor, och SC gjorde healingen av den fysiska kroppen.

Avskedsmeddelande: Var inte rädd för misslyckande. Det är bara fler möjligheter.

Så nu efter många år av arbete med detta har jag upptäckt de Tre Vågor av Volontärer som har kommit för att hjälpa jorden under dessa mycket viktiga och avgörande tider. Men under denna session upptäckte jag en annan grupp som har kommit: 10 000 Hållare av Galler. De är här för ett annat syfte, att återställa skadorna som gjordes på gallerna på jorden genom förstörelsen av Atlantis. Att återföra dem till balans. De är också här för att upptäcka och få tillgång till den dolda kunskapen som placerades inom kristallerna. Det är mycket värdefull kunskap som har väntat på denna speciella tid att återigen avslöjas. Låt oss använda den korrekt denna gång!

DE TRE VÅGORNA AV VOLONTÄRER OCH DEN NYA JORDEN

DEL TRE
DEN NYA JORDEN

DEN NYA JORDEN

HELA DEN HÄR boken har fokuserat på volontärerna som har kommit till jorden under denna tid för att delta i övergången till den Nya Jorden. Men vad är egentligen denna Nya Jord som alla talar om? Hur kommer vi att veta när vi har kommit dit? Kommer vi att märka någon skillnad?

Informationen om den Nya Jorden har framkommit gradvis under de senaste fem eller fler åren. Jag har samlat bitar och delar från hundratals klienter, och det tog lång tid innan jag kunde urskilja ett mönster. Denna information har spridits ut över några av mina andra böcker (framför allt i serien The Convoluted Universe). Många människor på mina föreläsningar och genom e-postkorrespondens har föreslagit att jag samlar all information om den Nya Jorden i en enda bok. Därför tar jag nu detta material från de andra böckerna och samlar allt här. I sessionerna i denna bok finns det ytterligare bitar och delar. Det mest fascinerande är att inget av detta står i konflikt med varandra. Alla mina klienter säger samma saker, men med olika formuleringar. Detta ger en ökad trovärdighet eftersom allt kompletterar varandra. Följande information är hämtad från mina andra böcker.

KAPITEL TRETTIO TVÅ
DEN NYA JORDEN

HELA VÅRA LIV, när vi gick i kyrkan, hörde vi följande verser från Bibeln: *"Jag såg en ny himmel och en ny jord; ty den första himmelen och den första jorden var försvunna ... Och jag, Johannes, såg den heliga staden, nya Jerusalem, som kom ner från Gud ut ur himlen ... Och jag hörde en stor röst från himlen som sade: Se, Guds tabernakel är bland människor, och han skall bo hos dem, och de skall vara hans folk, och Gud själv skall vara med dem och vara deras Gud. Och Gud skall torka bort alla tårar från deras ögon, och död skall icke finnas mer, icke sorg, icke gråt, icke heller skall det finnas mer smärta; ty det som en gång var är borta ... Se, jag gör alla ting nya. Och han sade till mig: Skriv, ty dessa ord är sanna och trogna. ... Och staden behövde ingen sol, inte heller någon måne för att lysa i den; ty Guds härlighet upplyste den ... Och i den skall ingenting komma in som besmittar, inte heller något som gör en avskyvärd eller ljuger. ... Och där skall icke finnas någon natt; och de behöver ingen lykta, inte heller ljus från solen; ty Herren Gud ger dem ljus; och de skall regera i evigheters evighet."* (Upp. 21-22)

Många olika förklaringar har erbjudits av Kyrkan sedan Bibeln skrevs. Men Uppenbarelseboken har förblivit gåtfull, fram till nu. Förklaringarna i denna bok som har framkommit genom många människor i djup trans, tycks hålla svaren. De har beskrivit Guds rike, många gånger, som en plats av ljus där de har stor glädje av att återförenas med Skaparen, Källan. Vid den tiden har var och en av dem blivit ljusväsen, och det finns ingen önskan att återvända till den jordiska fysiska formen. Detta förklarar vissa betydelser av verserna, men vad sägs om profetian om den nya jorden? Återigen tycks svaret komma genom många av mina ämnen under mina sessioner. Det var först när jag satte ihop boken som likheten med Bibeln blev uppenbar. Vi pratar alla om samma sak. Johannes, som skrev Uppenbarelseboken, satte sin vision i de ord han kunde hitta i sin tid och sitt ordförråd. Det är samma sak idag. Mina ämnen måste använda den terminologi de var bekanta med. Jag vet därför att vi bara ser en

DE TRE VÅGORNA AV VOLONTÄRER OCH DEN NYA JORDEN

liten del av den totala bilden av den nya världen som kommer, men det var det bästa de kunde göra. Det ger åtminstone en glimt av denna underbara och perfekta plats.

Under mitt arbete har jag hört mycket om att allt är sammansatt av energi och att form och skepnad endast bestäms av frekvens och vibration. Energi dör aldrig, den förändrar bara form. Jag har blivit informerad om att jorden själv förändrar sin vibration och frekvens, och att den förbereder sig för att höja sig till en ny dimension. Det finns otaliga dimensioner som omger oss hela tiden. Vi kan inte se dem eftersom de, när vibrationerna ökar, blir osynliga för våra ögon, men de existerar ändå. I min bok Väktarna förklarade jag hur utomjordingar utnyttjar detta och reser genom att höja och sänka vibrationerna på sina farkoster. Ibland åker vi också till andra dimensioner och återvänder utan att vara medvetna om det. Detta skrevs om i Legenden om Stjärnkraschen. Så jag har berört ämnet under åren, men jag förstod inte den fulla betydelsen av det förrän jag började få mer och mer information om det. "De" vill att vi ska veta mer för att det snart kommer. Och det kommer att vara en betydande händelse. Naturligtvis beskrevs det även i Bibeln som något som skulle komma "snart." Men nu kan vi se och känna effekterna runt omkring oss när världen förbereder sig för att skifta till en ny dimension.

"De" sade att vi kommer att märka de fysiska effekterna mer när frekvenserna och vibrationerna ökar. Många av oss kan på en annan nivå av vår varelse känna att något händer. Med de subtila förändringar som pågår runt oss måste även våra fysiska kroppar förändras för att kunna anpassa sig. Några av dessa fysiska symptom är obehagliga och orsakar oro. "Ni kommer att se och märka att när frekvensen på planeten fortsätter att höjas i termer av sin vibration, kommer ni att ha mindre svårigheter med symptom på energiblockeringar."

Under hela mitt arbete blir mina ämnen tillsagda att de måste ändra sin kost för att kunna göra justeringen till den nya världen. Våra kroppar måste bli lättare, och det betyder att tunga livsmedel måste elimineras. Under sessionerna blir mina klienter upprepade gånger varnade att sluta äta kött (speciellt nötkött och fläskkött), främst på grund av de tillsatser och kemikalier som ges till djuren. De sa att dessa ämnen deponerar kemikalier och konstgjorda komponenter i våra organ som kan stanna där i upp till sex månader. Det är extremt svårt att filtrera och ta bort dessa från kroppen. Vi blev särskilt varnade för att äta djurprotein och friterad mat, som fungerar som en irriterande faktor för kroppen. "Dessa fungerar som irritanter för ditt system efter många år av missbruk. Vi menar inte att vara dömande, men kroppen är byggd för en viss typ av trafik. Kroppen kan inte höja sin frekvens och arbeta med dig. Vid den här punkten kanske dessa energier inte är menade att samverka med högre dimensionella områden om tätheten och toxinerna förorenar den mänskliga kroppens miljö."

Naturligtvis, om du har turen att hitta ekologiskt kött utan toxiner, skulle det vara säkert i måttliga mängder. De sa att kyckling var bättre, och fisk eftersom de är lättare kött, men bäst av allt var "levande" frukter och grönsaker. Detta betyder de som äts råa snarare än kokta. Vi blev också varnade för att eliminera socker och konsumera mer rent, buteljerat vatten och fruktjuicer utan socker. Med tiden, när frekvensen och vibrationerna fortsätter att öka, kommer vi att anpassa oss till en flytande diet. Kroppen måste bli lättare för att kunna genomgå uppstigningen. "När energierna på planeten fortsätter att bli höjda och mer förfinade måste din kropp skifta med det." Självklart är inget av detta nytt. Vi har blivit informerade om dessa näringsfakta i många år. Men det verkar vara nödvändigt att nu uppmärksamma vår kost eftersom allt börjar förändras.

År 2001 klev "de" in för att drastiskt fånga min uppmärksamhet och få mig att förändra min kost och livsstil. Under sessionerna skrek de bokstavligen åt mig för att få sitt budskap fram. År 2001 hade jag problem med uttorkning när jag var i Florida och upplevde obehagliga fysiska effekter. "De" tillrättavisade mig och fick mig att ge upp min standarddryck, "Pepsi", som jag hade njutit av under många år. De vände helt på mina mat- och dryckesvanor och förändrade min kost till det bättre. År 2002 hade jag rensat bort en stor del av toxinerna från mitt system och jag märkte skillnaden. Det tog flera månader till innan jag var "detoxifierad", så att säga. Varje gång de får chansen, påminner de mig om att de fortfarande övervakar mig och jag blir tillsagd när de ser mig falla tillbaka i gamla vanor. Under en session i England sa de, "För att förstå de nya energierna som du kommer att arbeta med, lärs kroppen hur man hanterar detta. Man får aldrig glömma att det finns energier där ute som inte kommer att arbeta med dig. Vid den här punkten kanske dessa energier inte ska kastas bort och stöta bort dig. Eftersom de inte är bekanta för dig, tänker du, 'De är inte rätt.' De ska dras till dig och frågas, 'Vad är de?' Faktum är att det är nya energier. Kanske justerar de din kropp, och genom att göra det tar de bort toxiner. Dina njurar kommer särskilt att arbeta med en energi som inte accepterats från det förflutna. Acceptera bara att rensningsprocessen sker och kommer att ske."

Jag fick då en process för att energisera vattnet vi dricker, för att hjälpa i avgiftningsprocessen. "Vatten, som utgör sjuttio procent av dig själv och sjuttio procent av planeten, är så långt bortom viktighet, att det är otroligt. Därför är resonansen av vattnet du bringar in i din kropp så väldigt viktig. När du dricker vatten, energisera det med den kunskap du har. Skicka den kunskapen. Spiralera den in. Föreställ dig att vattnet spiralerar, skapar en virvel, både medurs och moturs. Skapar den positiva och negativa nyckeln. Du måste röra den ur balans. Föreställ dig att en energi kommer in i vattnet och spiralerar och skapar en virvel. Det är allt det behöver göra. Tanken kommer sedan att energisera vattnet. Detta kommer sedan att återinföra livskraft i vattnet, vilket är planetens livskraftacceptans. All vätska på denna planet, oavsett om det är berg eller vätska, är vätska i långsammare eller snabbare rörelse. Allt har resonans och minne av vad det är. Mänskligheten har förlorat resonansen och minnet av vad det är, men vatten kan återenergisera. Mänsklig tankeformatprocess återvänder in i och hjälper till att arbeta med dess resonans. Du måste komma ihåg att denna energisering av en flaska vatten kan varaade några timmar. Du kan behöva återinföra det. Så formeln kan vara, innan du dricker någon vätska, gör samma process. Du kan också göra samma sak med mat. Mat är helt enkelt vätska i långsammare rörelse. Detta kommer att hjälpa kroppen. Detta kommer också att hjälpa till att klargöra och skapa en plats som kallas "klarhet" i ditt tankesystem eftersom du har börjat förlora en del av klarheten. Denna klarhet kommer att komma tillbaka."

Från ett email skickat till mig från en okänd källa:

DE TRE VÅGORNA AV VOLONTÄRER OCH DEN NYA JORDEN

Tiden snabbar faktiskt upp (eller kollapsar). I tusentals år har Schumann-resonansen eller pulsen (jordens hjärtslag) varit 7,83 cykler per sekund. Militärerna har använt denna som en mycket pålitlig referens. Men sedan 1980 har denna resonans sakta ökat. Den är nu över 12 cykler per sekund! Detta betyder att det finns mindre än 16 timmar per dag istället för de gamla 24 timmarna.

En av de indikationerna på att frekvensen och vibrationerna sker är att tiden snabbar upp och blir kortare.

Klient: Från och med 2003 kommer det att komma en inflöde av energi som verkligen kommer att driva Jorden framåt. Det kommer att bli ett större klyfta mellan den grupp av människor som kommer att stanna kvar och de som kommer att gå framåt. Resultatet kommer att vara en högre vibrationsökning på Jorden. Detta påverkar hela universum. Detta är inte bara jorden. Detta är galaktiskt.

KAPITEL TRETTIO TRE
DEN GAMLA JORDEN

ANNE SA ATT hon ville åka hem och uppleva hur hemmet var, så vid denna tidpunkt i sessionen gav "de" henne en glimt av det och hon blev känslosam. "Berätta vad de visar henne. Hur ser det ut?"

A: (Mycket mjukt) Energi. (Hon gråter öppet nu.) Det är som om de laddar mig med energi eller något. (Viskande) Jag kan känna det överallt.... (Gråtande) Det är som kärlek.

Jag lät Anne gråta en stund, sedan lugnade jag henne så att den andra enheten skulle kunna återvända och svara på frågorna och ge information utan känslor. "Vi älskar henne mycket."

D: *Jag vet att det krävdes mycket mod att lämna den vackra platsen och vara volontär för att komma hit just nu.*
A: Hon känner att hon inte uppfyller sitt syfte. Det är hennes största frustration – att hon inte gör det hon kom för att göra. Hon vill avsluta. Hon har många förmågor och talanger, och hon känner att hon borde använda dem på ett visst sätt. Och hon kan inte göra detta själv.
D: *Du sa att hon frivilligt kom hit för att vara här under förändringarna. Är detta de förändringar jag har blivit informerad om? (Ja) Vill du prata om den delen?*
A: Många förändringar. Vad är det du har arbetat med?
D: *Att vi rör oss mot nya frekvenser och vibrationer?*
A: Det stämmer. Har du några frågor?
D: *Jag har fått veta en hel del information om att allt går snabbare, och vibrationerna och frekvenserna i hela vår dimension förändras. Stämmer det?*
A: Mycket turbulens, mycket turbulens kommer väldigt snart. Och det finns ett behov av att vara mycket grundad. Mycket tumult. Det kommer att finnas behov av din stabilitet och alla som är här,

eftersom människor kommer att gå vilse och vara förvirrade och i mycket smärta. Förstår du?

D: Med turbulens menar du fler av de våldsamma jordförändringar som har inträffat?

A: Situationer orsakade av människor och situationer orsakade av jordens förändringar. Och genomströmningen av nya energier och varelser som människor inte är vana vid att se. Detta kommer att orsaka en stor del av kaos, som endast de som förstår vad som pågår kommer att kunna hålla sig lugna och vara en trygghet för de förvirrade. Kom ihåg det och var förberedd på det, eftersom det är mycket lätt att teorisera tills situationen är i det fysiska. Då behöver den fysiska kroppen förberedas för att hantera energiskiftningarna och chocken som följer med förändringsprocessen. Det är en sak att känna att du kan förstå vad som händer. Men det är en annan att vara mitt i kaos och hålla sig lugn när det händer.

D: Det är svårt för människor, eller hur?

A: Det är svårt. Och det är ett avgörande och praktiskt område att fokusera på just nu, eftersom det är i det fysiska du hjälper. Det finns andra nivåer som hjälper, men du är i det fysiska, precis som hon är, och andra varelser också. Så i det fysiska kan de överföra det lugn som kommer att vara nödvändigt under kaostider.

D: Men kommer de att lyssna på oss?

A: Det är inte upp till dig att avgöra. Det är upp till dig att se till att du har lugnet och den grundade energin för dem som vill lyssna på dig. Det kräver mycket arbete i det fysiska för att hålla dessa energier på plats, eftersom det är vad du kom för att göra. Anne är mycket tränad eftersom hennes livserfarenheter har krävt att hon upprätthåller en nivå av lugn mitt i galenskapen.

Anne hade levt en barndom med missbrukande och instabila föräldrar och sedan ett kaotiskt äktenskap.

A: Det har varit en bra träningsgrund för henne, så att när tiden kommer är det inte så svårt för henne att behålla det lugnet i det fysiska. Förstår du?

D: Ja, jag förstår. Jag har fått veta att dessa förändringar kommer att orsaka en separation i två jorden. Den gamla jorden och den nya *jorden, eftersom vibrationerna och frekvenserna ökar. Stämmer det?*

A: Det stämmer. Det finns en annan värld, om du vill, där vissa själar kommer att förbli eller välja att leva efter förändringarna. Världen som behåller den vibrationsnivå de vill stanna i, och det kommer att vara där de förblir, eller rör sig in. Men de nya energierna kommer endast att vara beboeliga för dem som har arbetat med sin egen energi upp till den vibration.

D: *Men turbulensen som du talade om, kommer det att vara på den gamla jorden?*

A: Det är nu när vi går igenom dessa förändringar. Detta är transformationsperioden de närmaste åren, och resultatet har profeterats av många. Jag har inte mycket mer att tillägga till det, förutom att de som är här nu behöver komma ihåg den viktiga roll de spelar i det fysiska innan förändringarna inträffar, eller innan de slutgiltiga förändringarna inträffar. Mitt i processen finns det ett behov av de som är här att ge assistans. Att ställa sig i led, om du vill, som om det vore i militären. Det är dags för dem att visa sig och vara medvetna om att de kallas att vara mycket närvarande och redo. Och upprätthålla sin grund, för det kan finnas situationer där en själ kan befinna sig i en kritisk punkt där de kan gå antingen/eller, vibrationsmässigt. Och du kan kanske göra en skillnad vid den tidpunkten.

D: *Vad menar du med antingen/eller?*

A: Deras andliga tillväxt kan befinna sig i ett grått område där de kanske kvalificerar sig att steppa upp till en högre vibration, om de bara har modet att hoppa. Annars kan de välja att inte göra det, och det är deras val. Men din roll, om du behåller din energi, kan vara avgörande för någon i den situationen, för du kanske är den hand som sträcker sig fram för dem att hoppa.

D: *Göra hoppet till den högre vibration. (Ja) Men den högre vibration, den nya jorden, kommer inte att uppleva denna turbulens? (Nej) Det verkar som om vi just nu är i denna del som upplever turbulensen.*

A: Det är bara början. Det har börjat, men kaoset har inte börjat. Kaoset, galenskapen av människor som rusar runt i förvirring eftersom alla deras illusioner har krossats. Det kommer att vara tiden för provet av den styrka som måste komma fram för dem av

DE TRE VÅGORNA AV VOLONTÄRER OCH DEN NYA JORDEN

er som är här för att hjälpa i processen. Det kommer att vara en tid när människor kommer att rusa ut på gatorna förvirrade och i rädsla, inte olikt orkanen i Louisiana.

D: *Det är vad jag tänkte på, tsunamin och orkanerna.*

A: Men det multiplicerat över hela världen i de flesta städer är ett mycket annat scenario.

D: *Kommer det att bli liknande katastrofer i många städer?*

A: Vissa orsakade av naturliga, vissa orsakade av de som har makt och gör allt de kan för att hålla saker som de är. De är medvetna om förändringarna. De vägrar att acceptera. Det är som ett barn som inte vill höra sanningen. Och de vägrar att medge att de inte längre har kontroll. Så de fortsätter att hålla fast vid dessa sätt och kan orsaka mer förvirring. De känner att de kanske kan sakta ner processen och upprätthålla en låg vibration genom att hålla rädsla på ytan.

D: *De försöker att ingripa i människors rädsla.*

A: Rädsla har alltid funnits hos människor eftersom det är så nästan alla, om inte alla, samhällen i denna värld har fungerat under många år. Rädsla är det sätt på vilket de har upprätthållit makt, och nästan alla i denna värld är i rädsla. Det finns olika nivåer av rädsla, men dessa förändringar och den teknik som har gjort att alla kan kommunicera fritt har orsakat stor oro för dem som har makten, eftersom nu rädslan försvinner. Många av de saker som inträffar, även katastroferna, fungerar som en katalysator för att föra fram rädslan så att den kan hanteras. Så det är en rening på ett sätt. Men de som har makten vill inte att denna process ska ske, och de föredrar att hålla en nivå av rädsla under ytan, om du vill. Och som ett desperat barn försöker de alla taktiker de kan tänka sig för att inte låta den rädslan försvinna, eftersom det är vad som händer. Rädslan försvinner trots vad ytan verkar visa.

D: *Människor börjar tänka för sig själva.*

A: De gör det. De konfronterar sina egna demoner, om du vill, för livet tar dem till platser där de måste se saker som de annars inte behövt hantera. Därför, deras rädslor, även om de är mycket närvarande, kommer åtminstone till ytan, medan de tidigare kanske låg i dvala. Det är en rening som, när den fortsätter, bara kommer att frigöra fler och fler, vilket är en process som de i makt är mycket medvetna om. Det är anledningen till att de resorterar till absurda berättelser som bara de som vill tro, tror på, eftersom vem som helst med en logisk och rimlig hjärna inte kan tro på dem.

D: *Är kriget en av sakerna?*

A: Kriget, absolut krigen, även deras sjukdomar som de skrämmer folk med.

D: *Dessa sjukdomar finns egentligen inte, eller hur?*

A: De kan vara det om människor väljer att tillåta de energierna att komma in i sina kroppar. Men för det mesta är de bara i de energiska fälten. Och som allt annat som pratas om, eller tänks på, kan det bli verklighet i det fysiska.

D: *Ja, om tillräckligt många människor accepterar det som deras verklighet.*

A: Men sjukdomarna är extremt överdrivna, och de är inte epidemier som de framställs att vara. Media och filmerna visar er deras desperation när de insisterar på att presentera information för massorna som är helt negativ och baserad på rädsla. Ämnen som mord, död och svek, attacker och sådant som håller medvetandet fokuserat på dessa frågor, snarare än att framställa bilder i media om hopp och inspiration. Men trots detta finns det tillräckligt med de positiva budskapen som sänds just nu, att som en dominoeffekt, är de inte längre stoppbara.

D: *En annan rädsla som regeringen försöker främja är terrorism.*

A: Ja. Det är bara ett annat verktyg, som sjukdomarna, för att hitta ursäkter att ge folk en anledning att vara rädda och inte förena sig, utan att lita på att regeringen kommer att lösa deras problem. De är inbillade problem, och på det undermedvetna planet börjar många människor bli medvetna om detta. De tror inte längre, även om många är i massorna. Men på deras undermedvetna nivå börjar de vakna, och makten vet detta. Det är därför de resorterar till löjliga berättelser som bara de som vill tro på dem tror på, eftersom vem som helst med ett logiskt och rimligt sinne skulle inte tro på dem.

D: *Ja, bara de som tänker för sig själva.*

A: Så de ger massorna möjlighet att välja, för de pressar på en gräns. Och på det sättet tjänar de ett syfte genom att pressa gränsen, så att alla gör ett val, för detta är en tid för val. Det är inte längre en tid för mitt emellan och neutralitet.

DE TRE VÅGORNA AV VOLONTÄRER OCH DEN NYA JORDEN

D: Du sa tidigare att vi skulle vara här när kaoset bryter ut. Skulle detta orsakas av många av dessa katastrofer?

A: Katastrofer och nedbrytningen av regeringarnas strukturer. Och nedbrytningen av den säkerhetsnät som de flesta människor känner att de är en del av. Såsom deras socialförsäkring, deras löner, och deras jobb, och deras religiösa övertygelser. Särskilt om och när skepp och/eller andra saker som det börjar bli en del av medvetandet som många inte är förberedda på. Därför kan de springa runt i chock och förvirring, osäkra på vad som är verkligt och vad som inte är. Strukturen i regeringen bryts och kommer att brytas ännu mer till en punkt av kaos. Som en dominoeffekt, som ett kollapsande.

D: Om skeppen anländer, vad skulle deras syfte vara med att komma?

A: De är alltid här. Det är bara en tid för dem att bli synliga när tillstånden öppnar upp, för detta är en tid för inte bara fri vilja som det finns nu, utan också en tid för andra att kräva sin plats i den nya världen. Inte bara människorna, utan också andra som också tillhör här, men är i en annan vibration. Så delvis är det inte så att de väljer att bli synliga, det är delvis så att energierna gör dem synliga.

D: Jag är medveten om att de har varit här. Jag har arbetat med dem. Jag har inga problem med dem.

A: Men genom att de blir synliga och en del av människornas medvetande, och regeringarna kollapsar, och kaos, och naturliga katastrofer, kan du se hur majoriteten av människor skulle bli helt chockade. Och deras religioner och deras uppfattningar om en strukturerad livsstil skulle krossas. Så nu skulle de inte ha något att hålla fast vid. Detta orsakar mycket rädsla för dem som inte har klivit ut ur sina egna hus. Den rädslan kan leda till galenskap eller schizofreni eller andra typer av reaktioner. Och det är vid den tidpunkten, och den typen av reaktion, som kommer att lämna människor mest sårbara, där du kan vara till mest hjälp.

D: Då är andra som jag själv och Anne några av dem som är här för att hjälpa?

A: De som är förberedda att se dessa förändringar och inte falla i rädsla kommer att vara pelarna som andra lutar sig mot när inget längre verkar ge mening för dem. Det betyder inte att du kommer att ge dem sanningen, det betyder bara att du inte faller ner som de gör.

D: Eftersom jag tänkte, vad kan vi göra när alla är i kaos?

A: När du inte förlorar ditt sinne och du är lugn spelar det ingen roll vad du gör. Människor kommer att se det i dig och söka det i dig eftersom de inte vet vad de ska göra med det de ser. Och du kanske inte vet vad du ska göra med det du ser, men du har varit förberedd. Därför kommer du att veta och ha en känsla av förtroende för att saker och ting kommer att vara okej. Du är inte galen.

D: Där andra inte kommer att ha någon förberedelse alls.

A: Exakt.

D: Du vet att jag har haft många, många människor som kommit till mig under de senaste två åren som antingen är healers eller de får höra från dig, den undermedvetna delen, att de ska bli healers. Vi undrar hela tiden varför världen skulle behöva så många healers?

A: Vet du befolkningen på planeten?

D: Ja, den är ganska stor.

A: Det kan vara en anledning till varför. Dessutom är det en tid som är mycket värdefull för många själar på grund av de lärdomar som finns tillgängliga, eftersom det är en ovanlig tid som denna planet inte har upplevt. Därför är det en möjlighet att uppleva en mycket unik själsresa. Och det är en möjlighet att kliva upp på själsnivå, erfarenhetsmässigt på grund av de utmaningar det presenterar. Därför är många avancerade själar intresserade av denna möjlighet för sig själva.

D: Jag tänkte att om strukturer bryts ner, skulle den medicinska professionen definitivt vara en av dem. Kanske det skulle vara en anledning att ha healers som kan använda energi och naturlig healing.

A: Det kommer en tid när energin kommer att vara tillräckligt hög så att sjukdomar inte kommer att vara som ni känner dem idag. Och även om hjälpen från de healerna verkligen behövs, kommer det finnas en tid när dessa sjukdomar inte kommer att finnas längre. Därför är healingen bara tillfällig. Healerna kommer att hela när det finns ett behov. Om det inte finns några sjukhus för att alla har lämnat staden, till exempel, eller om det kanske är översvämmat (syftar hon på en stad som har översvämmats?), då finns healerna tillgängliga för att hjälpa. Men det är inte den enda anledningen till att de är här. De är här för sitt eget lärande, eftersom deras egen själ är intresserad av att uppleva denna förändring.

D: *Det är därför vi alla valde att vara här vid denna tidpunkt?*

A: En stor anledning.

D: *Jag har också fått veta att våra DNA förändras så att vi kan justera oss till dessa förändringar. Stämmer det?*

A: Det finns många grupper som deltar i accelerationen av energierna, och de har sin egen teknik. Ur vårt perspektiv skulle vi säga att genom infusionen av högre vibrationer på planeten reflekteras det tillbaka på människorna. Så det är inte deras DNA som justeras, åtminstone ur vårt perspektiv. Det är de högre vibrationerna som naturligt påverkar deras DNA, som är i dvala på vissa områden. Därför aktiveras det.

D: *Jag har hört att detta är orsaken till många fysiska symptom som människor upplever just nu.*

A: Områden av blockeringar i kroppen, oavsett om de är karmiska problem eller deras egna sjukdomar orsakade av deras bristande självdisciplin med sina kostvanor, eller andra saker, oavsett orsaken till sjukdomen. Men de är i grunden områden av blockeringar som tas till ytan med dessa nya energier, medan de tidigare kanske låg i dvala. Det tas till ytan mycket som karmiska problem som också tas till ytan. Dessa energier tvingar dessa områden att hantera den mörka negativiteten så att energin kan flöda fritt, så de blockeringarna måste rensas upp. För att det ska hända behöver de problem som orsakar dessa sjukdomar åtgärdas, vilket kräver en nivå av deltagande från de människor som lider. Och det är deras val om de ska ta itu med dessa saker eller inte.

D: *Vad jag har hört är många av dessa fysiska symptom som människor upplever orsakas av förändringen i vibrationerna när den mänskliga kroppen justerar sig till det.*

A: Det är korrekt.

D: *Om kaoset tillhör den gamla världen, kommer detta att ske samtidigt som de två världarna separeras? Jag vet inte om jag formulerar mig rätt. Den nya jorden ska gå in i en ny vibration och en ny dimension. Och det beskrevs som att separera, att bli två världar. Ger det mening?*

A: Det finns många teorier. Beroende på perspektivet handlar det om energivibration. Och en vibration är synlig, och vissa vibrationer är inte synliga för varandra. Därför, om en vibration – den lägre, eller långsammare vibration – förblir, är det inte så att den blir en separat värld, den är helt enkelt inte längre synlig. Det är den nya världen som i grunden är en splittring på grund av den högre vibration.

D: *Men i den nya världen är saker olika än den gamla världen. Är det inte sant? (Ja) De kommer inte att uppleva kaoset?*

A: Nej, kaoset handlar mest om att bryta ner trossystemen. Kaoset orsakas av att trossystemen utmanas och tas ner till en plats av en helt blank yta eller ren yta. Och det är kaoset för många. De som går vidare till den nya världen är bekväma med nya trossystem, och kommer därför inte längre att kämpa som de gör nu. Det är inte så att det är en transformation där människor plötsligt blir något de inte är. Det handlar bara om förändringar. Antingen kan människor gå vidare därifrån, eller inte.

D: *Det är vad jag har försökt förstå. Jag har fått veta att den nya världen skulle vara vacker, att vi inte skulle ha dessa problem. Och de sa, se inte tillbaka. Du vill inte se vad som händer med den gamla världen.*

A: Det är i grunden en avskräckning att se tillbaka. Det är inte så att du inte kan se tillbaka, det är bara att du inte kan förändra andras val. Och därför, om du ser tillbaka och det orsakar dig sorg, så saktar det bara ner dig.

D: *Men du sa att vi ska vara involverade med dessa människor.*

A: Vi är här under förändringarnas tid. Vi är här för att hålla vår energi grundad. Det handlar inte så mycket om att vara med dem med en högre vibration, för de kan klara sig själva. Och det handlar inte om att vara nära de som befinner sig i djup negativitet heller. Det handlar om att vara där för dem som är mitt i förvirringen, men kanske är redo att göra ett hopp, som vi är mest hjälpsamma för.

D: *Betyder det att vi måste stanna kvar med den gamla världen som arbetare?*

A: Du kommer bara att stanna tills det är dags för dig att gå. Och under den tid du stannar kan du utföra din tjänst. När det är dags för dig att gå, kommer du att veta, och då kommer du inte längre att vara tillgänglig för dem. Det handlar inte om, "Hur länge ska jag stanna?" Det är en fråga som besvaras så småningom. Det handlar om att veta vad du ska göra medan du är här.

D: *Jag har trott att vi skulle vara separerade från de som upplever kaoset. Vi skulle vara i en annan vacker värld.*

A: Under en tid, genom transformationsprocessen, inte nödvändigtvis separerade. Det är inte så att en dag till den andra finns det en ny värld som du är en del av, och den gamla världen försvinner. Det är en process. Så småningom kommer saker att förändras. Men i den lilla processen, oavsett om det varar en månad eller fem år, är det en process som du fortfarande är en del av, precis som nu. Du är av den, nu. Så länge du är här, är det ditt jobb att hålla den grundade energin för dem som är förvirrade. När det faktiska skiftet inträffar, även om du ville vara här, skulle du inte kunna.

D: *De som har höjt sina vibrationer kommer att gå vidare.*

A: Det är korrekt.

Detta besvarade en fråga jag fick när jag höll en föreläsning på Ashram i Bahamas. En ung kvinna sa att hon skulle vilja stanna kvar med den gamla jorden för att hjälpa dem som skulle bli lämnade bakom. Jag sa att det var ädelt, men jag trodde inte att det skulle kunna hända. Nu var här svaret. Det handlar om vibrationer, och när dina vibrationer har nått den rätta frekvensen går du automatiskt till nästa nivå. Som de sa, "Även om du ville stanna, skulle du inte kunna." Din avsikt spelar ingen roll. Detta är större än vi.

D: *Så vi försöker hjälpa dem som fortfarande försöker besluta och fatta sina beslut? (Ja) Det är därför jag försöker få klarhet. Jag har hört det från många människor, men ibland är det lite förvirrande.*

A: Det är förvirrande ur en människas synvinkel.

D: *Då ser ni mer turbulens hända.*

A: Ja, absolut. Detta är början, eftersom de som har makten inte är i närheten av att avsluta sina strategier. De kommer att orsaka många fler händelser. Och det kommer att vara andra händelser, naturliga orsaker. Så kaoset är mycket större än vi föreställer oss i isolerade fall. Men naturligtvis kan alla dessa saker förändras, eftersom det inte finns någon fast framtid.

D: *Jag har fått veta att ålder inte längre är viktig.*

DE TRE VÅGORNA AV VOLONTÄRER OCH DEN NYA JORDEN

A: Ålder är en illusion. Det kommer att bli mer uppenbart när vi går vidare i evolutionsprocessen.

D: *Jag har också hört att när övergången sker, skulle vi tillåtas ta våra fysiska kroppar med oss om vi vill. Stämmer det?*

A: Det är sant, men det kommer bara att vara under en kort tid. Det kommer att ske en annan övergång mycket kort därefter.

D: *Vad kommer att hända vid den tiden?*

A: Mänskligheten kommer att bli ren energi.

D: *De som gör ascensionen.*

A: Det stämmer.

D: *Jag har också hört att inte alla kommer att göra övergången.*

A: Alla kommer att få möjlighet. Om de kan hålla den vibration eller inte är upp till dem individuellt. Det kommer inte att göras någon bedömning på dem. De kommer helt enkelt att kunna hålla energin, eller inte. Men ingen kommer att förstöras, som kommentarer har hörts. De kommer att placeras i ett lämpligt utrymme för den vibration de avger.

D: *Och det är vad de menar när de säger att de kommer att bli lämnade bakom.*

A: I Guds plan kommer alla att återvända till Gud.

D: *Bara vid olika intervaller.*

Under en annan session talade jag med det undermedvetna.

D: *Ni fortsätter att säga att saker förändras.*

S: De förändras accelererat, och era forskare har inte kontroll över det. Den globala uppvärmningen, det är förödande för ekologin. Det händer mycket snabbare än forskarna säger.

D: *De tror inte riktigt på det?*

S: De tror på det, men de tycker att faran ligger flera decennier framåt. Det är inte så; den är här! Faran står på vår tröskel. Det kommer att finnas vissa säkra platser i USA.

D: *Vad orsakar den globala uppvärmningen?*

S: Du vet, acceleranter. Jag menar aerosoler, gaser, allt som förorenar miljön – miljöförorening. Det är vad människan gör. Det är därför

DE TRE VÅGORNA AV VOLONTÄRER OCH DEN NYA JORDEN

våra somrar är så heta. Och det kommer att bli fler stormar. Många, många, många fler. Otroligt. Du kommer inte att tro vad som kommer. Kusterna kommer att få en tuff tid. De ökande stormarna och tsunamierna kommer att accelerera det. Tidsramen förändras.

D: *Ursprungligen fanns det en annan tidsram?*
S: Ja. Det går snabbare. Det är tidigare än det skulle ha varit. Tyvärr på grund av vad mänskligheten gör.

Från en annan session såg ett subjekt ett fruktansvärt framtidsscenario:

D: *En sista fråga som Janice vill veta om. Hon ville bli tillåten att gå framåt i tiden till år 2325. Tjugotre tjugofem. Och se om hon kommer att vara i det fysiska vid den tiden, eller om hon kommer att vara i det andliga. Kan du ta henne framåt till den tiden och visa henne en scen eller en bild?*

Hon gick omedelbart till en scen och började rapportera vad hon såg.

J: Jag är en instruktör. Jag instruerar människor om hur man odlar coogies (fonetiskt). (Skratt)
D: *Hur odlar man vad?*
J: Coogies. Coogies. Du vet, det är en växt som odlas för maten på jorden. Det är nästan som brysselkål. Det växer i en enorm bas. Och människor rör vid metalldelen av behållaren där denna växt finns. Det orsakar vibration så att växten växer.
D: *Varför måste ni odla denna typ av växt för mat?*
J: Inget kan växa på jorden. Det odlas i yttre rymden, på skepp. Med vinrankor som leder upp över sidorna av väggarna. Genom nät, för att ge syre till växterna, till rummet, till skeppet. Jag kallar det "coogies." Det är ett roligt namn, coogies. Arbetarna reser i rymddräkter på tethers som är kopplade till marken. Och de reser uppför tethers, som en hiss, till rymdstationerna för att ta hand om

dessa växter. Och jag har en klass. Jag är den som övervakar detta arbete. Det är viktigt.

D: *Vad har hänt med jorden så att den inte kan växa mat?*

J: De dumma förstörde den! De förstörde ekologin på jorden. Jorden håller fortfarande på att läka sig själv vid denna tidpunkt.

D: *Vad gjorde de dumma med jorden för att förstöra ekologin?*

J: Slagsmål. Hat. Försummelse. Missbruk. Slöseri. Ekologin, de bara förstörde den. De förstörde djuren, människorna, tills de själva inte längre kunde leva där.

D: *Var bor människorna?*

J: De är hybridiserade människor. De är människor av resterna av jordbor, och från en annan andlig planet. De är hybridiserade för att acceptera de dimensioner som kommer. Från den tid vi pratar nu till den tidperioden. Dessa kroppar används. De grå är hybridiserade.

D: *Bor människorna på jorden?*

J: Ja, de bor på jorden, men de lever i dräkter. Eldar. En del av jorden skjuter eld upp genom marken. Vid år 2030 kommer det att finnas eldar som kommer upp ur marken i området som kallas Arizona. Tjugofem, femtio fot, skjuter upp högt som gejsrar. Och människor slåss. De reser på marken i dräkter som skyddar dem från värmen, men de slåss mot varandra. Det är ett krig mellan Mexiko och USA. De kommer upp och slåss genom detta land. Det är värdelöst. De kan inte existera där nere.

D: *Varför slåss de med amerikanerna?*

J: Om ägande av mark. Viss mark är fortfarande beboelig, men inte så många.

D: *Menar du att det vid den tidpunkten kommer att finnas stora delar av land som inte går att bo på?*

J: Ja. Det börjar redan nu, förstörelse.

D: *Menar du att vid den tiden kommer stora delar av marken att vara obeboeliga?*

J: Ja. Det kommer att orsaka att all mark blir obeboelig, enligt hur den mänskliga kroppen lever. År 2001 blir det redan... det blir svårare att andas och svårare att leva nu.

D: *Men vad har hänt med jorden som gör att marken är obrukbar?*

J: Vibrationer. När de första gjorde något för att förstöra ekologin på jorden satte det igång en kedjereaktion. Och dessa vibrationer fortsätter en efter en. Först ett djur, sedan en annan art, sedan en annan art. En kedjereaktion. Första gången de någonsin satte av en atombomb, orsakade det repercussioner som de aldrig ens kunde föreställa sig. Även i deras egna själar. Vibrationer som skakar om den skapelse som är själva grunden.

D: *Jag undrade om det var ett krig som orsakade att marken blev utarmad. Men du tycker att det är bara människor.*

J: Det är allt krig. Varje gång du gör något negativt är det krig. Att döda varandra är verkligt, det de kallar "krig," det är redan för sent. Jag menar, när du gör något kan du inte förändra vad du gör. Det orsakar cirklar. Det orsakar repercussioner som du inte ens drömmer om. Och det orsakar disruption av naturen. När vi stör naturen är det som en återvändsgränd eftersom den inte kan fortsätta att vara hel med integritet som naturen avsåg. Som Gud avsåg.

D: *Är detta en del av vad de vi kallar ETs är här för att hjälpa till med?*

J: De är så fulla av kärlek. Och de är så snälla. Ljusvarelser. Den energi som kommer genom dem. De grå, jag pratar om, och de andra också. De är bara på olika nivåer. Även reptilianerna. De hjälper alla på sina egna sätt. Men de grå, särskilt, är sändebud från sitt folk. Skickade med mer kärlek än de andra, tror jag. Jag kanske är bara partisk mot det specifika ljuset, men de har mer kärlek.

D: *Men i detta framtida liv som Janice visades, har mycket av detta påverkat jorden, och hon hjälper till att odla mat för att föda människorna.*

J: Det krävs mycket lite för att upprätthålla en fysisk kropp, men människor inser inte det. Du kan leva mer på kärlek och syre och osmos än du kan på mat. Mat är påfrestande för kroppen.

D: *Men människor förstår inte det. De gillar mat.*

J: De kommer att förstå det när de blir hybridiserade. Och de slåss emot det. De vill inte det. De tycker att de grå tar över världen, och... hur skrämmande! (Skratt) Vad ger de upp? De ger upp krigen, och sina hat, och sina mörka sidor. Mål? (Skratt)

D: *Men de kommer att förstå när kroppen är korrigerad till att kunna ta hand om sig själv. Men detta är de saker vi är på väg mot ändå.*

DE TRE VÅGORNA AV VOLONTÄRER OCH DEN NYA JORDEN

Återigen, detta är inte första gången jag har hört och skrivit om detta tillstånd som sker på vår planet jorden. I Legacy From the Stars avslutar jag boken med en session där kvinnliga subjektet gick in i framtiden istället för att gå in i det förflutna. Hon levde i en myrstacktunnel-existens under jordens yta. Ytan hade blivit kontaminerad till den punkt där ingenting skulle växa där. Atmosfären hade förändrats till en giftig gas som de inte kunde existera i. Det enda sättet de kunde gå upp till ytan var att bära en typ av dräkt, och de kunde inte stanna där särskilt länge. Denna framtidsvarelse hade utvecklats på grund av att leva i underjordiska förhållanden till något som inte liknade dagens människor. De såg ut som de bekanta små ET:erna kallade "grå," vilket väcker teorin att de eventuellt är vi i framtiden. Och kanske har de kommit tillbaka till vår tidsperiod för att varna oss om vad som kommer att hända om vi fortsätter på vår nuvarande kurs. Det kan också finnas en önskan att förändra sin egen dystra framtidsperiod.

Jag har också funnit samma scenario när jag gör mina grupperegressioner över hela världen. Detta är en workshop jag gör där jag sätter hela publiken i trans samtidigt. Det är en rolig workshop, och jag låter dem resa tillbaka i tiden till ett tidigare liv för att upptäcka information som kommer att hjälpa dem i deras nuvarande liv. Jag har också andra delar av denna workshop, inklusive en där jag låter dem resa in i framtiden för att se vad deras liv kan bli. Jag vet att de kan se sannolika framtider som kanske eller kanske inte blir verklighet, så denna del av workshopen är inte att ta på största allvar. Men för min egen information som en nyfiken reporter är jag förvånad över hur många gånger de upprepar samma möjliga scenarier. Några ser sig själva bo på omloppande rymdskepp där de odlar mat i hydroponiska förhållanden i avsaknad av gravitation. De gör detta eftersom jorden behöver mat, och den kommer inte att växa på ytan längre. Några har sett sig själva i ett undervattenslaboratorium där de skördar mat från havet, så att jordens människor kan få mat. Dessa är dystopiska sannolika framtider som liknar vad Janice såg. Det är inte den typ av framtid jag skulle önska för mina ättlingar, men det visar den fantastiska motståndskraften och innovationen hos mänskligheten för att överleva.

KAPITEL TRETTIOFYRA
EN TIDIGARE ÖVERGÅNG

JAG HAR FÅTT mycket information om den kommande skiftningen. Mycket av detta har redan skrivits om i Bok Två i Konvulut Universumserie. Ändå fortsätter informationen att komma. Detta är vår destiny, vår framtid. Under denna session fick jag en annan bit av historien. Detta har hänt på Jorden förr. Grupper av människor har kunnat skifta en massa till en annan dimension. Dessa är vanligtvis grupper som omges av mystik eftersom de helt enkelt försvann, utan att lämna några ledtrådar om vad som hände med deras civilisationer. Det har funnits mycket spekulation och olika teorier har lagts fram av så kallade "experter." Men få har övervägt det faktum att de helt enkelt gick från denna Jord och inträdde i en annan dimension, utan att lämna några spår bakom sig. Mayarna är ett primärt exempel, liksom vissa nordamerikanska indianstammar. Jag hade blivit berättad genom mitt arbete att dessa grupper hade blivit mycket avancerade i sin utveckling och hade valt att förändra vibrationer och skifta en massa. Jag blev berättad att detta var en av de mest logiska förklaringarna till att mayakalendern slutade vid år 2012. Om de, i sin avancerade tillstånd, hade kunnat åstadkomma detta, kunde de se att i framtiden skulle hela planeten följa med och åstadkomma samma bedrift. Detta skulle vara en ännu större händelse än vad de hade åstadkommit. Så de markerade det på sina kalendrar som tiden då hela planeten och allt på den förändrade frekvens och rörde sig in i den andra dimensionen, och tog varje levande varelse med sig. Jag hade blivit berättad dessa saker, och det lät rimligt för mig. Jag förväntade mig dock inte att ha en regression där någon gick tillbaka till ett liv när de faktiskt upplevde en sådan händelse. Denna kvinna kunde rapportera något som vi bara kan spekulera om vid denna tidpunkt. Det var ytterligare en bit av pusslet som gavs av en röst från det förflutna. "De" såg till att jag fick alla bitarna. Mitt jobb var att organisera dem och sätta ihop dem till en sammanhängande berättelse.

Efter att ha upplevt döden från en olycka i romartiden, såg Suzanne ner och såg vägen hon hade gått på som en spiral. "Det verkar vara vägen, men det är också symboliskt. Nästan som dessa snäckor som de skär i hälften. Det är ett bra exempel på det. Det är som, genom att titta på spiralen får du en insikt i universum och en djupare förståelse av vad som får saker att ticka. Att se din plats på spiralen, se hur spiralen passar in i universum, passar in i tid."

Jag flyttade sedan henne bort från dödsscenen och bad henne att gå till något annat, antingen framåt eller bakåt, något som var lämpligt för henne att se. "Jag kom in på en trätrappa med träräcken som sjönk ner från vänster. Någon slags loggstruktur rakt fram, och det är ingen där. Nästan som om du var i ett fort eller något, och du tittade ut genom strukturen. Så det är byggt in i sidan av ett berg, men de har klokt grävt in i berget. Det är där den huvudsakliga delen av byggnaden är. Det är byggt i stenen av berget. Detta är en plats för de amerikanska indianerna. Och jag får intrycket av att detta är på det eteriska, eller något i astralen någonstans. Eller det kan vara femte dimensionen nu, men det är inte längre 3-D."

D: *Inte fysisk?*
S: Det verkar vara fysiskt, men bara inte av jordens plan. Det känns som om jorden vibrerar någon annanstans. Som om det finns ett överlag av dimensionen över jorden, detta skulle vara i överlagret. Det kan ha varit 3-D vid ett tillfälle och det har ökat i vibration. Och det är nu nästan som en parallell i det universum eller något relaterat till jorden, men inte den tredimensionella jorden.
D: *Känns denna plats bekant för dig?*
S: Det är hem för mig.
D: *Den dimensionen?*
S: Ja, och det liknar mycket jorden i det att det finns stenar och träd. Och detta är definitivt i bergen. Det är mer som vår sydvästra del. Det är mycket bekvämt här. Mina intressen och mitt arbete handlar om andliga saker och healing.
D: *Hur uppfattar du din kropp?*
S: Jag känner att jag är en man, och jag är ung – inte en gammal person än, kanske runt trettio. Erfaren. Jag gör mitt arbete, jag är fortfarande mycket fit.
D: *Hur är du klädd?*
S: Mycket enkelt. Någon slags vävd material. Det är mycket funktionellt, nästan som en tunika. Mycket enkelt.

DE TRE VÅGORNA AV VOLONTÄRER OCH DEN NYA JORDEN

D: Men du sa att du inte känner att du är på jorden.
S: Nej, det är inte jorden, men det är relaterat till jorden.
D: Men du har en fysisk kropp? *(Ja)* Hur kan du då gå till denna plats om den inte är av jorden? Du kan se på den och förstå hur det händer.
S: Nu verkar det som om allt är mycket naturligt, inte olikt jorden. Människor föddes och växte upp. Men jag försökte se om vi kanske vid något tillfälle var av jorden, och förändrades på något sätt. Det kan ha varit så det var.
D: Du sa att det var relaterat till jorden på något sätt. Vad menar du med det?
S: Jag tror vi har medvetande om jorden, nästan som om vi är i en annan dimension. Så antingen kan vi uppfatta det från där vi är, eller så var vi en gång av jorden och flyttade bort på något sätt.
D: Så om du flyttade bort från jorden, tog du då denna fysiska plats med dig?
S: Det verkar som om det som kan ha hänt var att banden av människor – jag sa "band" eftersom det inte är som om det finns många, många människor runt omkring. Och på något sätt har vi nått en punkt av att förändra frekvenser, som om vi alla gick igenom en liknande upplevelse. När människor gör saker som en grupp. Men det var som om hela samhället kunde transcendiera.
D: Var detta en avsiktlig sak? *(Ja)* Var det något som diskuterades?
S: Diskuterades och arbetades för. Människor strävade efter detta.
D: Så inte alla gjorde detta, bara en viss grupp av dina människor?
S: Det var alla kända människor då. Vi var en indianstam, och vi visste att det fanns andra stammar runt omkring, men de var inte en del av vår värld, jordens samhälle. Vi brydde oss bara om vad som hände med oss.
D: Hur kunde ni göra detta? Blev ni lärda?
S: Det fanns lärare under flera generationer, de visa. Och vi lärdes genom meditation. Det var alla vi. Kanske är vi bara ett par hundra människor, men det var hela vår värld. Jag tror vi upplevde det innan vi flyttade in. Vi skulle gå och komma individuellt och i grupper. Frekvensen höjdes och vi upplevde det, och skiftade tillbaka.
D: Hur visste de att detta skulle hända?

DE TRE VÅGORNA AV VOLONTÄRER OCH DEN NYA JORDEN

S: Jag undrade just om det. Det är som om människorna bara visste. Jag vet inte om någon vid något tillfälle kan ha berättat det för dem. Jag känner nu att vi kanske inte var av jorden alls, men vi kom till jorden och etablerade en koloni. Men vi visste mentalt att vi kunde transportera oss och röra oss.

D: Varför ville ni göra det?

S: Jag tror det var utforskning. Bara för att se om det kunde göras. Vi gjorde 3-D upplevelsen, och sedan skiftade vi, vi flyttade till bara en annan dimension.

D: Så det fanns ingen anledning att lämna jorden, 3-D upplevelsen?

S: Nej, ingen omedelbar fara.

D: Jag tänkte att om ni var glada där ni var i 3-D upplevelsen, eller på jorden, skulle ni inte ha något behov eller vilja att flytta, att skifta.

S: Det får mig att le. Det är som en andlig natur är alltid att lära. Så även om saker är bra, är det som, "Hmm, vad finns runt hörnet, och vad finns att utforska?"

D: I 3-D världen, var ni en andlig grupp?

S: Mycket. Vi hade stort respekt för jorden och de krafter som finns inom den.

D: Men ni hade ingen vilja att stanna där. (Nej) Så det beslutades att ni skulle göra detta samtidigt? (Ja) Du sa att ni gick fram och tillbaka.

S: Till en början, ja. Det var som att försöka ta sig ut till en början. Och när vi blev praktiserade i det, kunde vi alla göra ett skift. Jag ser en blå sten, lapis lazuli. Den verkar vara kopplad till var vi kommer ifrån, och den är symbolisk för det. Som turkos skulle vara för de sydvästra indianerna och för tibetanerna. Lapis lazuli är på något sätt kopplad till dessa människor. Det verkar som om de kommer från någon annanstans i kosmos.

D: Så de var inte ursprungligen från jorden?

S: Jag tror det gjordes före vår tid, men inte före mor- och farföräldrarnas generation.

D: Berättade de för dig historier om vad som hände?

S: De måste ha gjort det, men jag minns dem inte.

D: Kanske var det det som gjorde det lättare för dig att flytta till den andra dimensionen?

DE TRE VÅGORNA AV VOLONTÄRER OCH DEN NYA JORDEN

S: Kanske. Absolut kunskapen. Men jag vill också säga att människor är smartare än de tror. Alla vet hur man gör detta. De kanske inte vet att de gör det.

D: Och ditt folk tog sina fysiska kroppar och omgivningar med sig. Är det rätt?

S: Jag är inte säker på det. Jag tror antingen att de manifesterade liknande omgivningar där de gick, eller så flyttade de till en annan dimension som redan hade det där.

D: Tycker du om det där?

S: Det handlar mer om spänningen av att lära sig saker. Det "där" spelar ingen roll. Spänningen ligger i att lära. Jag är mycket aktiv i mitt tänkande.

D: Måste ni äta där? Måste ni konsumera något?

S: Vi äter, men det verkar som om maten är lättare, mer vibrerande. Den varar längre i oss, för oss. Kraven är inte så stora.

D: Och ni vill inte återvända till jorden?

S: Vi har gått vidare. Det verkar vara nästa steg i vår evolution.

Jag flyttade honom framåt för att se om något hände där som var viktigt. Det verkade som en så idyllisk plats, vad skulle han kunna hitta som skulle vara betydelsefullt?

S: Jag ser att vi blir ombedda att komma tillbaka. Och jag har tårar nu. Vi blir ombedda att komma tillbaka till jorden.

D: Hela gruppen?

S: Några av oss. Vi vet några saker som skulle vara till hjälp för människorna. Och vi har stor medkänsla för människorna.

D: Men du vill inte gå?

S: Ja och nej. Det är som att ta den första resan för utforskning. Ja, du vill gå, men du är kluven. Det är sorgligt att lämna hemmet. Vi är människor som är mycket kärleksfulla, mycket medkännande. Och vi vill dela detta med andra.

D: Men denna plats är inte som den andliga sidan, eller hur?

S: Inte helt. Det verkar vara en annan fysisk, men mindre tät, existens. Inte helt andlig, tror jag.

D: Det är inte som den andliga platsen där du går när du dör och lämnar kroppen.

S: Jag vet inte. Vi verkar vara ganska eviga. Vi har flyttat bort från det fysiska där vi kan ha dött, till någon plats eller frekvens där det inte är nödvändigt att dö. Jag tror vi faktiskt lyckades. Det är som en övergång av till och med den molekylära strukturen av våra kroppar. Jag tror vi blev ande på något sätt.

D: *Menar du att det förändrades på något sätt?*

S: Ja, det var någon form av transformation när vi lämnade. Jag tror vi tog våra kroppar med oss när vi lämnade. Jag tror vi tog de fysiska kropparna som förändrades, och vi tog dem med oss.

D: *Du sa att det förändrade den molekylära strukturen?*

S: Ja, helt och hållet. Ja.

D: *Detta var det enda sättet ni kunde göra förändringen?*

S: Jag tror vi skulle kunna ha dött, men vi kunde inte ha gjort det en massa. Jag menar, vi skulle kunna ha dött en massa. Men detta var ett experiment av något slag. Det var smältningen av ett gruppmedvetande från 3-D. Det var föregångaren till vart vi kan gå nu, ser jag.

D: *Så det var en grupp som experimenterade till en början.*

S: Ja. Jag tror det fanns andra som försökte på olika sätt. Detta var vårt sätt.

D: *Ni var inte missnöjda med jorden. Ni ville bara prova något annat, mer andligt.*

S: Båda är lika andliga, men det verkar som om vi har färre begränsningar bortom 3-D. Det finns fördelar.

D: *Så någon säger att ni måste komma tillbaka?*

S: Inte måste. Det är som om det finns ett samtal, det finns ett behov. Det finns en möjlighet.

D: *Hur vet du detta?*

S: Det har pratats om. Mer mental telepati, men det kommuniceras, det är känt. Det är som om saker har blivit mycket värre på jorden sedan vi lämnade, sedan vi flyttade bort. Saker har förändrats.

D: *Så ni har ett sätt att veta vad som händer på jorden?*

S: Ja, mycket. Därför säger jag att vi är kopplade. Vi kan veta dessa saker. Det finns som holografiska tankegångar som händer. Någon av oss kan stämma in, eller de flesta kan stämma in på vad de vill. Och det finns någon relation mellan vårt folk och de som har stannat kvar på jorden. Det är som om någon har denna idé. Någon har insett ett behov där som vi alla har information om. Men det är tiden nu.

D: Ni har gjort det så att ni vet hur man upplever det.

S: Ja. Åh, det finns stor fördel i att ha mycket jordisk erfarenhet.

D: Så vad vill du göra?

S: Åh, definitivt gå. Jag tror att jag kan vara till hjälp där, ja.

D: Du har inget emot att lämna den vackra platsen?

S: Ja, det har jag. (Skratt) Men du kan inte vara här och där samtidigt.

D: Hur ska du göra detta? Vet du?

S: Det kommer in som ett barn på något sätt. Jag kan inte se om vi blir bemedlade, eller om det är en sammanslagning av medvetandet på något sätt. Men det är en verklig upplevelse. Så på något sätt förenas du med ett foster. Det känns som om vår hela aktiva medvetenhet går.

D: Så vad händer med din kropp där?

S: Jag är inte så säker på att det var en kropp nu – eller bara medvetande, vibrerande medvetande. Energi.

D: Så då kommer ditt medvetande tillbaka i en baby?

S: Det verkar så, ja.

D: Det betyder att du börjar om igen, eller hur?

S: Ja. Nåväl, nästan.

D: Men det är viktigt. Tror du att samma sak kommer att hända med jorden igen?

S: Samma sak som?

D: Du sa att du var här för att visa dem hur.

S: Saker är i sorgligt skick på vissa sätt här. Människor har glömt, eller lärde sig inte, grundläggande saker. Jag tror att det är mer att de behöver lära sig om kärlek och förlåtelse. Det spelar ingen roll vilken dimension du är i, lektionen verkar alltid vara densamma. Att vi är kärlek, och källan från den Enade Skaparen. Människor fastnar i överlevnad på så många nivåer.

D: Men när du kommer tillbaka som en bebis, kommer du att komma ihåg vad du ska göra?

S: Det är programmerat. Det känns som om det finns program som kommer att aktiveras. Ja, vi glömmer. Det finns en dimma på det sättet. Men det finns på något sätt program som kan aktiveras. Det verkar som en tidsutlösning. En del av det utlöses genom associationer med människor eller händelser. Jordbävningar, vulkanutbrott, svåra stormar. Jag känner det genom hela min kropp. Det finns någon slags kallelse som händer.

D: *Så när jordiska händelser inträffar, utlöser de saker?*

S: Ja, det är en av sakerna. Jag känner det genom hela min kropp med stor energi.

D: *Så när dessa jordiska saker händer, utlöser de programmet som finns i människorna? (Ja) De som har kommit hit för detta uppdrag?*

S: Ja, de som har det programmet. Deltagande i ceremonier från forntiden är också stora triggers.

Jag beslutade att det var dags att kalla på det undermedvetna för att besvara frågorna och förklara saker mer fullständigt. Även om denna andra del av Suzanne gjorde ett bra jobb, föreslog den också att kalla på det undermedvetna, "Även om det nog är allt ett och samma ändå." Jag frågade varför det valde just det livet för henne att se.

S: Hon behöver förstå att hon är en utforskare först och alltid kommer att gå in i nya situationer. Och att denna tid på jorden är en tid för utforskning. Det är inte en färdig historia.

D: *Där hon var, verkade det vara en annan dimension.*

S: Det stämmer.

D: *Hon hade känslan av att den här gruppen kom från någonstans utanför planeten. Vet du något om det?*

S: Ja, de kom från Källan.

D: *Direkt? (Ja.) Som en grupp?*

S: Det är inte riktigt en grupp. Det är ett medvetande som försöker ha upplevelser, så det är splittrat. Det är samma själ. Suzanne förstår att själar splittras, går iväg. Dessa är sannolikheter som har sitt eget liv. Det är så det är. Och det är okej. Skämtet är, vi är alla ett.

D: *Varför ville de leva på jorden?*

S: Jorden är ganska speciell. Det finns mycket som kan läras.

D: *Men då beslutade de sig för att skifta frekvenser.*

S: Genom att komma och ta på sig det fysiska och vara föregångare. Det är väldigt viktigt att skapa en form, att skapa ett spår. Människor kan stämma in till vad som har hänt. För de första är det svårare, sedan blir det lättare. Du har ett begrepp för det: den hundrade apan, eller vad som helst. Du gör det lättare för andra om du har gjort vägen. Och tid är allt ett. Så det har alltid varit känt att det skulle komma en tid för behovet av ascension av något slag, av skift, av transformation, av transcendens.

D: *Hände det något som fick dem att vilja lämna och försöka detta experiment?*

S: De utforskade hur man skulle förändra dimensioner och former. De utforskade hur man verkligen skulle vara 3-D, fysiska, och sedan ta den kroppen och göra ett skift.

D: *Och ta kroppen med dig.*

S: I det här fallet, att ta kroppen med dig och det var vad som gjordes.

D: *Det var därför det var ett experiment.*

S: Ja, och den mallen finns här. Den kunskapen är tillgänglig.

D: *Var det lättare för dem eftersom de kom direkt från Källan?*

S: Ja, de hade större färdigheter, antar jag, och i jordiska termer hände det väldigt snabbt. Men det krävde en del arbete.

D: *De var inte här länge nog för att bli kontaminerade. Skulle det vara korrekt?*

S: Jag vet inte kontaminering.

D: *Du vet hur jorden kontaminerar människor. De fastnar.*

S: Jorden är ren godhet.

D: *Så det var lättare för dem, antar jag, eftersom de inte hade interagerat så mycket med andra människor?*

S: Bara med sig själva, vilket egentligen var ett medvetande. Så det var, ja, ta bort glansen från vår stora prestation. (Skratt)

D: *Hon sa att det var en indiansk grupp?*

S: Det var som en indiansk grupp, det var från den tiden. Det var en antik tid.

D: *Vi har berättelser om indianska stammar som bara försvann. Människor har alltid undrat vad som hände. Var det ett av exemplen? (Ja) Så de tog sina kroppar med sig in i en annan dimension där de skapade vad de ville att det skulle se ut som? Eller var det en dimension där dessa saker existerade?*

S: I upplevelsen av att gå, först bli 3-D, och sedan aldrig förlora kopplingen till Källan. Så att veta att det andra var möjligt, och skifta fram och tillbaka, fram och tillbaka, fram och tillbaka, skapa en väg. De experimenterade eftersom de tillät sig själva att vara verkligen täta. Men de hade fördelen av att alltid veta Källan i ande, alltid. Så då blev det ett experiment av att försöka förändra

3-D. Hur man skulle höja frekvensen, hur man skulle skifta dimensioner, hur man skulle göra detta med det fysiska, hur man skulle ta det fysiska. Så i alla dessa kommande och gående, ibland fanns det redan saker på plats i den andra dimensionen. Och på vissa sätt, ibland gjorde de saker när de gick till den andra dimensionen.

D: De gjorde det att likna var de kom ifrån. (Ja) Men sedan sa hon att de blev kallade att komma tillbaka?

S: Ja. Det var en del av planen. Först utforskar du, du skapar en väg som andra kommer att följa. Några andra kommer att följa, många andra kommer att följa. Det kommer att vara användbart, men någon måste komma tillbaka och återigen visa vägen. Göra det, ta vägen som de en gång byggde, utan att de visste om det. Hon har återvänt för att hjälpa andra så att de kan göra denna övergång.

D: Men Suzanne insåg inte detta medvetet.

S: Inte när hon kom in, nej. Men hon visste alltid Källan.

Hon blev tillsagd att hon skulle resa till den sydvästra delen av USA. "I kanjonerna, i bergen, där det är torrt, där det är högt. Då kommer hennes uppdrag att bli tydligare. Det finns minne i stenen och i benet. Det finns minne." Detta var området där stammen bodde innan den gjorde skiftet.

Suzanne hade gjort omfattande resor till alla delar av världen. Jag ville veta den andliga betydelsen av det. "Hon lämnade ett vibrerande spår när hon gick som spiralerade upp. Detta är betydelsen av spiralen som spiralerar upp. (Se delen om spiralen i början av detta kapitel.) Och när hon gick lämnade hon avtrycket, så det kodar för människor som går den vägen, som kommer i kontakt med henne. Det aktiverar och lär dem hur de också kan stiga upp längs spiralen. Hon behöver inte berätta för människor. Det överförs energetiskt. Hon påverkar hundratals, hundratals, hundratals, hundratals människor bara genom att vara där. Varje kontinent hon reste till lämnade hon sitt avtryck. Vi vill att hon ska följa spiralen. Hon vet detta, och varje cell i hennes kropp, och det kommer att bli tydligt för henne. Det är en energisnurra."

Jag undrar om detta också gäller mig. När jag först började mitt arbete, fick jag veta att jag skulle resa omfattande över hela världen, även om jag vid den tiden bara hade rest till några konferenser i USA.

DE TRE VÅGORNA AV VOLONTÄRER OCH DEN NYA JORDEN

Jag fick veta att överallt jag gick skulle en del av min energi förbli. Att detta inte skulle tömma min egen energi, utan bara förbli i området, och påverka många människor. De sa att allt jag behövde göra var att tänka på platsen jag besökt och min energi skulle omedelbart återvända dit. Deras förutsägelse har verkligen besannats eftersom jag nu har föreläst på nästan varje kontinent i världen, och mina böcker nu är översatta till tjugo språk. Så energin är verkligen kapabel att sprida sig och påverka. Och vi är helt omedvetna om vad som händer när vi är på dessa platser.

KAPITEL TRETTIOFEM
FYSISKA EFFEKTER NÄR KROPPEN FÖRÄNDRAS

JAG HAR MOTTAGIT mycket information om de fysiska symtom som människor upplever när deras kroppar justerar sig till dessa frekvens- och vibrationsförändringar. Många av dessa inkluderar: huvudvärk, trötthet, depression, yrsel, oregelbundna hjärtrytmer, högt blodtryck, muskelvärk och smärtor i lederna. Dessa förekommer inte alla samtidigt. En person kan ha ett eller två symptom under några dagar, och sedan avtar de och kommer inte tillbaka på flera månader. Dessa orsakas av kroppen som justerar sig till de ökande vibrationerna, och kroppen måste få tid att anpassa sig. "De" har sagt att kroppen inte plötsligt kan ändra vibration. Energin skulle vara för stark för kroppen att hantera, och den skulle förstöras. Så det måste ske i gradvisa steg som kroppen kan anpassa sig till. Ett symptom som är bestående och som kan vara kvar under en längre tid är tinnitus eller toner i öronen. Det är inte skadligt för kroppen, men det kan vara irriterande. Detta har förklarats med att kroppen försöker anpassa sig till den ökade energin. Ett sätt att hjälpa till med detta är att visualisera en ratt, och mentalt justera den upp eller ner tills den önskade frekvensen matchas. Och att säga till sig själv: "Jag vill att min kropp ska höjas, höjas, höjas tills den matchar denna högre frekvens." Med alla dessa symptom har människor gått till sina läkare, bara för att få veta att det inte är något fel på dem. Läkarna kan inte hitta någon orsak till klagomålen. Deras lösning är dock att sätta personen på medicin ändå, vilket inte gör någon nytta eftersom de inte är medvetna om orsaken.

Jag har haft några klienter som har upplevt mer radikala symptom som förvirrade deras läkare. En av dem var Denise, en registrerad sjuksköterska på ett stort sjukhus, som kom för att se mig i augusti 2005. Hon klagade på att hon hade anfall och domningar i vissa delar av sin kropp, men läkarna sa att det inte var en stroke. Hon svimmade också en dag på jobbet. När de utförde MR-undersökningar, röntgenbilder, såg de vad som såg ut som julgransljus, över hela hjärnan. De kallade dessa "knölar." När de tog bröst-röntgenbilder, fann de samma sak, knölar över hela lungorna. Hon hade också onormal enzymaktivitet i sin lever. Läkaren kunde inte lista ut vad som hände. Vid efterföljande MR-undersökningar och röntgenbilder av hjärnan hade ljusen flyttat sig till olika områden och syntes mer eller mindre som ett band, istället för att vara över hela hjärnan. De hade svårt att hitta någon diagnos som passade, men kom slutligen fram till en idé om vad sjukdomen var: sarcoidos. Men en av läkarna sa: "Jag tror inte att det kan vara det. Å ena sidan är det så oerhört, oerhört, oerhört, oerhört sällsynt. Och å andra sidan kunde hon omöjligen ha fått detta där hon bor i öknen, där luften är väldigt torr." Denna sjukdom skulle förekomma där det var fuktigt och mögel. Men de kunde inte diagnostisera det något mer än så. Så de satte henne på steroider som orsakade diabetes.

När vi gjorde sessionen sa det undermedvetna att det inte fanns någon sjukdom. Ingen skada hade gjorts på kroppen. De omkopplade hjärnan så att den kunde hantera förändringarna av vad som komma skall. Och samma med lungorna och andra delar av kroppen. Det var en justering av energin i kroppen så att den kunde hantera de ökande högre frekvenserna och vibrationerna. Jag frågade: "Varför såg det ut som små prickar och ljus över hela hennes hjärna?" Och de sa bara: "Koppla prickarna!" Anfallen och domningarna berodde på att mycket hade behövt göras snabbt. Normalt vill de inte överbelasta kroppen, så dessa förändringar, dessa justeringar, sker mycket gradvis. Men i vissa fall—jag antar att det beror på att tiden går snabbare och förändringarna blir uppenbara—måste de justera kroppen snabbare. Så det blev för mycket, och detta skapade anfall och domningar. Tiden hon svimmade var en överbelastning av systemet. Men de sa att hon inte behövde oroa sig, det skulle inte hända igen. Det var inget fel på hjärnan. Och nu, om hon gör en ny MR, skulle det inte visa något eftersom den fasen har avslutats. Den nästa fasen var justeringen av kroppens kemi, som inte kommer att ge dessa typer av effekter.

När läkaren sa till henne att hon hade denna märkliga sjukdom, sa han att hon hade mindre än sex månader kvar att leva. Och hon fortsatte att säga: "Jag tror inte det." När hon gick tillbaka för sin uppföljning, stirrade läkaren bara på henne och sa: "Jag förstår bara inte varför du ser så frisk ut." Hon förstod, utan att han sa det, att han menade: "För att du ska dö!" Denise är sjuksköterska på intensivvården. Och hon sa: "Jag ser människor som dör hela tiden. Jag visste att jag inte höll på att dö. Så jag visste inte vad de pratade om." Det undermedvetna såg henne göra fantastiska saker under övergången, och under de kommande tio, tjugo åren kommer hon att ha en stor roll att spela i allt detta. Jag ville veta mer om steroiderna. Jag visste att de kunde vara farliga, särskilt om de orsakade diabetes. De sa att diabetesen skulle försvinna. Det var bara ett test för att lära henne om kroppens lektioner. Hon skulle inte behöva det nu. De sa att hon inte skulle oroa sig för steroiderna. Även om det var ett kraftfullt läkemedel, kunde de neutralisera det så att det inte skulle påverka kroppen negativt. Det spolas ut ur systemet som en ofarlig biprodukt. De har förmågan att göra detta. Att neutralisera alla mediciner som inte behövs och spola ut dem ur systemet.

MER FRÅN ANDRA KLIENTER

PATSY KOM TILL mig med klagomål om allergier mot damm och pollen. Det undermedvetna sa: "Dessa är fysiska reaktioner på att vara på denna planet. Jag känner att hon kan leva med det. Det är också en påminnelse om vem hon är. Att hon lever i ett element som inte är hem." Hon hade också problem i tarmområdet och ett oförklarligt utslag som hon ville ta reda på mer om. "Jag får alltid 'tillverkning', och jag kan inte förklara det på något annat sätt. Men något tillverkas där inne. Det är nästan som ett nödvändigt element som tillverkas, vilket ger reaktionen i tarmen och på huden. Slemmet är en biprodukt av de förändringar som sker i kroppen, vilket är en reaktion på huden. Det har att göra med vad som pågår på jorden just nu. Hon har vetat länge att hennes kropp förändras. Det händer bara inte på ett sätt som man kan förstå när man är i en fysisk kropp, men det pågår många förändringar. Läkare kan inte hjälpa på denna nivå. De förstår inte de förändringar som sker."

Patsy hade också alltid väldigt lågt blodtryck. "Det är normalt för henne. Hon behöver inte vara som alla andra. Och för att hon ska fungera med det i den kropp hon är i, är allt som krävs av henne. Det är en anledning till att vi påverkar henne att inte gå till läkarna eftersom de försöker hitta något fel. Hon behöver inte vara en del av det."

D: De vill att alla ska vara lika.
P: Ja, det vill de. På så sätt är de lättare att kontrollera och medicinera. Det finns många som inte är lika. Det finns ingen skada som kommer att drabba hennes kropp.
D: Jag får många människor som är rädda om de inte förstår något.
P: De lär sig. Rädsla är destruktiv, mycket destruktiv.

CAROL HADE GÅTT igenom ett tidigare liv som inte är relevant för denna bok. Det undermedvetna pratade om att hela hennes kropp skulle läka. De upplöste en tumör som låg i hennes bäckenområde, och den skulle passera ut ur kroppen säkert. Så här hanterar det undermedvetna tillväxt av denna typ. Det fanns inget behov av den operation som läkarna planerade. Det hade orsakats av hennes exponering för andras negativa känslor. "Ilska, bitterhet, rädsla. Rä "Ilska, bitterhet, rädsla. Rädsla. Hon tar in andra människors rädslor och transmuterar dem. I vissa situationer är det nödvändigt, men i hennes fall är det destruktivt för kroppen." Hon var en av de frivilliga som aldrig hade varit på jorden tidigare, så hon kunde inte hantera starka känslor. Den första och andra vågen förstår inte känslor, och de kan vara paralyserande i vissa fall.

C: Det är dags att stoppa smärtan och lidandet och gå vidare. Vi måste också arbeta på blodet och förändringarna i blodet, och förändringarna i konsistensen av blodet. Det finns en intuition; det finns en visdom i blodcellerna och benmärgen, och i bildandet och deformeringen av celler och material. Förändringarna skapas. Och hon behöver förstå hur dessa förändringar skapas eftersom den fysiska kroppen kommer att förändras. Så hon behöver förstå den processen så att den fysiska kroppen inte dör eller ger upp på grund av de förändringar och övergångar som ligger framför oss inom tio år.
D: Du sa att kroppen förändras?
C: Ja. Den fysiska kroppen förändras i vibration.

D: Hur påverkar detta blodet?
C: Blodet förändras i konsistens. Ibland finns det en "klumpning," och ibland blir det tunnare. Så när förändringarna sker i hela kroppens vibration kommer cellerna att fungera annorlunda. Så vissa av de gamla funktionerna kastas bort, och vissa celler tar på sig nya funktioner. Jag är inte säker på vad ordet är, men det finns...
D: Måste de lära sig något nytt? (Ja) Det är något som de andra cellerna aldrig har gjort tidigare.
C: Korrekt.
D: Och det här menade du, att hon måste lära sig att justera det; annars kan kroppen inte hantera det?
C: Korrekt.
D: Pågår detta hos andra människor runt om i världen just nu? (Ja) Jag har hört om många olika symptom. (Ja) Så varje person måste lära sig att anpassa sig?
C: Varje enda person kommer inte att göra det, men människor som kommer att vara avgörande för att hjälpa andra, för att undervisa andra, och för att vägleda grupper. Det handlar om att föra fram frekvenser som kan åstadkomma massiva förändringar mycket snabbt i den fysiska kroppen.
D: Förändringar som normalt skulle ha tagit många generationer. Menar du det?
C: Ja. Det handlar om att komprimera tid. Det finns ingen plats och ingen tid, men på jordplanet finns det tid och plats. Så för att spontana läkningar ska kunna ske på jordplanet, måste det ske en kompression av tid som inträffar när cellerna får nya instruktioner och släpper de gamla instruktionerna.
D: Åh! Och det här är svårt i vissa människors kroppar. Jag antar att detta skulle skapa fysiska symptom som läkarna inte skulle förstå. Stämmer det?
C: Det är korrekt. De har inte teknologin för att förstå det. Det finns vissa som har avancerade sinnen som kan hantera det. Men den medicinska fältet i allmänhet är mycket forntida när det gäller vad det behöver veta, eller vad det behöver ha tillgängligt. Och det är verkligen inte fungerande. Det kommer att försvinna. Själen används för förändring, men människor måste också kunna förändra sina sinnen för att släppa sina snedvridna övertygelser och komma in i sanningen.

D: *Vi måste komma bort från hjärntvätten vi har haft hela våra liv som säger att vi måste förlita oss på yttre källor. Vi behöver verkligen inte göra det.*
C: Det stämmer.
D: *Carol har haft ett liv av att vara offer och att bli förrådd. (Ja) Varför hade hon ett liv som det? Vad var syftet?*
C: Det är nödvändigt för henne att förstå offermentaliteten eftersom det kommer att finnas massor av människor som snabbt kommer att bli offer, och i stora grupper. Så allt detta kommer att vara viktigt för att kunna arbeta med dem samtidigt. Det kommer att finnas en omedelbar kunskap så att många steg kan förbigås, genom att veta vad som gäller, om du vill, om offermentalitet, så att det inte blir nödvändigt att hantera offermentalitet. Det kommer att vara nödvändigt att spontant åtgärda det som behöver åtgärdas för att kunna göra övergången—det handlar om övergången...
D: *Hon kommer att vara avgörande för att arbeta med några av dessa människor. (Ja) Eftersom hon kan identifiera sig med dem och förstå.*
C: Ja. Och hon kommer att arbeta med healers.

NANCY MOTSTOD FLERA försök att ta henne tillbaka till ett tidigare liv. Hennes medvetna sinne var också mycket aktivt och fortsatte att avbryta och säga att hon hittade på allt. Till slut, efter att ha använt flera metoder som inte gav resultat, beslutade jag mig för att kalla fram det undermedvetna och låta det hantera situationen.

D: *Finns det ett viktigt tidigare liv som Nancy behöver se som kommer att hjälpa henne i hennes nuvarande liv?*
N: Ja och nej. De positiva sidorna är viktiga för karmiska lektioner. Men vi flyttar det till den icke-karmiska nödvändigheten. Så det är därför vi ger ett ja eller nej svar.
D: *Då behöver hon inte se sina tidigare liv?*
N: Inte nödvändigtvis. De spelar ingen roll.
D: *Vad händer med karma?*
N: Karma är i stort sett avbruten när vi rör oss till det nya universum.
D: *Då betyder det att hon inte har någon karma att oroa sig för?*

N: Nej, hon har karma, men det kommer inte att vara viktigt. Det är inte nödvändigt för att uppfylla uppdraget i detta liv eller för att gå in i nästa liv.

D: *Det är därför Nancy inte fick se några av sina andra liv?*

N: Det är inte så att det inte var tillåtet. Det är bara att det inte var nödvändigt. Det skulle orsaka förvirring. Det mänskliga sinnet skulle fastna på vad det såg. Men det kunde inte frigöra eller överge bedömningen i vad du ville att hon skulle se, eller vad du normalt skulle visa.

D: *Många människor relaterar till saker som hände i andra liv så att de kan gå vidare.*

N: Men eftersom vi nu är i denna höjdpunkt—när allt kommer att gå åt det här hållet—spelar det inte längre någon roll. För det kommer inte längre att finnas återfödelse på jorden på det sätt vi känner till. Att titta på andra liv skulle bara vara mer förvirrande, eftersom idéer och verktyg som var nödvändiga och hjälpsamma i den gamla världen inte kommer att behövas i den nya världen.

D: *Jag har fortfarande många klienter vars problem kommer från andra livstider.*

N: Men allt det är avlastat. Ditt arbete är viktigt eftersom det finns vissa energiverktyg som behöver släppas i detta liv. Energiverktyg som mer eller mindre handlar om hälsoproblem. Det handlar om saker i nuet som inte är relaterade till att gå framåt eftersom i det ögonblick du går framåt, kommer allt det att avlastas och överges. Vi vet aldrig när den nya jorden kommer att dyka upp, men den är på väg. Den kommer att vara här. Det är bara en fråga om när vibrationerna och energin når den nivån att nästan... poppa och skapa den andra världen. Så du hjälper människor med deras fysiska åkommor, så att de inte behöver vara obekväma tills detta ska ske. Det är viktigt eftersom vi inte vet när det ska hända— snarare snart än senare. Så om dessa människor kommer till dig, då antar jag att de har en obehaglighet som ingen behöver ha.

Nancy ville veta sitt syfte (precis som alla andra som kommer för att se mig). Det undermedvetna svarade: "Detta är inte svaret hon vill ha, men hennes syfte avslöjas inte ännu eftersom det nya universumet inte har skapats. Allt är fortfarande i planering, rörelse,

DE TRE VÅGORNA AV VOLONTÄRER OCH DEN NYA JORDEN

facilitetsstadier, och det kan fortfarande förändras. Vi kan se en plan, en stor bild, men den kan fortfarande förändras."

D: Kan ni inte ge henne någon aning om vad hon ska göra för att kunna planera?

N: Nästan omedelbart kommer tanken att komma.

D: Finns det något du vill att hon ska arbeta på för att förbereda sig?

N: Inget av det är nödvändigt vid detta tillfälle. Hon kommer att gå till den nya jorden, och kommer omedelbart att veta vad hon ska göra eftersom den nya energin och vibrationerna kommer att vara högre. Effekten behövs här, men det har redan passerat markören där du antingen går eller inte går.

D: Jag har hört att det redan har bestämts eftersom vibrationerna inte kan förändras så snabbt.

N: Nej. När du har passerat markören och går, är det nästan som en viloperiod. Och när du kommer dit, kommer det bara att vara så annorlunda att allt det som vi tror att vi behöver göra nu, och som var lämpligt i det inte så avlägsna förflutet, inte kommer att behövas i den nya världen.

D: Hon sa att hon vill göra en skillnad i andra människors liv och hjälpa världen.

N: Vilket skulle ha varit nödvändigt om jorden hade stannat i samma vibrationaldimension som den är nu, men det är nästan som att du väntar på att det ska hända. Det kommer att hända, men du kommer inte att veta hur det kommer att se ut förrän det händer, eftersom det är en gemensam deltagande och en gemensam effekt. Och allt vi kan säga är att det kommer att hända.

D: Jag har hört att vissa människor inte ens kommer att inse att något har hänt.

N: Jag tror att den tanken förändras, och de som går framåt kommer definitivt att veta vad som händer. De som blir kvar, det är fortfarande inte avgjort—"ödeläggelse" är inte ett lämpligt ord att använda, men jag kan inte komma på något annat—som verkligen kommer att inse det eller inte inse det. Det förändras fortfarande.

D: Men hon vill göra något för att hjälpa nu. Hon har studerat healing och Reiki och studerat att arbeta med änglar.

N: Men alla kommer att ha samma gåvor och verktyg och den nya energin.

DE TRE VÅGORNA AV VOLONTÄRER OCH DEN NYA JORDEN

D: Kommer alla att göra samma sak?

N: Nåväl, inte samma saker, men det kommer helt enkelt inte att vara nödvändigt. Anledningen till att vi gör allt detta är att höja energin till den nivån. Men när ni alla är på den nivån, finns det inget behov av healing eftersom vi alla kommer att vara hela. Du kan fortfarande fortsätta att arbeta med människor och hjälpa dem fram till övergången. Men när alla övergår, är det nästan som om ni alla är på samma nivå. Ni är alla på samma sida och er slöja lyfts, så det är den stora "aha!"-momentet.

D: Det finns fortfarande människor där ute som behöver henne, eller hur?

N: Rätt. Det finns människor som, minut för minut, du drar över till den nya världen. De är nästan i ett vänteläge, men de är dragna över och de väntar. De kommer att vänta där för att gå framåt.

D: Så hon kommer aldrig att veta vilka de är, bland dem hon kommer i kontakt med.

N: Nej, inte heller kommer de. Hon borde alltid fokusera sin energi på en samordning av alla energier på jorden för att gå framåt. Och när varje person höjer sin vibration, är det en kedjereaktion som resonerar och studsar från nästa person till nästa, till nästa. Tills det blir en hel stor crescendo som blir jordens totala vibration. Om alla slutade göra vad de gör, skulle det bara bli ett dämpat humm. Men eftersom vi alla går och rör oss framåt och vi alla arbetar i vår egen takt, höjer vi det högre och högre tills det bara sprids ut i kosmos. Så du kan inte riktigt säga att du inte ska göra något arbete. Fortsätt bara att göra vad du gör, men fokus har förändrats. Att vara uttråkad är fantastiskt eftersom det bara omedelbart kommer att skapa all kunskap, alla de saker vi strävar efter här. Men "Ge mig Reiki så att jag mår bättre" eller "Ta bort det här," kommer inte att vara nödvändigt. Alla kommer att ha verktygen. Och när du har verktygen, har du inte värken eller smärtan. Det är nästan som en "mänsklig klausul" som inte längre kommer att vara i kraft. Det är alltid bra i mänsklig form att, som du säger, ha mål och drömmar och aspirationer. Det är mycket svårt att uttrycka det i ord eftersom vi tror att det kommer snabbare än du tror, och du spenderar tid på att slösa bort tid. Men det låter inte heller rätt, att slösa tid. Men jag tror att det bästa någon kan göra är att ha goda avsikter. Uttryck alltid din vilja att hjälpa, och vänd aldrig bort någon som kommer till dig. Alla lektioner hon behöver lära sig nu handlar om den karmiska cykeln, och den kommer snart att avvecklas. När din vibration når en viss nivå är du bortom "måste betala tillbaka karma." Därför är det inte viktigt att driva frågor om tidigare liv. Det är hennes mänskliga sinne och alla de mänskliga sinnena som har en nyfikenhet om saker. Det är nästan barnsligt. "Varför? Varför? Varför? Hur kommer det sig?" Så du kan bara känna dig säker, eller vara säker på att om du har vaknat kommer du att gå in i den nya jorden.

Senare under sessionen arbetade Nancys kropp med att ta bort begäret att röka och sedan med tvångsmässig ätning så att hon kunde gå ner i vikt. Hon kunde känna att de skannade och justerade, särskilt på högra sidan av hennes hjärna. Sedan kände hon vibrationer genom hela sin kropp. "De skannar bara och tar bort impulser."

D: Lita på dem. De vet vad de gör. De tar bort impulsen att överäta.
N: Ja, och saker som har blivit vanor. Kroppen är designad för att hantera i stort sett vad som helst, men problemet ligger i portionskontrollen och mängden. Kroppen är ett mirakel och kan ta bort eller hantera vad som helst i små doser. Den bästa maten skulle vara allt med färre tillsatser, färre konserveringsmedel. Mindre är bäst. Även mindre portionsstorlekar, men för att rensa kroppen från kemiska tillsatser, konserveringsmedel. Så trenden är att gå mot hälsosammare, magrare, mindre giftiga saker för kroppen. Kroppen kommer att hålla längre när den inte behöver arbeta så hårt. Vi har gett henne impulser att ta och justera, justera och programmera. Hon kommer att älska detta. Smaklökarna förändras redan. Det börjar hända.

De betonar alltid mindre portioner och flera små måltider under dagen (de kallade det "betande"), istället för stora måltider. Så småningom kommer vi att övergå till en hel flytande kost. Vid den tidpunkten kommer vi att leva på ren energi och ljus. Detsamma som många av de utomjordiska jag har pratat med.

DE TRE VÅGORNA AV VOLONTÄRER OCH DEN NYA JORDEN

I BÖRJAN AV 2011, när denna bok sammanställdes, hände några ovanliga händelser som tydde på att övergången blev närmare. Det visade att förändringarna i frekvenserna och vibrationerna inte bara påverkar människor, utan också djur av alla slag. Ingen är immun mot de förändringar som sker runt oss och som blir alltmer uppenbara.

Utdrag från två sessioner under januari 2011:

L: Du vet att verkligheterna skiftar nu. Det du har kallat den nya jorden, den nya jorden, håller på att bli manifest. Energin är där. De tyngre energierna som skapar skada, disharmoni och obalans kommer inte att flytta till den nya jorden. De kommer inte att vara en del av den. Deras energi resonerar inte. De som resonerar med den gamla energin kommer att stanna kvar i den gamla energin. Och de kan befria sig från den när som helst de väljer att bli fria från den, men de måste vara villiga.

D: *Jag lovade när jag fick dig igen att jag har en fråga jag vill ställa. Något har pågått här i världen i Arkansas. De pratar om att alla fåglar bara föll ner från himlen.*

Detta gjorde nyheterna när det hände på nyårsafton 2010. Det var mestadels röda vingar svartfåglar, och tusentals av dem upptäcktes. Samma natt inträffade också en stor fiskdöd i Arkansasfloden. Sedan rapporterades det i Sverige, och några dagar senare i Kentucky och Tennessee. När fåglarna undersöktes fanns det ingen uppenbar orsak, förutom blunt trauma. Självklart fanns det blunt trauma, fåglarna föll ner från himlen och slog i marken! Den officiella förklaringen var att det var fyrverkerier den natten som måste ha skrämt fåglarna. Om detta var sant, varför rapporteras inte fågel dödsfall på den 4 juli? Den enda ovanliga väderfenomenet var en fruktansvärd elektrisk storm som producerade ovanliga vintertornador i Arkansasområdet.

L: Symboliken är att det är en förändring i energin eftersom fåglarna, korna, fisken, valarna, sköldpaddorna, bina, alla är representationer av förändringen i energin och de var fast. De kunde inte skifta tillräckligt snabbt.

DE TRE VÅGORNA AV VOLONTÄRER OCH DEN NYA JORDEN

D: *Vi skiftar alla, våra vibrationer och frekvenser. De är mindre, och de kunde inte skifta tillräckligt snabbt?*

L: Djur är på en annan energinivå än människor och är mycket mer känsliga för skiften. Och en del av detta var människoskapat, människan har blandat sig i.

D: *Vad menar du?*

L: Det finns en förändring av energin på planeten när den nya jorden tar form. Det finns en viss rörelse mellan gamla och nya energier. Det pågår en separation, men det finns energi som föder både. Ibland svarar fåglar, djur, bin, till och med växter, och människor. Om de är inställda på ett visst sätt kommer de att reagera på något sätt på den skiftande energin, och deras fysiska kroppar är inte kapabla att stå emot. Deras inboende ande måste följa med energin.

D: *Det är vad jag har fått höra; om energin skiftar plötsligt skulle det förstöra den mänskliga kroppen.*

L: Det skulle det, och därför förändras den mänskliga kroppen.

D: *En gradvis anpassning av frekvenserna och vibrationerna.*

L: Vilket är anledningen till att det finns sjukdomar, för sjukdom är en annan form av kroppen som anpassar sig.

D: *Jag har fått höra att de som inte kan anpassa sig eller förändra sina vibrationer och frekvenser för att anpassa sig, de kommer bara att lämna planeten.*

L: De kan inte hålla sin själ och sin fysiska kropp tillsammans. Möbius-slingan blir upplöst. Den faller isär.

Jag hade aldrig hört termen "Möbius-slinga", så jag var tvungen att göra lite forskning. Jag upptäckte att det är en matematisk term, även kallad den vridna cylindern. Matematik har alltid varit mitt sämsta ämne, så jag måste försöka bryta ner detta så att jag kan förstå det, så jag kan förmedla det till läsaren. En sfär har två sidor. Ett tunt papper som ligger på ett skrivbord har också två sidor. En Möbius-slinga har en en-sidig yta: bara en sida och bara en kant. Ett enkelt sätt att skapa en är att börja med en remsa av papper. Vrid ena änden 180 grader (halvvridning) och limma ihop ändarna. För jämförelse, om du limmar ändarna utan att vrida, skulle resultatet se ut som en cylinder eller en ring. Möbius-slingan är känd för sina ovanliga egenskaper. En insekt som kryper längs mitten av loopen kommer att fortsätta att röra sig i samma riktning. Jag är säker på att det finns mycket mer om detta och det finns säkert läsare som kan förklara det mycket bättre. Så förlåt mig för min begränsade förståelse. Vi har alla våra begränsningar. Det undermedvetna säger här: "De kan inte hålla sin själ och sin fysiska kropp tillsammans. Möbius-slingan blir upplöst. Den faller isär." Jag tror att det jämför den själsliga energin med en kontinuerlig Möbius-slinga. När slingan faller isär, blir den en enkel remsa papper igen utan några ovanliga egenskaper. Kanske sker samma sak med fåglarna och djuren. De får för mycket energi, en våg som är mer än deras kroppar kan hantera, vilket får deras matris att upplösas eller komma isär. "De" har sagt många gånger att om kroppen får mer energi än den kan hantera skulle det förstöra kroppen.

D: Så dessa fåglar gör samma sak?
L: Det är samma sak.
D: Det hände här i Arkansas, men också hela vägen i Sverige.
L: Det har hänt över hela världen, även i östra Texas, fåglar som faller.
D: De rapporterade det bara inte i nyheterna.
L: Nej, det finns samtal i samhället. Det fanns diskussioner bland olika människor. Det rapporterades, men det rapporterades inte.
D: Det var intressant att det hände på nyårsafton.
L: Det finns de som använder detta som ett medel för att manipulera till en negativ apokalyptisk vision. Men det är inte—väl, det beror på—är du mest negativ eller är du mest positiv? Om du är mest positiv, är det en indikation på de skiftande energierna mellan det gamla och det nya. Och vad som skrämmer forskarna och sandbox-spelarna är att de vet att de inte har någon kontroll över det. De kan inte kamouflera det. De kan undertrycka det, förneka det, men de kan inte förändra det. De kan inte stoppa det, och det berättar för dem att detta skifte ökar. Djuren har fortfarande sin själ. Alla levande varelser har själar.
D: Du kan inte döda själarna.
L: Nej. Själen är okej, men den fysiska kroppen, oavsett om det är fågel eller val, lämnas kvar i skiftet och är inte in i det nya. Den gamla energin var där den tillhörde. Den kunde inte transmutera till den nya energin, så den blev kvar med den gamla. Skiftande

energi. Den nya jorden existerar redan, men den blir mer i form, starkare, mer skapad, ögonblick för ögonblick.

D: *Och till vår verklighet.*

L: Ja, in i er tid och rymd.

D: *Så den gamla jorden kommer fortfarande att existera medan den nya jorden formas. Vi trodde först att det var som en splittring.*

L: Nej, det är som en Fenix från askan. (Skratt) Bara att det är för skrämmande för vissa människor eftersom de tror att Fenixen uppstår från askan betyder att planeten själv måste vara aska.

D: *Och det måste vara en katastrof. All negativitet, de olika kataklysmerna kommer att vara med den gamla jorden. (Rätt.) Vi rör oss alla mot den andra.*

L: Rätt. Vi har alla växtvärk.

D: *De sa att vi inte ens skulle kunna se skillnad. Det skulle inte bara vara plötsligt... POW, vi är där.*

L: Nej. Du kommer att veta hur du känner. Om livet känns mjukare, mildare, sötare, lyckligare. Om det känns mer glädjefyllt, kommer du att veta.

D: *Vi rör oss in i den nya jorden?*

L: Ja, det har pågått i många år. Vi är här... har varit. Det sista du vill göra är att låsa upp det psykiska sinnet... du vill att sinnet ska resa med kroppen. Om du låser upp det, då faller allt isär. Så denna övergång gör att alla kan anpassa sig mjukt, som en mjuk anpassning.

D: *Jag har fått höra att de andra kommer att stanna kvar med det de har skapat, och det är okej.*

L: Ja. Det är okej eftersom allt är lärande. Hur vet du vad du uppskattar? Hur vet du hur glädje känns om du aldrig har känt smärta? Det är ett koncept tills du känner det, men nej, du behöver inte fortsätta känna det gång på gång. Tillräckligt är tillräckligt.

D: *Vad händer med den nya jorden?*

J: Jag ser lager. Det är lager och lager och lager och lager och lager, som lökens lager. Och du kan se igenom dem, och du kan välja vilket lager du vill. Ju längre ut, desto ljusare blir det. Ju närmare kärnan, desto tätare. Det är den väldigt täta, och det är den som kommer att se mycket lik ut. Det är där mycket av känslorna finns, och jag ser att det ser rött ut, som om det är glödande. Och sedan, ju längre det går ut, desto ljusare och ljusare och ljusare blir det, och de är mer genomskinliga. Det är bara ljusare och du kan röra dig så lätt. Det är som att sväva.

D: *Finns det verkligen två jorden... den gamla jorden och den nya jorden? De fortsätter att säga att de kommer att separera.*

J: Det separerar i den meningen att denna är så lätt. Den rör sig bort och allt som är på den är bara så lätt. Och det svävar och är enkelt, och det är ett helt annat koncept och tankestruktur. Det finns känslor, men det är ett annat känsloregister. Jag menar, det är inte ilska. Det finns inte de tunga, täta känslorna. Det finns ljuset. Det är en separation på det sättet. Du har en separation av känslor, och när du separerar de känslorna, separerar det vem du är. Det separerar hur du känner, och det gör dig till en lättare person, vilket tar dig till denna lättare plats. Det är en separation på det sättet och de två är inte tillsammans längre. Men det är som alla dessa olika lager. Det finns lager emellan också, så du har extremiteter. Du har den allra yttersta, som troligen är epitomet av denna ljusa, ljusa, ljusa jord och sedan har du centrum, som troligen är epitomet av den gamla jorden. Du har bara den mycket glödande—det ser hela tiden ut att vara glödande röd—det är ilska och tunga känslor, tunga tankar, tunga känslor och sådana saker, medan det andra är ljus. Men du har alla dessa lager emellan som du kan välja. Du rör dig med dem... ibland och sedan vid en viss punkt fortsätter du bara att välja. "Åh, det finns en valmöjlighet... val." Du gör val och det rör dig genom dessa lager. Och ju mer du fortsätter att välja på ett eller annat sätt, desto mer separerar det dem.

D: *Är det här separationen kommer ifrån?*

J: Det är separationen. Du fortsätter att välja, och när du väljer ljus, går du dit. Du fortsätter att röra dig i den riktningen. Om du väljer tunga tankar, du väljer tunga känslor, du väljer de sakerna, och du kommer att röra dig i den riktningen. Även om det finns en ganska lång tid när du fortsätter att röra dig fram och tillbaka bland lagren. Det handlar om att visa dig att du har val här. Detta är inte ett "gör eller dö," eller gör ett "rätt eller fel," eller ett "nu eller aldrig"-

situation. Du rör dig bland dessa saker för att se att det ligger inom dig att göra valet. Det ligger inom dig att få detta att hända. Det ligger inom dig att skapa din nya jord eller din gamla jord. Det handlar om att skapa din verklighet på vilket sätt du vill.

D: *De fortsätter att säga att detta är första gången som detta har hänt i universums historia, att en hel planet kommer att gå in i en annan dimension.*

J: Det är mycket vackert. Detta är annorlunda. Civilisationer har gjort det tidigare. Människor, enskilda människor, har gjort det tidigare.

D: *De säger att det är första gången för planeten.*

J: Detta beror på att planeten deltar. Hon är också en varelse. Hon vill göra detta och därför har hon skapat alla dessa lager så att dessa är lager som hon arbetar igenom också, så dessa är val som hon gör. Hon gör precis samma sak som vi, tillsammans med henne. Vi gör alla detta, och det är därför det finns alla dessa olika lager av jord, för hon gör detta också. Det är inte bara ett BOOM! Det är en rörelse och det finns dessa lager, och när folket rör sig runt med sina känslor, då rör det sig genom de olika lagren av dessa olika nivåer. Så ju mer vi fortsätter att välja ljus, glädje, lätthet, smidighet... då rör det oss också. Det fortsätter att föra oss närmare. När du väljer, börjar du tänka: "Du vet, jag gillar känslan av detta bättre än det där." Och så börjar du göra val som rör dig mer i den riktningen. Du måste fortsätta att testa det. Du kan ta två steg hit och sedan ta ett steg tillbaka och sedan tänka: "Åh, jag gillar inte känslan av detta. Låt oss gå åt det här hållet." Det är dina lager. Det är därför det är gradvis. Och du börjar inse hur mycket kontroll du har inom hela denna sak, och det är vad detta handlar om, att visa dig att du har kontroll. Det är allt din kontroll. Det är allt din skapelse. Det är allt vad du skapar, oavsett vad du vill skapa, och så rör du dig inom det, och varje person har denna upplevelse. Ju mer medveten du är om det, desto mer roligt kan du ha med det, för du kan röra dig med medvetenhet och vara medveten om vad du gör.

D: *Vi har haft ett mysterium på sistone med fåglar. De sa att de föll ner från himlen. Och jag fick höra vid en annan session att det hände över hela världen, inte bara här i Arkansas. Har du något att säga om det?*

DE TRE VÅGORNA AV VOLONTÄRER OCH DEN NYA JORDEN

J: Det jag ser när du säger det är att det finns en rörelse av jorden. Det är som att den gjorde en... (handrörelser) Det är nästan som en ryckning, men det är inget vi kände på jorden. Men det var som en ryckning, och när den gjorde det, är det i dessa yttre lager. Det var en förändring där. Det skiftade och när det gjorde det skapade det en slags—hur beskriver man det?

D: *En chockvåg av något slag?*

J: Något sådant. Det är nästan som en jordbävning i luften.

D: *Återverkan?*

J: Det är mer av en vibration. En rift! Det rörde sig här, men det rörde sig inte på något annat ställe, och så skapade det något som en jordbävning. Så allt som var i det lagret eller i den delen, allt som var känsligt... ja, de är väldigt känsliga. Det är som kanariefåglarna i gruvan. Det är din varning. Det är din signal att något händer eftersom djur är mycket känsliga. De är hela tiden i kontakt.

D: *Vi fick höra att det var energin, och eftersom de är mindre kan de inte hantera energiskiften. Men jag hade en fråga. Ja, det påverkade fåglarna, men det dödade inte alla fåglar, bara vissa i vissa platser.*

J: Kanske var det bara så att vissa fåglar är mer känsliga... just den typen var mer känslig vid det tillfället.

D: *För vissa typer av vibrationer? (Ja) Men det dödade inte alla fåglar av den typen.*

J: Nej. Jag tror att det hade att göra med var de befann sig. Så det är som en jordbävning. Det kommer att hända något just där. Och det var där det var, det lagret, den nivån, där det hände, påverkade vissa platser. Det hände inte helt runt om i världen. Det hände i en sektion, så den sektionen var kopplad till vissa områden och de områdena påverkades.

KAPITEL TRETTIOSEX
DE NYA KROPPARNA

HÄR ÄR NÅGRA AV DE INFORMATIONER om den nya jorden som kom från olika klienter, hämtade från Convoluted Universe-serien:

Entiteten som talade genom V. hade en djup, grov röst:

V: Hela idén är att vi måste få folk att expandera lite grann. Och vi måste höja denna nivå lite grann. Och när vi gör det, kan vi göra den förändringen och göra det lättare för dem. Det kommer att vara de som vi inte kan få att förändras som kommer att lämnas kvar. Det kommer att bli fruktansvärt. Vi kan inte få dem att se. Vi kan inte få dem att älska.

D: Så de andra, de som kommer att förändras, kommer att gå in i en annan värld? En annan jord?

V: Det är som om det kommer att expandera till en annan dimension. Låt mig se hur jag kan förklara detta för dig. Det är som en upphöjning, om du kan förstå, som om vi kommer att höjas till en annan vibration. De kommer att kunna se vad som pågår, men vi kan inte hjälpa dem längre.

D: Är det som en separation? Som två jordar, är det vad du menar?

V: Åh nej, nej. Det är en förändring av dimension. Vi kommer att gå från här till här. Och de som inte kan förändras kommer att lämnas kvar.

D: När vi går in i den andra dimensionen, kommer det att vara en fysisk jord?

V: Det kommer att vara precis som vi är just nu.

D: Det var vad jag menade med två jordar.

V: Ja, ja. Men de kommer inte att vara medvetna om oss. Gud hjälp dem, Gud hjälp dem. Det kommer att bli så fruktansvärt för dem.

D: De kommer inte att veta vad som har hänt?

V: Nej, de kommer att veta. Det är hela idén. De kommer att veta, men det kommer att vara för sent för dem att förändra sina vibrationer.

De kan inte förändra det på en sekund. De måste förändra det över en tidsperiod. Vi har arbetat med detta ett tag. Det måste sjunka in och verka på din kropp, och det måste sakta förändras och höja dina vibrationer. Och när det händer, kommer det att vara för sent för dem, men de kommer att se det. De kommer att dö, men de kommer att se det och de kommer att lära sig av det.

D: Den världen kommer fortfarande att existera, men den kommer att vara annorlunda?

V: Inte särskilt bra, nej, inte särskilt bra. Det kommer inte att finnas mycket kvar i den världen. Inte mycket.

D: Många människor kommer att dö vid den tiden?

V: Ja. Men jag tror att mycket av deras död kommer att vara smärtfri. Jag tror att de kommer att leva just länge nog för att se vad som händer. Och jag tror att Gud kommer att skona dem från den fruktansvärda traumatiska smärtan. Jag ber att det är vad som kommer att hända.

D: Men de andra som gör skiftet till den nya vibration, med en identisk fysisk värld....

V: (Avbruten.) Ja, men vissa kommer inte ens att vara medvetna om att de har gjort förändringen. Vissa kommer. De som har arbetat mot det kommer att veta.

D: Kommer de att veta om de som lämnas kvar?

V: Jag tror inte det. Det kommer att finnas en medvetenhet om en förändring som ägde rum. Jag är inte säker på om det kommer att vara en medveten medvetenhet. Låt mig tänka på det. (Paus) Vi kommer att gå in i denna dimension och vi kommer att veta. Vissa kommer inte att veta dock. De kommer att känna något. De kommer att känna en skillnad. Nästan som en renhet, en klarhet. En krispighet, en skillnad. Jag vet vad det är. De kommer att känna skillnaden. De kommer att känna kärleken.

D: Så, även om de inte har arbetat mot det, kommer de att bäras med det.

V: Ja, för de är redo för det.

D: Och de andra kommer inte att vara....

V: De är inte, de är inte.

D: Så de lämnas kvar i negativiteten? Du sa att hela världen kommer att förändras vid den tiden.

V: Ja, de som kan gå vidare, som kan röra sig in i detta, kommer att röra sig. Och de som inte kan, kommer inte. Och det kommer att bli fruktansvärt för dem.

D: Och det kommer att vara som två världar.

V: Ja, två världar som existerar samtidigt, men inte alltid medvetna om varandra.

D: Jag vet att när du är i en annan dimension, är du inte alltid medveten om den andra. Men det är det budskapet ni vill få fram att vi ska sprida denna information om kärlek medan vi fortfarande kan, för att få med så många som möjligt.

V: Kärlek är nyckeln. För Gud är kärlek. Och kärlek är Gud. Och kärlek är den högsta kraften. Och det är vad vi behöver känna i våra liv. Vad vi behöver ge till varandra och känna för varandra.

D: Ja, kärlek har alltid varit nyckeln. Så, de försöker berätta för så många som möjligt, så de kan få med dem. Det är vad brådskan handlar om.

V: Brådskan är att vi har slutat med tid. Var bara förberedda. Åh, vad? Berätta för henne vad?

Hon lyssnade på någon annan. Det hördes mumlande ljud, sedan kom den djupa grova rösten tillbaka.

V: Berätta för dig... redo. Redo för förändringen som kommer snart. Snart nu. Redo... Hon är inte en bra kanal. Hon har inte gjort detta tidigare. Jag kan inte få mina idéer genom henne för att förmedla till dig. Jag måste arbeta med det. Låt oss rena detta fordon. Åh, ja! Åh... där. Det är bättre.

D: Vad är det du vill berätta för mig?

V: Måste hjälpa hela mänskligheten. Berätta för dem vad som kommer snart. Förändringar, dimensionell skift. De som kan höra dig kommer att höra dig. De kommer att vara redo för det dimensionella skiftet. (Hennes vanliga röst återvände.) De som inte kan, kommer inte att acceptera det ändå, så (skratt) de kommer att tycka att vi är galna. Men de andra, de kanske inte vet det, men det kommer att tända en gnista i dem. När det händer, kommer de att vara redo och de kan göra det. Det är de som inte vet att det kommer, men om vi berättar för dem, är det inom dem.

Då när det händer, kommer det att komma ut och de kommer att vara redo för det.

D: *De av oss som gör skiftet, kommer vi att fortsätta leva våra liv som vi har?*

V: Nej, nej, bättre. Annorlunda. Längre.

D: *Kommer vi att fortsätta fysiska liv?*

V: Åh, fysiskt i den dimensionen, ja. Men fysiskt i denna dimension, nej.

D: *Men jag menar, om vi gör skiftet, kommer vi....*

V: (Avbruten) Du menar, kommer du att leva eller dö?

D: *Kommer vi att fortsätta liv som vi känner till det?*

V: Ja, vissa kommer inte ens att vara medvetna. Du ser, den lilla saken som vi planterar i deras huvud kommer att hjälpa dem att göra det dimensionella skiftet och de kanske inte ens vet det. Men de kommer att veta att det har varit förstörelse. De kommer att se förstörelse. De kommer att se vad som sker och de kommer att se de döda kropparna, men de kommer inte att veta att de har gjort det skiftet. De kommer inte att vara medvetna om att anledningen till att de inte är där nere döda är att de har gjort det skiftet och att den förändringen inte påverkade dem.

D: *Du sa något om de saker som sätts i huvudet. Menar du implanter?*

V: Nej, nej, nej. Jag menar en frö, en tanke. De vet inte det medvetet, men inom sig kommer det att hjälpa dem. Det är som en gnista som, när tiden kommer, deras sinne redan skulle ha accepterat det.

D: *Jag har hört att vi kommer att leva längre?*

V: Längre, bättre. Lära. Saker kommer att bli så mycket bättre. Folk kommer att lära sig mer, efter en liten stund. De kommer att veta mer. De kommer att bli mer medvetna om saker. Så som saker är. De kanske inte vet när de gör skiftet, men sedan kommer de att lära sig om det. De kommer att inse efter ett tag vad som har hänt.

D: *Och de som inte är redo kommer att lämnas kvar på den andra jorden.*

V: Ja. De kommer att vara borta.

D: *Och många på båda platserna kommer inte ens att inse att något dramatiskt har inträffat.*

V: De som är på den andra platsen kommer att. De kommer att vara döda. Men de kommer att veta, för det är den lektion de har lärt sig. När de dör kommer de att veta. De kommer att se sanningen.

Och de kommer att se vilken möjlighet de missade, men de kommer att lära sig av det.

D: *Jag har också blivit informerad om att när de reinkarnerar, om de har negativitet, karma att återbetala, kommer de inte längre att komma till jorden eftersom jorden kommer att ha förändrats så mycket.*

V: De kommer inte att tillåtas att komma tillbaka hit förrän de har gjort skiftet. De har gjort förändringen.

D: *Jag har hört att de kommer att gå någon annanstans för att arbeta med sin karma eftersom de har missat möjligheten.*

V: Ja. Vissa kommer. Och vissa kan ges en möjlighet att komma tillbaka. Men det kommer att ta ett tag, en lång, lång tid.

D: *Men under tiden kommer vi att gå framåt och lära oss nya saker och göra framsteg i en helt ny värld.*

V: Vilken vacker värld. En värld av ljus och fred. Där människor kan leva tillsammans och älska varandra.

D: *Men det kommer fortfarande att vara en fysisk värld med våra familjer och hus som vi har nu.*

V: Bara en smartare värld.

D: *(Skratt) Det, jag kan förstå.*

En annan person som upplevde oförklarliga fysiska symptom beskrev den nya kroppen på följande sätt:

S: Hon identifierar sig mer med sin framtida kropp. Den har inte riktigt bosatt sig än, men den är där. Och denna framtida kropp tar hennes essens, eller delar av henne. Och smälter samman eller drar upp den så att hon vänjer sig vid denna framtida kropp.

D: *Kommer kroppen att förändras fysiskt?*

S: Vissa, ja. Den kommer att vara starkare och yngre. Denna kropp som hon har nu kan helas och göras om, men hon behöver den framtida kroppen. Den kommer att vara lättare. Mer kapabel. Hon känner detta nu, hennes essens har smält samman med denna framtida kropp och dragits upp.

D: *Så denna kropp hon har nu kommer att förändras?*

S: Den kommer i grunden att lämnas bakom. Den kommer att transformeras och delar av den som inte behövs kommer att släppas bort.

D: Så det handlar inte om att lämna en kropp och gå in i en annan.

S: Nej. Gradvis kommer den nyare kroppen och den äldre kroppen mestadels att smälta samman. Men det kommer att finnas vissa delar av den äldre kroppen som inte kommer att vara nödvändiga, så de kommer att lämnas bakom. Den kommer helt enkelt att desintegreras.

Det kommer troligtvis att ske så gradvis att vi inte ens kommer att märka skillnaden. Förutom de fysiska symptom som vissa upplever när kroppen gör justeringarna. Jag har fått veta att den äldre generationen kan vara mer medveten om att något händer i kroppen. Ändå gör det ingen nytta att oroa sig för det, eftersom det är en naturlig process som nu pågår för alla som en del av evolutionen av den nya jorden.

Mer från en annan person i Australien:

C: Det är som en bil. Tänk dig en bil som har ett gammalt chassi. Det är bara samma gamla bil som du har kört. Och sedan sätter du i en ny motor. Och plötsligt börjar den bilen prestera annorlunda, även om den ser likadan ut. Och sedan får du en annan motor, och du byter ut den. Och bilen fortsätter att bli snabbare och snabbare, och ljusare och smartare. Och innan du vet ordet av det, gör bilen så bra saker att kroppen börjar förändras. Det är som om energin från den nya motorn börjar forma om kroppen. Och innan du vet ordet av det, har den förvandlats till en sportbil. Ett vackert, glansigt, attraktivt fordon. Och det är vad detta handlar om. Energierna som kommer in har förmågan att transformera fordonet. Och det kommer att börja bli annorlunda. Det kommer att se annorlunda ut. Det kommer att se... ja, yngre, kommer att komma i åtanke. Det kommer att se smartare och yngre ut. Cellernas kropp, vibrationerna i kroppen förändras och matchar

DE TRE VÅGORNA AV VOLONTÄRER OCH DEN NYA JORDEN

vibrationerna av den inkommande energin. Och de fysiska förändringarna kommer att bli nästa.

D: *Vad kommer dessa fysiska förändringar att vara?*

C: Åh! Kroppen kommer att förändras för att bli lättare. Och jag får känslan av att den kommer att se längre ut. Det är inte så att den kommer att bli längre. Men energin inifrån kommer på något sätt att bli synlig på utsidan.

D: *Synlig?*

C: Ja. Det är en banbrytande sak.

D: *Är det på detta sätt som människorna på jorden kommer att utvecklas? (Ja) Kommer alla att göra förändringarna?*

C: Ja, för människorna har alla fått det valet. Om de vill utvecklas med jorden, kommer de att utvecklas till denna nya människa. Det kommer att se annorlunda ut. Och det är vad detta experiment handlar om. Det är därför Christine och andra flyttar dem som inte vill utvecklas med jorden. De kommer att lämna. (Nästan gråtande) Och föra mycket smärta till sina familjer. Men de människor som stannar måste hålla ljuset. Det är ett stort jobb. Att bli skild och separerad från de saker som händer nu. Och dessa saker kommer att fortsätta att hända tills reningen är klar. De som är här för att stanna, för dem är det en stor uppgift att föra denna ras av människor till en helt ny och annorlunda civilisation. Dessa människor testas nu, för att se om de kan hålla ljuset när det finns katastrof, och inte bli drabbade av det. De är de människor som kommer att gå vidare med denna planet.

D: *Nästan som ett sista test?*

C: Ja. Testerna pågår just nu. Vad varje varelse behöver för att testa dem, för att se vad de är kapabla att ge tillbaka till detta program; hur fast deras åtagande är. Hur villiga de är att tjäna. Det testas alla just nu.

D: *Så varje person har sitt eget individuella test?*

C: Ja. Och de människor som tycker att det är tufft nu är de som stannar. De är de som går igenom testen. Men några av dem klarar inte av det.

D: *De klarar inte testet.*

C: Nej. Det finns några som inte gör det.

D: *Detta är vad jag har fått veta av andra människor, att vissa kommer att lämnas kvar. (Ja) Och jag tyckte att det lät grymt.*

433

C: Nej, det är inte grymt, för varje själ ges valet. Och om de inte rör sig och utvecklas, beror det på att de väljer att inte göra det. Och de kommer att reinkarnera på en annan plats av sitt val. Och det är okej. För det är bara ett spel. De kommer att stanna på den gamla jorden. Den nya jorden är så vacker. Du kommer att se färger, djur och blommor du aldrig har kunnat föreställa dig. Du kommer att se frukter som är perfekt föda. De behöver inte tillagas. Det äts bara som det är. Och allt som varelsen behöver för att näras kommer att finnas där. Dessa nya frukter utvecklas nu med hjälp av stjärnfolk.

D: *Är dessa frukter och grönsaker något vi inte har på jorden nu?*

C: Vi har dem inte. De är mutationer på vissa sätt. Jag ser en gräddäpplen som ett exempel på vad som hänt. Vi kommer att ha en frukt som kallas en "gräddäpple." Och den ser inte ut som ett äpple. Den har en grov yta, och den är ungefär storleken av två apelsiner som satts ihop. Och sedan öppnar du den. Det är som grädde inuti. Så det är en frukt, men en mat. Det är inte bara en frukt, utan en annan mat har införlivats i den, som grädde. Det är ett exempel på en av framtidens livsmedel. Så dessa livsmedel kommer att vara njutningar för sinnena. Och näringsrika och hållbara för—jag hålls tillbaka när jag börjar säga "kroppen." Och jag blir tillsagd att säga "varelsen." De kommer att vara näringsrika för varelsen. Och saker vi nu måste laga mat—som du skulle laga grädde—kommer att införlivas i dessa frukter. Och det har att göra med att hjälpa planeten och minska användningen av elektricitet och energi. Så frukterna kommer att ge oss det vi behöver.

D: *Jag har hört att människan har gjort många saker med maten som inte är hälsosamma för kroppen.*

C: Det är rätt. De ekologiska livsmedlen kommer in på jorden, och de ekologiska bönderna rör sig med jordens evolutionsprogram. Det är därför de finns där. Och det är därför medvetenheten om detta ökar, eftersom människor behöver veta hur man odlar på rätt sätt. Och Rudolf Steiner-skolorna lär barn detta. Så, barnen som kommer att vara med den nya jorden kommer att veta detta. Och de barnen undervisar nu på universitet och institutioner, och de sprider budskapet. Så när reningen av jorden sker, kommer mycket av den toxicitet som nu finns att tryckas bort. Du förstår,

DE TRE VÅGORNA AV VOLONTÄRER OCH DEN NYA JORDEN

den nya jorden är inte denna dimension. Den nya jorden är en annan dimension. Och vi kommer att röra oss in i den nya dimensionen. Och i den nya dimensionen kommer det att finnas träd vars stammar har lila och orange färger. Och där kommer att finnas vackra floder och vattenfall. Energin kommer att återvända. Det kommer att finnas energi i strömmarna och i vattnet som rinner över stenar och sandbankar. När det träffar jorden skapas energi, och detta kommer att balanseras i denna värld. Många av dessa strömmar har ändrats och rätats ut för att göra dem navigerbara och estetiska. Det har tagit bort energi från jorden. Jorden kommer att renas. Jag ser vatten.

D: Måste detta ske innan jorden skiftar och utvecklas till den nya dimensionen?

C: Jag ser oss gå igenom. (Förvånad) Åh! Vad jag ser är att de människor som ska till de nya dimensionerna kommer att gå igenom till denna nya värld.

D: Medan den andra rengörs?

C: Ja, ja.

D: Vad ser du om vattnet som kommer att hända med reningen?

C: (Ett stort andetag) Det kommer inte att visas för mig.

D: Vill de inte att du ska se det?

C: Nej, de kommer inte att visa mig det. Vad de visar mig är... en öppning? Och vi går igenom. Vi går in i vad som ser ut som denna jord, men det är andra färger. Det är andra texturer. I början ser det ut som det samma. I början bara. Och sedan när vi tittar runt, börjar vi se att det inte är. Det förändras framför våra ögon. Och det är så vackert.

D: Men detta är inte andesidan? För andesidan beskrivs också som mycket vacker.

C: Nej, det är den nya jorden. Det är inte andesidan. Det är den femte dimensionens jord. Vissa människor kommer att passera genom innan andra. Jag får nu veta att Christine har varit där flera gånger. Det finns en grupp som ska gå igenom nu. Och hon kommer att ta fler genom. Och de kommer att komma och gå lite tills de går för gott.

D: Då kommer de andra att lämnas på den gamla jorden?

C: Ja, de som väljer att stanna kommer att stanna.

D: De kommer att genomgå mycket svårigheter, eller hur?

DE TRE VÅGORNA AV VOLONTÄRER OCH DEN NYA JORDEN

C: Ja, hela planeten. (Förvånad) Jag såg just hela planeten explodera. Det är fruktansvärt, eller hur?

D: *Vad tror du att det betyder?*

C: Jag vet inte. Jag såg just att den exploderade. Men jag såg den nya jorden. Det finns denna vackra femte dimensionella plats med harmoni och fred.

D: *När de visade dig planeten som exploderar, är det bara symboliskt? Som om den jorden inte längre kommer att existera för de som korsar över?*

C: Tja, de människor som har korsat över ser vad som händer. De kan se. Nu, kommer det att explodera? De säger till mig, "Låt dig inte fastna i vad som kommer att hända, för du måste fokusera på ljuset." Och det är utmaningen för dessa människor som kommer att vara i den nya jorden. Utmaningen för dem är att inte bli indragna i något som kommer att hända, för det är det som drar oss tillbaka till den tredje dimensionen. Och det är vad som har hänt många människor som var på en väg framåt. De har blivit indragna för att de fastnat i rädsla och sorg och ånger och det svarta. Så de säger: "Du behöver inte veta för det skulle inte tjäna någon om det blev känt." Så verkligen vad de säger är: "Fokusera på det goda." Fokusera på att det kommer att finnas denna vackra nya existens, ny dimension, som många människor på jorden kommer att röra sig in i. Som redan rör sig in i.

D: *Jag har fått veta att varje gång du korsar över kommer du att vara i samma fysiska kropp som du har nu. Du kommer bara att bli förändrad.*

C: Ja, du kommer fortfarande att vara i samma kropp, men den kommer att förändras.

D: *Så det kan göras utan att dö eller lämna kroppen. Det är något helt annat.*

C: Ja, vi går helt enkelt över. Christine har gjort det tidigare, och hon vet hur man gör det. Hon har gjort det och förstår det.

D: *Men det kommer att vara sorgligt eftersom det kommer att finnas så många människor som inte kommer att förstå vad som händer. Det är så svårt med så många—jag vill säga "vanliga"— människor som inte har någon aning om något annat än den religion de har blivit lärda. De vet inte att detta annat är möjligt.*

DE TRE VÅGORNA AV VOLONTÄRER OCH DEN NYA JORDEN

C: Ja, men de är inte vanliga. De verkar bara vanliga. Det är en mask de bär. De förändras.

D: *Men det finns fortfarande många människor som inte ens har tänkt på dessa saker.*

C: Ja, men de kommer att välja att inte vakna, och det är deras val. Vi måste respektera det. De har getts valet som alla andra på jorden, och de har gjort det valet. Och det är okej. Det är helt okej.

D: *Så, om de måste gå till en annan plats för att arbeta med den negativa karmann, är det en del av deras utveckling. (Ja.) Men ser du en majoritet av människor som utvecklas till nästa dimension?*

C: Nej. Inte majoriteten. Och siffrorna, till viss del, är inte viktiga, för vad som kommer att hända, kommer att hända. Ju fler människor som kan vakna och ta den resan, desto fler människor kommer det att finnas. Det är därför så många av er gör detta arbete. För att hjälpa människor att öppna sig för resan och släppa rädslan. Och kliva in i det tomrum där allt är möjligt. Där det svarta bor. Det är vad ni alla gör. Och ni behöver göra det. Och alla ni pratar med går sedan ut och gör det också. Ni kanske inte är medvetna om det, men ni agerar som Kristus. Alla ni pratar med blir lärjungar, och de går ut, och de väcker i sin tur andra människor. Så det fungerar. Och det är snart. Allt händer snart.

D: *Har du någon aning om en tidsperiod?*

C: De närmaste åren kommer att vara—jag får ordet "beslutsnivå." Det kommer att vara "cut-off"-punkten. Jag tror att det betyder att de som inte har bestämt sig innan dess kommer att lämnas kvar. Det är kritiskt.

D: *Men det finns vissa hela länder i världen som inte är redo för detta. Det är därför jag tänker att det finns många människor som inte kommer att göra korsningen.*

C: Det händer mer än folk vet. Jag ser några länder där människor blir förföljda. Anledningen till att det händer är att väcka spiritualitet, för förföljelse orsakar det. När människor blir förföljda eller när de står inför döden, eller när de står inför stora mänskliga bedrifter. Det är en utlösare som väcker människor. Och det är syftet med mycket av den förföljelse som pågår för närvarande; att säkerställa att dessa människor vaknar. Så det är den positiva sidan av det.

D: Finns det något som utlöser det eller påskyndar det?
C: Det är som om ridån faller. Och jag får inte se. Jag blir bara tillsagd att det kommer att vara slutet av ett och början på ett annat.
D: De försöker leda oss in i krig vid denna tidpunkt. (2002) Tror du att det har något att göra med det?
C: (Stort andetag) Jag är rädd att det är testet. Jag sa att många människor blev testade. Och jag insåg inte då, men jag gör det nu, det är allt en del av testet, om vi kan hålla oss separerade från det. Det är som om vi måste skapa vår egen... det är som om vi var och en är universum. Alla delar av universum hålls här (la handen på sin kropp). Och om vi håller detta universum här....
D: Denna kropp?
C: Ja. Om vi håller det i fred, och vi håller det i balans, då klarar vi testet. Då kan vi motstå vad som helst. Och de saker som händer i världen är verkligen för att testa helheten; alla oss.
D: Du menar att vi inte ska dras in i rädslan.
C: Ja. Stäng av TV:n. Lyssna inte på det. Läs inte tidningen. Låt dig inte dras in i det. Din värld är vad du skapar här. (Berörde sin kropp igen.)
D: I din egen kropp.
C: Ja. I ditt eget utrymme här. Detta är ditt eget universum här. Om varje person skapar fred och harmoni i sitt eget universum, då är det det universum de skapar i den femte dimensionens jord. Ju fler människor som kan skapa fred och harmoni i detta kroppsuniversum, desto fler människor kommer att vara i den femte dimensionens nya jord. De som inte kan skapa fred och harmoni i detta kroppsuniversum klarar inte testet. Det är testet.
D: Vi försöker göra detta för att förhindra krig eller åtminstone minska det.
C: Jag blir tillsagd att det spelar ingen roll vad som händer, för allt är ett spel. Det är alla en teater. Och de saker som händer finns där av en anledning. Och anledningen just nu är att testa varje människa för att ta reda på var de befinner sig i sin egen evolution. Så om vi håller fred och ljus här (kroppen), behöver vi inte bekymra oss om det finns ett krig eller inte. Det är bara en illusion ändå.
D: Men just nu verkar det mycket verkligt, och det kan få mycket katastrofala konsekvenser.

DE TRE VÅGORNA AV VOLONTÄRER OCH DEN NYA JORDEN

C: Ja, men det är rädsla för varje individ. Vårt jobb är att hjälpa varje individ att hitta fred här (kroppen). Och sedan, självklart, när du förenar fler människor som har fred och harmoni inom sina egna kroppsuniversum, då sprider det sig istället för att det svarta sprider sig. Och det skapar denna helt nya värld. Om du hade fått all denna information i början av ditt arbete, skulle du ha blivit överväldigad. Det är samma anledning till varför de säger: "Vi kommer inte att berätta exakt vad som kommer att hända." Vi vet inte exakt vad som kommer att hända. Men vi kommer inte att berätta vad vi vet, för du behöver inte veta. Allt du behöver göra är att fokusera här (kroppen) på att skapa ditt himmelrike på jorden. Varje människa skapar sitt eget himmelrike på jorden. Det är allt du behöver göra. Och komma tillsammans med andra som skapar sitt eget himmelrike på jorden. Och sedan expandera den energin utåt. Och innan du vet ordet av det har du förändrat världen. Du tänker inte ens på världen. Vad du fokuserar på är vad du skapar. Tänk på fred. Den huvudsakliga saken som människor måste förstå är att det de fokuserar på expanderar. Så om de fokuserar på, om de kan ersätta förutsägelser med något underbart som de vill ha, och expandera det. Då kan de skapa sitt eget himmelrike på jorden. Och jag får se i din bok The Convoluted Universe (Bok Ett), ger du en beskrivning av tankar. Jag får veta att jag ska påminna dig om detta. Du pratar om en energiboll stor som en grapefrukt. Och den bollen har energitrådar. Och jag ändrar detta medan jag pratar. Energi-trådar som går över varandra och korsar varandra. Och dessa energitrådar kan göra precis vad de vill. De kan dela sig, och de kan bli fyra energitrådar. De kan väva. De kan multiplicera. De kan gå bakåt. De kan zipa upp. De kan göra absolut vad som helst. Och detta är möjligheternas energiboll. När du tänker en tanke, försvinner den inte bara. Den blir en energitråd. Den blir energi. Den rör sig in i den möjligheternas energibollen. Så, föreställ dig din tanke blir energi. Och ju mer energi du ger det, desto starkare blir det. Och sedan manifesterar det sig och blir verkligt. Det blir fysiskt. Om du skickar ut en tanke om att det ska bli fred. Och så följer du den med, "Åh, men det kriget blir värre," eller "De politikerna gör ett misstag." Du försvagar energin: den positiva tråden du har tagit fram. Så vi måste lära människor att skicka ut den positiva tanken,

och sedan förstärka den med fler positiva tankar och fler positiva tankar. Och vi måste lära dem att när en av dessa negativa tankar kommer in i deras sinne, inte bara låta den gå, utan ersätta den med en positiv tanke. Så att de lägger till den energibollen av möjligheter. De bidrar till den. Vi måste lära dem att göra det. De vet inte hur man gör det. Och jag får veta att jag ska förstärka illusionen—jag vet inte varför jag blir tillsagd att säga detta. Men de säger att om vi kan få människor att tänka på denna konflikt som pågår i Mellanöstern som en film, skulle det hjälpa människor. Det andra som jag får veta att berätta för dig är att för varje handling kan de göra en motsatt reaktion. Där det finns födelse, finns det död. Och alla måste släppa allt girighet, all dominans, materialism. Alla dessa frågor som hindrar dem från att göra detta arbete, måste släppas. För dessa frågor kommer inte att tjäna någon i den nya jorden. Det kommer inte att finnas något behov av pengar, som sådana. Så varför skulle du bry dig om det? De som arbetar för jorden, för universum, blir försörjda, och kommer att fortsätta att bli. Det du behöver kommer att komma till dig. Så det är dags nu att släppa den etik som handlar om att arbeta för att få pengar. Du arbetar för att förändra jorden. Du arbetar för att rädda denna situation. Det är där den drivande kraften måste komma ifrån. Den måste komma från kärlek och tjänst. Och det är det enda sättet vi kommer att maximera denna insats. Det måste komma från kärlek och tjänst, inte från girighet.
D: *Jag har fått veta att kärlek är den mest kraftfulla känslan.*
C: Ja, kärlek helar.

Folk på mina föreläsningar frågar alltid mig vad de måste göra för att flytta till den nya jorden? "De" har sagt att det finns två viktiga saker du måste släppa. En, som just förklarades, är rädsla. Rädsla är en illusion, men det är den starkaste känslan en människa har. Den måste frigöras, annars kommer den att hålla dig på den gamla jorden. Jag säger till folk att ställa massor och åter massor av frågor. Tro inte på allt du hör eller läser. Tänk själv. Ge inte din makt till någon annan. Bestäm själv och upptäck din egen sanning. Det kanske inte är min sanning, men det kommer att vara din eftersom du har upptäckt den. Och bli inte överraskad om den sanningen förändras. Vi lär oss hela

DE TRE VÅGORNA AV VOLONTÄRER OCH DEN NYA JORDEN

tiden. Håll dig flexibel. Låt inte rädsla förmörka ditt omdöme så att du inte kan tänka själv.

Den andra saken du måste släppa är karma. Vi ackumulerar karma genom att leva många, många livstider på jorden, ofta med samma människor som upprepar samma misstag. Detta är varför det kallas "Karmahjulet." Det går bara runt och runt och håller dig till mönstret. Jag kallar karma för "bagaget och skräpet" som vi bär omkring på. Du måste bli av med "skräpet" så att du kan ascendera. Vi har alla dåliga saker som händer i våra liv. Det är vad livet handlar om. Jag har funnit att vi går med på dessa händelser för att lära oss av dem. Jag frågar folk när de berättar för mig om sina dåliga erfarenheter: "Lärde du dig något av det?" Om du lärde dig till och med en sak av det, då var det anledningen till att du upplevde det. Om de säger att de inte lärde sig något av det. Gissa vad? De måste uppleva det om och om igen tills de förstår vad det försökte berätta för dem. De måste repetera den klassen i skolan. Du kan inte gå från förskolan till universitetet. Så gå igenom ditt liv. Vad håller du fast vid? Vad har du inte släppt? Det spelar ingen roll längre om du blev illa behandlad eller misshandlad som barn. Vad lärde du dig? Det spelar ingen roll om du hade ett hemskt äktenskap. Låt det gå! Några av mina klienter har sagt: "Jag kan inte släppa det. Du vet inte vad de gjorde mot mig!" Det skadar ingen annan än dig själv att hålla fast vid karma och skapa mer genom att inte frigöra det. För att ascendera till den nya jorden måste du släppa det. Du måste förlåta, eller så kommer du att stanna på den gamla jorden och gå igenom allt igen. Så fungerar karmans lag. Är det vad du vill?

Under mina föreläsningar ger jag folk en övning som de kan använda för att frigöra karma. Du kan inte prata med personen ansikte mot ansikte. Det är för svårt att göra. Dessutom, ibland har personen du är arg på dött och det är omöjligt att möta dem. Du måste göra det mentalt. Kom ihåg att när du var på andesidan gjorde du en plan för vad du hoppades åstadkomma i detta liv. Du gjorde kontrakt med olika själar för att spela olika roller i ditt scenario på jorden. Några av dina största fiender eller utmaningar under ditt liv var dina största vänner på andesidan. De frivilligt kom för att spela skurken i ditt jordiska scenario. Och vissa av dem spelar sina roller mycket bra!

Så föreställ dig personen i ditt sinne stående framför dig. Säg till dem: "Vi försökte. Vi försökte verkligen. Det fungerar inte. Jag river upp kontraktet." Och se dig själv riva upp kontraktet och kasta bort det. Säg sedan till dem: "Jag förlåter dig. Jag frigör dig. Jag släpper dig. Du går din väg med kärlek, och jag går min. Vi behöver inte vara kopplade längre." Och se det hända. Nyckeln här är att du måste verkligen mena det. Du måste tro på det. När du har gjort det kommer de inte längre att ha någon makt över dig. Sedan måste du förlåta dig själv. Kom ihåg, det krävs alltid två personer för att skapa situationen. Ingen av detta är enkelt, men det är väsentligt och nödvändigt, om du vill komma bort från hjulet och ascendera till den nya jorden. Det är upp till dig!

DETTA VAR EN del av en längre session 2002 där subjektet hade en koppling med utomjordingar. De gav information om många saker, inklusive vad de kunde göra (eller har tillåtelse att göra) för att rätta till de skador som mänskligheten har orsakat jorden.

P: De rör mig... framåt in i framtiden. De rör min kropp. Åh, min Gud, jag blir yr.

Jag gav lugnande förslag så att hon inte skulle få några fysiska effekter. Hon lugnade ner sig och stabiliserade sig. Känslan av rörelse avtog. Denna upplevelse har också hänt andra subjekt jag har arbetat med när de flyttas för snabbt genom tid och rum.

D: Vad visar de dig nu?
P: Allt jag ser är ljus. Det är bara en strålande explosion av ljus. Planeten bombarderas med ett särskilt ljus och det innehåller olika färger. Och dessa olika färger påverkar medvetandet hos människor på olika sätt, men det påverkar inte bara människor. Det påverkar växter och djur och stenar och vatten och allt. Det är en viss typ av vitt ljus, och det har alla typer av färger i sig. Och det förändras och rör sig och det genomsyrar planetens själva kärna. Jag ser att det kommer från planetens kärna. De skjuter ner det från, jag antar, skeppen, och det berör planetens kärna och studsar ut från kärnan och påverkar allt från en inre till en yttre

rörelse. Om du stod på planeten, skulle du känna energierna som kommer genom dina fötter och kommer ut genom toppen av ditt huvud.

D: *Det motsatta av vad det normalt gör.*

P: Det här är annorlunda. Det kommer från skeppen till planetens kärna och sedan studsar det tillbaka upp. Och det påverkar hela planeten. De vill inte att vi ska spränga oss själva.

D: *Är detta något som händer 2002, eller händer det i framtiden?*

P: Detta är framtiden. De kommer att göra det! För att rätta till planetens justering för att förhindra att något dåligt händer. 2006.

D: *2006. Kommer vi ha fått planeten mer ur justering vid den tiden?*

P: Ja, ja. Åh, det finns människor på planeten och de ber, men det är inte tillräckligt eftersom det är så rörigt. Det kommer att komma ur sin omloppsbana. Och det kommer att påverka resten av kosmos. Så genom att rikta dessa energier mot planetens kärna kommer det att komma tillbaka upp, och det kommer att korrigera justeringen. Och när det korrigerar justeringen, kommer det också att korrigera många andra saker på planeten. Det kommer att hjälpa översvämningar, torka och sådana saker som människan har orsakat planeten. Det kommer inte att bli någon utrotning av denna planet. Rådet ser till att det inte händer. Varelserna är här på planeten och de vet vad som pågår och de vet vem som gör det och de kan påverka dem. Det är inte så att vi inte kan ingripa, vi får inte lov att ingripa.

D: *För det finns vissa saker ni inte kan göra.*

P: Det stämmer, men vi kan titta. Och vi vet vem som gör det.

D: *Men när planeten kommer till en punkt där människan har skadat den så mycket, det är då ni kan hjälpa till?*

P: Det är då vi ska skicka dessa... jag ser multikolorade ljus. Det är som multikolorade energistrålar som skjuts ner i planetens kärna. Och sedan studsar de tillbaka ut och påverkar hela planeten och kommer att hålla planeten i justering.

D: *Detta görs av många skepp?*

P: Det är en konfederation. Jag ser många. Jag ser olika nivåer eller klassificeringar av varelser som påverkar planeten. Vi är involverade i detta. Det är många, många varelser.

D: *Så det är ett massivt jobb.*

P: En konfederation. Ja, ja.

DE TRE VÅGORNA AV VOLONTÄRER OCH DEN NYA JORDEN

D: *Men är det inte farligt att skjuta saker mot planetens kärna? Har inte något gått fel tidigare när det har hänt?*

Jag tänkte på förstörelsen av Atlantis. Detta orsakades delvis av forskare som fokuserade energin från de gigantiska kristallerna neråt mot jordens centrum. För mycket energi skapades, vilket bidrog till jordbävningarna och gigantiska tidvattenvågor.

P: Det här är inte vad du tror. Detta är ren ljusenergi. Och den enda effekt det kommer att ha på planeten är god. Det kommer inte att skada planeten.

D: *Jag tänkte på vad de gjorde i Atlantis.*

P: Detta är inte samma sak. Det är svårt för mig att förklara. Detta görs på en själslig nivå. Det är som ren gudomlig energi. Det görs inte genom separation genom molekylära strukturer. Detta är något vi har skapat, och vi skickar det från Källan. Allt som kommer från Källan är gott och kommer inte att skada planeten. Det kommer att göra vad vi vill att det ska göra. Och vi har fått tillåtelse att göra detta. Det är för att planeten har orsakat detta att vi vidtar denna åtgärd. Det är nödvändigt.

D: *Är detta ingrepp?*

P: Nej! Vi kan inte ingripa i människorna här. Vi kan inte komma ner och tvinga dem och säga åt dem vad de ska göra. Men vi kan ta våra skepp och vi kan rikta denna energi mot planetens kärna. Vi kan göra sådana saker. Detta görs faktiskt på en själslig nivå. Så därför stör vi inte den karmiska strukturen hos människorna här. Var och en här har ett karmiskt syfte, och vi stör inte det. Vi får inte. Vi gör inte det.

D: *Ser människorna på jorden detta när det händer?*

P: De känner det. Med andra ord, de kommer att genomgå transformationen. Och de kommer inte att inse vad som har hänt. Vissa av dem kommer att inse det. De som är känsliga kommer att veta att något har hänt. Men många på planeten kommer bara att gå vidare i sina normala liv, och de kommer att bli lyfta och de kommer att förändras och jorden kommer att förändras. Stenarna och vattnet, men de kommer bara att fortsätta existera eftersom vi inte påverkar den karmiska mönstret. Vi kan inte göra det. Vi gör detta på en själslig nivå, men det påverkar inte deras jordiska liv när det gäller karmiska mönster. Vi stör inte det.

D: Men jorden måste nå en viss punkt innan ni får lov att göra detta.
P: 2006. Det blir dåligt. Det är redan väldigt, väldigt dåligt just nu. Om det får fortsätta kommer luften att skada väldigt många människor. Och anledningen till att vi är involverade är att det finns människor i sina fysiska inkarnations som andas denna atmosfär med all denna förorening och det förändrar deras genetiska arv. Vi kan inte låta det hända och vi kommer inte att låta det hända! Vi gav dessa planetens människor deras genetiska arv. Och nu har de förstört sitt dricksvatten, sin mat, sin planet. Allt här är förorenat. Människan har förstört sitt genetiska arv och vi kommer att reparera det för att de inte ska förstöra vårt experiment! Detta är ett gudomligt experiment och de kan inte förstöra det. Vi kommer att förändra det.

För att ta reda på mer om det stora experimentet som mänskligheten har varit involverad i sedan sin början, se mina böcker Keepers of the Garden och The Custodians.

P: Vi måste göra detta. Hela planeten har förstörts många gånger. Du vet om Atlantis ; det har funnits många andra explosioner, översvämningar. Detta är något som vi inte kan låta hända vid denna tidpunkt, eftersom det kommer att påverka resten av kosmos. Och jorden kommer att komma mer ur justering. Och vi kommer att sätta planeten tillbaka i justering, men vi kommer också att hjälpa till att rena och rensa den genetiska strukturen av allt och alla på planeten. Och detta har presenterats, och det har godkänts, och det kommer att göras. För mänskligheten har nått den punkt där detta inte kommer att kunna städas upp snart nog innan det förstör den genetiska makeupen som vi har skapat.
D: Så det behöver bara komma lite ur justering innan det påverkar den andra...
P: Det har redan påverkat andra—inte bara civilisationer i en fysisk sfär som du känner till, utan också på högre plan. Det är därför vi ska göra detta.

De olika universerna är så sammanflätade och sammankopplade att om rotationen eller banan för en störs, påverkar det alla andra. I extrema fall kan detta orsaka att alla universum kollapsar in på sig själva och desintegreras. Detta är en av anledningarna till att utomjordingarna övervakar planeten jorden. För att upptäcka eventuella problem orsakade av våra negativa influenser och varna de andra galaxerna och universerna så att motåtgärder kan initieras. De måste veta vad jorden sysslar med, så att resten av universum, galaxerna och dimensionerna kan skydda sig själva och överleva.

D: Jag tänkte att om ni ska ha ett så massivt projekt som detta på jorden, borde människorna kunna se alla dessa skepp.

P: Åh, du typiska jordbo! Nej, du kan inte se våra skepp. Vi är i olika dimensioner. Det finns många olika vibrationala nivåer. Du kommer inte ens att kunna se ljuset, men det är där. Vid något tillfälle kommer dina forskare att kunna mäta denna typ av energi. Vid en viss tidpunkt kommer forskarna att kunna fastställa att vi är i atmosfären, och de kommer att se våra skepp. De kommer att ha maskiner och apparater så att de kan avgöra var våra skepp är. Men de har inte den teknologin just nu eftersom vi har flyttat över ridån och vi är i—ska vi kalla det—ett astralt rike. Det är en högre nivå än det, men det är en finare nivå. Och dina ögon kan inte se dem, men i framtiden kommer de att ha maskiner som kan se det.

D: Men de kommer att veta att något händer med energinivåerna. Att något förändras.

P: Det kommer att förändras, och människorna kommer att förändras, men de kommer inte att kunna förstå vad som har hänt. Det kommer att vara en stor händelse, men de kommer inte att kunna urskilja det på en fysisk nivå. På själslig nivå kan de berätta. På undermedveten nivå kommer de att veta, men inte på medveten nivå, för du tänker på en fysisk energi. Detta är inte fysisk energi, detta är energi från Gud. Detta är själsenergi. Och den fungerar inom en annan dimension än du tänker. Det är väldigt annorlunda.

D: Så människorna kommer att känna det, men de kommer inte att se det. De kommer bara att veta att något händer i deras kroppar.

P: Vissa kommer att veta. De som är känsliga kommer att veta att något har hänt, men de kommer inte att veta vad. Och det är vad vi vill. Vi vill inte störa något.

DE TRE VÅGORNA AV VOLONTÄRER OCH DEN NYA JORDEN

D: Hur kommer detta att påverka den mänskliga kroppen?

P: Det kommer att förhindra nedbrytningen av den genetiska material-DNA i kroppen. Som jag sa, det blir skadat och vi kan inte ha det så. Vi kan inte ha en hel ras av människor som skadas. Energierna kommer att förändra den genetiska strukturen hos människorna så att den blir mer perfekt. Det är vad vi verkligen vill. Vi vill att människorna på planeten ska vara i perfekt harmoni. Inte bara med sig själva, utan med oss och resten av kosmos. De är inte i det just nu.

D: Så när den genetiska strukturen förändras, hur kommer kroppen att vara annorlunda?

P: När DNA:et förändras kommer kroppen att bli det som vi ville att den skulle vara för många årtusenden sedan. Vi försökte detta i Atlantis, det misslyckades! Anledningen till att det misslyckades var att energierna användes på ett negativt sätt av varelserna i Atlantis. Vi försökte föra fram en mer feminin energi tillbaka på Atlantis tid, som skulle höja upp och skapa en förening mellan det gudomliga manliga och det gudomliga kvinnliga. Det misslyckades. Därför gick planeten jorden igenom många, många, många tusen år med kvinnor som var underkuvade och de feminina energierna som var undertryckta. Nu är det dags för att båda ska vara jämlika. De gudomliga och feminina energierna kommer att förenas och detta kommer att skapa ett perfekt väsen... som Kristus. Alla här kommer att inse att de kan vara en perfekt Kristus när dessa energier är i balans. Energierna har inte varit i balans; de har varit ur balans i tusentals år. Det är därför det finns så många problem på planeten. Så när den genetiska strukturen ändras, kommer de gudomliga energierna, det manliga och kvinnliga, yin och yang, av Gud-energierna att förenas och det kommer att bli perfektion på planeten. Perfektion inom kropparna. Och denna planet kommer att vara något som vi kan visa för resten av världarna, resten av kosmos. Att detta är vårt experiment, och detta är vad vi har gjort och det har lyckats. Ljuset har lyckats eftersom det kommer att vara perfekt som vi har velat det för tusentals år. När vi först kom hit var det perfekt. Du har förmodligen fått veta det. Det har blivit förändrat. Du vet att meteoriten kom, sjukdom kom. Allt blev rörigt. Vi kommer att ha det perfekt igen. Och detta är en del av den justering som vi kommer att göra för att göra det perfekt igen. Och detta är helt normalt. Detta är allt en del av genetiken, men anledningen till att detta hände var att människorna har inte varit i balans. De gudomliga energierna har inte varit balanserade inom psyket eller ens inom den fysiska hjärnan, men psyket som kommer in i kroppen manifesterar sig fysiskt. Dessa har varit ur balans. Detta orsakar sjukdom inom kroppen. När bakterierna landade här på meteoriten, hade kropparna vid den tiden varit i total perfekt balans, skulle det inte ha spelat någon roll. Sjukdomen skulle inte ha kommit in. Men kropparna hade redan börjat förändras när den träffade, så det fanns inget vi kunde göra.

Hon refererade till samma sak som nämndes i min bok Keepers of the Garden, som förklarade att sjukdom introducerades till jorden och förstörde det stora experimentet av en meteor som slog ner på jorden när de spirande arterna fortfarande höll på att utvecklas. Detta orsakade stor sorg i rådet som var ansvarigt för att utveckla liv på jorden, eftersom de visste att deras experiment med att skapa den perfekta människan inte kunde ske under dessa omständigheter. De måste fatta beslut om de skulle stoppa experimentet och börja om igen, eller låta de utvecklande människorna fortsätta, med vetskap om att det aldrig skulle bli den perfekta arten som det var avsett. Det beslutades att så mycket tid och energi hade lagts ner på att utveckla människorna att de skulle få fortsätta. Förhoppningen var att kanske någon gång i framtiden skulle arten kunna utvecklas till den perfekta människan utan sjukdom. Detta är huvudorsaken till proverna och testerna som görs av utomjordingarna, som människor missförstår som negativa. De är oroade över effekterna av föroreningar i luften och kemisk kontaminering av vår mat på den mänskliga kroppen. Och de försöker förändra dess effekter.

Utomjordingen fortsatte: "Vi ville inte avbryta experimentet. Vi kunde inte bara kasta bort planeten. Vi kunde inte bara låta alla dessa livsformer, alla dessa själar bli för evigt förändrade. Vi var tvungna att ingripa och vi har kommit hit i många, många år. Detta är kulminationen av många, många års arbete. Miljoner år. Och det kommer snart och vi är glada eftersom mänskligheten har nått den punkt där detta kan föras fram igen på planeten. Som jag sa, vi försökte detta för många, många tusen år sedan och det misslyckades, men vi förväntar oss att det ska lyckas denna gång. Det börjar redan lyckas. Och vi är mycket glada över det."

D: *Kommer alla människor på jorden att uppleva detta?*
P: Som jag sa tidigare, kommer alla att påverkas. Det är bara det att det finns de som kommer att vara känsliga, som kommer att märka att det har gjorts. Vissa människor kommer inte att inse det på en medveten nivå, men det har gjorts på en själslig nivå. Om du skulle sätta dem i trans som du har gjort med detta subjekt nu, skulle de veta att de har påverkats, och de skulle kunna förklara vad det har gjort med deras genetik. Men på medveten nivå har de ingen aning. De vet inte. Och det är vad vi vill. Vi vill inte störa något.
D: *Jag har tänkt på negativa människor (mördare, våldtäktsmän, varelser av det slaget). Kommer de att påverkas på ett annat sätt?*
P: Alla kommer att påverkas. De kommer att veta på en undermedveten nivå vad som har hänt. När det undermedvetna förändras och blir medvetet, och aktiveras, ja.
D: *De har fortfarande karma.*
P: Detta kommer också att påverkas, eftersom denna planet i framtiden inte kommer att ha karma. Det är något som inte kommer att tillåtas här. Det kommer att vara en planet av ljus och fred och kommer att vara vårt stora experiment som lyckades.
D: *Jag har fått veta att detta är anledningen till att många i universum tittar på.*
P: Ja, precis. Vi är här för att göra det. Och det kommer att vara säkert.

EN SISTA DEL av informationen kom genom en klient i mitt kontor 2004. Jag trodde att en del av allt detta fortfarande var oklart: Hur kunde vissa människor vara medvetna om att de hade gjort skiftet till den nya jorden, medan andra inte skulle vara det? Hur skulle det vara möjligt att flytta en hel befolkning med bara en minoritet som visste något hade hänt? "De" måste ha varit medvetna om att jag kämpade med denna kvarstående tanke, så de försåg mig med svaret.

DE TRE VÅGORNA AV VOLONTÄRER OCH DEN NYA JORDEN

Bob: De flesta planeter, men särskilt denna, var bara ursprungligen designad för fem hundra och femtio tusen människor. En halv miljon människor. Det var så många det skulle gå. Fler människor reinkarnerar här för att uppleva alla dessa stora förändringar. Och jorden har blivit skadad och förändrad bortom förmågan att reparera den. Denna planet har tyvärr förändrats på sätt som gör att det inte finns någon möjlighet att återgå till sitt ursprungliga, orörda tillstånd. Men nu, på grund av den primära direktiven från Skaparen, måste detta accelereras. Eftersom det har tagit för lång tid. Det finns två sätt att göra detta. Du kan orsaka att planeten roterar och jordskorpan skiftar. Och du bokstavligen, när det händer, börjar om från grunden. Det var vad som utlöste istiden och dödade alla dinosaurier. Det spelar ingen roll hur det hände, men grundläggande gjorde det samma sak. En civilisation försvinner, och du börjar med istiden och Neanderthal-mannen och allt det där goda som händer igen. Du förlorar kontrollen över hela din civilisation och du hamnar som en legend som Atlantis och Lemurien. Detta har hänt många gånger tidigare. Men det är inte det som kommer att hända denna gång. Denna gång kommer du att skifta som en planet. Och i grunden som ett universum. Du skiftar hela dimensionen. Dimensionen förändras. Du går från 3,6 (3,6) som vi är nu, till fem. Och du säger: "Vad händer med fyra?" Tja, fyra är sort of här på ett sätt, men det kommer bara att hoppa över det. Du kommer att hamna i fem. När det dimensionella skiftet kommer kommer du bokstavligen att hoppa över det. Det finns många komplicerade frågor med detta. Det är därför det övervakas så noggrant. Många människor som är andligt redo kommer att kunna göra övergången väldigt enkelt. Andra kommer bokstavligen att tas bort från planeten. På ett ögonblick, och de kommer inte ens att veta att det har hänt, de flesta av dem. Och de kommer att hamna på en annan planet som är orörd, redo och väntande för detta att hända. Och deras förmågor kommer att vara långt bortom vad de är nu. Du har i grunden fem primära sinnen. Du kommer att ha många fler än så när övergången går igenom. Du kommer att bli automatiskt telepatisk. De kommer att vakna i sina små liv nästa dag—eller vad som kan göras, beroende på hur det har skiftat.—Det har hänt tidigare, förresten.—Vi kommer helt enkelt att stänga av. Det är som att gå in i en suspenderad

DE TRE VÅGORNA AV VOLONTÄRER OCH DEN NYA JORDEN

animation. Vi sätter det i suspension. Det kan ta två eller tre dagar att överföra befolkningen.

D: *Hela världen, eller bara de....*

B: Ja. Alla människor som är andligt redo att göra denna övergång. De kommer alla att flyttas bort. Och när de vaknar på denna andra planet kommer de inte ens att inse att det har hänt. Det var en sådan övergång som skedde för några år sedan på denna planet, med alla oss. Och inte många människor visste om det. Det var bara så. Det var som om en hel vecka passerade i loppet av en natt. Det har hänt på det sättet.

D: *Varför hände det då?*

B: Vi behövde justera solen, tekniskt sett, och vi behövde kunna justera den. Och om någon kunde se det, skulle de alla veta vad som hände. Det var inte ett särskilt praktiskt sätt att göra det. Så vi stängde helt enkelt av alla.

D: *Så de skulle inte veta det?*

B: Ja. Du gick till sängs den natten, och du sov som om du trodde att det var en tolv timmar lång period. Och du vaknade. Och din klocka tickade fortfarande på samma sätt. Men i själva verket hade du bokstavligen gått igenom en hel vecka.

D: *Alla sattes i suspenderad animation?*

B: Ja. Du stängde av hela systemet samtidigt.

D: *Medan världen rörde sig?*

B: Åh ja. Planeten rör sig. Du har så kallad "natt och dag." Men vi justerade det. Det var en riktigt intressant trick att göra det. Men det fungerar verkligen. Denna planetjustering som kommer. Denna frekvensförändring som kommer. Du kan inte bara göra detta med alla vakna. För då kommer du att ha alla möjliga konstiga reaktioner i människor. Så de tror att de alla är vakna. Men vi kan stänga av dem. Det är lite av ett trick. Det är mycket tekniskt inblandat.

D: *Så de skulle tro att de hade drömmar om de såg något.*

B: Ja, ja, precis. Men de kanske inte har medvetet minne av det, för glöm inte att de flesta människor inte har medvetet minne av vad de drömmer ändå. Och du kan förändra saker i drömmar mycket lätt också.

D: *Du sa att detta gjordes för några år sedan.*

B: Ja, det var det. Vi var tvungna att göra en justering i solens frekvens.

451

Så tydligen skulle svaret vara. Hela befolkningen på jorden skulle stängas av och sättas i suspenderad animation medan överföringen gjordes. Detta finns också i Bibeln: *"Den dagen, den som är på taket, och hans varor är i huset, låt honom inte komma ner för att ta dem bort. Och likaså, den som är på fältet, låt honom inte vända tillbaka. Jag säger er, på den natten kommer två män att ligga i en säng: den ene kommer att tas och den andre lämnas. Två kvinnor kommer att mala tillsammans: den ene kommer att tas och den andre lämnas. Två män kommer att vara på fältet: den ene kommer att tas och den andre lämnas. Och de svarade och sa till honom: "Var är Herre?" Så sa han till dem: "Där kroppen är, där kommer örnarna att samlas."* (Lukas 17:31-37)

Jag har fått veta många gånger om Maya-kalendern som slutar 2012. Människor tror att det är datumet för världens slut om mayaerna inte kunde se längre än så. Jag har fått veta att mayaerna andligt utvecklades till den punkt där deras civilisation skiftade i massor till nästa dimension. De stoppade kalendern 2012 eftersom de kunde se att detta skulle vara tiden för nästa stora händelse: hela världens skiftande till nästa dimension.

Vi kommer att ascendera till den andra dimensionen genom att höja vårt medvetande, vibrationerna och frekvenserna i våra kroppar. Till en början kan du fortsätta i en fysisk kropp ett tag. Sedan, när du gradvis upptäcker att det inte längre är nödvändigt, löses den fysiska kroppen upp i ljus, och du lever med en kropp av ljus eller ren energi. Detta låter väldigt likt flera fall i mina böcker där subjektet såg en varelse som glödde och var sammansatt av ren energi. De har utvecklats bortom behovet av en fysisk begränsande kropp, och vi

DE TRE VÅGORNA AV VOLONTÄRER OCH DEN NYA JORDEN

kommer också att göra detta när vi når den nivån. Så i många fall, när varelsen ascenderar, tar de den fysiska kroppen med sig. Men detta är bara en tillfällig situation, och avskedandet och släppandet av kroppen beror på den nivå av förståelse som varelsen har nått. Vi tenderar att hålla fast vid det välbekanta, men så småningom ser vi att även om vi kan ta det med oss, är kroppen för begränsande och inskränkande för den nya verkligheten i den nya dimensionen. När vi når denna nya dimension kommer den nya kroppen av ljus eller energi aldrig att dö. Detta är vad Bibeln menade när den refererade till "Ett evigt liv." Andesidan eller den mellanlivstillståndet, där jag har funnit att vi går när vi dör i detta liv, liknar en återvinningsstation. Det leder tillbaka till ett nytt liv på jorden eftersom det fortfarande finns karma att arbeta ut, eller något som behöver uppmärksammas. Människor fortsätter att återvända eftersom de inte har slutfört sina lektioner eller sina cykler. Genom att höja medvetandet, frekvensen och vibrationerna finns det inget behov av att överbrygga informationen, för att vara ambassadörer. Att återvända till den plats (det mellanliggande tillståndet) kan transcenderas genom att gå till den plats där alla är eviga, och där det inte finns något behov av att återvinna. Vi kan stanna där för alltid. Detta är förmodligen den plats som många av mina subjekt hänvisar till som "hem". Den plats som de djupt saknar och längtar efter att återvända till. När de ser det under regressionerna blir de mycket känslomässiga eftersom de har längtat djupt efter det, men inte medvetet vetat att det existerade.

KAPITEL TRETTIOSJU
DE SOM BLEV KVAR

ANNARS I DEN här boken och i Convoluted Universe-serien har jag tagit upp berättelser om individer som bevittnat förstörelsen av sin hemplanet. De var nya på Jorden, och vissa sa att de bara skickades till Jorden under avgörande tider. Förstörelsen hade varit en personlig upplevelse, och de skulle vara extremt värdefulla under denna tid för att se till att det inte hände igen här på Jorden. Detta var en annan sådan individ som hade sett en hel planet bli förstörd.

D: Varför beslutade Jean att komma tillbaka nu? Du sa att hon varit här vid andra avgörande punkter i Jordens historia.
J: Detta är det stora. Detta är det stora. Detta händer nu. Och många börjar minnas vilka de verkligen är och blir kontaktade. De nya barnen kommer in, och hon älskar barnen. Så hon hjälper andra att balansera energierna. Det handlar om att vara en bro. Att broa energierna nu. Du är en bro. Självklart är du. Så det finns de av er som kom in för att hjälpa till att broa informationen, för att vara ambassadörer.
D: För att hjälpa dessa människor att vakna upp till vem de är?
J: Absolut. Och för att vara okej. Att acceptera alla som har upplevelser som de har lagt åt sidan. Det är en stor tid på er planet eftersom detta är det stora. Det är här ni, som planet, vaknar ur drömmen av att tro att ni är ensamma. Att ni är allt som finns. Er Jord är i evolution. Ni är alla i evolution. Alla ögon är på Jorden just nu, ändå. Detta är det stora. Många har kämpat för att vara här. Även barn som kommer in, även för några timmar. Ni kommer alla att bära det, märket av att ha varit här.
D: Även för några timmar?
J: Absolut. Att ha varit på denna planet vid en tid av denna typ av evolution. Ingen planet har någonsin riktigt utvecklats på detta sätt tidigare, så unikt. Om ni skulle få möjligheten att bära identifieringen av att ha varit på en planet som kommer att bli känd genom multiversum, även om ni bara kan vara här i några

timmar, att ni kunde säga: "Jag var på Jorden vid tiden för evolution." Varför inte?

D: *Är detta vad jag kallar den Nya Jorden? (Ja) Att det kommer att finnas en gammal och en ny, och sedan en separation. (Ja.) Och att vissa inte kommer att göra evolutionen? (Ja. Ja.) Jag försöker fortfarande förstå det.*

J: Det är svårt för många människor att förstå detta koncept.

D: *Jag försöker fortfarande klargöra detta för mig själv, så jag kan förklara det för andra människor.*

J: Okej. Vi ger dig denna bit. För dem som väljer att stanna i karma, måste de leva ut det någonstans. Så, stannar de med den gamla Jorden? Blir de tagna till någon främmande planet? Nej, de stannar där de skapade.

D: *Jag förstår. Och de är de som inte kommer att gå vidare i evolutionen?*

J: Inte vid denna tid. Nej. Så småningom. Inte vid denna tid. Men det kommer att vara svårt.

D: *Så den gamla Jorden kommer att fortsätta existera?*

J: Ja. Denna.

D: *Kommer människorna på den gamla Jorden att vara medvetna om att något har hänt när evolutionen sker?*

J: Okej. Vi tar dig tillbaka till tiden för Atlantis. I er historia hade Atlantis flera förstörelser, och människor uppfattade att andra dog.

D: *Menar du att det fanns mer än en förstörelse?*

J: Ja. Det finns en Atlantis som fortsatte och existerar i tid och rum. Därför, från det perspektivet, existerar den Atlantis nu i en annan dimension.

Så det kommer att finnas de på den gamla Jorden som kommer att uppleva det eftersom de köper in på rädslan för döden och förstörelsen och förödelsen av Jorden, och de kommer att vara där. I deras sinne kan de uppfatta att ni alla är döda eller borta, eller vad som helst. Och på samma sätt kan ni uppfatta dem som borta, men på ett eller annat sätt kommer det att finnas två upplevelser. Så tänk på detta som redan där. Orkestreringen för att skapa denna upplevelse är så mycket större än vad någon människa kan uppfatta vid denna tid. Detta är en stor orkestrering, inte bara som sker på er Jord, utan med hjälp av så många. Så många. Och inga andra planeter har gjort detta förut.

D: Jag har blivit informerad om att hela universum tittar.
J: Mer än bara universum. Det finns de till och med från andra universum som tittar.
D: För de sa att detta aldrig hade hänt förut, där en helt planet flyttar in i en annan dimension.
J: Aldrig. Någonsin. Titta också på faktumet att, som medvetande, ser ni er själva som separata. Medvetandet på denna planet skapades på ett unikt sätt för att kunna uppleva sig självt som separat. De flesta andra raser ser inte så. Oavsett var de är, upplever de inte sig själva som separata från sin Källa. Er planet har.
D: Så de som är en del av råden, och arbetar på skeppen, känner sin Källa och vet var de kommer ifrån?
J: Självklart. Och de älskar er människor. Ni vet inte ens vad ni har gjort. De erkänner att det finns primitiva beteenden på planeten, men för att nå den nivå ni har, baserat på de begränsningar ni har varit tvungna att arbeta inom. Det är fantastiskt. Er kapacitet att älska är djup. Er kapacitet för rädsla är djup. Det är makten av kontroll som får alla i trubbel. Främjas av rädslan.
D: Jag vet att Jorden skapades med fri vilja. Men den skapades också med tanken att inte veta att den var en del av Källa?
J: Ja. Det var en intressant konstruktion av medvetande, i och med att den upplevde sig själv som separat. Var annars skulle det kunna finnas mer tillväxt än i en situation där ni faktiskt såg er själva som separata från er Källa?
D: Men du sa att de andra raserna vet att de alla är en del av Källa.
J: Ja, det gör de. Så kan det finnas mer själslig tillväxt på Jorden? Ja.
D: Om vi trodde att vi var ensamma, och sedan var tvungna att upptäcka detta helt själva.
J: Ja. De måste upptäcka sanningen om vem de är på egen hand. Ja.
D: Utan något annat för att hjälpa dem. Jag kan se vad du menar.
J: Ni har täthet här. Ni har skönheten. Ni har sinnena. Ni har mycket som pågår här, men ni har också bristande förståelse. Titta var ni är.
D: Jag har haft många människor som har sessioner där de går tillbaka till Källa. De ser hur vackert det är, och de vill inte lämna det igen.

DE TRE VÅGORNA AV VOLONTÄRER OCH DEN NYA JORDEN

J: När ni kopplar upp er med Källa, är det den vackraste upplevelsen. Så din fråga är vad? Händer sessionerna för att de ska koppla upp sig med den Källa?

D: *Ja. Varför händer det? Så de kommer att veta hur det är, eller för att påminna dem eller....?*

J: För dem som behöver ha den upplevelsen, ja. För vissa skulle det vara för stort, och de skulle inte kunna gå vidare. De skulle hellre vilja lämna. Det är olika för var och en av er. Varje person är olika när det gäller vad de kan och inte kan uppleva. Och vad det kommer att utlösa inom deras undermedvetna eftersom var och en av er är ett unikt och individuellt fingeravtryck på planeten. Det finns inga två av er som verkligen är lika. Tänk vilken genialitet som är mästerverket av det. Tänk på skönheten och underverket av det. Och det finns många av er, andra livstider nu, som arbetar på andra sidan, och de deltar också i detta. Ni är aldrig ensamma, någon av er.

D: *Vi måste återupptäcka var vi kom ifrån, och varför vi är här. Men det fanns en fråga som människor har ställt mig, och jag tror att du har besvarat en del av det. Att om vissa tas bort, och vissa lämnas bakom, skulle inte de som går vidare till den nya världen märka att andra medlemmar av deras familj var borta? Det är några saker jag fortfarande försöker klargöra, i vår sätt att tänka. Jag måste kunna förklara det för folk.*

J: Vi förstår. Vi förstår. Vi förstår. Vi ger dig denna förklaring. Vi hoppas att detta hjälper. Människor kommer att börja falla ur andras liv. De kommer att börja märka att de faller bort. Ganska snabbt nu. Med andra ord, människor, familjemedlemmar, vem de än har varit nära, kommer bara att falla bort, försvinna. Det kommer att hända över en natt. Så vid den tidpunkt då skiftet inträffar, kommer några av dessa personer redan att ha fallit bort ur deras liv, de kommer att separera. De kommer bara att försvinna. Så och så flyttade hit, lämnade staden, gjorde detta. Förstår du?

D: *Ja, men vi kunde alltid gå till polisen och försöka hitta personen, eller....*

J: Det kommer inte att hända på det sättet. Det kommer att vara dem som flyttar bort, något hände, distansering, distansering, distansering. Vid den tidpunkt då det verkligen inträffar, kommer

DE TRE VÅGORNA AV VOLONTÄRER OCH DEN NYA JORDEN

avståndet att finnas där. Har du inte haft människor som fallit ur ditt liv nyligen?

D: Ja. Självklart kunde vi alltid kontakta dem om vi behövde.

J: Men du kommer inte att göra det. Det är vår poäng. Du kommer inte att kontakta dem. Det kommer bara att vara en naturlig avskiljning. Frekvenserna och vibrationerna kommer inte längre att matcha, och därför kommer de att falla bort ur ditt sinne. Behovet av att kontakta dem kommer inte att finnas där.

D: Och detta betyder att de antingen stannar med den gamla Jorden, eller så går de vidare till den nya?

J: I vissa fall har det funnits de som har lämnat tidigt och arbetar på andra sidan slöjan. Du är medveten om det. Men några av de som försvinner, efter en tidsperiod, kommer du att tänka: "Jag undrar vad som hände med den personen?" Men du har inte den impulsen att kontakta dem som du normalt skulle ha. Du har inte den drivande impulsen: "Åh, jag är orolig, jag måste ringa. Jag måste nå ut." Det är inte detsamma. Du märker att ditt behov av att koppla upp dig till dem helt enkelt inte finns där. Det faller bara bort. Du glömmer.

D: Jag har blivit informerad om att i början kommer de som går in i den nya världen att ha fysiska kroppar. Så vi kommer inte att veta när vi faktiskt har gjort skiftet, separationen. Stämmer det?

J: Det kan vara en för enkel beskrivning. För de av er som kom in för att broa detta... vi förklarar det så här. När ni gör ert arbete, underlättar ni. Ni hjälper människor att vakna, att öppna upp till mer av vem de är. Att höja sin vibration, sin frekvens, för att kunna resonera vid högre cykler per sekund så att de kan göra skiftet. Förstår du?

D: Ja. Det är vad jag försöker hjälpa människor att göra.

J: Precis, det är vad du hjälper människor att göra. Ja. Det kommer att hända. Det kommer inte att hända på det sätt som människor tror, där det kommer att bli en kataklysm eller det ena eller det andra. Nej. Det kommer bara att vara som att du vaknar en morgon och tänker att allt är normalt, och du fortsätter, och så kommer du att vara där. Du kommer att märka en skillnad i resonans, men du kommer redan att vara där för att din resonans ökar varje dag redan, precis som det är. Och så, helt plötsligt, en dag kommer du att nå de nödvändiga cyklerna per sekund för att ta dig från här till

DE TRE VÅGORNA AV VOLONTÄRER OCH DEN NYA JORDEN

dit. Låt oss förklara det så här. Om någon kom tillbaka just nu från artonhundratalet för att se dig, skulle du lysa för dem. Du har redan nått de cykler per sekund som skulle lysa för en mänsklig form från, säg, artonhundratalet. Så i essens, dina cykler per sekund ökar.

Kommentar: Kan detta vara en anledning till varför när John och de andra gick för att besöka Nostradamus (Conversations With Nostradamus-trilogin), såg han dem som lysande energiväsen från framtiden? Var detta för att de faktiskt vibrerade vid en snabbare frekvens som gjorde att de lyste? Det är något att tänka på.

J: Det är anledningen till att du är en bro för att hjälpa andra att höja sina cykler per sekund så att de kan göra skiftet. Och ju fler människor du snabbt höjer, desto mer aktiverar de andra med sina frekvenser och vibrationer. Så vad du gör är att aktivera fler och fler människor på planeten, vilket aktiverar andra, vilket höjer planetens frekvens. Förstår du? Det är allt cykliskt. Allt påverkar allt annat. Du har människor som kommer till Jorden och inte behöver göra något, de är strikt aktiverare. Deras energifält aktiverar alla andras. [Se exempel i den här boken.] Du har de som arbetar mycket hårt och flitigt, som är som sändare. De sänder ut över planeten, som en mikrovågssignal.

D: *Detta ger mening för mig. Detta är varför jag har blivit informerad om att ålder inte kommer att spela någon roll.*

J: Det stämmer precis.

D: *Vi kommer att fungera på en annan nivå, andra vibrationer.*

J: Andra vibrationer, andra cykler per sekund.

D: *Detta är sättet som vissa av de andra raserna (ETs, utomjordingar) fungerar, eller hur?*

J: Ja. De åldras i en helt annan takt. Målet för människor är en längre livslängd. Mycket längre. Och även att skapa bron av förståelse. Och om du börjar med hälsa, kan du nå ut till människor på ett icke-invasivt, icke-hotande sätt.

D: *I denna nya värld, där ålder inte kommer att spela någon roll, kommer kroppen så småningom att dö? På det sätt vi betraktar det på Jorden nu, i vår verklighet.*

DE TRE VÅGORNA AV VOLONTÄRER OCH DEN NYA JORDEN

J: Det kommer att finnas några av er som kommer att ha möjligheten att inte dö alls. Bara göra er övergång, bara korsa över. Men inte alla kommer att vara på exakt samma frekvens vid samma tid. Kom ihåg det.

D: Ja. *Jag tänkte att kanske kroppen skulle nå den punkten där den bara skulle kunna upprätthålla sig själv tills själen var redo att lämna.*

J: Det stämmer precis. Inte för alla, dock. Om du har många människor som gör denna övergång, och låt oss säga att frekvensen måste vara cirka 44 000 cykler per sekund för att göra den frekvensskiftet. Inte alla kommer att vara på den frekvensskiftet vid samma tid. Du kommer att ha olika variabler i frekvensskiftet. Det kommer fortfarande att finnas de av er som är på den främsta linjen, på den skärande kanten, även på andra sidan. Även i den nya världen. Förstår du? För det kommer alltid att finnas. För det finns alltid de på varje nivå. Varje ras har alltid de som är där ute på den skärande kanten. Lite längre fram, går lite längre eftersom det är evolution.

D: *Jag tänkte att så skulle det vara. Vi skulle ha mycket mer tid att göra vårt arbete, och att hjälpa till att nå ut till människor.*

J: Självklart.

D: *Vi skulle inte behöva oroa oss för kroppens begränsningar.*

J: Åh, kroppens begränsningar. Nej. Titta på din helhet. Du förändras redan. Du genomgår cellulära förändringar. De gör justeringar på dig.

D: *Jag har blivit informerad om att de gjorde det på mig.*

J: Ja, de gör det. (Skratt) Och eftersom du är en talesperson, återigen, en bro, vem är mer viktig att se bra ut än du?

D: *Jag antar det. Tja, om jag hör det från tillräckligt många människor kanske jag börjar tro det, ändå.*

J: Du behöver tro det.

D: *Jag har också blivit informerad om att inte alla kommer att göra detta skift till den nya världen.*

J: Detta är korrekt. När Jorden ska göra ett skift, finns idén att många själar får tillgång till erfarenhet, eftersom, som du säger, ni upplever många saker i er tillväxt som själar. Och så har det funnits många, låt oss säga, nybörjare som kommit in på planeten. Ibland kan det vara hjälpsamt att vara i en klass med avancerade

DE TRE VÅGORNA AV VOLONTÄRER OCH DEN NYA JORDEN

studenter. Som du vet, de gamla landsbygdsskolorna? (Ja) Så du kan ha nivåer av studenter alla i samma rum, och de drar alla nytta av det. Men det kommer till slut en tid då studenterna behöver gå vidare. Och det innebär att de som lämnas bakom kommer att måste hitta sin egen planet. De kommer att sättas på andra skolor, andra ställen.

D: Jag har alltid tyckt att det lät grymt att lämna dem bakom.
J: Åh, nej. De kommer inte att lämnas bakom. De kommer att tas till en plats där de kan växa.
D: Så har jag förstått det också. Det skulle vara som en separation.
J: Det är mer naturligt. Det är som när du lämnar din kropp, går du till en annan dimension och växer i den dimensionen, och du kanske eller kanske inte kommer in i en annan kropp här. Du kanske går någon annanstans. Och om hela universum är en kropp, finns det många, många galaxer och planeter dit de kan gå.

MER INFORMATION OM hur våra kroppar och hela världen kommer att genomgå den dimensionella skiftprocessen, och det kommer att vara odetekterbart för dem omkring som inte gör skiftet eller förändras:

"Våra kroppar och allt omkring oss ökar nu sin vibrerande frekvens och justerar till en ny frekvens. Varje cell i kroppen börjar vibrera vid en så snabb takt att den förvandlas till ljus. När detta börjar ökar kroppens temperatur och kroppen börjar lysa med ljus. När varje cell vibrerar vid en mycket hög frekvens, kommer du att försvinna från normal syn och flytta in i en högre dimensionell verklighet. Detta innebär att kroppen har flyttat i vibration bortom den tredje dimensionen och nu vibrerar på en mycket högre dimensionell nivå. Detta innebär då att du inte kommer att gå igenom dödsprocessen, eftersom du då kommer att ha en Ljus kropp. Åldrande kommer inte att existera för dig, och du kommer att ha klivit in i den nästa dimensionella verkligheten. Du kan då nå nästa steg av andlig evolution."

"De" har betonar att detta har hänt genom tiden för vissa individer och små grupper av människor. Men vad som gör det unikt nu är att det för första gången kommer att vara en hel planet som gör skiftet till en annan dimension. Detta kommer att vara den nya Jorden och den nya världen. Detta beskrivs i Bibeln som den nya himlen och den nya Jorden. De andra som inte är redo, kommer att lämnas bakom (precis som det står i Bibeln) för att fortsätta leva ut sin karma. De kommer inte ens att vara medvetna om att något har hänt. De som inte har blivit upplysta kommer att behöva återvända till en annan, tätare planet som fortfarande är involverad i negativitet, för att arbeta ut sin kvarstående karma. De kommer inte att få komma till den "nya Jorden" eftersom deras vibration inte kommer att matcha.

Jorden är en levande varelse. Hon har utvecklats precis som vi, även om det har skett i en mycket långsammare takt. Hon förbereder sig nu för att gå in i sin nästa inkarnation, vilket kommer att hända när hon höjer sina vibrationer och frekvenser för att ta sig till en högre dimension. Hon har tolererat människor som lever på henne sedan början, och det spelar ingen roll för henne om vi går med henne eller inte. Hon rör sig oavsett, och om vi väljer att gå, är det vårt beslut. Vi har skapat en sådan olägenhet att hon skulle föredra att vi inte gick med henne. Vi är som loppor på en hund, och det är uppenbart att vi har orsakat stor skada och stress på denna vackra planet. Så om vi vill gå med henne på detta nästa äventyr, måste vi göra förändringar i oss själva. Vår frekvens och vibration måste höjas, annars kommer vi att lämnas bakom.

FLERA ÅR SEDAN deltog jag i en panel på en konferens med Annie Kirkwood, författaren till Mary's Message to the World. Hon berättade om en vision hon hade som tycks skildra evolutionen av den Nya Jorden. Hon såg Jorden som den ses från rymden. Sedan började det se ut som två Jorder, en superimponerad över den andra. Det fanns små linjer av blinkande ljus som gick mellan båda Jorden. Sedan, medan hon såg, såg hon att det började dra sig isär; precis som en cell gör när den delar sig för att producera en annan cell. En Jord gick i en riktning, och den andra gick i den andra riktningen. På den ena Jorden utropade hon och andra: "Ja, ja, det hände verkligen! Vi gjorde det! Vi är verkligen en ny Jord!" Och på den andra Jorden hörde hon sin

DE TRE VÅGORNA AV VOLONTÄRER OCH DEN NYA JORDEN

systers röst: "Den där flickan var så galen! Hon var där ute och berättade för alla dessa galna saker. Och inget hände! Hon dog bara!" Så det verkar som att när den slutgiltiga händelsen inträffar, kommer det att finnas några människor som inte ens är medvetna om att något har inträffat. Detta kommer att vara separationen av de som går vidare med den Nya Jorden och de som lämnas bakom på den Gamla Jorden, som fortfarande kommer att vara genomsydd av negativitet.

Senare under en föreläsning förklarade jag denna vision, och efteråt kom en man fram till mig. Han sa: "Jag vill att du ska veta att jag är en affärsman. Jag har vanligtvis inte upplevelser som jag inte kan förklara logiskt. Men när du beskrev de två Jorder som separerades, försvann plötsligt denna föreläsningssal, och jag fann mig själv i rymden. När jag såg på, såg jag det hända precis som du beskrev." Han sa att scenen fortfarande var väldigt levande i hans sinne. Han gick hem och skapade bilden nedan på sin dator och gav tillåtelse att använda den i denna bok. Det är mycket mer imponerande i färg, men den Nya Jorden är den lysande sfären som är superimponerad över den gamla Jorden.

Michael R. Taylor (MT)

Vid en föreläsning i Chicago 2006 diskuterade jag evolutionen av den Nya Jorden. Jag beskrev visionen som Annie Kirkwood hade om att Jorden delade sig i två Jorder. Hur, när den ena delades i två separata Jorder, skulle människorna på vardera inte vara medvetna om vad som hände på den andra. De som hade höjt sin frekvens och vibration skulle ascendera till den Nya Jorden när den utvecklades och lyftes in i en annan dimension. De skulle därmed bli osynliga för dem som "lämnades bakom." Det har funnits flera saker om detta koncept som har oroat mig. Jag gillar alltid att ha svar; jag antar att det beror på min stora nyfikenhet. Jag har känt att det finns luckor eller hål som behövde fyllas. Delar som behövde förklaras. Någon i publiken ställde frågan om hur detta kunde hända, och att de på den ena Jorden inte skulle vara medvetna om vad som hände på den andra. Plötsligt hade jag en uppenbarelse. En tanke kom till mig som kanske var glimten av en begriplig förklaring. Det är alltid klokt att lita på dessa intuitioner och kunskapsglimtar, eftersom de ofta kommer från våra vägledare. I det här fallet kan det ha kommit från samma källa som ger mig all information genom mina klienter. Jag sade plötsligt: "En möjlig förklaring kom just till mig."

Tidigare i föreläsningen hade jag pratat kort om teorin om parallella universum och liv som skapas av våra tankar och beslut. I Bok Ett skrev jag om en teori som jag aldrig hade hört talas om, och som gav mig huvudvärk när jag försökte förstå den. Kort sagt säger den att: Varje gång en individ måste fatta ett beslut har de vanligtvis mer än ett val. Detta kallar jag för "att komma till ett vägskäl." De måste bestämma sig för att gå en väg eller en annan. Det kan vara ett beslut om ett äktenskap, en skilsmässa, ett jobb, vad som helst. De funderar över varje val och lägger ner mycket energi på att bestämma vilken väg de ska ta. Sedan fattar de ett beslut. Vi har alla upplevt dessa "vägskäl." Vi vet att om vi hade valt att gå den andra vägen skulle våra liv ha varit helt annorlunda. Vi bestämmer oss för att gå i en riktning. Men vad händer med den energi som vi har skickat in i det andra beslutet som inte valdes? Det blir också en verklighet! Ett annat universum eller dimension skapas omedelbart för att agera ut den andra beslutsprocessen, och en annan "du" skapas också för att vara spelaren i det scenariot. Detta var den enkla förklaringen, eftersom det inte bara händer när vi ställs inför stora beslut. Det kan hända varje gång vi står inför val, oavsett hur stora eller små. Varje gång vi fattar ett beslut skapas ett annat universum eller dimension omedelbart så att det andra valet också kan bli en verklighet, och en annan "du" splittas av för att spela den rollen. De är alla lika verkliga som det nuvarande liv vi fokuserar på. Vi är inte medvetna om dessa andra delar av oss, och det är klokt att vi inte är det. Våra mänskliga sinnen skulle aldrig kunna hantera allt detta. Jag fick veta att problemet inte ligger i hjärnan, utan i sinnet. Det finns helt enkelt inga begrepp inom vårt mänskliga sinne som tillåter oss att förstå alla komplexiteter. Därför kommer vi aldrig att få alla svar. Det finns ingen möjlighet att vi skulle kunna förstå. Så de (i sin visdom) väljer vilka små bitar de ska ge oss under denna tid av uppvaknande, så att vi ska få lite utvidgad information. Och när våra sinnen expanderar för att omfatta nya idéer och teorier, kommer de att ge oss fler små smulor. Jag är personligen tacksam för de bitar och delar jag får. Det visar att våra sinnen vaknar. Detta är det enda sättet vi kommer att kunna hantera konceptet av att vår Jord förändrar frekvens och vibration för att skifta in i en annan dimension. Den information jag får nu skulle jag aldrig ens ha kunnat börja förstå när jag började mitt arbete för över trettio år sedan. Så jag vet att jag har växt, och jag kan se detta reflekteras i de böcker jag har skrivit under dessa år.

Uppenbarelsen som kom till mig under föreläsningen i Chicago var att kanske anledningen till att människorna på varje Jord inte kommer att vara medvetna om varandra, och vad som händer, kan vara att det kommer att likna konceptet av skapandet av parallella universum och dimensioner. Endast på en mycket större skala. Om vi inte är medvetna om dessa andra delar av oss som agerar ut de andra beslut som vi har skapat genom den energi vi har fokuserat på dem, så skulle människorna på de två Jorderna vara omedvetna om varandra. En Jord skulle gå i riktning mot ett beslut eller val, och den andra Jorden skulle gå i en annan riktning. Varje agerande skulle utgöra ett alternativt beslut. Det är upp till människorna på Jorden just nu att var och en fatta sitt personliga beslut om vilken väg de vill följa. Energin är närvarande och blir starkare. Den påverkar fysiskt våra kroppar. Vår egen frekvens och vibration förändras. Men jag tror att det fortfarande är upp till oss vad vi beslutar, vilken Jord vi dras mot på grund av vår

DE TRE VÅGORNA AV VOLONTÄRER OCH DEN NYA JORDEN

fria vilja. Den största skillnaden här är att "de" har sagt att detta aldrig har hänt på en så stor skala förut. Aldrig i universums historia har en hel planet förändrat sin frekvens och vibration för att skifta in i en annan dimension. Det är därför det sägs vara den största showen i universum, och alla från många olika galaxer och dimensioner tittar för att se vad som kommer att hända. Kommer vi att kunna göra det? Kommer vi att kunna genomföra det?

Tåget avgår från stationen. Det tar oss till ett stort äventyr som aldrig har upplevts i denna skala förut. Det är upp till varje individ om de går ombord eller förblir stående på plattformen. De volontärer som har uppfyllt sitt syfte är redo att åka "hem." Allt ombord!! Och kom ihåg, du är aldrig ensam.

FÖRFATTARSIDA

Dolores Cannon, en regressionshypnoterapeut och psykisk forskare som dokumenterar "förlorad" kunskap, föddes 1931 i St. Louis, Missouri. Hon utbildades och bodde i St. Louis fram till sitt äktenskap 1951 med en sjöofficer. Hon tillbringade de följande 20 åren med att resa runt världen som en typisk marinfru och uppfostra sin familj. År 1970 blev hennes man pensionerad som en funktionshindrad veteran, och de flyttade till kullarna i Arkansas. Därefter inledde hon sin författarkarriär och började sälja sina artiklar till olika tidskrifter och tidningar.

Hon har varit involverad i hypnos sedan 1968 och har uteslutande arbetat med tidigare livsterapi och regressionsarbete sedan 1979. Hon har studerat olika hypnosmetoder och utvecklat sin egen unika teknik som möjliggjorde den mest effektiva frigörandet av information från sina klienter. Dolores undervisar nu i sin unika hypnoteknik över hela världen.

År 1986 utökade hon sina undersökningar till UFO-området. Hon har utfört fältstudier av misstänkta UFO-landningar och undersökt sädesfältcirklar i England. Majoriteten av hennes arbete inom detta

DE TRE VÅGORNA AV VOLONTÄRER OCH DEN NYA JORDEN

område har varit insamling av bevis från misstänkta bortförda genom hypnos.

Dolores var en internationell talare som har hållit föreläsningar på alla kontinenter. Hennes sjutton böcker har översatts till tjugo språk. Hon har talat till radio- och tv-publik världen över, och artiklar om/av Dolores har publicerats i flera amerikanska och internationella tidskrifter och tidningar. Dolores var den första amerikanen och den första utlänningen som mottog "Orpheus-priset" i Bulgarien för de högsta framstegen inom forskning om psykiska fenomen. Hon har också fått utmärkelser för framstående bidrag och livslånga prestationer från flera hypnosorganisationer.

Dolores hade en stor familj som höll henne stadigt balanserad mellan den "verkliga" världen av hennes familj och den "osynliga" världen av hennes arbete.

Om du vill korrespondera med Ozark Mountain Publishing om Dolores arbete eller hennes utbildningskurser kan du skriva till följande adress:

(Vänligen bifoga ett självadresserat frankerat kuvert för svar.)
Dolores Cannon, P.O. Box 754, Huntsville, AR, 72740, USA
Eller skicka ett e-postmeddelande till kontoret på decannon@msn.com eller via vår webbplats: www.ozarkmt.com.

Dolores Cannon, som gick bort från denna värld den 18 oktober 2014, lämnade efter sig otroliga prestationer inom alternativ helande, hypnos, metafysik och tidigare livsregression. Men det mest imponerande av allt var hennes medfödda förståelse för att det viktigaste hon kunde göra var att dela information. Att avslöja dold eller outforskad kunskap som är avgörande för mänsklighetens upplysning och våra lärdomar här på jorden. Att dela information och kunskap var det som betydde mest för Dolores. Det är därför hennes böcker, föreläsningar och unika QHHT®-metod fortsätter att förbluffa, vägleda och informera så många människor runt om i världen. Dolores utforskade alla dessa möjligheter och mer, medan hon tog oss med på våra livs resa. Hon ville att medresenärer skulle dela hennes resor in i det okända.

Other Books by Ozark Mountain Publishing, Inc.

Dolores Cannon
A Soul Remembers Hiroshima
Between Death and Life
Conversations with Nostradamus,
Volume I, II, III
The Convoluted Universe -Book One,
Two, Three, Four, Five
The Custodians
Five Lives Remembered
Horns of the Goddess
Jesus and the Essenes
Keepers of the Garden
Legacy from the Stars
The Legend of Starcrash
The Search for Hidden Sacred
Knowledge
They Walked with Jesus
The Three Waves of Volunteers and the
New Earth
A Very Special Friend
Aron Abrahamsen
Holiday in Heaven
James Ream Adams
Little Steps
Justine Alessi & M. E. McMillan
Rebirth of the Oracle
Kathryn Andries
Time: The Second Secret
Will Alexander
Call Me Jonah
Cat Baldwin
Divine Gifts of Healing
The Forgiveness Workshop
Penny Barron
The Oracle of UR
The Oracle of UR, Book 2
P.E. Berg & Amanda Hemmingsen
The Birthmark Scar
Dan Bird
Finding Your Way in the Spiritual Age
Waking Up in the Spiritual Age
Julia Cannon
Soul Speak – The Language of Your
Body
Jack Cauley
Journey for Life
Ronald Chapman
Seeing True
Jack Churchward
Lifting the Veil on the Lost

Continent of Mu
The Stone Tablets of Mu
Carolyn Greer Daly
Opening to Fullness of Spirit
Patrick De Haan
The Alien Handbook
Paulinne Delcour-Min
Divine Fire
Holly Ice
Spiritual Gold
Anthony DeNino
The Power of Giving and Gratitude
Joanne DiMaggio
Edgar Cayce and the Unfulfilled
Destiny of Thomas Jefferson
Reborn
Paul Fisher
Like a River to the Sea
Anita Holmes
Twidders
Aaron Hoopes
Reconnecting to the Earth
Edin Huskovic
God is a Woman
Patricia Irvine
In Light and In Shade
Kevin Killen
Ghosts and Me
Susan Linville
Blessings from Agnes
Donna Lynn
From Fear to Love
Curt Melliger
Heaven Here on Earth
Where the Weeds Grow
Henry Michaelson
And Jesus Said – A Conversation
Andy Myers
Not Your Average Angel Book
Holly Nadler
The Hobo Diaries
Guy Needler
The Anne Dialogues
Avoiding Karma
Beyond the Source – Book 1, Book 2
The Curators
The History of God
The OM
The Origin Speaks

For more information about any of the above titles, soon to be released titles,
or other items in our catalog, write, phone or visit our website:
PO Box 754, Huntsville, AR 72740|479-738-2348/800-935-0045|www.ozarkmt.com

Other Books by Ozark Mountain Publishing, Inc.

Psycho Spiritual Healing
James Nussbaumer
And Then I Knew My Abundance
Each of You
Living Your Dram, Not Someone Else's
The Master of Everything
Mastering Your Own Spiritual Freedom
Sherry O'Brian
Peaks and Valley's
Gabrielle Orr
Akashic Records: One True Love
Let Miracles Happen
Nick Osborne
A Ronin's Tale
Nikki Pattillo
Children of the Stars
A Golden Compass
Victoria Pendragon
Being In A Body
Sleep Magic
The Sleeping Phoenix
Alexander Quinn
Starseeds What's It All About
Debra Rayburn
Let's Get Natural with Herbs
Charmian Redwood
A New Earth Rising
Coming Home to Lemuria
David Rousseau
Beyond Our World, Book 1
Beyond Our World, Book 2
Richard Rowe
Exploring the Divine Library
Imagining the Unimaginable
Garnet Schulhauser
Dance of Eternal Rapture
Dance of Heavenly Bliss
Dancing Forever with Spirit
Dancing on a Stamp
Dancing with Angels in Heaven
Annie Stillwater Gray
The Dawn Book
Education of a Guardian Angel
Joys of a Guardian Angel

Work of a Guardian Angel
Manuella Stoerzer
Headless Chicken
Blair Styra
Don't Change the Channel
Who Catharted
Natalie Sudman
Application of Impossible Things
L.R. Sumpter
Judy's Story
The Old is New
We Are the Creators
Artur Tradevosyan
Croton
Croton II
Jim Thomas
Tales from the Trance
Jolene and Jason Tierney
A Quest of Transcendence
Paul Travers
Dancing with the Mountains
Nicholas Vesey
Living the Life-Force
Dennis Wheatley/ Maria Wheatley
The Essential Dowsing Guide
Maria Wheatley
Druidic Soul Star Astrology
Sherry Wilde
The Forgotten Promise
Lyn Willmott
A Small Book of Comfort
Beyond all Boundaries Book 1
Beyond all Boundaries Book 2
Beyond all Boundaries Book 3
D. Arthur Wilson
You Selfish Bastard
Stuart Wilson & Joanna Prentis
Atlantis and the New Consciousness
Beyond Limitations
The Essenes -Children of the Light
The Magdalene Version
Power of the Magdalene
Sally Wolf
Life of a Military Psychologist

For more information about any of the above titles, soon to be released titles,
or other items in our catalog, write, phone or visit our website:
PO Box 754, Huntsville, AR 72740|479-738-2348/800-935-0045|www.ozarkmt.com